财政部规划教材
全国中等职业学校财经类教材

# 会计信息系统应用

陈二军　林敏莉　主编

中国财经出版传媒集团
中国财政经济出版社
·北京·

**图书在版编目（CIP）数据**

会计信息系统应用 / 陈二军，林敏莉主编. -- 北京：中国财政经济出版社，2024. 8. --（财政部规划教材）（全国中等职业学校财经类教材）. -- ISBN 978 - 7 - 5223 - 3222 - 2

Ⅰ. F232

中国国家版本馆 CIP 数据核字第 2024CL4906 号

责任编辑：王佳欣　　责任校对：徐艳丽
封面设计：卜建辰　　责任印制：张　健

会计信息系统应用
KUAIJI XINXI XITONG YINGYONG

中国财政经济出版社 出版

**URL**：http：//www. cfeph. cn
E - mail：cfeph@ cfeph. cn

社址：北京市海淀区阜成路甲 28 号　邮政编码：100142
营销中心电话：010 - 88191522
天猫网店：中国财政经济出版社旗舰店
网址：https：//zgczjjcbs. tmall. com
北京密兴印刷有限公司印刷　各地新华书店经销
成品尺寸：210mm × 285mm　16 开　22 印张　563 000 字
2024 年 8 月第 1 版　2024 年 8 月北京第 1 次印刷
定价：68. 00 元
ISBN 978 - 7 - 5223 - 3222 - 2
（图书出现印装问题，本社负责调换，电话：010 - 88190548）
本社图书质量投诉电话：010 - 88190744
**打击盗版举报热线：010 - 88191661　QQ：2242791300**

# 前　言 Preface

“会计信息系统应用”是职业院校财经商贸类专业的核心课程。通过本课程的学习，可以让学习者较好地认知会计信息系统的工作原理，熟悉会计信息系统的业务处理流程，应用会计信息系统完成基础设置、费用报销、销售与应收、采购与应付、库存核算、薪酬核算、资产管理、总账报表等典型财务工作的信息化处理。教材依据《中等职业学校会计事务专业教学标准》和相关职业岗位（群）的典型工作任务及职业能力，基于岗位工作及职业成长规律，面向企业会计岗位，遵循《小企业会计准则（2013）》和最新财税金融政策，结合初学者的实际情况及需要而设计。

本教材深入贯彻党的二十大精神，落实立德树人根本任务，注重吸收行业新知识、新技术、新工艺和新方法，侧重培养学习者的财经素养、问题意识和系统思维。教材以小微商贸企业典型业务为背景，以畅捷通 T + Cloud（V16）在线数智云平台为载体，以仿真业务场景、规范操作步骤为指导，系统介绍会计信息系统在企业财务工作中的应用。教材采用任务驱动、案例引领、教学做为一体的设计思路，突出业务流程系统性，工作任务典型性，教学内容启发性。教材主要特色与亮点如下：

（1）业财融合、体例活跃。教材突出业财融合理念，营造良好的场景化案例，编排设计活跃，便于调动学习兴趣，可阅读性强。

（2）对接岗位，业务典型。教材融入相关岗位（群）的典型工作任务，对接岗位职责，便于构建知识体系和职业能力。

（3）平台升级，技术先进。教材采用最新畅捷通 T + Cloud（V16）在线数智云平台，对接企业实际业务应用，让学生的仿真学习与工作实操无缝衔接。

（4）素材整合，目标多维。教材整合典型业务、财经素养、系统思维等多种素材，便于学生达成多维目标，培养综合能力。

本教材共有 8 个模块，建议总课时为 108 学时，各模块学时分配见下表（仅供参考）。具体实施时，可以一个学期每周 6 课时或第一学期每周 4 课时，第二学期每周 2 课时。

| 教学模块 | 教学任务 | 学时 |
|---|---|---|
| 模块一　会计信息系统基础知识 | 任务 1.1　会计信息系统概述 | 2 |
| | 任务 1.2　会计信息系统基础设置 | 6 |
| 模块二　费用类业务处理 | 任务 2.1　费用类业务初始化 | 2 |
| | 任务 2.2　费用类业务日常处理 | 6 |
| | 任务 2.3　费用类业务报表查询 | 1 |

续表

| 教学模块 | 教学任务 | 学时 |
| --- | --- | --- |
| 模块三　销售与应收业务 | 任务 3.1　销售业务初始化 | 4 |
| | 任务 3.2　销售业务日常处理 | 10 |
| | 任务 3.3　销售业务数据查询 | 1 |
| 模块四　采购与应付业务 | 任务 4.1　采购业务初始化 | 4 |
| | 任务 4.2　采购业务日常处理 | 10 |
| | 任务 4.3　采购业务数据查询 | 1 |
| 模块五　库存核算管理 | 任务 5.1　库存核算初始化 | 4 |
| | 任务 5.2　库存核算日常处理 | 4 |
| | 任务 5.3　库存核算期末处理 | 1 |
| 模块六　职工薪酬管理 | 任务 6.1　职工薪酬初始化 | 6 |
| | 任务 6.2　职工薪酬日常业务处理 | 10 |
| | 任务 6.3　职工薪酬业务期末处理 | 2 |
| 模块七　固定资产管理 | 任务 7.1　固定资产业务初始化 | 4 |
| | 任务 7.2　固定资产业务日常处理 | 8 |
| | 任务 7.3　固定资产业务期末处理 | 2 |
| 模块八　总账报表业务 | 任务 8.1　总账业务处理 | 12 |
| | 任务 8.2　账表查询与报表编制 | 6 |
| 机动课时 | | 2 |
| 合计 | | 108 |

本教材由广州市财经商贸职业学校陈二军、林敏莉担任主编。其中，林敏莉负责设计企业案例和编写模块一，广州市财经商贸职业学校王金莲编写模块二、模块八，广州市增城东方职业技术学校马红波编写模块三、模块四、模块五，广州市旅游商务职业学校麦黛洁编写模块六，北京市商业学校井建华编写模块七。全书由陈二军提出编写思路，拟定大纲和撰写要求，并负责对本教材内容进行修正和定稿。新道科技股份有限公司为本教材提供了教学应用平台和宝贵资源，本教材涉及的会计信息系统软件可以发邮件到 sunxuel@ seentao. com 申请免费试用，在此对企业提供的资源表示衷心感谢！

本教材为用书学校任课老师提供了配套资源，请以电子邮件形式向中国财政经济出版社索取（请注明：学校、全书名、版次），Email：caijingjiaocai@ 163. com，亦可登录如下网址下载：http：//jiaocai. cfeph. cn。

限于编者水平，教材中疏漏之处在所难免，恳请广大读者批评指正。

**编者**

2024 年 8 月

# 目 录 Contents


模块一　会计信息系统基础知识 …… 1

任务 1.1　会计信息系统概述 …… 3

任务 1.2　会计信息系统基础设置 …… 9

职业技能巩固与训练 …… 28

模块二　费用类业务处理 …… 31

任务 2.1　费用类业务初始化 …… 35

任务 2.2　费用类业务日常处理 …… 44

任务 2.3　费用类业务报表查询 …… 65

职业技能巩固与训练 …… 70

模块三　销售与应收业务 …… 73

任务 3.1　销售业务初始化 …… 77

任务 3.2　销售业务日常处理 …… 85

任务 3.3　销售业务数据查询 …… 110

职业技能巩固与训练 …… 119

模块四　采购与应付业务 …… 121

任务 4.1　采购业务初始化 …… 125

任务 4.2　采购业务日常处理 …… 136

任务 4.3　采购业务数据查询 …… 164

职业技能巩固与训练 …… 171

模块五　库存核算管理 …… 173

任务 5.1　库存核算初始化 …… 177

任务 5.2　库存核算日常处理 …… 188

任务 5.3　库存核算期末处理 …… 200

职业技能巩固与训练 …… 208

模块六　职工薪酬管理 …… 211

任务 6.1　职工薪酬初始化 …… 215

任务 6.2　职工薪酬日常业务处理 …… 234

任务 6.3　职工薪酬业务期末处理 …… 250

职业技能巩固与训练 …… 257

模块七　固定资产管理 …… 259

任务 7.1　固定资产业务初始化 …… 263

任务 7.2　固定资产业务日常处理 …… 275

任务 7.3　固定资产业务期末处理 …… 289

职业技能巩固与训练 …… 296

模块八　总账报表业务 …… 299

任务 8.1　总账业务处理 …… 303

任务 8.2　账表查询与报表编制 …… 332

职业技能巩固与训练 …… 345

# 模块一

# 会计信息系统基础知识

## 模块导读

会计信息系统基础知识模块包括会计信息系统概述和会计信息系统基础设置两个任务。会计信息系统概述包括会计信息系统发展和流程两个活动，主要介绍企业会计信息化、会计数字化、大智移云物，以及独立财务核算企业和财务共享服务中心企业的会计信息系统处理流程；会计信息系统基础设置包括账套数据管理和基础信息维护两个活动，介绍账套数据的恢复备份、会计信息的设置、维护和总账业务基础信息设置等内容。

## 学习目标

### 职业能力目标

（1）知道会计信息系统的发展和流程。

（2）能进行账套的恢复、备份等管理工作。

（3）能进行企业基础信息的设置与维护。

（4）能完成科目期初余额录入。

### 财经素养目标

（1）树立会计信息安全意识。

（2）理解会计数据完整、真实原则。

（3）了解会计信息化发展的新趋势。

# 任务1.1 会计信息系统概述

**任务介绍**

本任务介绍了会计信息系统发展过程中出现的一些新规范、新理念、新技术，包括企业会计信息化、会计数字化、大智移云物，以及独立财务核算企业和财务共享服务中心企业的财务处理流程。

## 活动1.1.1　会计信息系统发展

### 一、会计信息系统的概念

会计信息系统是指借助计算机技术，通过会计人员所运用的会计系统软件将原始的记账凭证进行录入、汇总、运算和统计后，形成会计账簿以及财务报表，并将分析得出的财务数据上报至公司管理人员的系统。

会计信息系统一般是由多个子系统组成的系统，而子系统所对应的是不同的会计业务循环，如总账、应收应付款核算、固定资产核算、存货核算、销售核算、工资核算、成本核算、会计报表生成与汇总、财务分析等，可以为企业财务人员提供实时数据指标分析，还可以节省财务人员宝贵的时间，减少不必要的时间消耗。

### 二、会计信息系统的发展

会计信息系统的记账模式取代了原始的手工记账模式，提升了企业财务的运转效率。会计信息系统已从过去的会计电算化发展到现在的会计信息化，将来将进一步向会计智能化迈进。

#### 1. 会计电算化

会计电算化是计算机技术与会计相结合的最初阶段，这一阶段主要是利用计算机代替手工记账和报表编制等传统工作方式，提高数据处理的速度和准确性。随着计算机技术的发展，会计电算化逐渐普及，成为企业财务管理的重要工具。

#### 2. 会计信息化

随着互联网技术的兴起，会计信息化成为新的发展趋势。会计信息化是将会计与信息技术相结合，实现企业内部和外部信息的共享和集成。通过会计信息化，企业能够实时获取和处理信息，提高决策效率和企业管理水平。同时，会计信息化也为企业提供了更加丰富的数据来源和更加准确的财务信息。

#### 3. 会计智能化

随着人工智能技术的不断发展，会计智能化成为新的发展方向。会计智能化是指利用人工智能技术实现会计数据的自动处理和分析，为企业提供更加智能化和自动化的财务管理服务。通过会计智能化，企业能够更加快速地获取财务数据，提高决策效率和准确性。同时，会计智能化还能够降低人工成本，减少人为错误和舞弊现象的发生。

**信息化时代，你了解电子签名吗**

根据我国《电子签名法》第二条，“电子签名是指数据电文中以电子形式所含、所附用于识别签名人身份并表明签名人认可其中内容的数据。”第十四条还规定，“可靠的电子签名与手写签名或者盖章具有同等的法律效力。”电子签名技术能确保经签名的电子数据一旦被篡改即刻就能被发现，从而保证电子数据的真实性和完整性。

## 三、会计信息系统的选型

企业在选型会计信息系统时，需要综合考虑业务需求、系统的可扩展性、易用性、安全性、成本效益以及供应商的服务能力等因素。不同规模的企业适合使用的会计软件有所不同，这主要取决于企业的业务需求、预算和人员配置等因素。

### 1. 微型企业

对于规模非常小、业务简单的企业，可以选择使用一些简单易用的会计软件，如畅捷通好会计、账信云会计、浪潮云会计等。这些软件通常价格较低，操作简单，易于上手，能够满足基本的记账、报表生成等需求。

### 2. 小型企业

处于会计核算信息化阶段的企业，应当结合自身情况，逐步实现资金管理、资产管理、预算控制、成本管理等财务管理信息化。对于规模稍大、业务相对复杂的小型企业，可以选择功能更加全面的会计软件，如畅捷通 T+、金蝶云会计等。这些软件提供了更加丰富的财务管理功能，如库存管理、资产管理、多语言支持等，能够满足企业的多方面需求。

### 3. 中型企业

处于财务管理信息化阶段的企业，应当结合自身情况，逐步实现财务分析、全面预算管理、风险控制、绩效考核等决策支持信息化。对于规模较大、业务较为复杂的中型企业，可能需要更加专业的会计软件，如用友 U8、金蝶 KIS、SAP、Oracle 等 ERP 系统中的财务管理模块。这些软件不仅提供了全面的财务管理功能，还能够与企业的其他业务流程进行高度集成，实现信息的共享和协同工作。

### 4. 集团企业

分公司、子公司数量多、分布广的大型企业、企业集团应当探索利用信息技术促进会计工作的集中，逐步建立财务共享服务中心。这些平台都是基于云计算、大数据等技术构建的，可以为企业提供完整的财务信息管理和监控解决方案。它们不仅提供财务报表、财务监控等功能，还注重数据的安全性和可靠性，保障企业的财务安全。元年科技、用友网络、金蝶国际等公司都提供了多种财务共享解决方案，以满足企业的不同需求。

此外，随着云计算技术的发展，越来越多的会计软件开始采用 SaaS（软件即服务）模式，这种模式下企业无须购买和维护复杂的硬件和软件系统，只需要通过互联网访问即可使用会计软件的所有功能。因此，对于预算有限、缺乏专业 IT 人员的企业来说，SaaS 模式的会计软件可能是一个更好的选择。

## 四、会计信息化工作规范

### 1. 机制建设要求

企业应当指定专门机构或者设置专业岗位人员负责会计信息化工作。未设置会计机构和配备会计人员的企业，由其委托的代理记账机构开展会计信息化工作。企业开展会计信息化工作，应当注重信息系统与经营环境的契合，通过信息化推动管理模式、组织架构、业务流程的优化与革新，建立健全适应信息化工作环境的制度体系。企业应当遵循企业内部控制规范体系要求，加强对会计信息系统规划、设计、开发、运行、维护全过程的控制，将控制过程和控制规则融入会计信息系统，实现对违反控制规则情况的自动防范和监控，提高内部控制水平。

### 2. 业务核算要求

①整体性：大型企业、企业集团开展会计信息化工作，应当注重整体规划，统一技术标准、编码规则和系统参数，实现各系统的有机整合，消除信息孤岛。②一体化：企业应当促进会计信息系统与业务信息系统的一体化，通过业务的处理直接驱动会计记账，减少人工操作，提高业务数据与会计数据的一致性，实现企业内部信息资源共享。③共享型：企业应当根据实际情况，开展本企业信息系统与银行、供应商、客户等外部单位信息系统的互联，实现外部交易信息的集中自动处理。

**财务核算的新要求——业财融合**

业财融合的核心在于将业务发展和财务管理有机结合，使两者形成一个整体，共同服务于企业的整体目标和战略规划。从业务角度来看，业务部门在开展业务的过程中，需要具备经营思维和风险意识，确保业务活动能够创造价值和利润，并控制和规避风险。从财务角度来看，财务部门需要深入业务活动，通过数据预测和分析，及时将信息反馈给业务部门和决策层，使管理决策更加科学。同时，财务部门应把握业务流程的关键控制点和潜在风险点，实施有针对性的改进，以降低运营风险。

### 3. 数据管理要求

①语言要求：企业会计资料中对经济业务事项的描述应当使用中文，可以同时使用外文或者少数民族文字对照。②数据要求：企业应当建立电子会计资料备份管理制度，确保会计资料的安全、完整和会计信息系统的持续、稳定运行，数据服务器的部署应当符合国家有关规定。数据服务器部署在境外的，应当在境内保存会计资料备份，备份频率不得低于每月一次。境内备份的会计资料应当能够在境外服务器不能正常工作时，独立满足企业开展会计工作的需要以及外部会计监督的需要。③存储传输：企业不得在非涉密信息系统中存储、处理和传输涉及国家秘密、关系国家经济信息安全的电子会计资料；未经有关主管部门批准，不得将其携带、寄运或者传输至境外。

## 五、会计信息系统的未来

大数据时代，依靠大数据、云计算和人工智能等先进技术，财务核算方面呈现出许多创新亮点，如核算流程自动化、核算内容智能化、核算平台云端化等，这些创新应用给财务会计带来全新的核算处理方式变革。

### 1. 核算流程自动化

财务会计核算流程向自动化发展是一个持续演进的过程，涉及从单据获取到报表生成的全流程自动化。单据获取自动化、会计核算自动化、账表登记自动化和报表生成自动化是核算流程自动化的主要表现，财务会计核算流程向自动化发展将大大提高财务工作的效率和准确性，降低人工干预和错误，为企业创造更大的价值。

### 2. 核算内容智能化

在财务智能环境下，财务核算的内容可以通过多种方式实现智能化。从智能识别、智能判断、智能审核以及智能分析等方面可以实现对财务业务内容的智能化处理。智能化技术可以大大提高财务核算的效率和准确性，降低人为错误的风险，并为企业提供更加深入和全面的财务洞察。这将有助于企业在竞争激烈的市场环境中保持领先地位并实现可持续发展。

### 3. 核算平台云端化

随着技术的发展和企业对财务管理效率的追求，财务核算平台正迅速向云端化发展。财务核算平台向云端化发展不仅提高了工作效率和灵活性，还降低了成本。随着技术的不断进步和应用的深入，云端化将成为未来财务管理的重要趋势。这种转型不仅改变了传统的财务管理方式，还为企业带来了更高的灵活性和效率。终端业务移动处理、中间业务联网处理、后台业务云服务是财务会计核算平台云端化的主要体现。

**财务核算的新模式——智能财税**

智能财税是指在财税领域中应用人工智能、云计算、大数据等现代信息技术，实现财务和税务业务处理、管理、决策的智能化。它包括自动化的财务数据处理、发票管理、报税流程、财务决策支持等功能，旨在提高财税工作的效率和质量，降低人力成本，并满足数字化时代对财税服务的需求。

# 活动 1.1.2　会计信息系统流程

在移动互联网、大数据、超级计算、传感网、脑科学等新理论、新技术以及经济社会发展强烈需求的共同驱动下，人工智能加速发展，呈现出跨界融合、人机协同等新特征。人工智能技术跨界融入会计行业，促进关键业务流程自动化、关键业务场景智能化，大幅提高了会计从业工作者的效率。为推动企业会计信息化，提高会计软件和相关服务质量，规范信息化环境下的会计工作，根据《中华人民共和国会计法》《财政部关于全面推进我国会计信息化工作的指导意见》，国家制定了《企业会计信息化工作规范》。

会计信息系统流程是现代企业运营的核心组成部分，涉及企业财务数据的收集、处理、存储和报告等多个环节。随着企业规模的扩大和业务复杂性的增加，会计信息系统流程的优化和规范化变得越来越重要。在会计信息系统流程中，数据的准确性和完整性直接影响到企业的决策和运营。因此，建立一套高效、可靠的会计信息系统流程，对于提高企业的财务管理水平、降低财务风险、增强竞争力具有重要意义。

随着云计算、大数据、人工智能等新技术的应用，会计信息系统流程的自动化、智能化和高效化成为可能，通过应用这些新技术，企业能够更好地整合资源、优化流程、提高决策效率和准确性。

## 一、独立财务核算企业

独立财务核算的企业要设置一套完整的会计凭证、会计账簿和会计报表体系，全面记录经济业务并定期编制财务报表。如今很多大中型企业都能实现业财一体化，也就是将企业的业务活动与财务活动进行信息化、系统化的统一管理，通过系统、平台等将信息进行共享，再将业务流程（采购、销售、库存核算）和财务流程（总账、出纳、工资薪酬和资产）进行融合统一管理，达到业财信息共享传递的准确性、及时性、真实性、完整性，加强企业内部的信息沟通与共享，从而提高企业的业务部门与财务部门的工作效率。独立财务核算企业的业财一体化处理流程如图 1－1 所示。

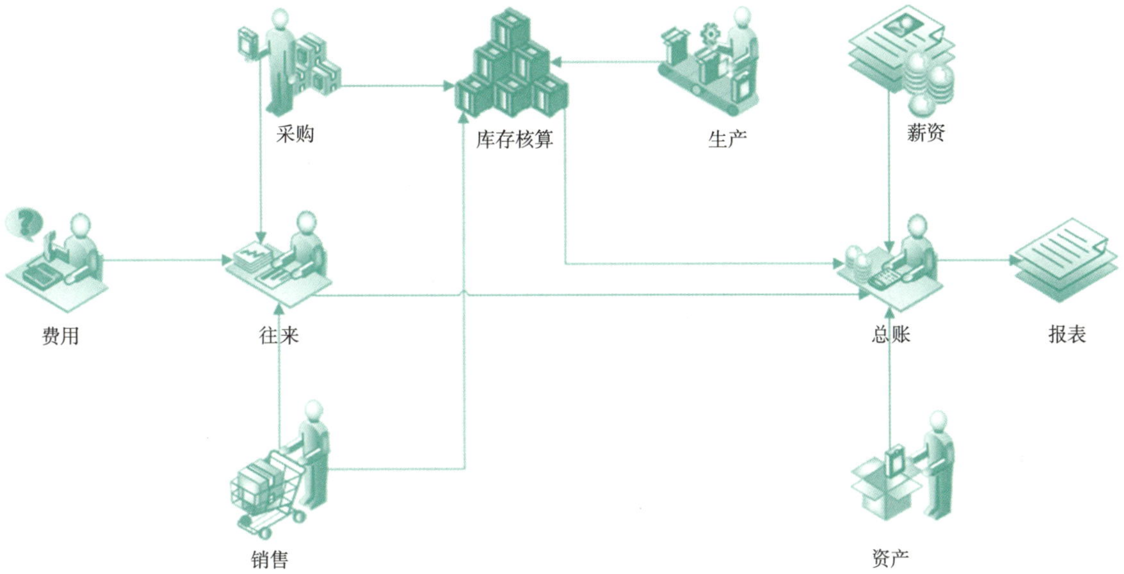


**图 1－1　独立财务核算企业的业财一体化处理流程**

## 二、财务共享服务中心企业

财务共享服务中心（Financial Shared Service Center，FSSC）是近年来快速流行起来的会计和报告业务管理方式。它是将不同国家、地点的实体会计业务纳入 FSSC（财务共享服务中心）来记账和报告，这样做的好处是保证了会计记录和报告的规范、结构统一。由于不需要在每个公司和办事处都设会计，节省了系统和人工成本。

共享财务服务中心企业和独立财务核算企业关注的重点不一样，从业务系统、费控系统传递过来的数据通过统一的工作平台进行数据传输和处理，采用电子影像系统进行影像的集成，通过财务系统进行各类账务的核算，从而完成各项资金的管理和业务的处理。财务共享服务中心企业的一般处理流程如图 1－2 所示。

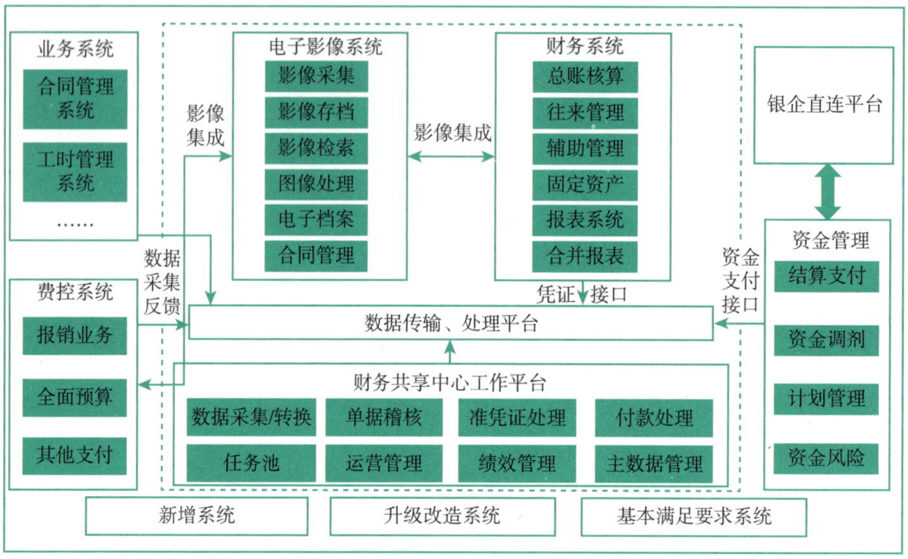


图 1－2　财务共享服务中心企业的一般处理流程

**财务核算的新技术——财务机器人**

财务机器人是机器人流程自动化（RPA）技术在财务领域的应用。这种技术通过自动化处理财务流程中的重复性工作，如自动开票、对账和报税等，从而提高工作效率和准确性。财务机器人可以减轻财务人员的工作负担，减少人为错误，并增强数据安全性。它们能够跨平台、多窗口操作，并可以结合认知技术，进一步优化财务流程。

# 任务 1.2 会计信息系统基础设置

**任务介绍**

本任务介绍了会计信息系统基础信息的设置，主要是系统管理和基础设置，包括对T+教育专版的账套数据进行管理操作，账套的恢复和账套的备份及会计基础信息的设置与维护。

## 活动 1.2.1 账套数据管理

### 活动描述

【业务 1－1】9 月 1 日，广州美妆商贸有限公司开始正式运行 T＋教育专版软件，公司的技术人员前期已经根据公司相关资料做好了账套，现在需要导入账套，并掌握备份账套操作。

### 业务流程

恢复账套的业务流程如图 1－3 所示。

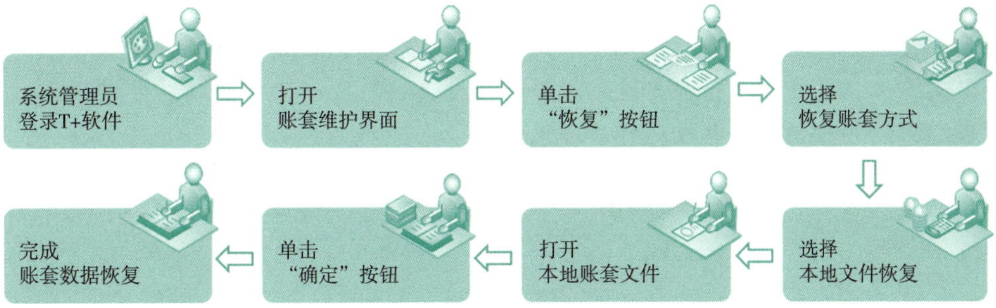


**图 1－3 恢复账套的业务流程**

备份账套的业务流程如图 1－4 所示。

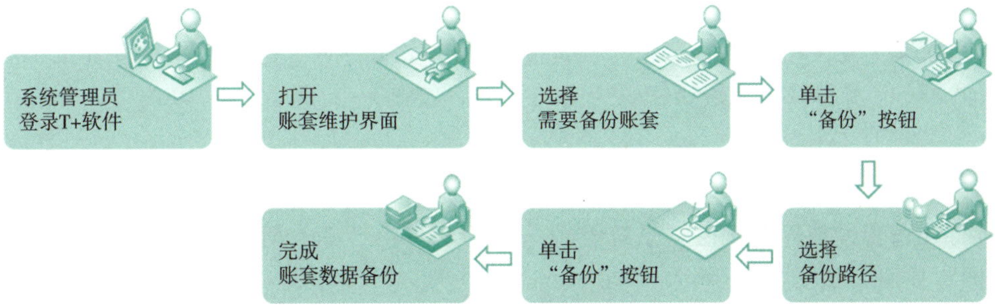


**图 1－4 备份账套的业务流程**

## 知识准备

### 一、账套管理

账套是指存放会计核算对象的所有会计业务数据文件的总称，账套中包含的文件有会计科目、记账凭证、会计账簿、会计报表等，这个核算对象可以是企业的一个分部，也可以是整个企业集团。账套管理功能一般包括备份账套、恢复账套、任务管理等功能。

### 二、备份账套

T+教育专版提供备份账套的两种方法：一种是维护账套的备份账套功能；另一种是备份计划。如果采用手工进行备份，一次只能备份一个账套数据；如果采用备份计划，可由系统自动完成，一次可以备份多个账套数据。

### 三、恢复账套

账套导出后需要妥善保管，由于一些突发的原因，如企业发生火灾、感染计算机病毒、人为的误操作等造成了数据损失或丢失，需要找回原有的财务数据，此时备份的账套就可以恢复到系统当中继续使用。

除了以上核心内容外，账套管理还可能涉及一些其他相关工作，如账套权限管理（设置不同用户对账套的访问权限）、账套日志管理（记录账套的操作历史和变更情况）等，这些工作都是为了确保会计信息系统的正常运行和数据安全。

**树立信息安全意识**

对于企业系统管理员来讲，定时地将企业数据备份出来存储到不同的介质上，如光盘或者移动硬盘上，对数据的安全性是非常重要的，同学们也要养成这样的意识哦！

## 活动指导

### 一、登录 T+教育专版

活动1.2.1
[业务1-1]
操作录屏

（1）打开 T+教育专版软件。双击计算机桌面的“T+教育专版”图标，打开“畅捷通 T+教育专版”软件，如图 1-5 所示。

（2）登录 T+教育专版软件。在“T+教育专版”软件界面，选择“系统管理员”页签，用系统管理员 admin 身份登录，默认密码为空，登录后如图 1-6 所示。

### 二、恢复账套

（1）打开账套维护界面。在“系统管理”界面，单击“账套管理｜账套维护”图标，打开“账套维护”界面，如图 1-7 所示。

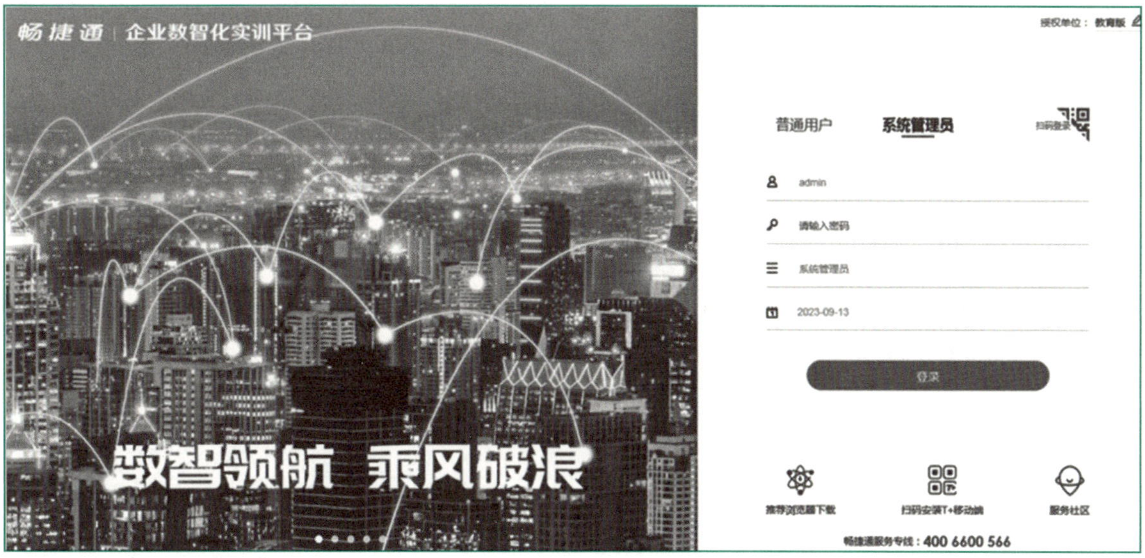


图 1－5　T＋教育专版登录界面

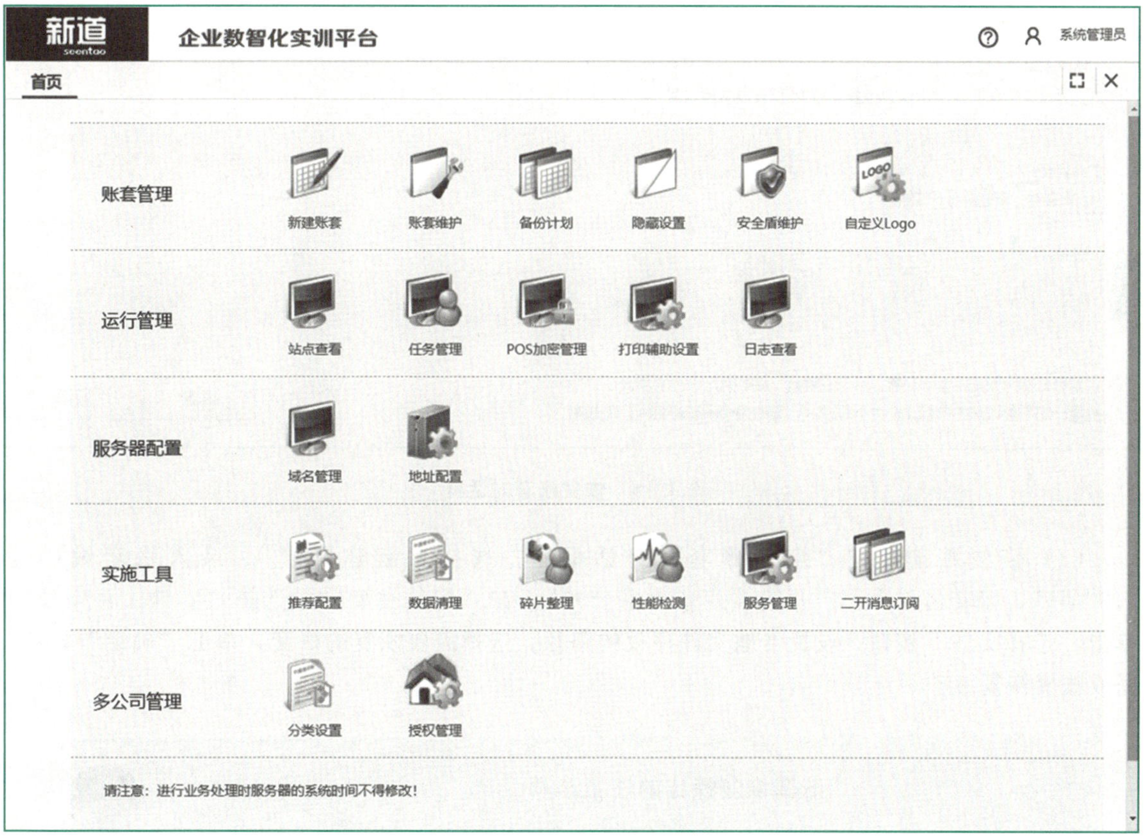


图 1－6　系统管理界面

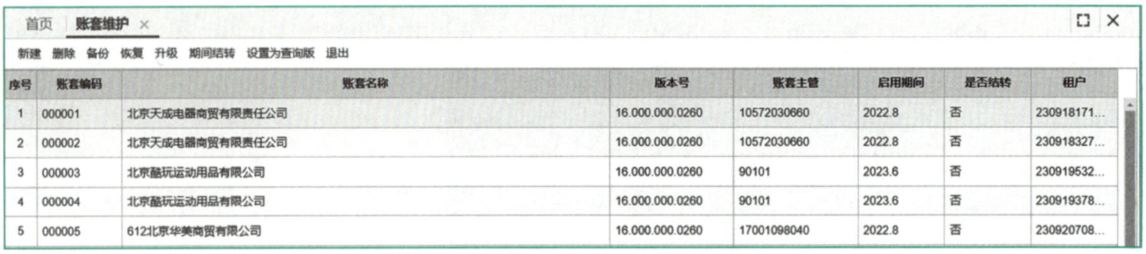


**图 1－7 账套维护界面**

（2）打开恢复账套对话框。在“账套维护”界面，单击“恢复”按钮，打开“恢复账套”对话框，如图 1－8 所示。

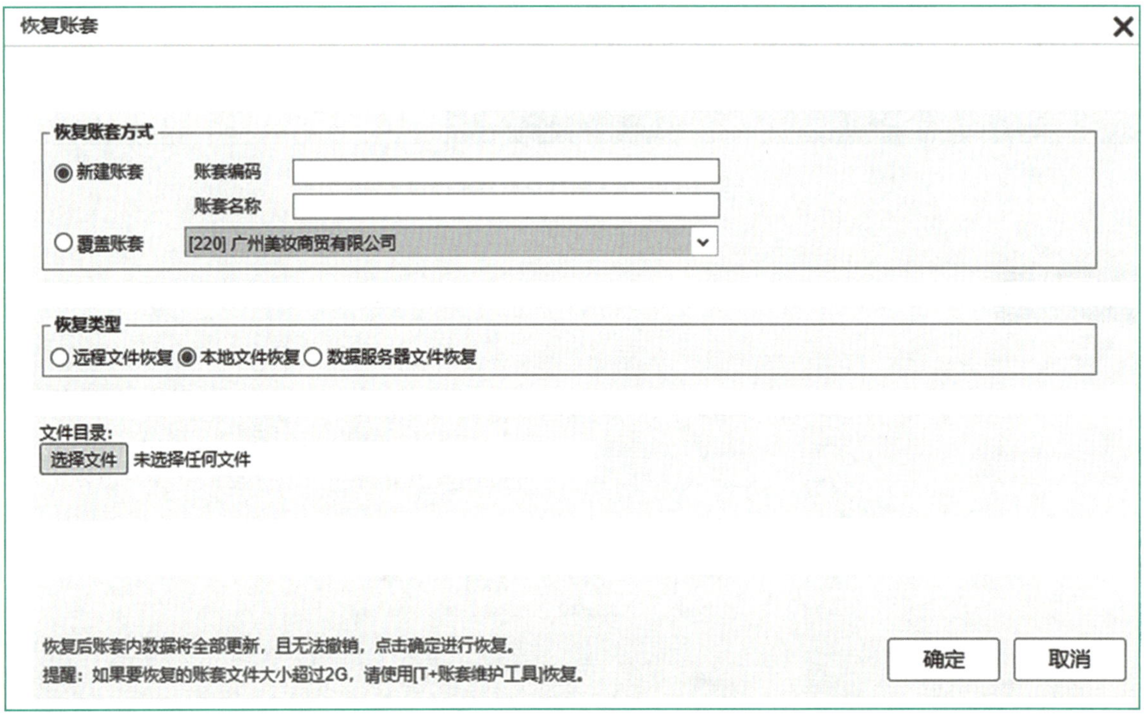


**图 1－8 恢复账套对话框**

（3）恢复账套。在“恢复账套”对话框中，选择“新建账套”，录入账套编码为“000001”，账套名称为“广州美妆商贸有限公司”；在“恢复类型”中选择“本地文件恢复”，单击“选择文件”按钮，设置本地文件存放的路径，选择需要恢复的账套，单击“确定”按钮，完成账套恢复。

**账套恢复操作的注意事项**

如果刚开始使用 T＋教育专版，系统中一个账套都没有，还能恢复账套吗？答案是可以的，直接单击“恢复账套”按钮，选择“恢复账套方式”的新建账套，输入账套编码和账套名称，选择需要恢复账套的备份文件，就可以实现恢复账套的目的了。

（4）查询账套恢复情况。在“账套维护”界面，查看到账套编号为000001的相关信息，表示账套恢复成功。

**后续业务的账套恢复使用提醒**

本教材的每一个模块都进行了账套备份，开展新的模块业务操作时，为了业务数据的连贯性，在T+教育专版系统中前一模块数据不全的情况下，可以导入上一模块的账套数据，正常开展本模块的业务操作。本教材的所有账套备份数据可以发邮件到sunxuel@seentao.com索取。

## 三、备份账套

（1）打开备份账套对话框。在“账套维护”界面，选择需要备份的账套，单击“备份”按钮，打开“备份账套”对话框，如图1-9所示。

图1-9 备份账套对话框

（2）备份账套。在“备份账套”对话框中，单击“浏览”按钮，设置需要备份的文件路径，单击“备份”按钮，完成账套备份。

（3）查询账套备份情况。在备份路径下查询到该账套名称的ZIP压缩包，则表示备份成功。

**怎么知道系统的备份计划有没有执行成功呢**

T+教育专版提供了两种检查方法：一是可以查看备份文件是否存在，如果对应备份目录中的文件不存在，则说明备份计划没有执行成功；二是可以通过查看系统日志来确认是否执行成功。

# 活动1.2.2 基础信息维护

## 活动描述

【业务1-2】9月1日，广州美妆商贸有限公司上线财务软件的过程顺畅，为熟悉账套内容，财务部门需要查询已设置好的各种基础信息和初始数据，补充部分新增基础信息，原有信息如下。

## 一、基础信息

（1）部门及职员信息，如表1－1、表1－2所示。

**表1－1　　部门信息**

| 部门编码 | 部门名称 | 负责人 | 维护情况 |
|---|---|---|---|
| 1 | 行政部 | 陈明晖 | 已设置 |
| 2 | 财务部 | 林凌云 | 已设置 |
| 3 | 采购部 | 赵云 | 已设置 |
| 4 | 销售部 | 郭商 | 已设置 |
| 5 | 仓储部 | 刘明 | 新增 |
| 6 | 后勤部 | 郑翔 | 新增 |

**表1－2　　员工信息**

| 员工编码 | 员工名称 | 所属部门 | 维护情况 |
|---|---|---|---|
| 101 | 陈明晖 | 行政部 | 已设置 |
| 201 | 林凌云 | 财务部 | 已设置 |
| 202 | 王鑫 | 财务部 | 已设置 |
| 203 | 马成功 | 财务部 | 已设置 |
| 301 | 赵云 | 采购部 | 已设置 |
| 302 | 王鹏 | 采购部 | 已设置 |
| 401 | 郭商 | 销售部 | 已设置 |
| 402 | 李丽 | 销售部 | 已设置 |
| 501 | 刘明 | 仓储部 | 新增 |
| 601 | 郑翔 | 后勤部 | 新增 |
| 602 | 刘韬 | 后勤部 | 新增 |

（2）往来单位信息，如表1－3至表1－5所示。

**表1－3　　往来单位信息**

| 往来单位分类编码 | 往来单位 |
|---|---|
| 1 | 客户 |
| 2 | 供应商 |

**表1－4　　客户档案**

| 客户编码 | 客户名称 | 性质 | 纳税人识别号 | 开户银行 | 银行账号 | 地址 | 维护情况 |
|---|---|---|---|---|---|---|---|
| 101 | 上海兴旺商贸有限公司 | 客户 | 91120102M925162689 | 中行上海东城支行 | 6282882807350194680 | 上海市东城路18号 025－84470130 | 已设置 |
| 102 | 佛山琳美健康有限公司 | 客户 | 1043001987ZX2CV091 | 农业银行里水支行 | 6282881155940761385 | 佛山市里广路19号 0757－67890126 | 已设置 |

续表

| 客户编码 | 客户名称 | 性质 | 纳税人识别号 | 开户银行 | 银行账号 | 地址 | 维护情况 |
|---|---|---|---|---|---|---|---|
| 103 | 广州友靓商贸有限公司 | 客户 | 91023456098 4532QB | 建设银行广州市开发区支行 | 6285769274537725323 | 广州市科园路8号 020-86509890 | 已设置 |
| 104 | 北京靓妆美容有限公司 | 客户 | 710023010WA2MN2878 | 广发银行北京朝阳支行 | 6287734122190625435 | 北京市朝阳路7号 010-67543911 | 在模块四采购中增加 |

**表1-5　　供应商档案**

| 供应商编码 | 供应商名称 | 性质 | 纳税人识别号 | 开户银行 | 银行账号 | 地址 | 维护情况 |
|---|---|---|---|---|---|---|---|
| 201 | 北京科隆商贸有限公司 | 供应商 | 91110105M421005911 | 中行北京朝阳支行 | 6282171680623255311 | 北京市朝阳路16号 010-67543933 | 已设置 |
| 202 | 广州凯琳科技有限公司 | 供应商 | 12440106M46607591X | 中行广州越秀支行 | 6282211680126847328 | 广州市友谊路22号 020-86501122 | 已设置 |
| 203 | 广州快达物流有限公司 | 供应商 | 12440131M42105414 | 中行广州市越秀支行 | 6282881190226867910 | 广州市中山路38号 020-86502233 | 已设置 |
| 204 | 广州万装材料有限公司 | 供应商 | 12440058M52752123 | 中行华夏路支行 | 6282881214325769371 | 广州市和平路22号 020-87745678 | 在模块三销售中增加 |
| 205 | 广州越秀物业管理有限公司 | 供应商 | 12440376M42511591X | 中行广州越秀支行 | 6282101123123255678 | 广州市团结路22号 020-86504455 | 已设置 |
| 206 | 广州市奇点餐饮有限公司 | 供应商 | 12440141M426594143 | 中行广州越秀支行 | 6282233905426847231 | 广州市友谊路66号 020-86505566 | 已设置 |
| 207 | 国网广州市电力公司 | 供应商 | 12440058M128564123 | 中行广州越秀支行 | 6282661190226867657 | 广州市达道路36号 020-86506677 | 已设置 |
| 208 | 广州市自来水集团有限公司 | 供应商 | 12440106M490562128 | 中行广州越秀支行 | 6282671214325769012 | 广州市淘金路28号 020-86508899 | 已设置 |
| 209 | 广州云视广告有限公司 | 供应商 | 91440106068173888R | 中行华夏路支行 | 6282991699109878888 | 广州市华夏路2号 020-86509900 | 已设置 |

（3）单计量单位信息，如表1-6所示。

**表1-6　　单计量单位信息**

| 单计量单位编码 | 计量单位名称 | 属性 |
|---|---|---|
| 1 | 台 | 单计量 |
| 2 | 元 | 单计量 |

（4）存货分类信息（见表1-7）和存货信息（见表1-8）。

表 1－7　存货分类信息

| 存货分类编码 | 存货类别名称 |
| --- | --- |
| 1 | 库存商品 |
| 2 | 其他 |

表 1－8　存货信息

| 存货编码 | 存货名称 | 计量单位 | 计价方式 | 所属类别 | 税率 | 维护情况 |
| --- | --- | --- | --- | --- | --- | --- |
| 101 | 美容仪 | 台 | 移动平均 | 库存商品 | 13% | 已设置 |
| 102 | 洗脸仪 | 台 | 移动平均 | 库存商品 | 13% | 已设置 |
| 103 | 补水仪 | 台 | 移动平均 | 库存商品 | 13% | 已设置 |
| 104 | 蒸脸仪 | 台 | 移动平均 | 库存商品 | 13% | 已设置 |
| 105 | 按摩仪 | 台 | 移动平均 | 库存商品 | 13% | 已设置 |
| 106 | 美眼仪 | 台 | 移动平均 | 库存商品 | 13% | 已设置 |
| 107 | 美发仪 | 台 | 移动平均 | 库存商品 | 13% | 已设置 |
| 108 | 卷发棒 | 台 | 移动平均 | 库存商品 | 13% | 已设置 |
| 109 | 加湿器 | 台 | 移动平均 | 库存商品 | 13% | 在模块五库存核算中增加 |
| 201 | 运费 | 元 | 移动平均 | 其他 | 9% | 已设置 |
| 202 | 杂费 | 元 | 移动平均 | 其他 | 0 | 已设置 |

（5）仓库信息，如表 1－9 所示。

表 1－9　仓库档案

| 仓库编码 | 仓库名称 |
| --- | --- |
| 1 | 总仓 |
| 2 | 外仓 |

（6）账号信息，如表 1－10 所示。

表 1－10　开户银行

| 编码 | 账号名称 | 账号类型 | 开户银行 | 账号 |
| --- | --- | --- | --- | --- |
| 1 | 现金 | 现金 |  | 现金 |
| 2 | 银行存款 | 银行 | 中国银行友谊支行 | 6282881680109876319 |

## 二、科目和期初余额信息

需要调整公司会计科目和期初余额信息，如表 1－11、表 1－12 所示。

表 1－11　　会计科目和期初余额

| 科目代码 | 总账 | 明细账 | 方向 | 金额（元） | 备注 |
|---|---|---|---|---|---|
| 1001 | 库存现金 | | 借 | 13, 996. 00 | 现金科目 |
| 1002 | 银行存款 | | 借 | 300, 000. 55 | 银行科目 |
| 100201 | | 中国银行 | 借 | 300, 000. 55 | 需新增科目和录入余额 |
| 1121 | 应收票据 | | 借 | | 客户往来 |
| 1122 | 应收账款 | | 借 | 10, 000. 00 | 需修改辅助核算为客户往来和录入余额 |
| 1123 | 预付账款 | | 借 | | 供应商往来 |
| 1405 | 库存商品 | | 借 | 635, 000. 00 | 数量核算，格式为“数量金额式” |
| 1601 | 固定资产 | | 借 | 251, 800. 00 | |
| 1602 | 累计折旧 | | 贷 | 68, 562. 00 | |
| 2201 | 应付票据 | | 贷 | | 供应商往来 |
| 2202 | 应付账款 | | 贷 | 40, 000. 00 | 供应商往来 |
| 220201 | | 应付款 | 贷 | 5, 000. 00 | 供应商往来 |
| 220202 | | 暂估款 | 贷 | 35, 000. 00 | 供应商往来 |
| 2203 | 预收账款 | | 贷 | | 客户往来 |
| 2211 | 应付职工薪酬 | | 贷 | 104, 709. 70 | |
| 221101 | | 应付职工工资 | 贷 | 77, 779. 15 | |
| 221104 | | 应付社会保险费 | 贷 | 21, 915. 55 | |
| 221105 | | 应付住房公积金 | 贷 | 5, 015. 00 | |
| 2221 | 应交税费 | | 贷 | 67, 258. 25 | |
| 222102 | | 未交增值税 | 贷 | 49, 200. 00 | |
| 222113 | | 应交企业所得税 | 贷 | 11, 900. 00 | |
| 222115 | | 应交城市维护建设税 | 贷 | 3, 444. 00 | |
| 222119 | | 应交个人所得税 | 贷 | 254. 25 | |
| 222120 | | 应交教育费附加 | 贷 | 1, 476. 00 | |
| 222124 | | 应交地方教育附加 | 贷 | 984. 00 | |
| 2241 | 其他应付款 | | 贷 | 22, 266. 60 | |
| 224101 | | 社会保险费 | 贷 | 10, 230. 60 | |
| 224102 | | 住房公积金 | 贷 | 12, 036. 00 | |
| 3001 | 实收资本 | | 贷 | 670, 000. 00 | |
| 3103 | 本年利润 | | 贷 | 238, 000. 00 | |

表 1－12　　应收账款辅助明细

| 日期 | 客户 | 客户编码 | 应收账款 |
| --- | --- | --- | --- |
| 2023 年 8 月 28 日 | 佛山琳美健康有限公司 | 102 | 10,000.00 |

## 业务流程

基础信息维护的业务流程如图 1－10 所示。

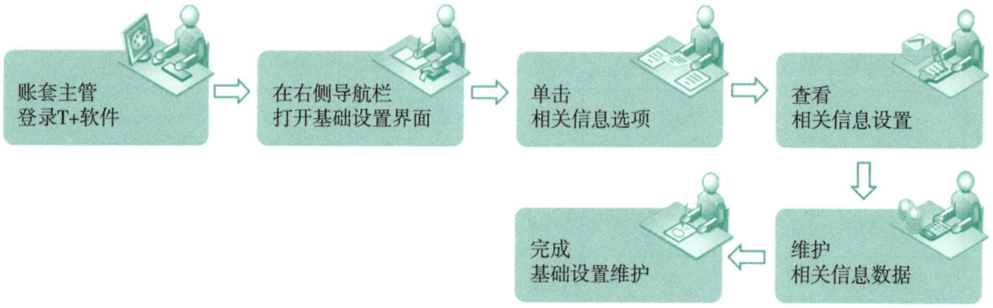


图 1－10　基础信息维护的业务流程

## 知识准备

基础信息是企业财会部门进行具体业务核算的基础，内容一般包括基本信息、收付结算、财务信息等。为了方便使用，T＋教育专版预置了很多模块，广州市美妆商贸有限公司根据实际工作需要选用了部分内容。

### 一、基本信息

（1）部门信息。部门信息是指与企业财务核算或者业务管理相关的职能单位，可按部门进行数据汇总和分析，一般包括部门编码、名称、负责人等。部门档案支持分级，部门之间可以并行，也可以具有上下级的管理关系。

（2）员工信息。员工信息主要用于记录本单位使用系统的员工列表，一般包括员工编码、员工名称、所属部门等，方便按职员进行记录、查询和统计，并进行个人往来核算和管理等操作。如果“业务员”选项中勾选了“是”，则需要录入信用额度和信用天数，而且要在选项设置中选择“业务员信用控制”。

（3）往来单位信息。往来单位分为供应商、客户、既是供应商又是客户三种，一般包括往来单位编码、往来单位名称、性质、往来余额等内容，方便企业录入、统计和分析往来单位的数据与业务数据。零售客户是虚拟的往来单位，只能选择“客户”或“客户/供应商”属性的往来单位作为零售客户，表示没有具体记录客户名称的顾客总称，主要用于零售单位上。两个往来单位可合并为一个，不同性质的往来单位也可进行合并，并户后的性质需要改变为“客户/供应商”，不同营销机构的往来单位不允许并户，零售客户不参与并户。

（4）计量单位信息。计量单位分为单计量单位和多计量单位，单计量单位“新增”可直接新增独立的计量单位；多计量单位“新增”则需先增加计量单位组，然后再在组下增加计量单位，且组下必须只能有一个主计量单位。

（5）存货信息。企业的存货主要是指在日常活动中持有以备出售的库存商品、半成品、原材料等，由于购入的存货成本通常包括买价和运杂费等，所以在 T＋教育专版中增设了“其他”分类，可以用于核算采购过程中发生的运费和杂费。

（6）仓库信息。企业拥有的仓库根据实际情况设置，如本地仓库和外地仓库。

（7）出入库类别信息。出入库类别是指存货入库和出库的方式，主要有收、发两种类别。

## 二、收付结算

收付结算主要是建立同管理企业在经营活动中所涉及的一些结算方式，方便银行对账、票据管理和结算票据的使用。

（1）账号。账号包括现金和银行存款的内容，一般包括账号名称和账号类型等。

（2）结算方式。银行结算是指通过银行账户资金的转移实现收付的行为，目前银行结算方式多种多样，随着互联网支付的发展，在中小企业中，公司行为的资金结算通过微信、支付宝等业主个人账户执行收付款业务的现象也非常普遍。

## 三、财务信息

### 1. 会计科目和期初余额

会计科目分门别类地反映企业经济业务，是填制会计凭证、记账、编制报表等各项工作的基础，企业需要将会计核算所需要使用的会计科目录入系统中，并按照企业核算要求和业务要求对每个科目的核算属性进行设置。

（1）会计科目的详细属性。

科目编码：按照建账时已经设置好的会计科目编码规则进行编码，应遵守唯一性、统一性和扩展性原则。

科目名称：企业所使用的会计科目的名称可以是汉字、英文字母、数字等符号，但不能为空。

科目类型：按照2013年小企业会计准则要求，会计科目按其性质划分为资产、负债、权益、成本和损益共五种类型。T+教育专版预置了现行的小企业会计制度的一级会计科目和部分二级会计科目。用户也可以选择一级会计科目所属的科目类型，增加的其他二级或其以下的会计科目，系统将自动与其一级会计科目类型保持一致，用户不能更改。

余额方向：用于定义该会计科目余额默认的方向。一般情况下，资产、成本、费用类会计科目的余额方向为借方，负债、权益、收入类会计科目的余额方向为贷方。

数量核算：用于设定该会计科目是否有数量核算。如果有数量核算，则需设定数量计量单位。

账页格式：用于定义该会计科目在账簿打印时的默认打印格式，系统提供金额式和数量金额式两种选择。

辅助核算：用于设置会计科目是否有辅助核算。辅助核算的目的是实现对会计数据的多元分类核算，为企业提供多样化的信息。辅助核算一般包括部门核算、个人核算、往来单位核算、存货和项目核算等。

（2）会计科目的增加、修改或删除。T+教育专版通常会提供预置的会计科目，企业可以直接引入系统提供的预置会计科目，在此基础上根据需要增加、修改、删除会计科目。增加会计科目时，应遵循“先设置上级会计科目，再设置下级会计科目”的规则。删除的会计科目不能是已经使用的会计科目。

### 2. 凭证类别

凭证类别是指记账凭证的不同类型。用户可以按照企业的需求选择或自定义凭证类别，凭证类别设置完成后，用户应该设置凭证类别限制条件和限制科目，两者组成凭证类别校验的标准，供系统对录入的记账凭证进行输入校验，以便检查录入的凭证信息和选择的凭证类别是否相符。广州市美妆商贸有限公司属于中小企业，一般选择记账凭证为通用凭证，无限制类型。

### 3. 常用凭证

T+教育专版中，提供了10种常用的凭证分类，包括现金销售、预售商品、销售商品等。

**养成财务数据思维**

财务工作是一项严谨细致的工作，对一切数据都要有认真负责的态度，一丝不苟、精益求精的追求，会计软件系统的基础信息涉及企业数据的源头，是所有会计核算数据的起点，一定要注意数据的准确性和正确性。

## 活动指导

活动1.2.2
［业务1-2］
操作录屏

### 一、打开基础设置界面

双击计算机桌面的“畅捷通T+教育专版”图标，账套主管以业务日期2023年9月1日登录，将左边导航栏的滚动条拉到末端，打开“基础设置｜基础设置”界面，如图1-11所示。

图1-11　基础设置

### 二、查看与维护部门信息

（1）查看部门信息。在T+教育专版左侧基础设置界面，单击“部门”选项，打开“部门”界面，可以检查部门信息，如图1-12所示。

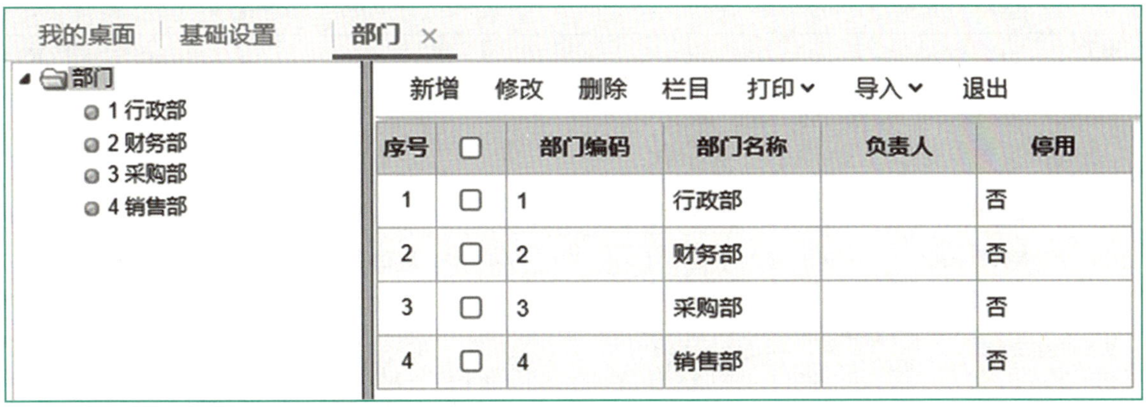


| 序号 | □ | 部门编码 | 部门名称 | 负责人 | 停用 |
|---|---|---|---|---|---|
| 1 | □ | 1 | 行政部 | | 否 |
| 2 | □ | 2 | 财务部 | | 否 |
| 3 | □ | 3 | 采购部 | | 否 |
| 4 | □ | 4 | 销售部 | | 否 |

图 1－12　部门信息

（2）维护部门信息。在“部门”右侧界面，单击“新增”按钮，打开“部门”新增对话框，如图 1－13 所示。在“部门”新增对话框中，根据表 1－1 部门信息，依次录入部门编码、部门名称等信息，录入完成后，单击“保存”按钮，完成部门信息新增。

图 1－13　部门（新增）

## 三、查看与维护员工信息

（1）查看员工信息。在 T＋教育专版左侧基础设置界面，单击“员工”选项，打开“员工”界面，检查员工信息，如图 1－14 所示。

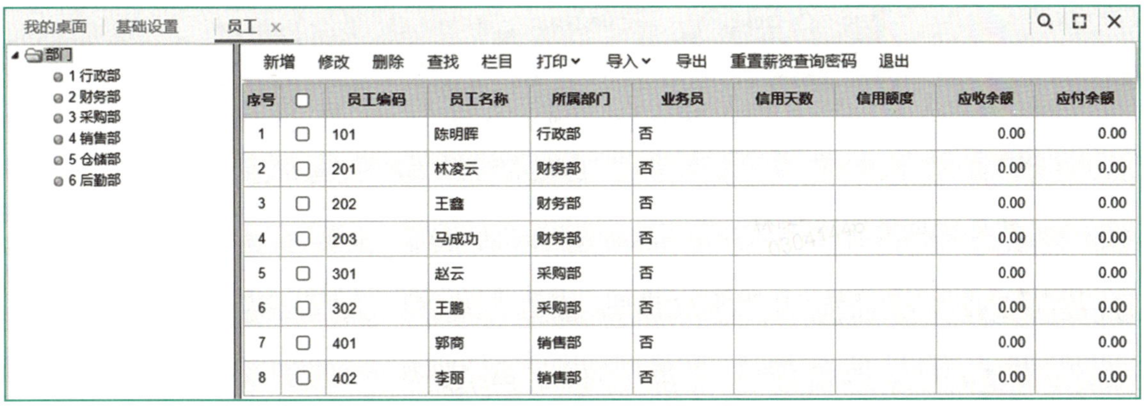


| 序号 | □ | 员工编码 | 员工名称 | 所属部门 | 业务员 | 信用天数 | 信用额度 | 应收余额 | 应付余额 |
|---|---|---|---|---|---|---|---|---|---|
| 1 | □ | 101 | 陈明晖 | 行政部 | 否 | | | 0.00 | 0.00 |
| 2 | □ | 201 | 林凌云 | 财务部 | 否 | | | 0.00 | 0.00 |
| 3 | □ | 202 | 王鑫 | 财务部 | 否 | | | 0.00 | 0.00 |
| 4 | □ | 203 | 马成功 | 财务部 | 否 | | | 0.00 | 0.00 |
| 5 | □ | 301 | 赵云 | 采购部 | 否 | | | 0.00 | 0.00 |
| 6 | □ | 302 | 王鹏 | 采购部 | 否 | | | 0.00 | 0.00 |
| 7 | □ | 401 | 郭商 | 销售部 | 否 | | | 0.00 | 0.00 |
| 8 | □ | 402 | 李丽 | 销售部 | 否 | | | 0.00 | 0.00 |

图 1－14　员工信息

（2）维护员工信息。在“员工”右侧界面，单击“新增”按钮，打开“新增”对话框，如图 1－15 所示。在“员工”新增对话框中，根据表 1－2 员工信息，依次录入员工编码、员工名称、所属部门等信息，录入完成后，单击“保存”按钮，完成员工信息新增。

图 1－15 员工（新增）

## 四、查看往来单位信息

在 T＋教育专版左侧基础设置界面，单击“往来单位”选项，打开“往来单位”界面，检查客户和供应商的信息，如图 1－16 所示。

| 序号 | | 往来单位编码 | 往来单位名称 | 性质 | 结算客户 | 客户价格等级 | 分管部门 |
|---|---|---|---|---|---|---|---|
| 1 | | 101 | 上海兴旺商贸… | 客户 | 上海兴旺… | 普通客户价 | |
| 2 | | 102 | 佛山琳美健康… | 客户 | 佛山琳美… | 普通客户价 | |
| 3 | | 103 | 广州友靓商贸… | 客户 | 广州友靓… | 普通客户价 | |
| 4 | | 201 | 北京科隆商贸… | 供应商 | | | |
| 5 | | 202 | 广州凯琳科技… | 供应商 | | | |
| 6 | | 203 | 广州快达物流… | 供应商 | | | |
| 7 | | 205 | 广州越秀物业… | 供应商 | | | |
| 8 | | 206 | 广州市奇点餐… | 供应商 | | | |
| 9 | | 207 | 国网广州市电… | 供应商 | | | |
| 10 | | 208 | 广州市自来水… | 供应商 | | | |
| 11 | | 209 | 广州云视广告… | 供应商 | | | |

图 1－16 往来单位信息

## 五、查看计量单位信息

在 T＋教育专版左侧基础设置界面，单击“计量单位”选项，打开“计量单位”界面，检查单计量单位的信息，如图 1－17 所示。

## 六、查看存货信息

在 T＋教育专版左侧基础设置界面，单击“存货”选项，打开“存货”界面，检查存货的相关信息，如图 1－18 所示。

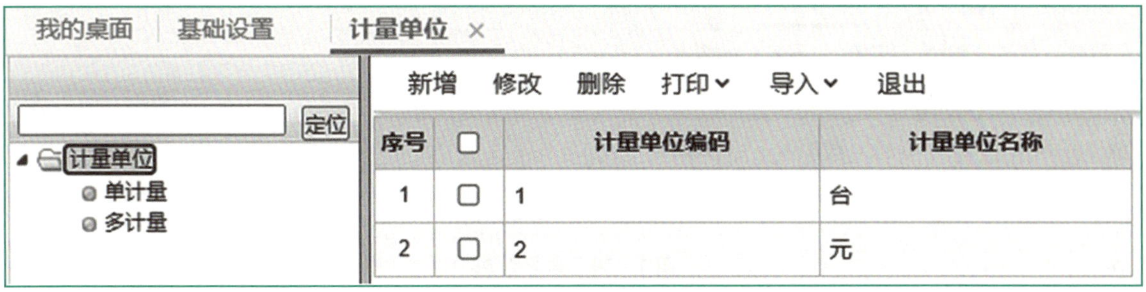


图 1－17　计量单位信息

图 1－18　存货信息

## 七、查看仓库信息

在 T＋教育专版左侧基础设置界面，单击“仓库”选项，打开“仓库”界面，检查仓库的信息，如图 1－19 所示。

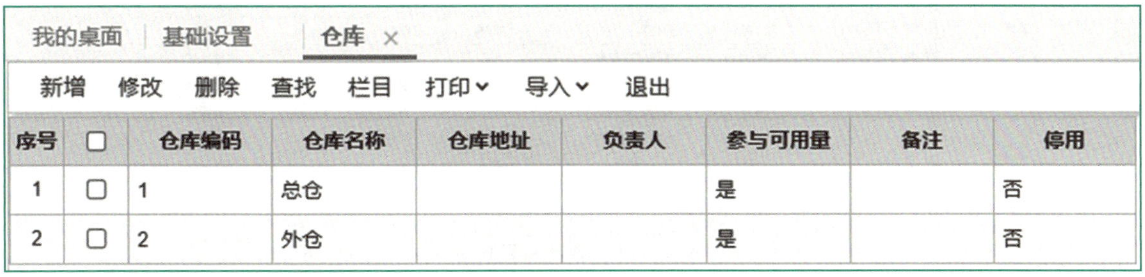


图 1－19　仓库信息

## 八、查看银行账号信息

在 T＋教育专版左侧基础设置界面，单击“账号”选项，打开“账号”界面，检查银行账号的信息，如图 1－20 所示。

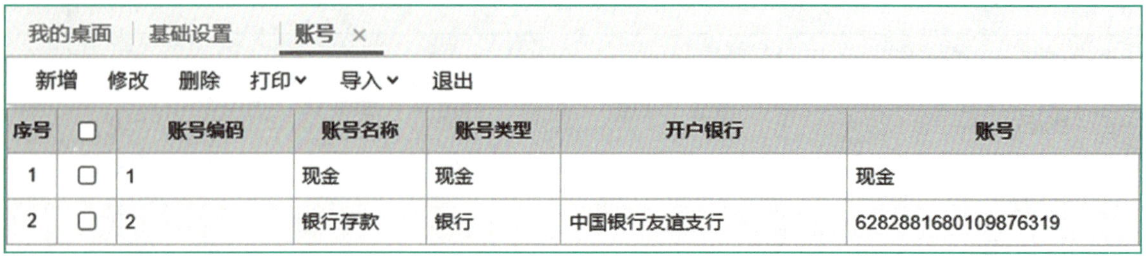


| 序号 | ☐ | 账号编码 | 账号名称 | 账号类型 | 开户银行 | 账号 |
|---|---|---|---|---|---|---|
| 1 | ☐ | 1 | 现金 | 现金 | | 现金 |
| 2 | ☐ | 2 | 银行存款 | 银行 | 中国银行友谊支行 | 6282881680109876319 |

图 1－20　账号信息

## 九、查看与维护会计科目信息

（1）查看科目信息。在 T＋教育专版左侧基础设置界面，单击“科目”选项，打开“科目”界面，检查会计科目的设置情况，如图 1－21 所示。

| 序号 | ☐ | 级次 | 科目编码 | 科目名称 | 科目类型 | 余额方向 | 辅助核算项 | 账页格式 | 停用 |
|---|---|---|---|---|---|---|---|---|---|
| 1 | ☐ | 1 | 1001 | 库存现金 | 资产 | 借方 | | 金额式 | |
| 2 | ☐ | 1 | 1002 | 银行存款 | 资产 | 借方 | | 金额式 | |
| 3 | ☐ | 1 | 1012 | 其他货币资金 | 资产 | 借方 | | 金额式 | |
| 4 | ☐ | 1 | 1101 | 短期投资 | 资产 | 借方 | | 金额式 | |
| 5 | ☐ | 2 | 110101 | 股票 | 资产 | 借方 | | 金额式 | |
| 6 | ☐ | 2 | 110102 | 债券 | 资产 | 借方 | | 金额式 | |
| 7 | ☐ | 2 | 110103 | 基金 | 资产 | 借方 | | 金额式 | |
| 8 | ☐ | 2 | 110110 | 其他 | 资产 | 借方 | | 金额式 | |
| 9 | ☐ | 1 | 1121 | 应收票据 | 资产 | 借方 | 往来单位 | 金额式 | |
| 10 | ☐ | 1 | 1122 | 应收账款 | 资产 | 借方 | | 金额式 | |
| 11 | ☐ | 1 | 1123 | 预付账款 | 资产 | 借方 | 往来单位 | 金额式 | |
| 12 | ☐ | 1 | 1131 | 应收股利 | 资产 | 借方 | | 金额式 | |
| 13 | ☐ | 1 | 1132 | 应收利息 | 资产 | 借方 | | 金额式 | |
| 14 | ☐ | 1 | 1221 | 其他应收款 | 资产 | 借方 | | 金额式 | |
| 15 | ☐ | 1 | 1401 | 材料采购 | 资产 | 借方 | | 金额式 | |
| 16 | ☐ | 1 | 1402 | 在途物资 | 资产 | 借方 | | 金额式 | |
| 17 | ☐ | 1 | 1403 | 原材料 | 资产 | 借方 | | 金额式 | |
| 18 | ☐ | 1 | 1404 | 材料成本差异 | 资产 | 借方 | | 金额式 | |
| 19 | ☐ | 1 | 1405 | 库存商品 | 资产 | 借方 | 存货 | 金额式 | |
| 20 | ☐ | 1 | 1407 | 商品进销差价 | 资产 | 借方 | | 金额式 | |
| 21 | ☐ | 1 | 1408 | 委托加工物资 | 资产 | 借方 | | 金额式 | |
| 22 | ☐ | 1 | 1411 | 周转材料 | 资产 | 借方 | | 金额式 | |

图 1－21　会计科目信息

（2）新增科目信息。在“科目”右侧界面，单击“新增”按钮，打开“科目”新增对话框，如图 1－22 所示。在“科目”新增对话框中，根据表 1－11 科目信息，依次录入科目编码、科目名称等信息，录入完成后，单击“保存”按钮，完成科目信息新增。

（3）修改科目信息。根据表 1－11 科目信息，完成“应收账款”科目的辅助核算内容修改。选择“应收账款”科目，单击“修改”按钮，打开“科目”对话框，在“科目”对话框中的“辅助核算”框中选择“往来单位”，单击“往来单位”后面的“设置”按钮，打开“科目辅助属性设置”，单击“往来单位属性”输入栏，在下拉的选项中选择“客户”，单击“确定”按钮，完成设置，如图 1－23、图 1－24 所示。

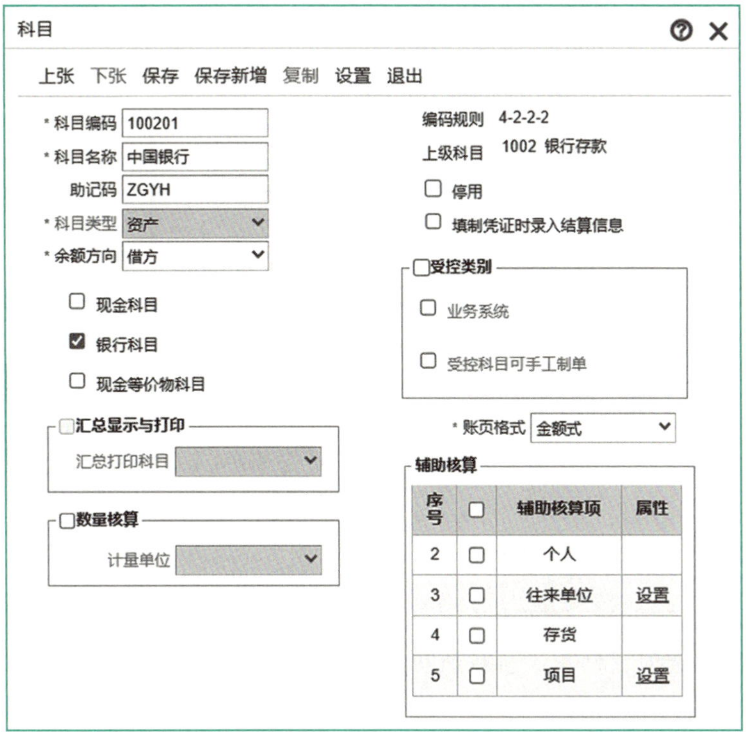


图 1－22　会计科目（新增）

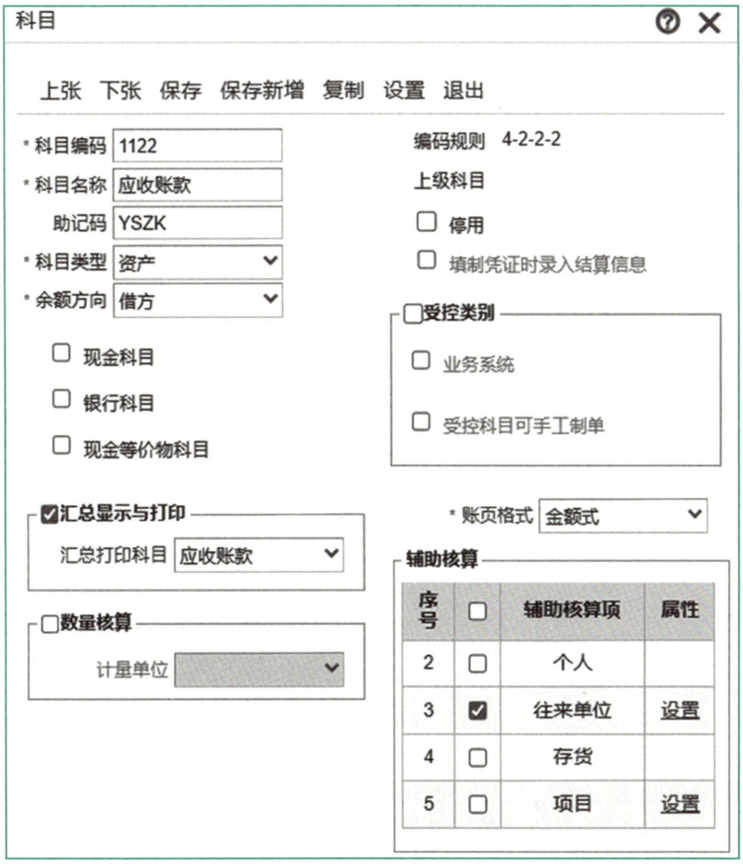


图 1－23　会计科目（修改）

图 1－24　科目辅助属性设置

## 十、查看与维护科目余额信息

（1）查看科目余额信息。在 T＋教育专版左侧界面，单击“基础设置｜初始化｜期初余额｜科目期初余额”选项，打开“科目期初余额”界面，检查科目期初余额的设置情况，如图 1－25 所示。

| 序号 | *科目编码 | *科目名称 | 方向 | 计量单位 | 累计借方 | | 累计贷方 | | 期初余额 | |
|---|---|---|---|---|---|---|---|---|---|---|
| | | | | | 数量 | 金额 | 数量 | 金额 | 数量 | 金额 |
| 1 | 1001 | 库存现金 | 借方 | | | | | | | 3,012.00 |
| 2 | 1002 | 银行存款 | 借方 | | | | | | | |
| 3 | 1012 | 其他货币资金 | 借方 | | | | | | | |
| 4 | 1101 | 短期投资 | 借方 | | | | | | | |
| 5 | 110101 | 股票 | 借方 | | | | | | | |
| 6 | 110102 | 债券 | 借方 | | | | | | | |
| 7 | 110103 | 基金 | 借方 | | | | | | | |
| 8 | 110110 | 其他 | 借方 | | | | | | | |
| 9 | 1121 | 应收票据 | 借方 | | | | | | | |
| 10 | 1122 | 应收账款 | 借方 | | | | | | | |
| 11 | 1123 | 预付账款 | 借方 | | | | | | | |
| 12 | 1131 | 应收股利 | 借方 | | | | | | | |
| 13 | 1132 | 应收利息 | 借方 | | | | | | | |
| 14 | 1221 | 其他应收款 | 借方 | | | | | | | |
| 15 | 1401 | 材料采购 | 借方 | | | | | | | |
| 16 | 1402 | 在途物资 | 借方 | | | | | | | |
| 17 | 1403 | 原材料 | 借方 | | | | | | | |
| 18 | 1404 | 材料成本差异 | 借方 | | | | | | | |
| 19 | 1405 | 库存商品 | 借方 | | | | | | 2,200.00 | 635,000.00 |
| 合计 | | | | | | | | | 2,200.00 | -310,000.55 |

图 1－25　会计科目余额

（2）维护科目余额信息。在“科目期初余额”界面，根据表 1－11、表 1－12 科目余额信息，补充录入“中国银行”“应收账款”的期初余额。“应收账款”的期初余额录入情况，如图 1－26 所示。

辅助核算期初
保存 明细 导出 设置 打印 清零 删除 定位 退出
科目: 1122 应收账款方向: 借方

| 序号 | *往来单位 | 累计借方 | 累计贷方 | 期初余额 | 年初余额 |
|---|---|---|---|---|---|
| | | 金额 | 金额 | 金额 | 金额 |
| 1 | 佛山琳美健康 | | | 10,000.00 | 10,000.00 |
| 2 | | | | | |

图 1-26　辅助核算科目余额录入

（3）试算平衡。在“科目期初余额”界面，单击“试算平衡”按钮，打开“试算平衡”界面，查看试算平衡结果，如图 1-27 所示。

试算平衡
导出 打印 退出
试算结果平衡!

| 序号 | 科目类型 | 借方发生 | 贷方发生 | 方向 | 余额 | 科目类型 | 借方发生 | 贷方发生 | 方向 | 余额 |
|---|---|---|---|---|---|---|---|---|---|---|
| 1 | 资产 | | | 借 | 1,131,250.55 | 负债 | | | 贷 | 233,250.55 |
| 2 | 成本 | | | 平 | | 权益 | | | 贷 | 898,000.00 |
| 3 | | | | | | 损益 | | | 平 | |
| 4 | 合计 | | | 借 | 1,131,250.55 | 合计 | | | 贷 | 1,131,250.55 |

图 1-27　试算平衡结果

# 职业技能巩固与训练

## 一、单项选择题

1. 会计信息化的主要特征是（　　）。

A. 计算机开始应用于会计工作　　B. 信息技术广泛应用于会计工作

C. 智能技术广泛应用于会计工作　　D. 财务机器人开始应用于会计工作

2. 畅捷通 T+、金蝶云会计这类财务软件适合（　　）类型的企业使用。

A. 小微企业　　B. 中型企业　　C. 大型企业　　D. 集团公司

3. 为推动企业会计信息化，提高会计软件和相关服务质量，规范信息化环境下的会计工作，国家制定了（　　）。

A.《企业会计信息化工作规范》

B.《会计信息化发展规划（2021—2025 年）》

C.《会计基础工作规范》

D.《财政部关于全面推进我国会计信息化工作的指导意见》

4. 会计数字化转型就是利用（　　）来推动企业转变会计的业务模式、流程和财务、业务部门的组织架构操作。

A. 物联网　　B. 人工智能　　C. 移动互联　　D. 数字化技术

5. 财务共享服务中心的核心特征是（　　）。

A. 信息技术深度应用　　B. 业务财务深度融合

C. 财务核算高度共享　　D. 核算要求统一规范

6. 账套是指存放会计核算对象的会计业务（　　）的总称。

A. 数据材料　　B. 数字信息　　C. 数据文件　　D. 数据资料

7. 账套的备份与恢复一般由（　　）操作。

A. 账套主管　　B. 会计主管　　C. 会计　　D. 出纳

8. 会计科目编码规则为“4-2-2-2”，以下符合该规则的是（　　）。

A. 101　　B. 100101　　C. 10201　　D. 100010101

9. 增加会计科目时，以下（　　）为非必录项。

A. 科目编码　　B. 科目名称　　C. 助记码　　D. 余额方向

10. 关于科目期初余额录入，说法正确的是（　　）。

A. 辅助核算科目余额直接录入　　B. 数量核算科目需要录入数量和金额

C. 末级科目直接录入　　D. 非末级科目不可以录入

## 二、多项选择题

1. 会计信息系统发展经历了（　　）阶段。

A. 会计电算化　　B. 会计信息化　　C. 会计智能化　　D. 会计价值化

2. 会计信息化工作规范中要求（　　）。

A. 企业应当指定专门机构或者专业岗位人员负责会计信息化工作

B. 企业应当建立健全适应信息化工作环境的制度体系

C. 企业会计资料中对经济业务事项的描述应当使用中文

D. 企业应当建立电子会计资料备份管理制度

3. 会计信息系统未来的发展趋势有（　　）。

A. 核算流程自动化　B. 核算内容智能化　C. 核算平台云端化　D. 核算手段信息化

4. 会计核算流程自动化主要表现在（　　）。

A. 单据获取自动化　B. 会计核算自动化　C. 账表登记自动化　D. 报表生成自动化

5. 会计核算内容智能化主要表现在（　　）。

A. 单据智能识别　B. 业务智能判断　C. 数据智能审核　D. 报表智能分析

6. 大智移云物通常包括（　　）。

A. 物联网　B. 人工智能　C. 移动互联　D. 大数据和云计算

7. 对系统的账套数据进行管理操作，包括（　　）。

A. 账套恢复　B. 账套备份　C. 数据核对　D. 数据检查

8. 以下属于结算方式的有（　　）。

A. 现金　B. 支票　C. 银行汇票　D. 支付宝

9. 关于科目余额录入，说法正确的有（　　）。

A. 辅助核算科目余额直接录入　B. 数量核算科目需要录入数量和金额

C. 末级科目直接录入　D. 非末级科目不可以录入

10. T+教育专版默认提供（　　）账页格式。

A. 金额式　B. 三栏式　C. 多栏式　D. 数量金额式

## 三、判断题

（　　）1. 企业不得在非涉密信息系统中存储、处理和传输涉及国家秘密、关系国家经济信息安全的电子会计资料。

（　　）2. 未经有关主管部门批准，不得将涉及关系国家经济信息的电子会计资料携带、寄运或者传输至境外。

（　　）3. 智能财税是指在财税领域中应用人工智能、云计算、大数据等现代信息技术，实现财务和税务业务处理、管理、决策的智能化。

（　　）4. 独立财务核算的企业要设置一套完整的会计凭证、会计账簿和会计报表体系，全面记录经济业务并定期编制财务报表。

（　　）5. 未来财务机器人将全面替代财务人员的工作。

（　　）6. 采用备份计划，可由系统自动完成，一次可以备份多个账套数据。

（　　）7. 账套的备份与恢复一般由会计操作。

（　　）8. 两个往来单位不可合并为一个，不同性质的往来单位也不可合并。

（　　）9. 多计量单位"新增"则需先增加计量单位组，然后再在组下增加计量单位，且组下必须且只能有一个主计量单位。

（　　）10. 已经使用的会计科目不可以删除。

# 模块二

# 费用类业务处理

**模块导读**

费用是指企业在日常活动中发生的、会导致所有者权益减少的、与所有者分配利润无关的经济利益的总流出。企业日常费用业务主要包括管理费用、销售费用和财务费用。在T+教育专版中，企业日常费用的核算及报销业务通常采用费用单据生成凭证的方式来进行。本模块主要介绍费用单的处理，该功能用于企业的会计、出纳人员处理企业的费用支出，包括生产费用、采购费用、销售费用、其他费用。

**学习目标**

## 职业能力目标

（1）知道费用管理的内容。

（2）知道差旅费、业务招待费、办公费等费用报销的规定。

（3）能进行费用业务的初始设置及日常处理。

（4）能根据企业日常费用单进行记账凭证的生成及维护。

## 财经素养目标

（1）养成依法依规办事的工作态度。

（2）理解费用发生的价值与意义。

# 业务流程

## 一、费用类业务在公司整体业务中的定位

企业资金的支出有两种：一是资本化，资金变成资产还留在企业，如形成固定资产；二是费用化，资金流出企业，企业获得了对等的服务，如水电费。企业只要开始经营就会产生各种费用，企业发生的各项费用是保障企业正常运行的前提，根据费用的性质可以将其分为销售费用、管理费用和财务费用等。

## 二、费用类业务流程

在会计信息系统中，费用业务可以在往来现金中统一处理。各类费用可以通过费用单的形式进行具体填列，费用单可以继续开展现结、应付、付款、核销等系列后续操作，从而完成各类费用的报销与入账。往来现金业务流程如图 2－1 所示。

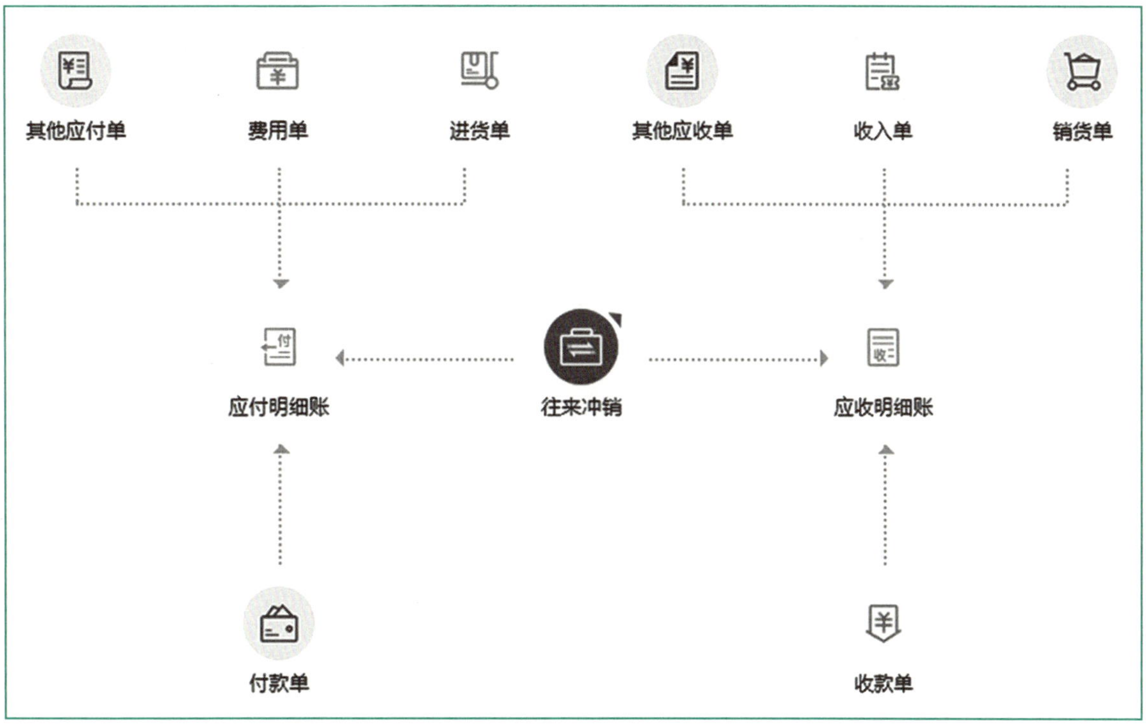


图 2－1　往来现金业务流程

# 典型任务

企业运营过程中，由于经营、生产、管理的需要，在各个环节总伴随着各种费用的发生，如销售费用、财务费用、管理费用等，T+教育专版中企业日常费用的核算主要在总账和往来现金两个子系统中实现。根据商贸企业日常经济业务，我们将费用业务的典型工作任务总结如下：

**【典型任务一】** 报销差旅费

企业由于业务工作需要，经常发生员工出差事项。报销差旅费是企业常见的费用报销业务，报销差旅费需要根据企业的报销标准，提供完备的报销单、交通票据、住宿发票、餐饮发票等。

**【典型任务二】** 支付财务费用

企业资金的一部分来源于银行，使用银行的资金一般都会产生利息。此外企业还有可能给银行支付相关的手续费用等，这些都属于财务费用。常见的财务费用有利息费、手续费等。

**【典型任务三】** 支付营销费用

营销费用伴随着企业营销活动而产生，可以有效提升企业的品牌和销售业绩。由于营销费用覆盖面广，一般独立核算，不分摊到企业产品的成本中，常见的营销费用有广告费、推广费、策划费等。

**【典型任务四】** 报销办公费

企业在日常经营过程中需要采购各类办公用品，如文具、纸张、邮寄服务等。有一些公司的办公用品为定点采购，按月结算。报销办公费时需要提供正规的发票等单据。

# 任务 2.1 费用类业务初始化

## 任务介绍

本任务是对费用类业务模块的初始化功能做介绍，包括费用档案的设置、维护及单据生成的初始化设置，主要目的是学会根据业务的需要进行费用业务处理的初始设置。

## 活动 2.1.1 费用档案维护

### 活动描述

【业务 2－1】9 月 1 日，账套主管查询广州美妆贸易有限公司预置的费用项目档案，并新增如下费用档案，如表 2－1 所示。

表 2－1 费用档案

| 费用编码 | 费用名称 | 税率 | 费用类型 | 是否进行分摊 | 普票是否可抵扣 | 扣除率 |
|---|---|---|---|---|---|---|
| 201 | 广告费 | | 销售费用 | 否 | 否 | |
| 301 | 住宿费 | | 其他费用 | 否 | 否 | |
| 302 | 餐饮费 | | 其他费用 | 否 | 否 | |
| 303 | 出差补贴 | | 其他费用 | 否 | 否 | |
| 304 | 票价＋燃油附加 | | 其他费用 | 否 | 是 | 9% |
| 305 | 民航发展基金 | | 其他费用 | 否 | 否 | |
| 401 | 利息费用 | | 其他费用 | 否 | 否 | |

### 业务流程

费用初始化设置的业务流程，如图 2－2 所示。

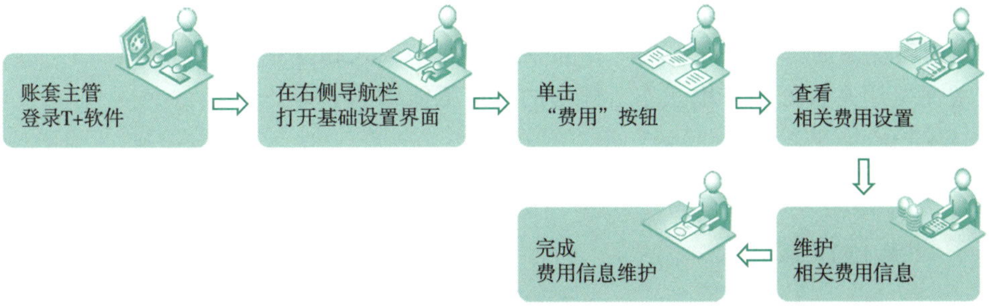


图 2－2 费用初始化设置的业务流程

## 知识准备

### 一、费用的内容

根据《小企业会计准则（2013）》，费用是指企业在日常活动中发生的、会导致所有者权益减少的、与所有者分配利润无关的经济利益的总流出。商贸型企业日常费用主要包括管理费用、销售费用和财务费用。

（1）管理费用。管理费用包括：小企业在筹资期间内发生的开办费、行政管理部门发生的费用，如固定资产折旧费、修理费、办公费、水电费、差旅费、管理人员的职工薪酬、业务招待费、研究费用、技术转让费、相关长期待摊费用摊销、财产保险费、聘请中介机构费、咨询费、诉讼费等费用。

（2）销售费用。销售费用包括：销售部门的职工薪酬、商品维修费、运输费、装卸费、包装费、保险费、广告费、业务宣传费、展览费等费用。小企业在购买商品过程中发生的费用（包括运输费、装卸费、包装费、保险费、运输途中的合理损耗和入库前的挑选整理费等）也构成销售费用。

（3）财务费用。财务费用包括：利息费用（减利息收入）、汇兑损失、银行相关手续费、小企业给予的现金折扣等费用。

**正确理解费用的价值**

企业只要开始经营就一定会发生各类费用，规模越大的企业，费用也将越高。企业支付各类费用是保障企业有效运营的前提，必不可少，从长远来看，很多费用的发生本身就是一种企业持续经营的行为，有些费用还为企业提供了未来发展的能力。

### 二、费用档案维护

明确划分费用能够帮助企业明确费用发生的环节和目的，对精确成本、控制成本有很大帮助。在T+教育专版中费用的类型包括：销售费用、采购费用、生产费用、其他费用。企业在进行日常费用档案维护时，应主要注意以下问题：

（1）费用类型不能增加、修改。

（2）费用如果可以分摊，分摊的方式分为按照数量分摊和按照金额分摊两种模式。分摊的费用可以参与销售费用分摊或采购费用分摊，以精确毛利和采购成本。

（3）过桥过路费等普通发票可抵扣进项税额的费用项目需勾选“普票可抵扣”选项，普通发票可抵扣进项税额的费用项目需在“扣除率”栏目中录入扣除率。

（4）关注费用是否处于停用状态，停用的费用不能参与业务。

## 活动指导

活动2.1.1
[业务2-1]
操作录屏

### 一、打开基础设置界面

账套主管以业务日期2023年9月1日登录T+教育专版，将左边导航栏的滚动条拉到末端，单击打开“基础设置｜基础设置”界面，如图2-3所示。

图 2－3　基础设置界面

## 二、查询费用档案

在 T＋教育专版左侧基础设置界面，单击“基础档案｜费用”选项，打开“费用”界面。在“费用”界面，检查费用信息，如图 2－4 所示。

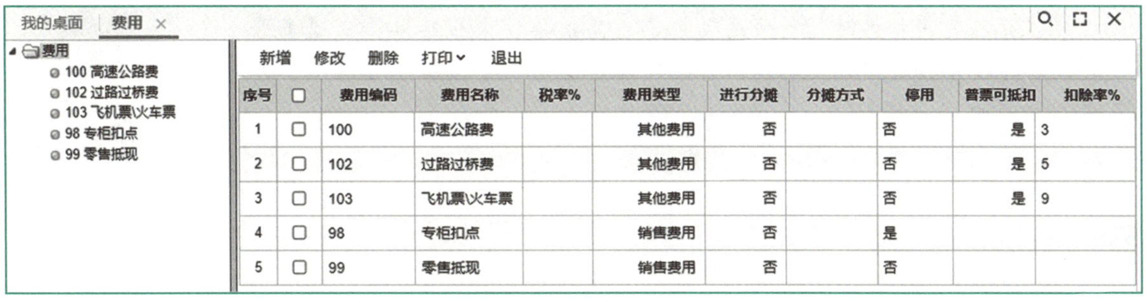


图 2－4　费用界面

## 三、新增项目档案

在“费用”右侧界面，单击“新增”按钮，打开“费用”新增界面。在“费用”新增界面，根据表 2－1 所示的费用档案信息，依次录入费用编码、费用名称、费用类型等信息。单击“保存”按钮，完成新增费用档案，如图 2－5 所示。录入完成后的费用信息，如图 2－6 所示。

图 2－5　广告费新增界面

我的桌面 | 费用 ×

新增 修改 删除 打印 退出

费用
100 高速公路费
102 过路过桥费
103 飞机票\火车票
201 广告费
301 住宿费
302 餐饮费
303 出差补贴
304 票价+燃油附加
305 民航发展基金
401 利息费用
98 专柜扣点
99 零售抵现

| 序号 | □ | 费用编码 | 费用名称 | 税率% | 费用类型 | 进行分摊 | 分摊方式 | 停用 | 普票可抵扣 | 扣除率% |
|---|---|---|---|---|---|---|---|---|---|---|
| 1 | □ | 100 | 高速公路费 | | 其他费用 | 否 | | 否 | 是 | 3 |
| 2 | □ | 102 | 过路过桥费 | | 其他费用 | 否 | | 否 | 是 | 5 |
| 3 | □ | 103 | 飞机票\火车票 | | 其他费用 | 否 | | 否 | 是 | 9 |
| 4 | □ | 201 | 广告费 | | 销售费用 | 否 | | 否 | 否 | |
| 5 | □ | 301 | 住宿费 | | 其他费用 | 否 | | 否 | 否 | |
| 6 | □ | 302 | 餐饮费 | | 其他费用 | 否 | | 否 | 否 | |
| 7 | □ | 303 | 出差补贴 | | 其他费用 | 否 | | 否 | 否 | |
| 8 | □ | 304 | 票价+燃油... | | 其他费用 | 否 | | 否 | 是 | 9 |
| 9 | □ | 305 | 民航发展基金 | | 其他费用 | 否 | | 否 | 否 | |
| 10 | □ | 401 | 利息费用 | | 其他费用 | 否 | | 否 | 否 | |
| 11 | □ | 98 | 专柜扣点 | | 销售费用 | 否 | | 是 | | |
| 12 | □ | 99 | 零售抵现 | | 销售费用 | 否 | | 否 | | |

图 2-6　录入完成后的费用信息

**普通发票可抵扣注意事项**

在录入费用档案时，如果是飞机票、高铁票、出租车票等交通类普通发票可以抵扣进项税额的，则需要勾选“普通发票可抵扣”选项，并录入相应的“扣除率”。

# 活动 2.1.2　费用科目设置

## 活动描述

【业务 2-2】9 月 1 日，账套主管根据公司业务核算要求设置费用项目的入账科目。由于费用单形成的应付款默认在其他应付科目，对应付项目还需要补充设置其他应付科目，如表 2-2 和表 2-3 所示。

表 2-2　费用科目设置信息

| 序号 | 费用类型 | 费用 | 部门 | 科目编码 | 科目名称 |
|---|---|---|---|---|---|
| 1 | 其他费用 | 高速公路费 | | 560207 | 管理费用——差旅费 |
| 2 | 其他费用 | 过路过桥费 | | 560207 | 管理费用——差旅费 |
| 3 | 其他费用 | 飞机票 \ 火车票 | | 560207 | 管理费用——差旅费 |
| 4 | 其他费用 | 票价 + 燃油附加 | | 560207 | 管理费用——差旅费 |
| 5 | 其他费用 | 民航发展基金 | | 560207 | 管理费用——差旅费 |
| 6 | 其他费用 | 住宿费 | | 560207 | 管理费用——差旅费 |
| 7 | 其他费用 | 餐饮费 | | 560207 | 管理费用——差旅费 |
| 8 | 其他费用 | 出差补贴 | | 560207 | 管理费用——差旅费 |
| 9 | 销售费用 | 广告费 | | 560107 | 销售费用——广告费 |
| 10 | 其他费用 | 利息费用 | | 560301 | 财务费用——利息费用 |

表 2-3 其他应付款科目设置信息

| 序号 | 单据类型 | 费用 | 往来单位分类 | 科目编码 | 科目名称 |
|---|---|---|---|---|---|
| 1 | 费用单 | 广告费 | | 220201 | 应付账款——应付款 |

## 业务流程

费用项目科目设置流程，如图 2-7 所示。

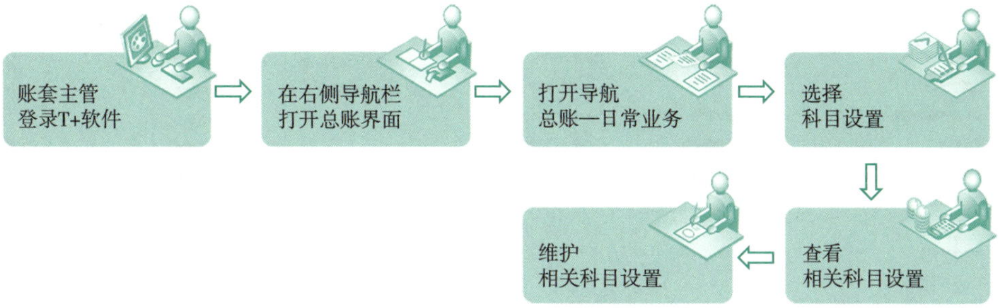


图 2-7 费用项目科目设置流程

## 知识准备

费用科目设置是指设置单据生成凭证的入账科目，通过设置费用科目，系统可以根据费用单的具体费用类型自动生成相关记账凭证。设置费用科目有两种：一是在基础设置中直接设置入账科目；二是在扩展设置中设置入账科目。

### 一、在基础设置中设置入账科目

如果入账科目相对唯一时，建议在基础设置中设置入账科目。如销项税科目，通常情况下，入账科目只有“应交税费——应交增值税（销项税额）”，则建议在基础设置中选择入账科目。

### 二、在扩展设置中设置入账科目

如果入账科目相对不唯一时，建议在扩展设置中设置入账科目。如存货科目，通常情况下，原材料类存货的入账科目是原材料科目、产成品类存货的入账科目是库存商品科目，即入账科目受存货分类影响，需要选择不同科目，则建议在扩展设置中选择入账科目。

在费用科目设置时，我们需要按照《小企业会计准则（2013）》中费用的核算原则在扩展科目中设置费用的入账科目。

## 活动指导

### 一、打开总账界面

账套主管以业务日期 2023 年 9 月 1 日登录 T+教育专版，在左边导航栏中，单击打开“智能财税｜总账”界面，如图 2-8 所示。

活动2.1.2
[业务2-2]
操作录屏

图 2-8　总账界面

## 二、设置费用科目

（1）打开费用科目设置界面。在 T+教育专版左侧界面，单击“智能财税｜总账｜日常业务｜科目设置”选项，打开“科目设置”界面，如图 2-9 所示。

我的桌面　总账　科目设置 ×

保存　退出

分组：全部

| 序号 | 类别 | 科目编码 | 科目名称 | 扩展设置 |
|---|---|---|---|---|
| 7 | 采购费用科目 | 1401 | 材料采购 | 设置 |
| 8 | 暂估应付款科目 | 220202 | 暂估款 | 设置 |
| 9 | 销售科目 | 5001 | 主营业务收入 | 设置 |
| 10 | 应付科目 | 220202 | 暂估款 | 设置 |
| 11 | 预付科目 | 1123 | 预付账款 | 设置 |
| 12 | 应收科目 | 1122 | 应收账款 | 设置 |
| 13 | 预收科目 | 2203 | 预收账款 | 设置 |
| 14 | 现金科目 | 1001 | 库存现金 | 设置 |
| 15 | 银行科目 | 100201 | 中国银行 | 设置 |
| 16 | 收入科目 | | | 设置 |
| 17 | 费用科目 | | | 设置 |
| 18 | 其他应收科目 | | | 设置 |
| 19 | 其他应付科目 | 224102 | 住房公积金 | 设置 |
| 20 | 其他应收对方科目 | 100201 | 中国银行 | 设置 |

图 2-9　科目设置界面

（2）打开费用扩展设置界面。在“科目设置”界面，选择“费用科目”，点击“设置”按钮，打开“费用扩展科目设置”界面，如图2－10所示。

**图2－10　费用扩展科目设置界面**

（3）设置费用扩展项目。在“费用扩展科目设置”界面，点击“序号”栏，选择“增行”，新增一条记录。单击“费用类型”下面的空格，选择“其他费用”。单击“费用”下面的空格，选择“高速公路费”。单击“科目名称”，选择“管理费用——差旅费”科目，完成第一条费用科目设置，如图2－11所示。

（4）完成其他费用科目设置。在“费用扩展科目设置”界面点击“序号”栏，选择“增行”，新增一条记录，可继续设置其他费用科目。根据表2－2费用科目设置信息，依次完成其他费用科目设置，单击“保存”按钮，完成设置。设置完成后，如图2－12所示。

**表格中如何进行“增行”“删行”操作**

在“费用科目扩展设置”界面，点击相应费用序号，可以进行“增行”“插行”“复制行”“删行”的操作，如果点击“增行”按钮，则默认在该行的下面插入一行，如果该费用与上一行入账科目相同或相似，则可以选择“复制行”快速设置科目。

| 序号 | 费用类型 | 费用 | 部门 | 科目编码 | 科目名称 |
|---|---|---|---|---|---|
| 1 | 采购费用 | | | 1401 | 材料采购 |
| | 其他费用 | 高速公路费 | | 560207 | 差旅费 |



图 2－11　高速公路费科目设置

| 序号 | 费用类型 | 费用 | 部门 | 科目编码 | 科目名称 |
|---|---|---|---|---|---|
| 2 | 其他费用 | 高速公路费 | | 560207 | 差旅费 |
| 3 | 其他费用 | 过路过桥费 | | 560207 | 差旅费 |
| 4 | 其他费用 | 飞机票\火车票 | | 560207 | 差旅费 |
| 5 | 其他费用 | 广告费 | | 560107 | 广告费 |
| 6 | 其他费用 | 住宿费 | | 560207 | 差旅费 |
| 7 | 其他费用 | 餐饮费 | | 560207 | 差旅费 |
| 8 | 其他费用 | 出差补贴 | | 560207 | 差旅费 |
| 9 | 其他费用 | 票价+燃油附加 | | 560207 | 差旅费 |
| 10 | 其他费用 | 民航发展基金 | | 560207 | 差旅费 |
| 11 | 其他费用 | 利息费用 | | 560301 | 利息费用 |



图 2－12　费用科目设置完成（1）

## 三、设置其他应付科目

在“科目设置”界面，选择“其他应付科目”，点击“设置”按钮，打开“其他应付科目扩展设置”界面。在“费用科目扩展设置”界面，点击“序号”栏，选择“增行”，新增一条记录。选择单据类型为“费用单”，费用为“广告费”，科目编码为“220201”。单击“保存”按钮，完成设置，如图 2－13 所示。

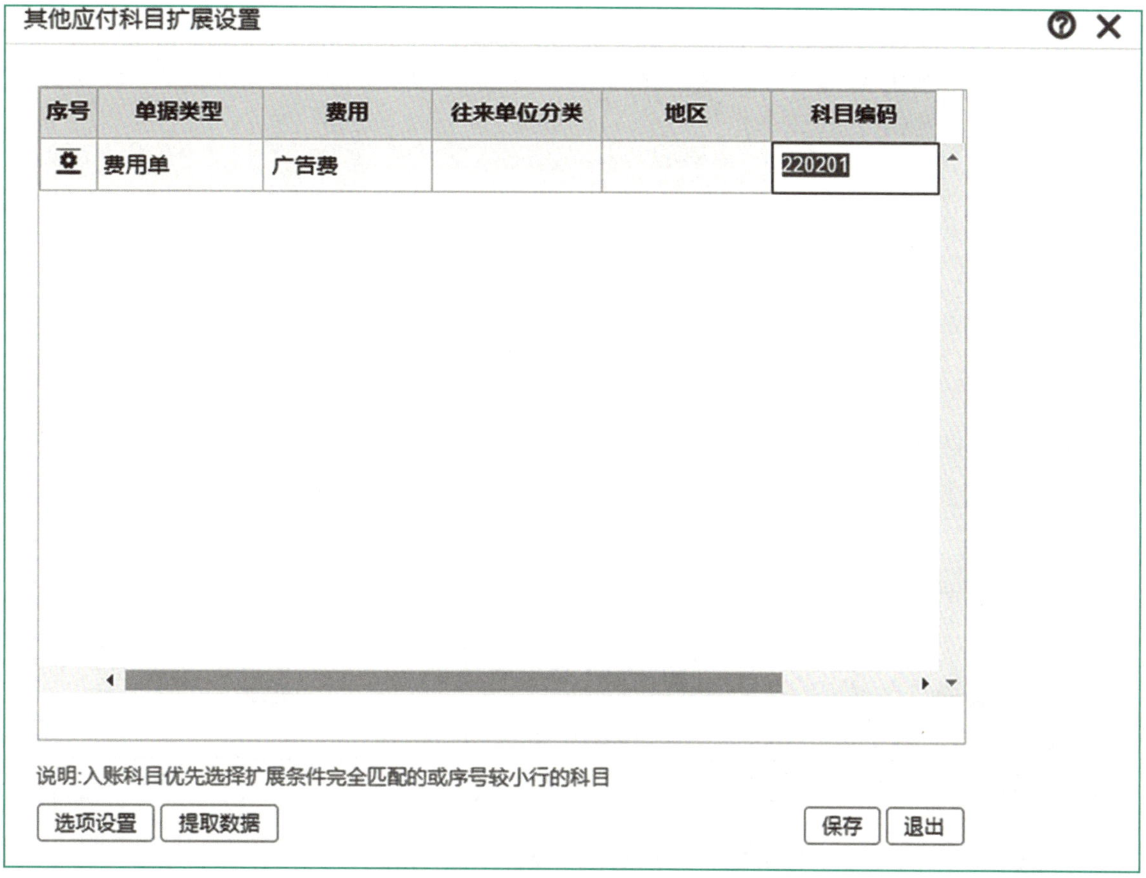


图 2－13　费用科目设置完成（2）

# 任务 2.2 费用类业务日常处理

## 任务介绍

本任务主要介绍在往来现金中录入费用单的日常费用业务处理。以费用业务作为工作场景，详细介绍费用单、付款单等单据的填制、修改、删除、现结、核销等相关操作。

## 活动 2.2.1 管理费用业务处理

### 活动描述

【业务 2－3】9 月 15 日，出纳办理采购部赵云差旅费报销事务，业务单据如图 2－14 至图 2－19 所示。

**差旅费报销单**



报销部门：采购部　　　　报销日期：2023 年 09 月 15 日

出差人：赵云　　　　出差事由：参加采购订货会

| 出差日期：2023 年 09 月 11 日至 2023 年 09 月 14 日 | | | | | | | 共计：4 天 |
|---|---|---|---|---|---|---|---|
| 车船费 | | | | | 其他费用 | | |
| 出发地 | 到达地 | 交通工具 | 附件张数 | 金额 | 项目 | 附件张数 | 金额 |
| 广州 | 北京 | 飞机 | 1 | 1,550.00 | 住宿 | 1 | 1,350.00 |
| 北京 | 广州 | 飞机 | 1 | 1,600.00 | 餐饮 | 1 | 500.00 |
| | | 现金付讫 | | | 市内交通 | | |
| | | | | | 通信费 | | |
| | | | | | 其他 | | |
| | | | | | | | |
| 合计 | | | 2 | ¥3,150.00 | 合计 | 2 | ¥1,850.00 |
| 费用合计：¥5,000.00 | | | | 大写(人民币)：伍仟元整 | | | |
| 预借差旅费： | | | 元 | 补领金额： | 元 | 退还金额： | 元 |
| 核实后报销金额： | | | 元 | 大写(人民币)： | | | |

审批：林凌云　　财务主管：林凌云　　会计：王鑫　　部门主管：　　领款人：赵云

图 2－14　差旅费报销单

科技伴随　高效学习

现金付讫

## 付款申请书

2023 年 09 月 15 日填　　　　付字 1 号

| 收款单位 | 广州美妆商贸有限公司 | | 付款原因 |
|---|---|---|---|
| 账号 | 6282881680109876319 | | 差旅费报销 |
| 开户行 | 中国银行友谊路支行 | | |
| 金额 | 零佰零拾零万伍仟零佰零拾零元零角零分 | | |
| 附件 5 张 | | 金额（小写） ¥5,000.00 | |
| 审批 | 同意报销。<br>陈明晖<br>2023年9月15日 | 财务 同意支付。<br>林凌云<br>2023年9月15日 | |

财务主管 林凌云　　记账 王鑫　　复核　　出纳 马成功　　制单

图 2－15　付款申请书

科技伴随　高效学习

## 电子发票（增值税普通发票）

全国统一发票监制章 北京 国家税务总局监制

发票号码：46068508

开票日期：2023年09月14日

| 购买方信息 | 名称：广州美妆商贸有限公司<br>统一社会信用代码/纳税人识别码：12440168MB2D88680A | 销售方信息 | 名称：老乡鸡（北京）餐饮有限公司<br>统一社会信用代码/纳税人识别码：91110116MA01YDLD9C |
|---|---|---|---|

| 项目名称 | 规格型号 | 单位 | 数量 | 单价 | 金额 | 税率/征收率 | 税额 |
|---|---|---|---|---|---|---|---|
| 餐饮服务*服务费 | | | 1 | 485.44 | 485.44 | 3% | 14.56 |
| 合　计 | | | | | ¥485.44 | | ¥14.56 |
| 价税合计（大写） | ⊗伍佰元整 | | | | （小写） | ¥500.00 | |
| 备注 | | | | | | | |

开票人：王庆

图 2－16　餐饮发票

**电子发票（增值税专用发票）**

北京

发票号码：98788604

开票日期：2023年09月14日

| | |
|---|---|
| 购买方信息<br>名称：广州美妆商贸有限公司<br>统一社会信用代码/纳税人识别码：12440168MB2D88680A | 销售方信息<br>名称：北京漫心酒店管理有限公司<br>统一社会信用代码/纳税人识别码：91110122MA04D45B10 |

| 项目名称 | 规格型号 | 单位 | 数量 | 单价 | 金额 | 税率/征收率 | 税额 |
|---|---|---|---|---|---|---|---|
| 住宿服务*住宿费 | 豪华大床房 | 天 | 3 | 424.53 | 1,273.59 | 6% | 76.41 |
| 合计 | | | | | ¥1,273.59 | | ¥76.41 |
| 价税合计（大写） | ⊗壹仟叁佰伍拾元整 | | | | （小写） | ¥1,350.00 | |
| 备注 | | | | | | | |

开票人：方芳

图 2－17　住宿发票

**航空运输电子客票行程单**

ITINERARY/RECEIPT OF E-TICKET FOR AIR TRANSPORT

印刷序号：SERIAL NUMBER 28187756644

| 旅客姓名 NAME OF PASSENGER | 有效身份证件号码 ID.NO. | 签注 ENDORSEMENTS/RESTRICTIONS (CARBON) |
|---|---|---|
| 赵云 | 440100199905190212 | 不得转签 |

| | 承运人 CARRIER | 航班号 FLIGHT | 座位等级 CLASS | 日期 DATE | 时间 TIME | 客票级别/客票类别 FARE BASIS | 客票生效日期 NOTVALID BEFORE | 有效截止日期 NOTVALID AFTER | 免费行李 ALLOW |
|---|---|---|---|---|---|---|---|---|---|
| 自 FROM 广州 | 国航 | CA1358 | Y | 2023-09-11 | 09:25 | Y | | | |
| 至 TO 北京 | VOID | | | | | | | | |
| 至 TO VOID | | | | | | | | | |
| 至 TO | | | | | | | | | |
| 至 TO | 票价 FARE<br>CNY 1,450.00 | | 民航发展基金 CAAC DEVELOPMENT FUND<br>CNY 50.00 | | 燃油附加费 FUEL SURCHARGE<br>CNY 50.00 | 其他税费 OTHER TAXS<br>CNY | 合计 TOTAL<br>CNY 1,550.00 | | |

| | | | | | | | |
|---|---|---|---|---|---|---|---|
| 电子客票号码 E-TICKET NO. | 010-3421076088 | 验证码 CK. | 2020 | 提示信息 INFORMATION | | 保险费 INSURANCE | 0.00 |
| 销售单位代号 AGENT CODE. | ZGHK2059 | 填开单位 ISSUED BY | 中国国际航空 | | | 填开日期 DATE OF ISSUE | 2023-09-11 |

验真网址：WWW.TRAVELSKY.COM　服务热线：400-815-8888　短信验真：发送JP至10669018

付款凭证 RECEIPT　手写无效 INVALID IN HANDWRITING

中国民航电子客票行程单 发票专用章

图 2－18　去程机票行程单

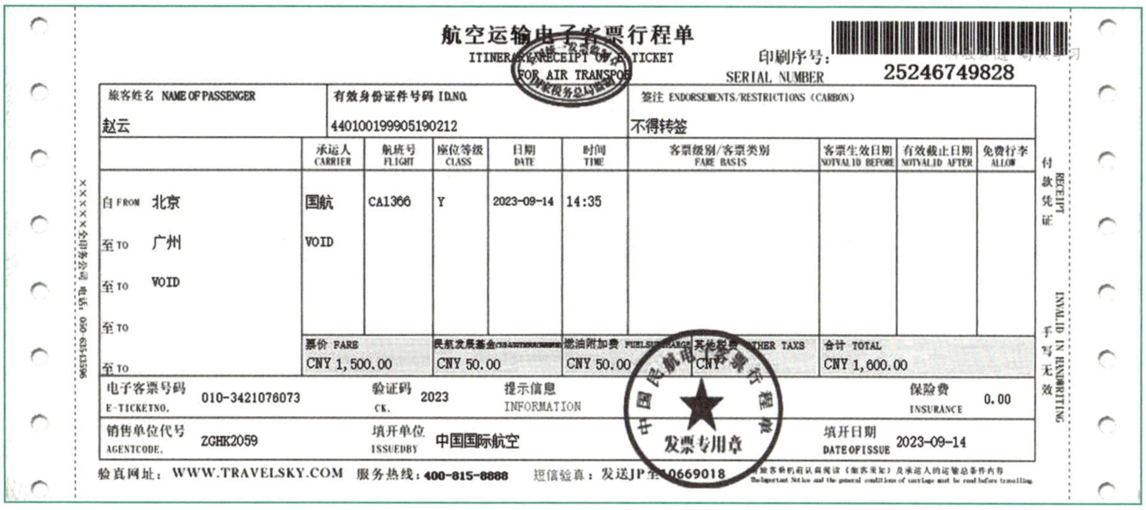

航空运输电子客票行程单
ITINERARY/RECEIPT OF E-TICKET FOR AIR TRANSPORT

印刷序号：SERIAL NUMBER 25246749828

| 旅客姓名 NAME OF PASSENGER | 有效身份证件号码 ID.NO. | 签注 ENDORSEMENTS/RESTRICTIONS (CARBON) |
| --- | --- | --- |
| 赵云 | 440100199905190212 | 不得转签 |

| | 承运人 CARRIER | 航班号 FLIGHT | 座位等级 CLASS | 日期 DATE | 时间 TIME | 客票级别/客票类别 FARE BASIS | 客票生效日期 NOT VALID BEFORE | 有效截止日期 NOT VALID AFTER | 免费行李 ALLOW |
| --- | --- | --- | --- | --- | --- | --- | --- | --- | --- |
| 自 FROM 北京 | 国航 | CA1366 | Y | 2023-09-14 | 14:35 | | | | |
| 至 TO 广州 | VOID | | | | | | | | |
| 至 TO VOID | | | | | | | | | |
| 至 TO | | | | | | | | | |
| 至 TO | 票价 FARE CNY 1,500.00 | | 民航发展基金 CNY 50.00 | | 燃油附加费 FUEL SURCHARGE CNY 50.00 | 其他税费 OTHER TAXS CNY | 合计 TOTAL CNY 1,600.00 | | |

电子客票号码 E-TICKET NO. 010-3421076073　验证码 CK. 2023　提示信息 INFORMATION　保险费 INSURANCE 0.00

销售单位代号 AGENT CODE. ZGHK2059　填开单位 ISSUED BY 中国国际航空　填开日期 DATE OF ISSUE 2023-09-14

验真网址：WWW.TRAVELSKY.COM　服务热线：400-815-8888　短信验真：发送JP至10669018

付款凭证 RECEIPT　手写无效 INVALID IN HANDWRITING

发票专用章

图 2－19　回程机票行程单

## 业务流程

差旅费业务处理流程，如图 2－20 所示。

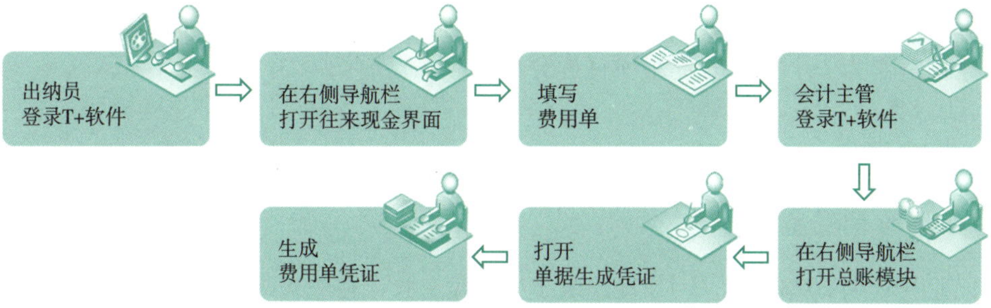


图 2－20　差旅费业务处理流程

## 知识准备

### 一、差旅费含义

差旅费是指出差期间因办理公务而产生的交通费、住宿费和公杂费等各项费用。差旅费核算的内容包括：用于出差旅途中的费用支出，包括购买车票、船票、火车票、飞机票的费用、住宿费，伙食补助费及其他方面的支出。

### 二、往来费用与现金费用

在费用单录入时，业务类型为必录项目。费用单的业务类型分为两种：往来费用和现金费用。

（1）往来费用。企业与往来单位相关的费用支出，即往来费用。如果费用没有全部支付，需要记录应付账款，且需要标注往来单位。还有一种情况，虽然费用已经全部支付，但企业本身需要记录费用发生的往来单位，该费用也是往来费用。

（2）现金费用。企业与往来单位无关的费用支出以及费用支出的付款。费用全部支付，且企业本身不需要记录费用发生的往来单位，该费用为现金费用。

**你知道什么是开源节流吗**

开源节流出自《荀子·富国》："故明主必谨养其和，节其流，开其源，而时斟酌焉，潢然使天下必有余，而上不忧不足。"所谓"源"和"流"，是以水比喻财政经济。一般来说，"源"，比喻生产、收入，"流"，比喻费用、开支。"开源"和"节流"，两者必须结合，要是只开源而不节流，或是只节流而不开源，都不可能达到积累的目的。开源节流现在已广泛应用到企业的日常经营管理中。

## 三、差旅费票据录入注意事项

（1）普票可抵扣。在录入差旅费费用单时，火车票、机票等交通票属于"普通发票"，同时，此类票据又可以抵扣进项税，因此在录入时需要勾选"普票可抵扣"。

（2）普通发票和专用发票分开录入。由于每张费用单的票据类型只能选择"普通发票"或"专用发票"，因此，在录入费用单时，我们可以将差旅费的普通发票（如交通费发票）和专用发票（如住宿费发票）分开两张费用单来录入。

（3）机票的录入。在T+教育专版中，费用单表体项目中"金额""税额""含税金额"等项目属于关联自动计算的项目，由于民航发展基金（即机场建设费）不能抵扣进项税，因此需要将机场建设费作为一个单独的费用项目拆分出来录入。

活动2.2.1
[业务2-3]
操作录屏

# 活动指导

## 一、打开往来现金界面

出纳以业务日期2023年9月15日登录T+教育专版，在左边导航栏中，单击打开"智能财税｜往来现金"界面，如图2-21所示。

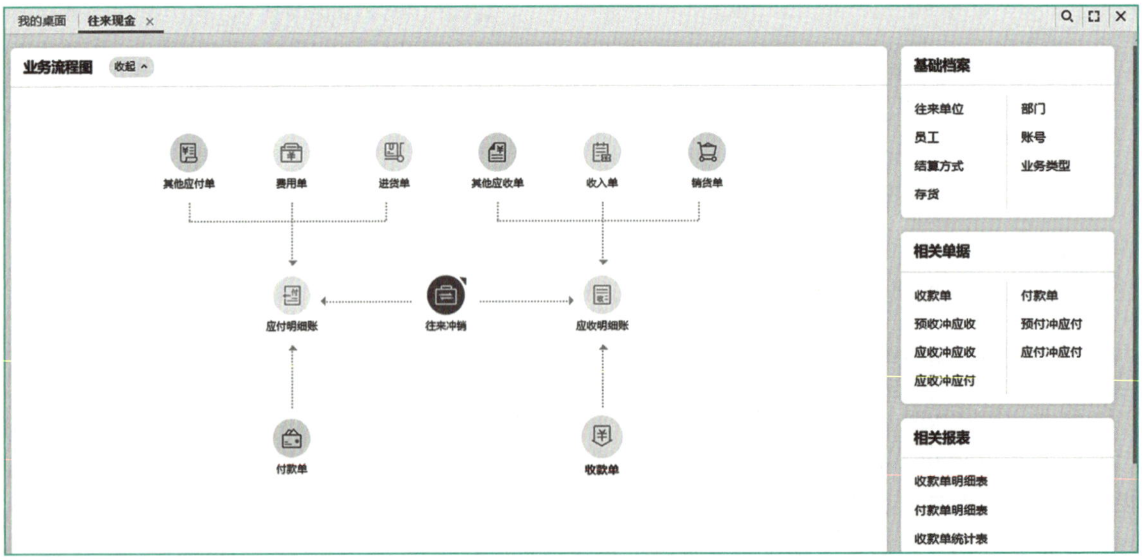


图2-21　往来现金界面

## 二、填制机票费用单

（1）打开费用单界面。在“往来现金”界面，单击打开“费用单”录入界面。

（2）录入机票费用。费用单单据日期、单据编号由系统生成，选择业务类型为“现金费用”，票据类型为“普通发票”。根据图 2－18、图 2－19 的机票信息，继续录入部门、业务员等信息，表体录入费用名称、税率、含税金额等信息，确认勾选“普票可抵扣”。金额、税额、可抵扣额由系统自动计算，如图 2－22 所示。

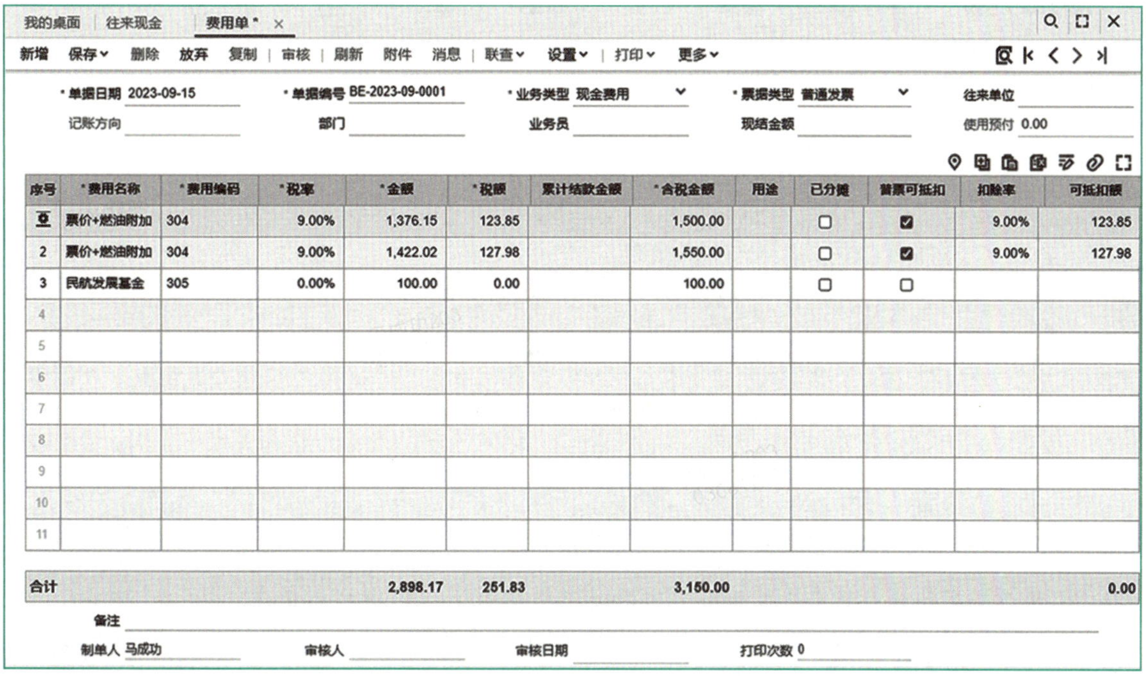


图 2－22　机票费用单录入界面

（3）进行现结。在“费用单”界面，单击表头“现结金额”栏目后面的▣图标，打开“现结”窗口。在“现结”窗口，选择结算方式为“现金”，付款金额默认为“3, 150.00”，单击“确定”按钮，完成现结，如图 3－23 所示。

图 2－23　现结金额录入界面

（4）保存、审核费用单。单击“保存”按钮，保存费用单，单击“审核”按钮，完成费用单审核，如图 2－24 所示。

我的桌面 | 往来现金 | 费用单 ×

新增 保存 删除 放弃 复制 | 弃审 | 刷新 附件 消息 | 联查 设置 | 打印 更多

已结清 已审

*单据日期 2023-09-15 *单据编号 BE-2023-09-0001 *业务类型 现金费用 *票据类型 普通发票 往来单位

记账方向 部门 采购部 业务员 赵云 现结金额 3,150.00 使用预付 0.00

| 序号 | *费用名称 | *费用编码 | *税率 | *金额 | *税额 | 累计结款金额 | *含税金额 | 用途 | 已分摊 | 普票可抵扣 | 扣除率 | 可抵扣额 |
|---|---|---|---|---|---|---|---|---|---|---|---|---|
| 1 | 票价+燃油附加 | 304 | 9.00% | 1,376.15 | 123.85 | 1,500.00 | 1,500.00 | | ☐ | ☑ | 9.00% | 123.85 |
| 2 | 票价+燃油附加 | 304 | 9.00% | 1,422.02 | 127.98 | 1,550.00 | 1,550.00 | | ☐ | ☑ | 9.00% | 127.98 |
| 3 | 民航发展基金 | 305 | 0.00% | 100.00 | 0.00 | 100.00 | 100.00 | | ☐ | ☐ | | |
| 4 | | | | | | | | | | | | |
| 5 | | | | | | | | | | | | |
| 6 | | | | | | | | | | | | |
| 7 | | | | | | | | | | | | |
| 8 | | | | | | | | | | | | |
| 9 | | | | | | | | | | | | |
| 10 | | | | | | | | | | | | |
| 合计 | | | | 2,898.17 | 251.83 | 3,150.00 | 3,150.00 | | | | | 251.83 |

备注

制单人 马成功 审核人 马成功 审核日期 2023-09-15 打印次数 0

图 2－24　机票费用单审核完成界面

**如何自动实现价税分离的操作**

机票、高铁票、旅客运输票等交通票使用交通运输部门出具的运输票据可以进行进项抵扣，因此，在录入时需要勾选“普票可抵扣”。交通票在录入时，可先录入“价税合计”项目，则系统可以根据税率自动进行价税分离，自动填入“金额”“税额”。

## 三、填制餐饮费费用单

按照填制机票费用单的步骤继续填制餐饮费费用单，选择业务类型为“现金费用”，票据类型为“普通发票”。根据图 2－16 所示的餐饮发票信息，录入相关费用单内容，录入完成审核后的结果，如图 2－25 所示。

## 四、填制住宿费费用单

按照填制机票费用单的步骤继续填制住宿费费用单，选择业务类型为“现金费用”，票据类型为“专用发票”。根据图 2－17 所示的住宿费发票信息，录入相关费用单内容，录入完成审核后的结果，如图 2－26 所示。

图 2－25　餐饮费用单审核完成界面

图 2－26　住宿费用单审核完成界面

## 五、生成差旅费凭证

（1）切换为会计主管身份，以业务日期 2023 年 9 月 15 日登录 T＋教育专版。在左边导航栏中，单击“智能财税｜总账｜日常业务｜单据生凭证”选项，打开“单据生凭证”窗口，如图 2－27 所示。

图 2－27　单据生成凭证界面

（2）筛选费用单。在“单据生凭证”窗口，点击“过滤分组”按钮，选择“往来现金及出纳”项目，在表体中选择“费用单”单据类型，如图 2－28 所示。

图 2－28　费用单菜单界面

（3）查询合并费用单。单击“下一步”按钮，进入“选择查询条件”界面，选择相应单据的业务日期，继续单击“下一步”按钮，进入“查询结果”界面。勾选“按合并规则设置合并号”，选对对应单据，并在合并号中录入“1”，如图 2－29 所示。

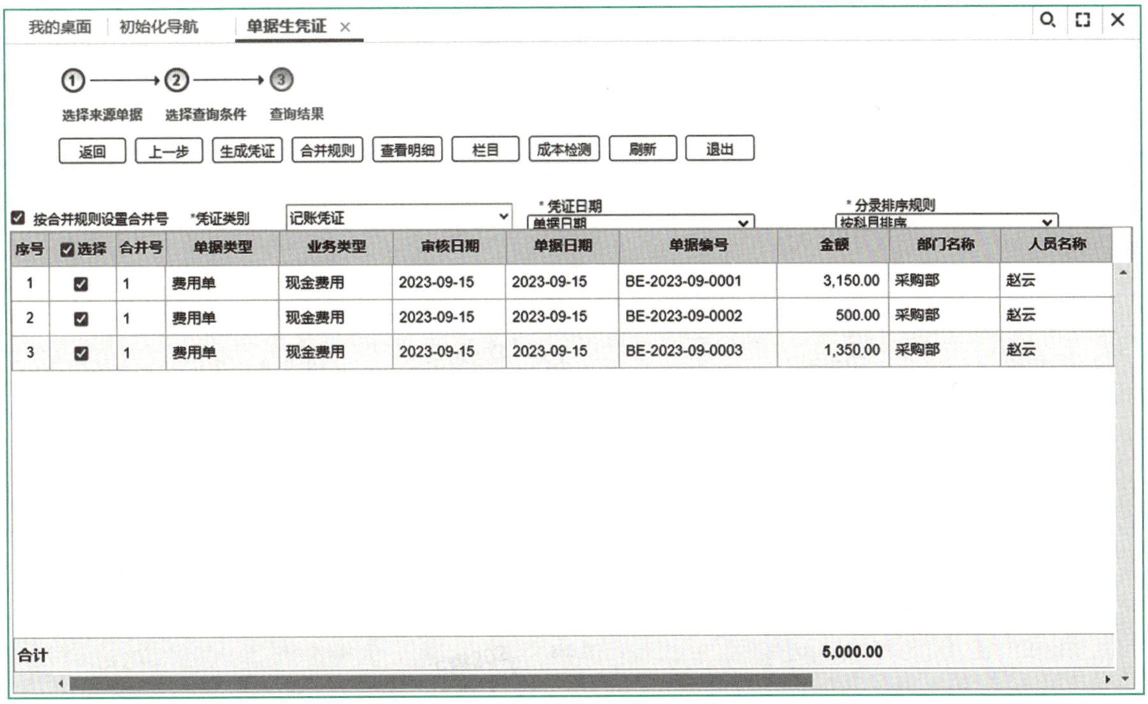


| 序号 | 选择 | 合并号 | 单据类型 | 业务类型 | 审核日期 | 单据日期 | 单据编号 | 金额 | 部门名称 | 人员名称 |
|---|---|---|---|---|---|---|---|---|---|---|
| 1 | ☑ | 1 | 费用单 | 现金费用 | 2023-09-15 | 2023-09-15 | BE-2023-09-0001 | 3,150.00 | 采购部 | 赵云 |
| 2 | ☑ | 1 | 费用单 | 现金费用 | 2023-09-15 | 2023-09-15 | BE-2023-09-0002 | 500.00 | 采购部 | 赵云 |
| 3 | ☑ | 1 | 费用单 | 现金费用 | 2023-09-15 | 2023-09-15 | BE-2023-09-0003 | 1,350.00 | 采购部 | 赵云 |
| 合计 | | | | | | | | 5,000.00 | | |

**图 2－29　费用单菜单界面**

（4）检查或设置费用单对应科目。单击“查看明细”按钮，检查费用项目对应科目是否设置正确，如图 2－30 所示。

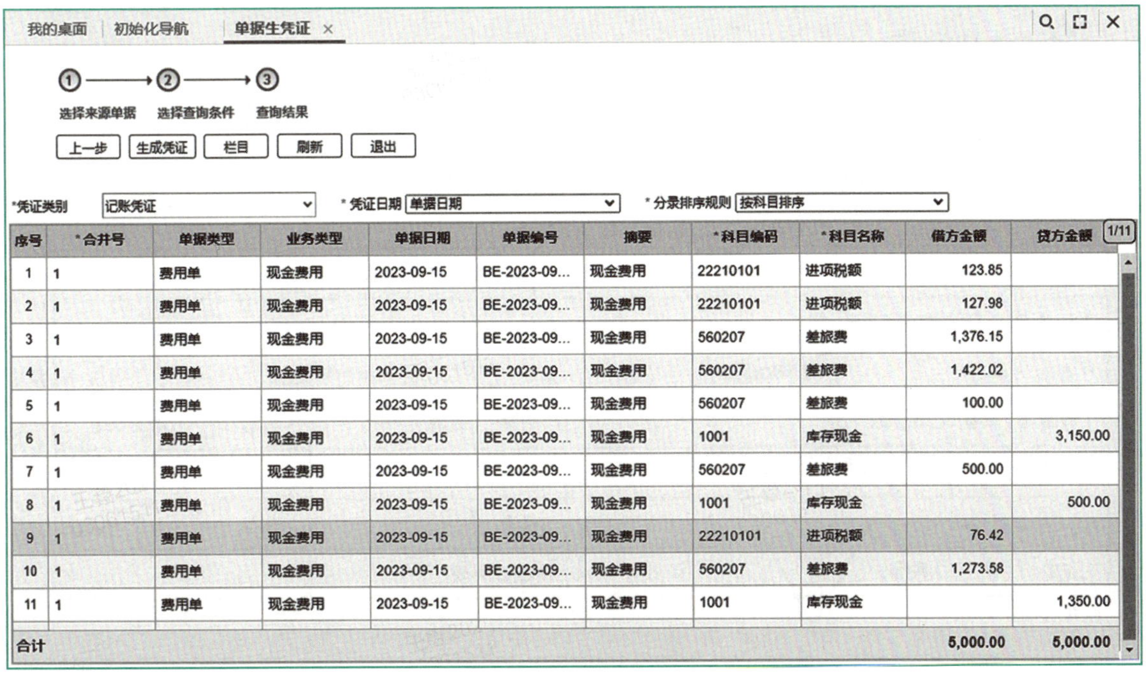


| 序号 | *合并号 | 单据类型 | 业务类型 | 单据日期 | 单据编号 | 摘要 | *科目编码 | *科目名称 | 借方金额 | 贷方金额 |
|---|---|---|---|---|---|---|---|---|---|---|
| 1 | 1 | 费用单 | 现金费用 | 2023-09-15 | BE-2023-09... | 现金费用 | 22210101 | 进项税额 | 123.85 | |
| 2 | 1 | 费用单 | 现金费用 | 2023-09-15 | BE-2023-09... | 现金费用 | 22210101 | 进项税额 | 127.98 | |
| 3 | 1 | 费用单 | 现金费用 | 2023-09-15 | BE-2023-09... | 现金费用 | 560207 | 差旅费 | 1,376.15 | |
| 4 | 1 | 费用单 | 现金费用 | 2023-09-15 | BE-2023-09... | 现金费用 | 560207 | 差旅费 | 1,422.02 | |
| 5 | 1 | 费用单 | 现金费用 | 2023-09-15 | BE-2023-09... | 现金费用 | 560207 | 差旅费 | 100.00 | |
| 6 | 1 | 费用单 | 现金费用 | 2023-09-15 | BE-2023-09... | 现金费用 | 1001 | 库存现金 | | 3,150.00 |
| 7 | 1 | 费用单 | 现金费用 | 2023-09-15 | BE-2023-09... | 现金费用 | 560207 | 差旅费 | 500.00 | |
| 8 | 1 | 费用单 | 现金费用 | 2023-09-15 | BE-2023-09... | 现金费用 | 1001 | 库存现金 | | 500.00 |
| 9 | 1 | 费用单 | 现金费用 | 2023-09-15 | BE-2023-09... | 现金费用 | 22210101 | 进项税额 | 76.42 | |
| 10 | 1 | 费用单 | 现金费用 | 2023-09-15 | BE-2023-09... | 现金费用 | 560207 | 差旅费 | 1,273.58 | |
| 11 | 1 | 费用单 | 现金费用 | 2023-09-15 | BE-2023-09... | 现金费用 | 1001 | 库存现金 | | 1,350.00 |
| 合计 | | | | | | | | | 5,000.00 | 5,000.00 |

**图 2－30　费用单菜单界面**

（5）生成并保存记账凭证。单击“生成凭证”按钮，打开“记账凭证”界面。在“生成凭证”界面，单击“保存”按钮，完成费用记账凭证生成，如图 2－31 所示。

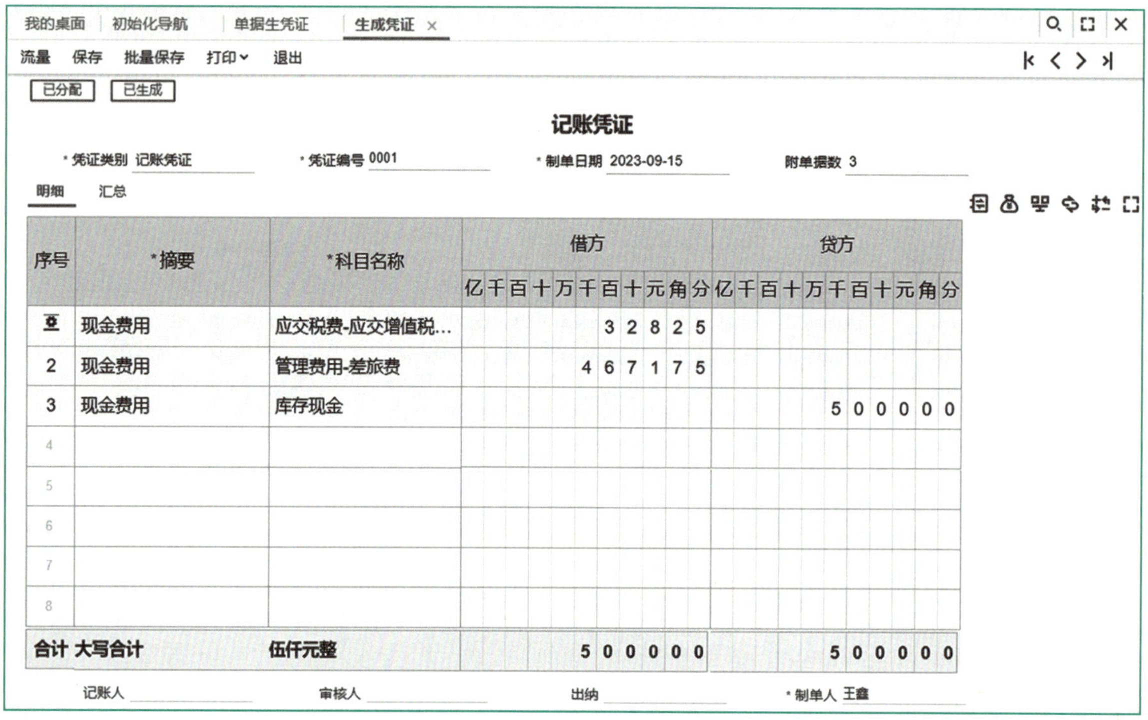
我的桌面 初始化导航 单据生凭证 生成凭证

流量 保存 批量保存 打印 退出

已分配 已生成

记账凭证

*凭证类别 记账凭证 *凭证编号 0001 *制单日期 2023-09-15 附单据数 3

明细 汇总

| 序号 | *摘要 | *科目名称 | 借方（亿千百十万千百十元角分） | 贷方（亿千百十万千百十元角分） |
|---|---|---|---|---|
| 1 | 现金费用 | 应交税费-应交增值税… | 32825 | |
| 2 | 现金费用 | 管理费用-差旅费 | 467175 | |
| 3 | 现金费用 | 库存现金 | | 500000 |
| 4 | | | | |
| 5 | | | | |
| 6 | | | | |
| 7 | | | | |
| 8 | | | | |
| 合计 大写合计 | | 伍仟元整 | 500000 | 500000 |

记账人 审核人 出纳 *制单人 王鑫

图 2－31　记账凭证生成界面

## 活动 2.2.2　财务费用业务处理

### 活动描述

【业务 2－4】9 月 21 日，财务收到本月定期存款利息，业务单据如图 2－32、图 2－33 所示。

中国银行友谊路支行 计付利息(收账通知)

科技伴随 高效学习

2023 年 09 月 21 日

| | | | | | |
|---|---|---|---|---|---|
| 客户号 5902725543 | | | 结算账号 9134743712236082035 | | |
| 单位名称：广州美妆商贸有限公司 | | | | | |
| 计息起讫日期 | 2023年08月21日 | | 至 2023年09月20日 | | |
| 正常本金/积数 | CNY6，000，000 | 利率 2.3% | | 利息 | CNY383.33 |
| 逾期本金/积数 | | 利率 | | 利息 | |
| 欠息/积数 | | 利率 | | 利息 | |
| 币种 | 人民币 | 利息总金额 | | | |

银行盖章：中国银行友谊路支行 2023.09.21 转讫

客户联

图 2－32　收账通知

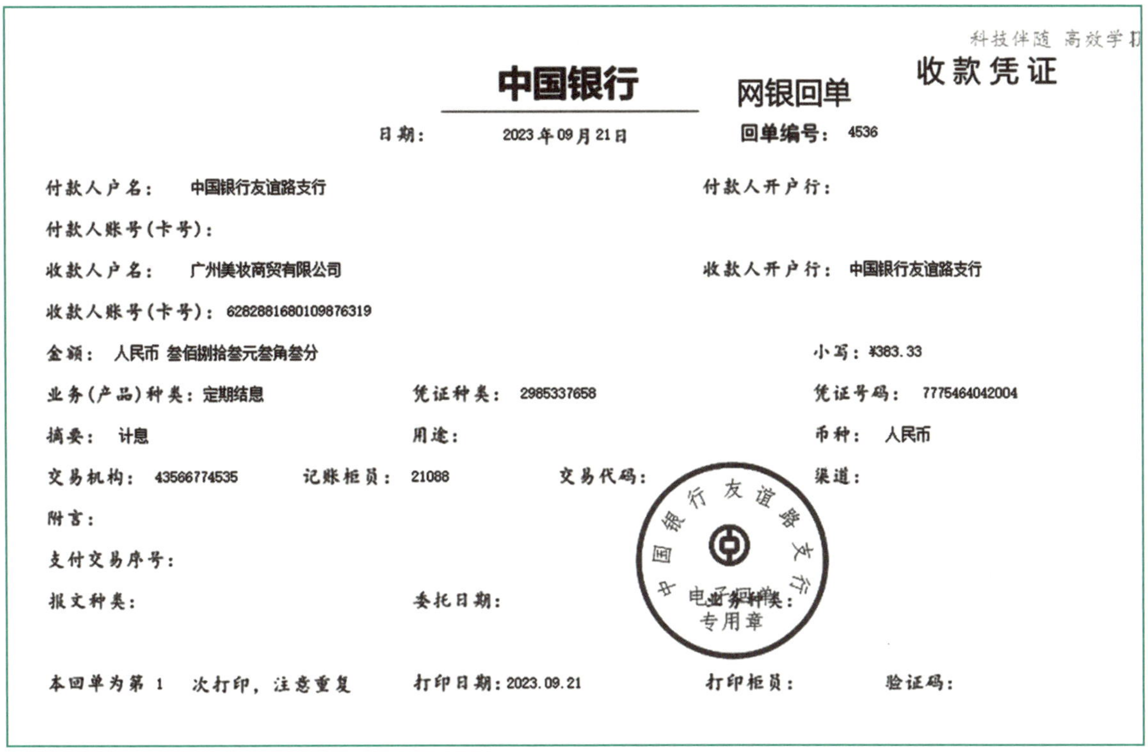

科技伴随 高效学打

中国银行 网银回单 收款凭证

日期：2023年09月21日 回单编号：4536

付款人户名：中国银行友谊路支行 付款人开户行：

付款人账号（卡号）：

收款人户名：广州美妆商贸有限公司 收款人开户行：中国银行友谊路支行

收款人账号（卡号）：6282881680109876319

金额：人民币 叁佰捌拾叁元叁角叁分 小写：¥383.33

业务（产品）种类：定期结息 凭证种类：2985337658 凭证号码：7775464042004

摘要：计息 用途： 币种：人民币

交易机构：43566774535 记账柜员：21088 交易代码： 渠道：

附言：

支付交易序号：

报文种类： 委托日期： 业务种类：

本回单为第 1 次打印，注意重复 打印日期：2023.09.21 打印柜员： 验证码：

（印章：中国银行友谊路支行 电子回单专用章）

图 2－33 银行回单

## 业务流程

财务费用业务处理流程，如图 2－34 所示。

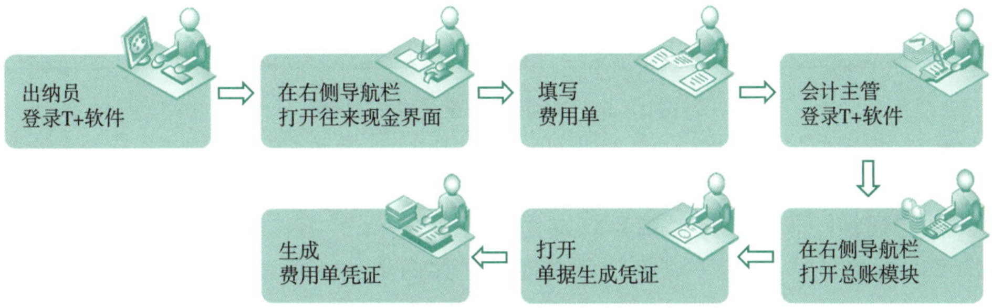


图 2－34 财务费用业务处理流程

## 知识准备

财务费用包括利息支出（减利息收入）、汇兑损失（减汇兑收益）以及相关的手续费等。企业发生的财务费用，借记“财务费用”科目，贷记“应付利息”“银行存款”“长期借款”等科目；发生的应冲减财务费用的利息收入、汇兑收益，应借记“银行存款”“长期借款”等科目，贷记“财务费用”科目。在 T+教育专版中，如果发生利息收入、汇兑收益等冲减财务费用的财务费用，我们可以通过录入红字费用单来生成红字凭证。

## 活动指导

### 一、打开往来现金界面

出纳以业务日期 2023 年 9 月 21 日登录 T+教育专版，在左边导航栏中，单击打开“智能财

活动2.2.2
［业务2-4］
操作录屏

税｜往来现金”界面。

## 二、填制利息费用单

（1）录入利息费用单。在“往来现金”界面，单击打开“费用单”界面。在“费用单”界面，单据日期和单据编号由系统导出，选择业务类型为“现金费用”、票据类型为“收据”。根据图 2－32 收账通知，表体录入费用名称、金额等信息，注意金额为负数。单击“保存”按钮，保存费用单，单击“审核”按钮，完成费用单审核，如图 2－35 所示。

图 2－35　利息费用录入审核界面

（2）进行现结。在“费用单”界面，单击表头“现结金额”栏目后面的图标，打开“现结”窗口。在“现结”窗口，选择结算方式为“转账”，账号名称为“银行存款”付款金额默认“－383.33”，单击“确定”按钮，完成现结，如图 2－36 所示。

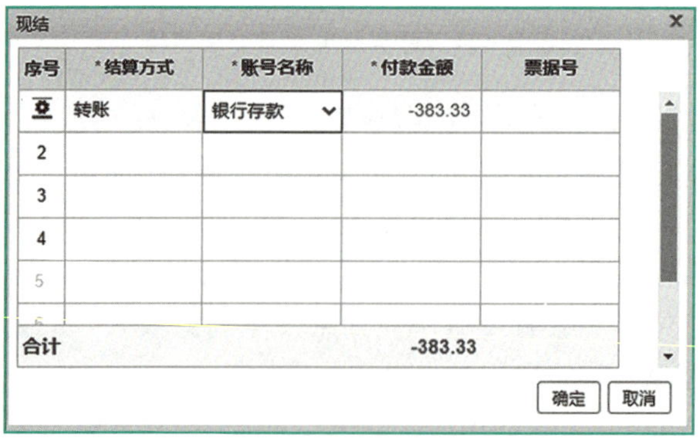


图 2－36　现结金额录入界面

（3）保存、审核费用单。单击“保存”按钮，保存费用单，单击“审核”按钮，完成费用单审核，如图 2－37 所示。

图 2－37　财务费用单完成界面

## 三、生成利息凭证

切换会计主管以业务日期 2023 年 9 月 21 日登录 T＋教育专版，在左边导航栏中，单击“智能财税｜总账｜日常业务｜单据生凭证”选项，打开“单据生凭证”窗口。在“单据生凭证”窗口，单据类型选择“费用单”，单击“下一步”按钮，进入“选择查询条件”界面，继续单击“下一步”按钮，进入“查询结果”界面，选择该笔业务记录，单击“生成凭证”按钮，生成记账凭证。在“生成凭证”界面，单击“保存”按钮，完成利息费用记账凭证生成，如图 2－38 所示。

图 2－38　记账凭证生成界面

# 活动 2.2.3 销售费用业务处理

## 活动描述

【业务 2－5】9 月 22 日，出纳收到广州云视广告有限公司广告费发票，款未付，先入账，月末结算，业务单据如图 2－39 所示。

科技伴随 高效学习

**电子发票（增值税专用发票）**

发票号码：1100241120

开票日期：2023年09月22日

| 购买方信息 | 销售方信息 |
|---|---|
| 名称：广州美妆商贸有限公司<br>统一社会信用代码/纳税人识别码：12440168MB2D88680A | 名称：广州云视广告有限公司<br>统一社会信用代码/纳税人识别码：91440106068173888R |

| 项目名称 | 规格型号 | 单位 | 数量 | 单价 | 金额 | 税率/征收率 | 税额 |
|---|---|---|---|---|---|---|---|
| 文化创意服务*广告服务 | | | 1 | 20000 | 20000.00 | 6% | 1200.00 |
| 合 计 | | | | | ¥20000.00 | | ¥1200.00 |

价税合计（大写）：⊗贰万壹仟贰佰元整　（小写）¥21200.00

备注：校验码 52118 02817 08248 65199

开票人：王小美

图 2－39 广告费发票

【业务 2－6】9 月 30 日，出纳转账支付 9 月 22 日广州云视广告有限公司广告费，业务单据如图 2－40 和图 2－41 所示。

银行付讫

## 付款申请书

2023 年 09 月 22 日填　　　　付 字 9 号

| 收款单位 | 广州云视广告有限公司 | | 付款原因 |
|---|---|---|---|
| 账　号 | 6282991699109878888 | | 付广告费 |
| 开户行 | 中国银行华夏路支行 | | |
| 金　额 | 零佰零拾贰万壹仟贰佰零拾零元零角零分 | | |
| 附件 1 张 | | 金额(小写) ¥21,200.00 | |
| 审批 | 同意付款<br>陈明辉<br>2023年9月22日 | 财务 同意付款<br>林凌云<br>2023年9月22日 | |

财务主管 林凌云　　记账 王鑫　　复核 林凌云　　出纳 马成功　　制单 马成功

图 2－40　付款申请单－日期

## 中国银行



凭证

业务回单（付款）

日期：2023 年 09 月 22 日　　回单编号：82296639584

付款人户名：广州美妆商贸有限公司　　付款人开户行：中国银行友谊路支行

付款人账号(卡号)：6282881680109876319

收款人户名：广州云视广告有限公司　　收款人开户行：中国银行华夏路支行

收款人账号(卡号)：6282991699109878888

金额：贰万壹仟贰佰元整　　小写：¥21,200.00

业务(产品)种类：　　凭证种类：7724165530　　凭证号码：19561836994513659

摘要：广告费　　用途：广告费　　币种：人民币

交易机构：0461596271　　记账柜员：46935　　交易代码：68122　　渠道：

中国银行友谊路支行 电子回单专用章

本回单为第 1 次打印，注意重复　　打印日期：2023 年 09 月 22 日　　打印柜员：0　　验证码：945863776284

图 2－41　转账回单

## 业务流程

费用单应付及核销处理业务流程，如图 2－42 所示。

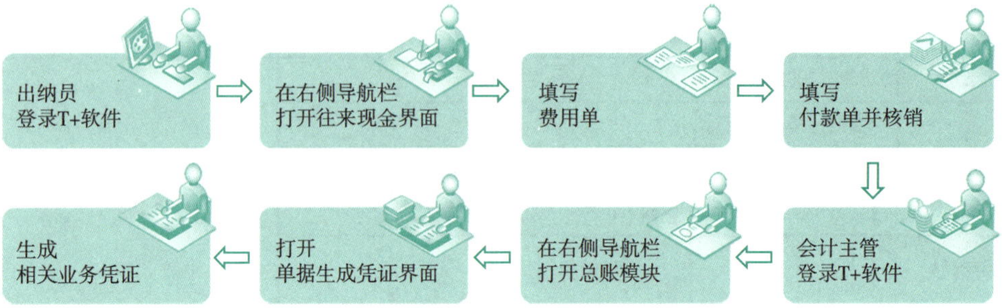


**图 2－42　费用单应付及核销处理业务流程**

## 知识准备

往来费用进行核算时一般有三种情况：现结、预付和应付。

### 一、现结

现结业务是指费用单发生的时候就已经同步产生了付款行为。如果有现结金额，那么在费用单生效时，将自动生成付款单。

### 二、预付

预付业务是指在业务发生前，企业已经预付了相关的款项。如果使用预付，那么在费用单生效时，将自动生成预付冲应付。

### 三、应付

应付业务是指在业务发生时，还要进行付款的行为。如果使用应付，则需要后期付款时再录入一张付款单，并且将付款单与费用单进行核销。

活动2.2.3
[业务2-5]
操作录屏

## 活动指导

【业务 2－5】费用单记应付

### 一、打开往来现金界面

出纳以业务日期 2023 年 9 月 22 日登录 T＋教育专版，在左边导航栏中，单击打开“智能财税｜往来现金”界面。

### 二、填制广告费费用单

在“往来现金”界面，单击“费用单”，打开“费用单”录入界面。“费用单”界面中单据日期、业务类型由系统产生，选择业务类型为“往来费用”，选择单据类型为“专用发票”，选择记账方向为“应付”。根据图 2－39 所示的发票信息，录入往来单位信息及表体费用名称、税率、含税金额等信息。先后单击“保存”和“审核”按钮，完成费用单审核，如图 2－43 所示。

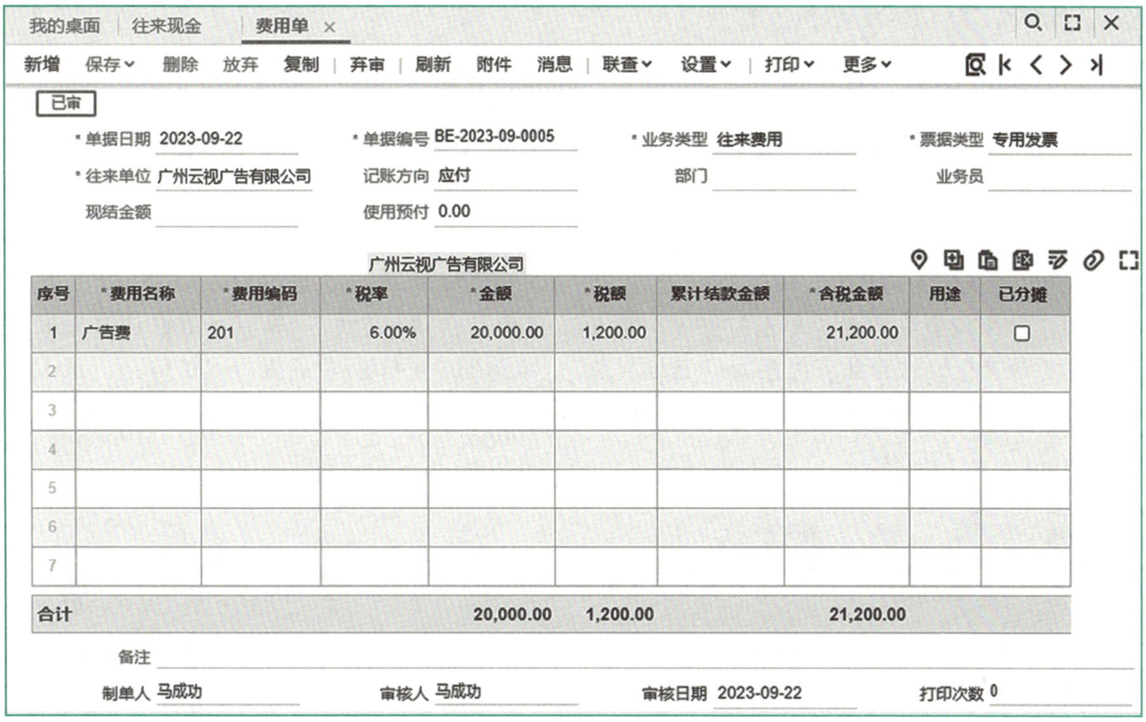


图 2－43　广告费审核完成界面

## 三、生成广告费凭证

切换会计主管登录 T＋教育专版，在左边导航栏中，选择“智能财税｜总账｜日常业务｜单据生凭证”选项，打开“单据生凭证”窗口。在“单据生凭证”窗口，单据类型选择“费用单”，单击“下一步”按钮，进入“选择查询条件”界面，继续单击“下一步”按钮，进入“查询结果”界面，选择该笔业务记录，单击“生成凭证”按钮，生成记账凭证。在“生成凭证”界面，单击“保存”按钮，完成广告费记账凭证生成，如图 2－44 所示。

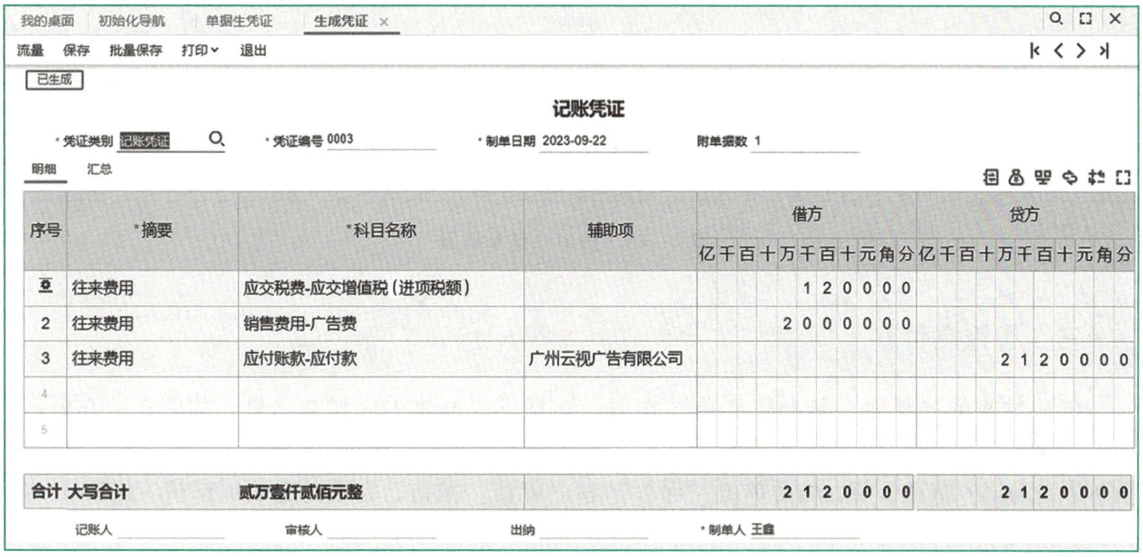


图 2－44　记账凭证生成界面

活动2.2.3
[业务2-6]
操作录屏

【业务 2-6】付款核销费用单

## 一、打开往来现金界面

出纳以业务日期 2023 年 9 月 30 日登录 T+教育专版，在左边导航栏中，单击打开“智能财税｜往来现金”界面。

## 二、填制付款单

在“往来现金”界面，单击打开“付款单”界面。在“付款单”界面，单据日期和单据编号由系统产生，选择业务类型为“普通付款”。根据图 2-41 所示的银行回单信息，录入供应商等信息，在“多结算明细”中依次录入结算方式、账号名称和付款金额，如图 2-45 所示。

图 2-45　费用单菜单界面

## 三、核销应付款

在“付款单”界面，单击“选单”按钮，选择供应商相关应付款信息，如图 2-46 所示，单击“确认”按钮，将应付款信息引入付款单“核销明细”。单击“分摊”按钮，在“核销明细”中自动填入结算金额。先后单击“保存”和“审核”按钮，完成付款核销审核，如图 4-47 所示。

图 2－46 选择应付款信息

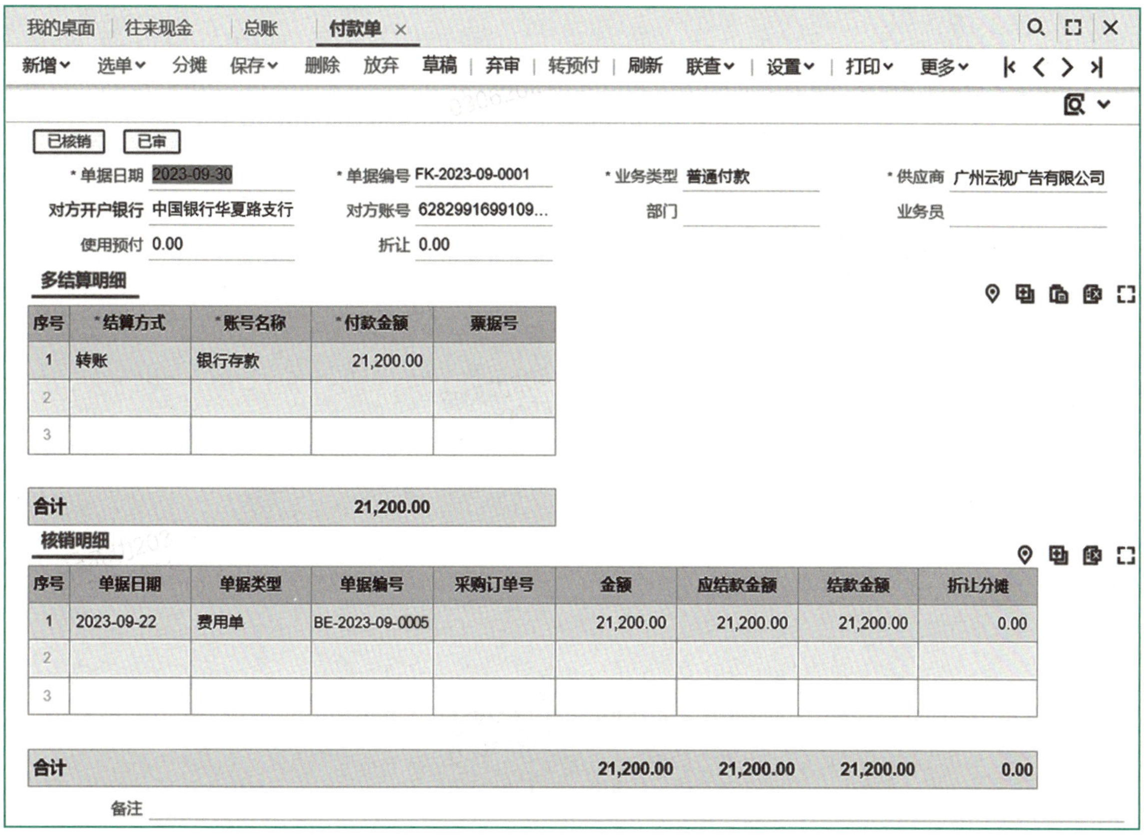


图 2－47 付款单分摊核销

## 四、生成付款单凭证

切换会计主管以业务日期9月30日登录T+教育专版，在左边导航栏中，单击“智能财税｜总账｜日常业务｜单据生凭证”选项，打开“单据生凭证”窗口。在“单据生凭证”窗口，单据类型选择“付款单”，单击“下一步”按钮，进入“选择查询条件”界面，继续单击“下一步”按钮，进入“查询结果”界面，选择该笔业务记录，单击“生成凭证”按钮，生成记账凭证。在“生成凭证”界面，单击“保存”按钮，完成付款单记账凭证生成，如图2-48所示。

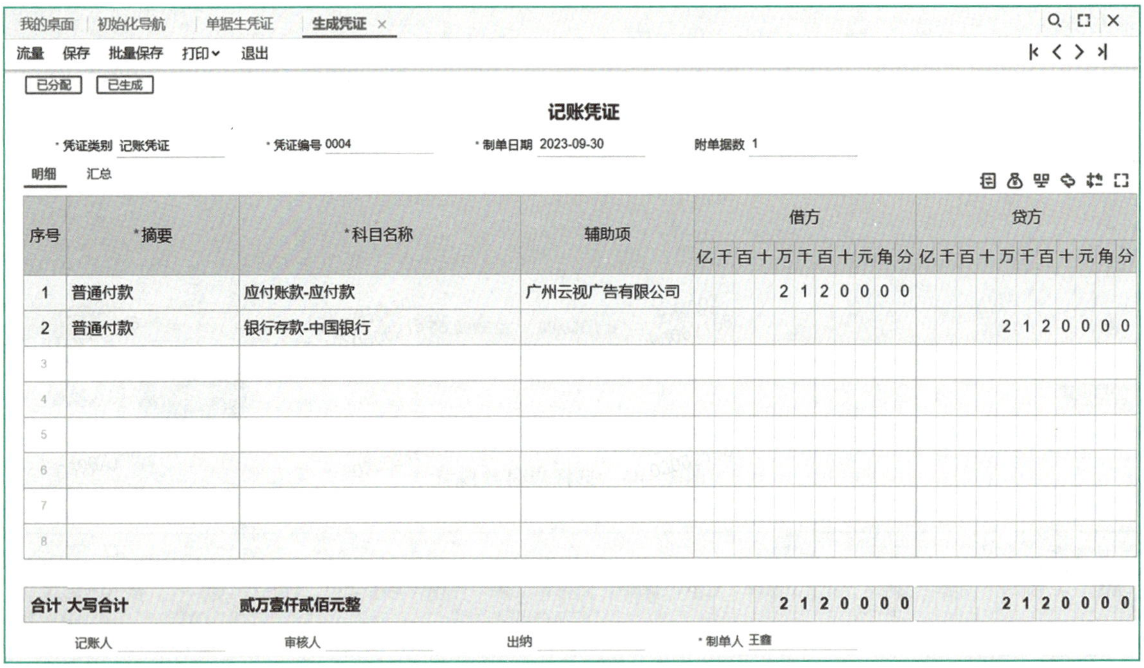
我的桌面 | 初始化导航 | 单据生凭证 | 生成凭证
流量 保存 批量保存 打印 退出
已分配 已生成

记账凭证

*凭证类别 记账凭证 *凭证编号 0004 *制单日期 2023-09-30 附单据数 1

明细 汇总

| 序号 | *摘要 | *科目名称 | 辅助项 | 借方 | 贷方 |
|---|---|---|---|---|---|
| 1 | 普通付款 | 应付账款-应付款 | 广州云视广告有限公司 | 2120000 | |
| 2 | 普通付款 | 银行存款-中国银行 | | | 2120000 |
| 3 | | | | | |
| 4 | | | | | |
| 5 | | | | | |
| 6 | | | | | |
| 7 | | | | | |
| 8 | | | | | |
| 合计 | 大写合计 | 贰万壹仟贰佰元整 | | 2120000 | 2120000 |

记账人 审核人 出纳 *制单人 王鑫

图2-48 分摊核销生成凭证

# 任务 2.3　费用类业务报表查询

### 任务介绍

本任务主要介绍如何在往来现金中查询费用单的明细表及统计表，以及在总账业务中查询与费用科目相关的科目明细情况及科目余额表。各类报表均提供输出、导出和打印功能。

## 活动 2.3.1　费用单报表查询

### 活动描述

【业务 2－7】9 月 30 日，出纳查询本月发生的费用单明细表和统计表。

### 业务流程

查询费用单明细表和统计表的业务流程，如图 2－49 所示。

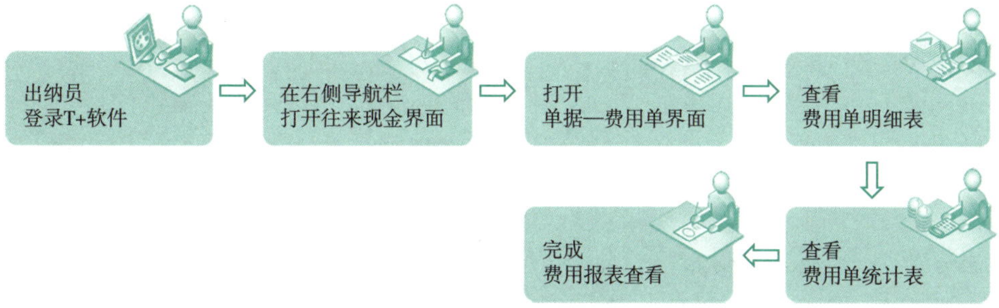


图 2－49　查询费用单明细表和统计表的业务流程

### 知识准备

T＋教育专版针对费用单提供明细表和统计表查询功能。

#### 一、费用单明细表

该报表用于查询一定时期内的费用单明细信息，提供按部门、业务员、供应商、费用类型等自定义条件进行查询与小计。含有“本币”的字段，只有在启用多币种时，才可以在“设置”按钮中设置是否显示。

#### 二、费用单统计表

该报表用于查询一定时期内的费用单汇总信息，提供按部门、业务员、供应商、费用类型等自定义条件进行的金额汇总。可以按分组条件进行分组汇总，该报表至少有一个分组汇总条件。含有“本币”的字段，只有在启用多币种时，才可以在“设置”按钮中设置是否显示。根据分组汇总条件的不同报表显示不同的字段。举例：按费用汇总时，报表结果只显示费用名称、费用编码、金额、税额、含税金额以及相应的本币字段，其他字段不显示。

活动2.3.1
[业务2-7]
操作录屏

## 活动指导

### 一、打开往来现金界面

出纳以业务日期 2023 年 9 月 30 日登录 T+教育专版，在左边导航栏中，单击打开“智能财税｜往来现金”界面。

### 二、查询费用单明细表

在 T+教育专版左边导航栏中，单击“智能财税｜往来现金｜单据｜费用单｜明细表”选项，打开“查询”界面。在“查询”界面，选择查询方式为“公共方案｜系统方案”，单据日期为“2023.9.1－2023.9.30”，单击“查询”按钮，打开“费用单明细表”界面，可以查看本期费用单明细情况，如图 2－50 所示。

费用单明细表

单据日期：2023.09.01 - 2023.09.30

| 序号 | 单据日期 | 单据编号 | 费用编码 | 费用名称 | 含税金额 | 项目分类 |
|---|---|---|---|---|---|---|
| 1 | 2023-09-07 | BE-2023-09-0006 | 501 | 运费 | 1,199.00 | |
| 2 | 2023-09-15 | BE-2023-09-0001 | 304 | 票价+燃油附加 | 1,500.00 | |
| 3 | 2023-09-15 | BE-2023-09-0001 | 304 | 票价+燃油附加 | 1,550.00 | |
| 4 | 2023-09-15 | BE-2023-09-0001 | 305 | 民航发展基金 | 100.00 | |
| 5 | 2023-09-15 | BE-2023-09-0002 | 302 | 餐饮费 | 500.00 | |
| 6 | 2023-09-15 | BE-2023-09-0003 | 301 | 住宿费 | 1,350.00 | |
| 7 | 2023-09-21 | BE-2023-09-0004 | 401 | 利息费用 | -383.33 | |
| 8 | 2023-09-22 | BE-2023-09-0005 | 201 | 广告费 | 21,200.00 | |
| 9 | | | | | | |
| 10 | | | | | | |
| 合计 | | | | | 27,015.67 | |

图 2－50　费用明细表

### 三、查询费用单统计表

在 T+教育专版左边导航栏中，单击“智能财税｜往来现金｜单据｜费用单｜统计表”选项，打开“查询”界面。在“查询”界面，选择查询方式为“公共方案｜系统方案”，选择单据日期为“2023.9.1－2023.9.30”，单击“查询”按钮，打开“费用单统计表”界面，可以查看费用单统计表，如图 2－51 所示。

我的桌面　初始化导航　费用单统计表 ×

查询　打印　导出　发送邮件　刷新　退出

**费用单统计表**

单据日期：2023.09.01 - 2023.09.30

| 序号 | 费用名称（1级） | 含税金额 | 金额 | 税额 |
|---|---|---|---|---|
| 1 | 餐饮费 | 500.00 | 485.44 | 14.56 |
| 2 | 广告费 | 21,200.00 | 20,000.00 | 1,200.00 |
| 3 | 利息费用 | -383.33 | -383.33 | |
| 4 | 民航发展基金 | 100.00 | 100.00 | |
| 5 | 票价+燃油… | 3,050.00 | 2,798.17 | 251.83 |
| 6 | 运费 | 1,199.00 | 1,100.00 | 99.00 |
| 7 | 住宿费 | 1,350.00 | 1,273.58 | 76.42 |
| 8 | | | | |
| 9 | | | | |
| 10 | | | | |
| 合计 | | 27,015.67 | 25,373.86 | 1,641.81 |

图 2－51　费用单统计表

# 活动 2.3.2　费用科目金额查询

## 活动描述

【业务 2－8】9 月 30 日，出纳查询本月发生的费用明细表和费用科目余额表。

## 业务流程

查询费用明细业务流程，如图 2－52 所示。

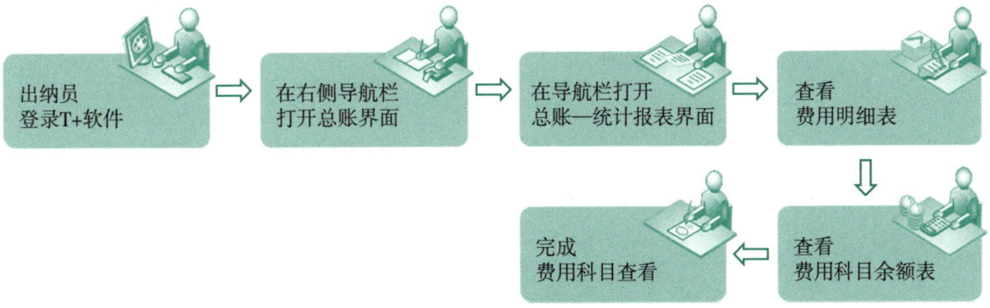


图 2－52　查询费用明细业务流程

## 知识准备

T＋教育专版针对费用项目专门提供费用明细表和费用科目余额表查询功能。

## 一、费用明细表

费用明细表可以反映费用类科目（即销售费用、管理费用、财务费用）的明细情况，可以按照期初余额、发生额、期末余额等方式进行统计，也可以按辅助项展开查询，提供查询、打印、输出等功能。

## 二、费用科目余额表

费用科目余额表可以实时反映费用类科目一段时间的发生额及余额情况，并可按辅助项展开查询辅助余额。本功能可以查询、打印、输出某一时间所有总账科目或明细科目的期初余额、本期发生额、累计发生额、期末余额。

活动2.3.2
［业务2-8］
操作录屏

# 活动指导

## 一、打开往来现金界面

出纳以业务日期 2023 年 9 月 30 日登录 T + 教育专版，在左边导航栏中，单击打开“智能财税｜总账”界面。

## 二、查询费用明细表

在 T + 教育专版左边导航栏中，单击“智能财税｜总账｜统计账表｜费用明细表”选项，打开“查询”界面。在“查询”界面，选择期间为“2023. 9 – 2023. 9”，科目为“销售费用；管理费用；财务费用”，勾选“包含未记账”，单击“查询”按钮，打开“费用明细表”界面，可以查看费用明细情况，如图 2 – 53 所示。

| 序号 | 科目名称 (1级) | 科目名称 (2级) | 科目名称 (3级) | 统计方式 | 2023.09 | 合计 |
|---|---|---|---|---|---|---|
| | | | | | 金额 | 金额 |
| 1 | 销售费用 | 广告费 | 广告费 | 发生额 | 20,000.00 | 20,000.00 |
| 2 | 管理费用 | 差旅费 | 差旅费 | 发生额 | 4,671.75 | 4,671.75 |
| 3 | 财务费用 | 利息费用 | 利息费用 | 发生额 | -383.33 | -383.33 |
| 4 | | | | | | |
| 5 | | | | | | |
| 6 | | | | | | |
| 7 | | | | | | |
| 8 | | | | | | |
| 9 | | | | | | |
| 10 | | | | | | |
| 11 | | | | | | |
| 12 | | | | | | |
| 合计 | | | | | 24,288.42 | 24,288.42 |

图 2 – 53　费用明细表

## 三、查询费用科目余额表

在 T+教育专版左边导航栏中，单击“智能财税｜总账｜统计账表｜费用科目余额表”选项，打开“查询”界面。在“查询”界面，选择期间为“2023.9－2023.9”，勾选“包含未记账”，单击“查询”按钮，打开“费用科目余额表”界面，可以查看费用科目余额情况，如图 2－54 所示。

我的桌面　初始化导航　总账　费用科目余额表

查询　打印　导出　发送邮件　样式　刷新　退出

费用科目余额表

期间：2023.09 - 2023.09

| 序号 | 科目编码 | 科目名称 | 期初余额 | | 本期发生 | | 期末余额 | |
|---|---|---|---|---|---|---|---|---|
| | | | 借方 | 贷方 | 借方 | 贷方 | 借方 | 贷方 |
| 1 | 5601 | 销售费用 | | | 20,000.00 | | 20,000.00 | |
| 2 | 5602 | 管理费用 | | | 4,671.75 | | 4,671.75 | |
| 3 | 5603 | 财务费用 | | | -383.33 | | | 383.33 |
| 4 | (损益)小计： | | | | 24,288.42 | | 24,671.75 | 383.33 |
| 5 | | | | | | | | |
| 6 | | | | | | | | |
| 7 | | | | | | | | |
| 8 | | | | | | | | |
| 9 | | | | | | | | |
| 10 | | | | | | | | |
| 11 | | | | | | | | |
| 12 | | | | | | | | |
| 合计 | | | | | 24,288.42 | | 24,671.75 | 383.33 |

图 2－54　费用科目余额表

### 查询时为什么要勾选“包含未记账”

科目余额表是从账表中取数，账表的数据来源于已记账的凭证，为保证数据的准确性，在查询的时候有些凭证还没有来得及记账，所以需要选择包含未记账凭证，确保数据的准确性。

# 职业技能巩固与训练

## 一、单项选择题

1. 以下属于销售费用的是（　　）。

A. 办公费　　B. 广告费　　C. 研发费　　D. 利息费

2. 以下不属于管理费用的是（　　）。

A. 修理费　　B. 办公费

C. 小企业给予的现金折扣　　D. 财产保险费

3. 以下哪项是费用档案增加时的非必录项目？（　　）

A. 费用编码　　B. 费用名称　　C. 税率　　D. 费用类型

4. 报销差旅费时一般不可以报销（　　）费用。

A. 交通费　　B. 住宿费　　C. 培训费　　D. 出差补助费

5. 企业发生的财务费用，记账凭证应借记的科目是（　　）。

A. 财务费用　　B. 应付利息　　C. 银行存款　　D. 长期借款

6. 费用单的业务类型为往来费用，费用单存在应付款时，录入付款单时应该选择（　　）业务类型。

A. 普通付款　　B. 预付款　　C. 现结付款　　D. 直接付款

7. 以下哪项费用的税额不可以抵扣？（　　）

A. 过桥过路费　　B. 机票中的票价

C. 机票中的燃油附加费　　D. 机票中的民航发展基金

8. 采购费用中的运费需要在哪个类别中进行科目设置？（　　）

A. 采购科目　　B. 费用科目　　C. 成本费用科目　　D. 采购费用科目

9. 以下哪一项费用需要选择费用单业务类型为往来费用？（　　）

A. 住宿费　　B. 飞机票　　C. 餐饮费　　D. 广告费

10. 以下（　　）反映了费用明细科目的期初余额、本期发生额、累计发生额、期末余额。

A. 现金日记账　　B. 费用统计表　　C. 费用明细表　　D. 费用科目余额表

## 二、多项选择题

1. 企业期间费用包括（　　）。

A. 管理费用　　B. 销售费用　　C. 财务费用　　D. 制造费用

2. 以下属于财务费用的有（　　）。

A. 利息费用（减利息收入）　　B. 汇兑损失

C. 银行相关手续费　　D. 小企业给予的现金折扣

3. T+教育专版中关于费用项目设置的类型有（　　）。

A. 销售费用　　B. 采购费用　　C. 生产费用　　D. 其他费用

4. 以下哪些普通发票的税额可以抵扣？（　　）

A. 过桥过路费　　B. 高铁票　　C. 飞机票　　D. 住宿费普票

5. 往来费用进行核算时一般有哪些情况？（　　）

A. 现结　　B. 预付　　C. 应付　　D. 应收

6. 录入费用单时，可以选择的票据类型有（　　）。

A. 专用发票　　B. 普通发票　　C. 收据　　D. 应收单

7. 在费用单录入时，业务类型为必录项目，其中业务类型可分为（　　）。

A. 现金费用　　B. 往来费用　　C. 现结费用　　D. 应收费用

8. 在付款单录入时，业务类型为必录项目，其中业务类型可分为（　　）。

A. 普通付款　　B. 预付款　　C. 现结付款　　D. 直接付款

9. 一般需要进一步在扩展设置中设置入账科目的有（　　）。

A. 累计折旧科目　　B. 费用科目　　C. 成本费用科目　　D. 采购费用科目

10. 以下说法正确的有（　　）。

A. 普票可抵扣，在录入时需要勾选“普票可抵扣”选项

B. 费用单的普通发票和专用发票要分开录入

C. 民航发展基金需要作为一个单独的费用项目从机票中拆分出来录入

D. 现金费用的费用单一般要求费用要一次性全部支付

## 三、判断题

（　　）1. 出租车票不可以抵扣进项税额。

（　　）2. 如果入账科目不唯一时，建议在设置中设置入账扩展科目。

（　　）3. 现金费用是指企业与往来单位无关的费用支出以及费用支出的付款，且企业本身不需要记录费用发生的往来单位。

（　　）4. 一张费用单可以录入多种类型的票据。

（　　）5. 机票中的民航发展基金（即机场建设费）也可以抵扣进项税。

（　　）6. 如果发生利息收入、回退收益等冲减财务费用的财务费用，可以通过录入红字费用单来生成红字凭证。

（　　）7. 预付业务是指在业务发生前，企业已经预付了相关的款项。如果使用预付，那么在费用单生效时，将自动生成预付冲应付。

（　　）8. 费用单生成的凭证将传递到总账中，可以在总账中进行修改。

（　　）9. 付款单的业务类型为普通付款时，可以不用核销。

（　　）10. 企业发生的聘请中介机构费、咨询费、诉讼费等费用一般纳入管理费用。

# 模块三

# 销售与应收业务

## 模块导读

销售是企业经营活动价值实现的重要环节，企业通过销售商品获得经营成果、实现企业价值。销售包括两个方面：一是将商品发给购货单位；二是按销售价格收取货款。企业只有通过销售获得必要资金，才能使企业经营活动持续下去。因此，销售核算和收款管理是企业会计工作的重要内容。本模块将学习销售业务初始设置，完成常见日常销售业务的处理，包括正常销售、销售退货、应收核销等，最后通过查询销售相关报表及时了解企业销售执行情况及动态。

## 学习目标

### 职业能力目标

（1）知道销售业务与客户往来核算的基本内容。

（2）能描述销售业务流程，了解销售、往来、总账等系统之间的关系。

（3）能进行销售与应收系统的初始设置操作。

（4）能进行销售与应收系统的相关业务处理。

### 财经素养目标

（1）理解常见的销售业态。

（2）理解开源商业模式对销售的意义。

（3）树立应收账款管理意识。

（4）具备销售运营分析能力。

# 业务流程

## 一、销售业务在公司整体业务中的定位

销售是企业管理六要素“人财物供产销”中对“销”这个要素进行管理的主要模块。销售是企业经营活动的重要环节，企业通过销售产品，提供劳务获得经营成果、实现企业价值。销售业务与客户往来是销售业务核算和管理密不可分的两个重要方面，要将销售与客户往来作为一个整体进行处理。销售业务是通过销售报价、销售订单、销售发货、退货、销售发票处理、客户管理、价格管理等，对销售全过程进行有效的控制和跟踪。

## 二、销售业务流程

销售业务从报价单开始，客户根据报价单签订合同。根据合同内容可采用收取预收款的方式，交货时再办理结算；按合同金额收款并开具收款凭证；到合同付款期进行收款结算等。根据合同内容生成销售出库单、销货单、销售发票。根据单据确认商品销售收入、销售成本、税金、应收账款等。销售业务流程如图 3－1 所示，往来管理流程如图 3－2 所示。

图 3－1　销售业务流程

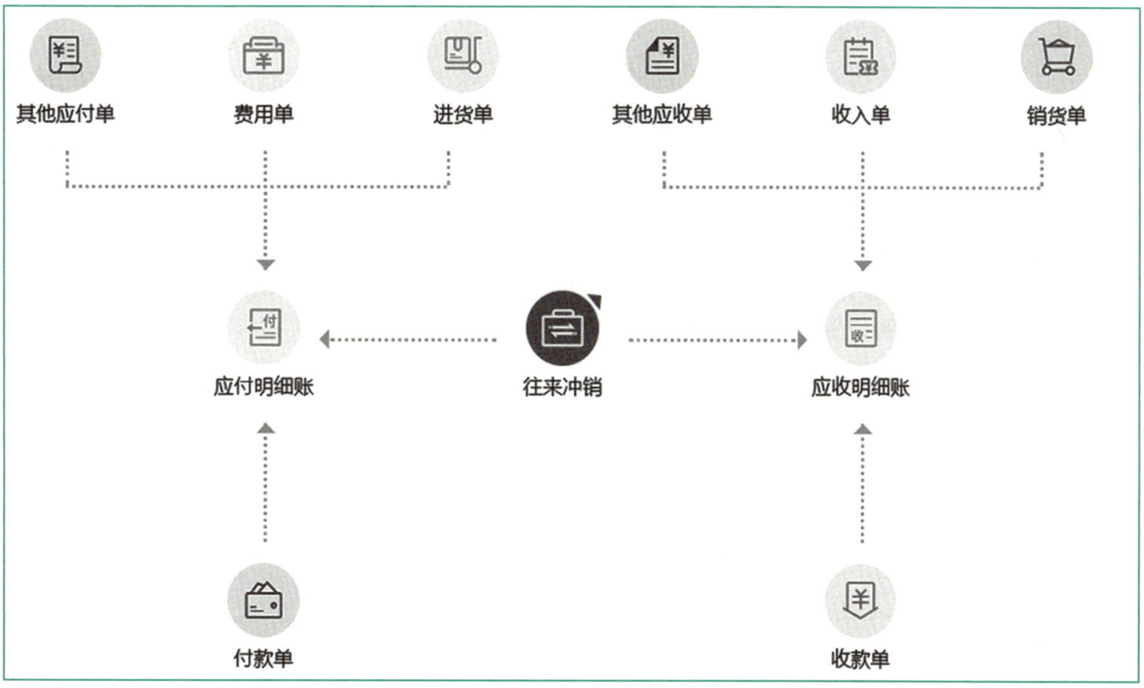


图 3－2　往来管理流程

# 典型任务

销售业务与客户往来主要包括：销售订单处理、销售发货单处理、销售开票处理、销售退货处理、现收业务处理、收款与核销业务处理。

**【典型任务一】** 填制销售订单

销售订单是购销双方确认客户需求的单据。工商企业一般经过客户询价、销售部门报价、双方签订购销合同的过程。订单是合同、协议的载体，是销售发货日期、货物明细、价格、数量的依据。

**【典型任务二】** 生成销货单

销货单是在进行普通销售业务时用来提示仓库发货的单据。在先发货后开票业务模式下，发货单由销售部门根据销售订单生成；在开票直接发货业务模式下，销货单由销售部门根据销售发票生成。销货单立账时，如果销货单保存后直接复核，则记入应收账款。如果销售员直接收款，在复核前，需要单击“现结”按钮，进入收款环节。

**【典型任务三】** 生成销售发票

销售发票是指给客户开具的增值税专用发票、普通发票等原始销售票据。销售发票可参照发货单生成，也可参照销售订单生成，或者直接填制。销售发票立账时，如果销售发票保存后直接复核，记入应收账款。如果销售员直接收款，在复核前，需要单击“现结”按钮，进入收款环节。

**【典型任务四】** 收到销售货款

企业售出商品，开出销售发票后，形成企业的应收账款。企业需要对应收账款进行严格管理，在收到客户还款时，及时核销应收账款。收到的客户款项不足支付应收账款的，冲减部分应收账款；收款大于应收账款的，余款作为预收款处理。

**【典型任务五】** 办理销售退货

销售业务完成后，若货物因质量等原因退货，可办理销售退货。销售退货在系统中生成红字销售出库单、红字销货单、红字销售发票。红字发票等与销售订单关联，相关红字单据经审核后，冲减应收账款金额。

# 任务 3.1　销售业务初始化

## 任务介绍

本任务介绍了销售业务的初始化设置，主要是销售基础信息设置和销售期初业务录入，其中销售业务基础信息设置包括了客户档案、存货档案、仓库档案、开户银行设置等。销售期初业务录入包括录入库存期初、应收期初、期初销售出库单等。

## 活动 3.1.1　销售业务基础信息设置

### 活动描述

【业务 3－1】9 月 1 日，广州美妆商贸有限公司财务人员在 T＋教育专版上查看销售业务流程、销售业务设置，查看客户档案信息，并新增以下客户档案，如表 3－1 所示。

表 3－1　客户档案

| 编码 | 客户名称 | 性质 | 纳税人识别号 | 开户银行 | 银行账号 | 地址 |
|---|---|---|---|---|---|---|
| 104 | 北京靓妆美容有限公司 | 客户 | 710023010WA2MN2878 | 广发银行北京朝阳支行 | 6287734122190625435 | 北京市朝阳路 7 号 010－67543911 |

### 业务流程

销售业务基础信息设置流程，如图 3－3 所示。

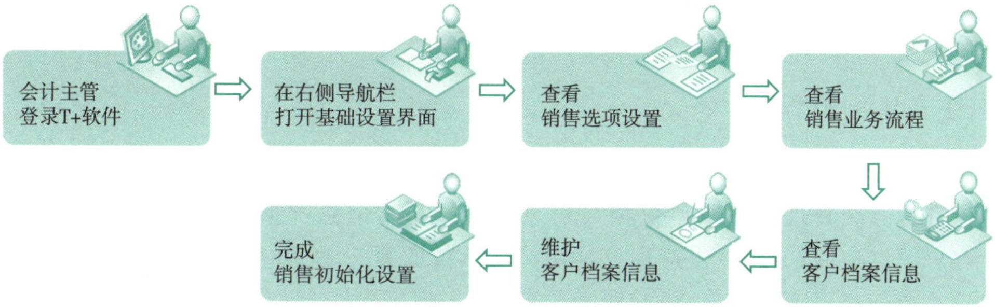


图 3－3　销售业务基础信息设置流程

### 知识准备

#### 一、销售业务流程

销售立账方式分为：销货单立账和销售发票立账。当销货单立账的时候，分为销售与仓库合并流程、销售与仓库分开流程两种情况。

销货单立账时，根据销货的实际情况可以确定同客户之间的应收关系，销货单是应收款立账的依据。当业务与仓库合并时，销货单也是出库确认的单据。

销售发票立账时，销售发票有确定应收账款、核销、费用分摊、生成凭证功能，同时销货单失去与立账相关的功能。企业能够开具普通发票或专用发票且比较规范，需要以正规发票作为立账依据，即可选择“销售发票立账”，使用销售发票来确定应收账款，并与往来进行核销。

## 二、系统选项设置

系统选项也称系统参数、业务处理控制参数，是指在企业业务处理过程中所使用的各种控制参数。系统参数的设置将决定用户使用系统的业务流程、业务模式、数据流向。用户在进行选项设置之前，一定要详细了解选项开关对业务处理流程的影响，并结合企业的实际业务需要进行设置。由于有些选项在日常业务开始后不能随意更改，用户应在业务开始前进行全盘考虑，尤其是对软件全局有影响的选项设置更要考虑清楚。

## 三、销售选项设置

销售选项设置包括按照订单严格销售、销货单自动生成出库单、最低售价控制等选项设置。

如果选择按照订单严格销售，则参照订单生成销货单、销售出库单时，不可超过订单数量；如果未选择，可超过订单数量。通过该选项，可根据销售订单来控制销售发货数量，限制业务人员的权限，降低出货回款的风险。

如果选中销货单自动生成出库单，销货单在生效的时候，自动生成销售出库单，在库存管理中不能修改自动生成销售出库单中的数量。该选项只能在销售与仓库分开的流程下使用，在系统使用的任何时间都可以修改。

**销售的价值**

销售的价值不仅是为了实现企业的盈利，更是为了满足客户的需求和提高客户的满意度，增强企业的品牌价值，带动产业链的发展，培养销售人员的能力。因此，企业应该重视销售工作，加强销售管理，提高销售人员的素质和能力，为企业的发展和繁荣作出贡献。

## 四、往来单位档案

企业可以根据往来单位所属特性（如行业、地区等）划分分类，建立往来单位分类档案，对往来单位进行分类管理。往来单位档案信息包括：基本信息、结算方式、联系方式等。往来单位分为客户、供应商、客户/供应商，标明往来单位的客户、供应商性质。只有具有客户性质的往来单位才能选择客户或客户/供应商。

活动3.1.1
[业务3-1]
操作视屏

## 活动指导

## 一、打开系统管理界面

会计主管以业务日期 2023 年 9 月 1 日登录 T+教育专版，在左边导航栏中，单击打开“基础设置｜系统管理”界面，如图 3-4 所示。

图 3－4　系统管理界面

## 二、查看销售选项设置

在“系统管理”界面，单击“选项设置”按钮，打开“选项设置”界面。在“选项设置”界面，单击“销售”按钮，可查看“销售”选项设置，可按企业需求修改相关信息，如图 3－5 所示。

图 3－5　销售选项设置

## 三、查看销售业务流程

在T+教育专版左边导航栏中，单击“基础设置｜系统管理｜基本设置｜业务流程”选项，打开“业务流程”界面，可查看、修改销售业务流程与立账方式，如图3－6所示。

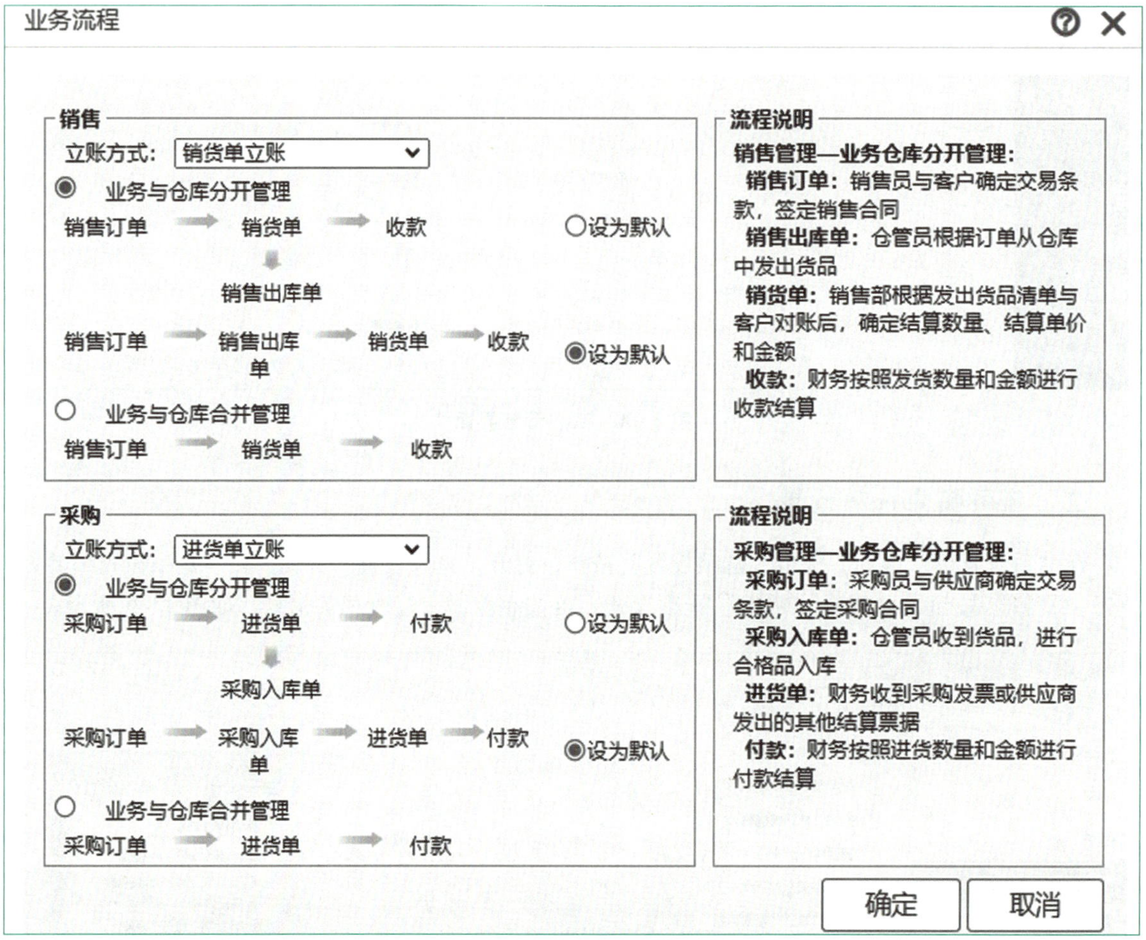


图3－6　业务流程界面

## 四、查看与维护客户档案信息

(1)打开往来单位界面。在T+教育专版左边导航栏中，单击“基础设置｜基础设置｜基本信息｜往来单位”选项，打开“往来单位”界面。在“往来单位”左侧界面，单击“客户”按钮，可查看现有客户信息，如图3－7所示。

图3－7　往来单位（客户）

（2）查看客户档案。在“往来单位”右侧界面，双击“103”编码客户，打开“往来单位”界面，查看客户往来单位编码、往来单位名称、性质、税号、客户地址电话、税率等信息，可进行客户档案修改，单击“保存”按钮，完成客户档案保存，如图 3－8 所示。

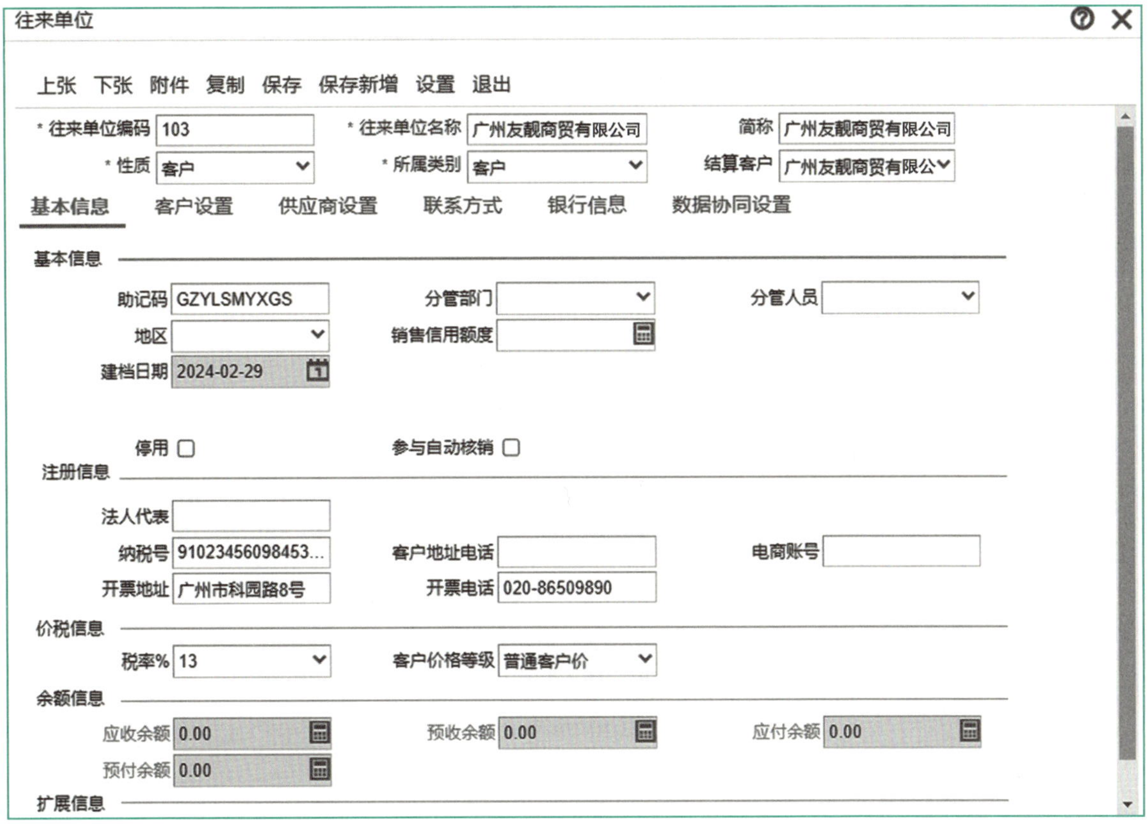


图 3－8　往来单位（查询）

（3）新增客户档案。在“往来单位”右侧界面，单击“新增”按钮，打开“往来单位”界面，根据表 3－1 客户档案，依次录入往来单位编码、往来单位名称等信息，录入完成后，单击“保存”按钮，完成客户信息新增，如图 3－9 所示。

### 往来单位分类管理

系统启用往来单位分类管理后，对往来单位分类档案不提供单独菜单作为入口。通过往来单位维护界面中左侧树形结构导航上面的按钮对往来单位分类档案进行增加、修改和删除操作。

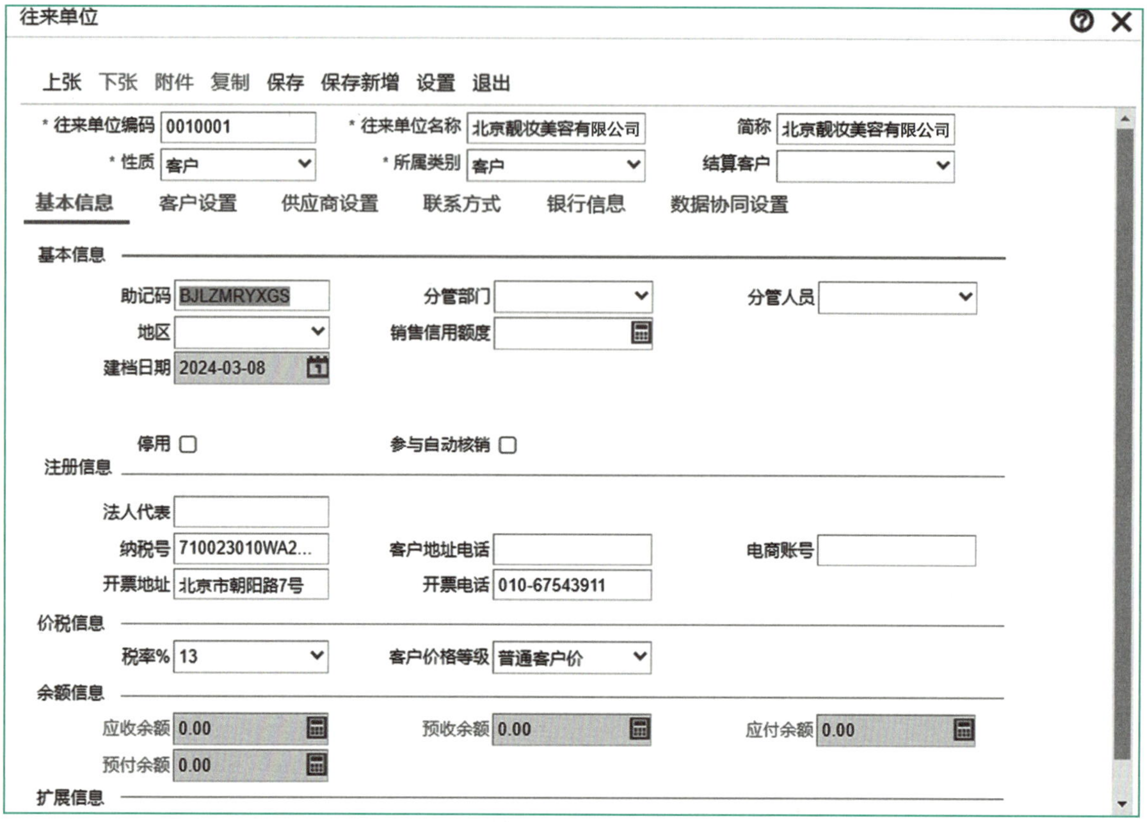


图 3－9　往来单位（新增）

## 活动 3.1.2　销售业务期初数据录入

### 活动描述

【业务 3－2】9 月 1 日，广州美妆商贸有限公司财务人员在 T＋教育专版上完成上个月一笔应收期初数据录入，如表 3－2 所示。

表 3－2　应收期初数据

| 类型 | 日期 | 客户 | 客户编码 | 应收账款（元） |
|---|---|---|---|---|
| 应收期初 | 2023 年 8 月 28 日 | 佛山琳美健康有限公司 | 102 | 10,000.00 |

### 业务流程

销售业务期初数据录入流程，如图 3－10 所示。

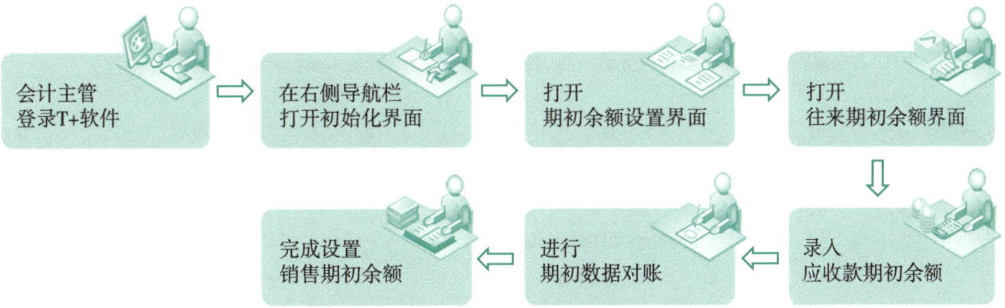


图 3－10　销售业务期初数据录入流程

## 知识准备

### 一、往来期初余额

由于企业在使用软件前，已经跟往来单位发生了往来业务，已经有了应收、应付款项。所以需要将往来单位的期初应收账款、预收账款、应付账款、预付账款录入系统，作为应收应付的期初余额和以后核销的依据。

发生以下业务后，往来期初不允许修改、删除：期初预收或期初应收已被后续核销；期初预收或期初应收已参加汇兑损益调整；已经进行了期末处理。

### 二、期初对账

进销存与财务连用，根据账套的凭证科目设置中的应收科目设置、应付科目设置、预收科目设置、预付科目设置、现金科目设置、银行科目设置、存货科目设置、暂估应付款科目设置，可以对进销存的应收应付期初、库存现金和银行存款期初、库存期初结存和期初暂估入库余额与总账系统进行核对。

## 活动指导

### 一、打开初始化界面

会计主管以业务日期 2023 年 9 月 1 日登录 T＋教育专版，在左边导航栏中，单击打开“基础设置｜初始化”界面，如图 3－11 所示。

### 二、录入应收期初余额

在“初始化”界面中，单击打开“期初数据｜往来期初余额”界面。在“往来期初余额”的“应收期初”页签中，根据表 3－2 应收期初数据，依次录入日期、客户、应收账款金额等信息，单击“保存”按钮，完成应应收期初余额录入，如图 3－12 所示。

活动3.1.2
［业务3-2］
操作录屏

### 三、完成业务往来期初对账

在 T＋教育专版左边导航栏中，单击打开“基础设置｜初始化｜期初对账”界面。在“期初对账”界面中点击“业务往来对账”页签，查看对账结果，如图 3－13 所示。

图 3－11　初始化导航界面

图 3－12　往来期初余额（应收）

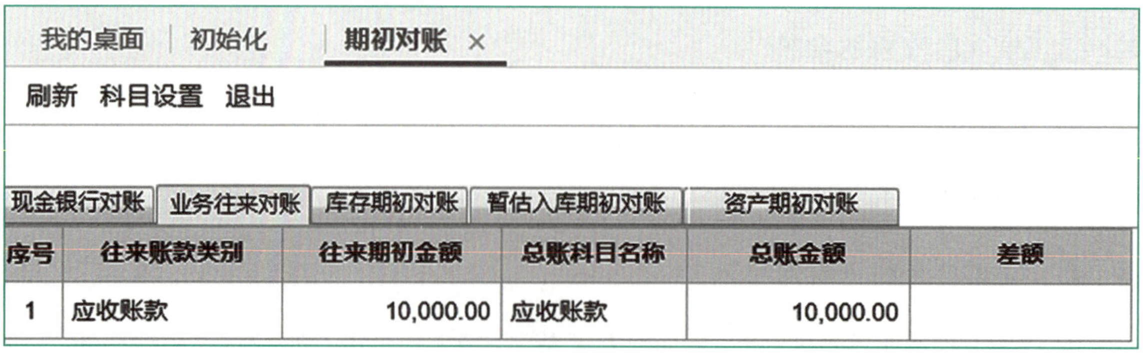


图 3－13　期初对账

# 任务 3.2 销售业务日常处理

## 任务介绍

本任务介绍了销售日常业务处理，主要是销售报价、订货、发货、开票等完整的销售业务流程，包括了正常销售业务处理、销售退货业务处理和客户往来业务处理等业务。

## 活动 3.2.1　正常销售业务处理

### 活动描述

【业务 3－3】销售现结业务。9 月 4 日，销售给上海兴旺商贸有限公司部分美容保健产品，货款已收，业务单据如图 3－14 至图 3－17 所示。

科技伴随 高效学习

**中国银行 电子汇划收款 回单**

2023 年 09 月 04 日　　流水号：897024310254623

| | | | | | |
|---|---|---|---|---|---|
| 付款人 | 全　称 | 上海兴旺商贸有限公司 | 收款人 | 全　称 | 广州美妆商贸有限公司 |
| | 账　号 | 6282882807350194680 | | 账　号 | 6282881680109876319 |
| | 开户银行 | 中国银行上海东城支行 | | 开户银行 | 中国银行友谊路支行 |
| 金　额 | | 人民币（大写）柒拾玖万壹仟元整 | | | ¥791,000.00 |
| 用　途 | | 货款 | | | |

备注：

汇划日期：2023-09-04　　汇划流水号：897024310254623

汇出行行号：　　原凭证种类：

原凭证号码：　　原凭证金额：¥791,000.00

汇款人地址：

收款人地址：广州市越秀区友谊路36号

实际收款人账号：6282881680109876319

实际收款人名称：广州美妆商贸有限公司

中国银行上海东城支行 回单专用章 银行盖章

图 3－14　收款单

**电子发票（增值税专用发票）**

发票号码：07447948

开票日期：2023年09月04日

| 购买方信息 | 名称：上海兴旺商贸有限公司<br>统一社会信用代码/纳税人识别号：91120102M925162689 | 销售方信息 | 名称：广州美妆商贸有限公司<br>统一社会信用代码/纳税人识别号：12440168MB2D88680A |
|---|---|---|---|

| 项目名称 | 规格型号 | 单位 | 数量 | 单价 | 金额 | 税率/征收率 | 税额 |
|---|---|---|---|---|---|---|---|
| 养生美体美容仪* 美容仪 | | | 200 | 1000 | 200000.00 | 13% | 26000.00 |
| 养生美体美容仪* 洗脸仪 | | | 200 | 300 | 60000.00 | 13% | 7800.00 |
| 养生美体美容仪* 补水仪 | | | 200 | 600 | 120000.00 | 13% | 15600.00 |
| 养生美体美容仪* 蒸脸仪 | | | 400 | 400 | 160000.00 | 13% | 20800.00 |
| 养生美体美容仪* 按摩仪 | | | 400 | 400 | 160000.00 | 13% | 20800.00 |
| 合　　计 | | | | | ¥700000.00 | | ¥91000.00 |
| 价税合计（大写） | ⊗柒拾玖万壹仟元整 | | | | （小写） | ¥791000.00 | |
| 备注 | | | | | | | |

开票人：马成功

图 3－15　销售发票



**出　库　单**

No. 83663155

购货单位：上海兴旺商贸有限公司　　2023 年 09 月 04 日

| 编号 | 品名 | 规格 | 单位 | 数量 | 单价（元） | 金额（元） | 备注 |
|---|---|---|---|---|---|---|---|
| 101 | 美容仪 | | 台 | 200 | 1,000.00 | 200,000.00 | |
| 102 | 洗脸仪 | | 台 | 200 | 300.00 | 60,000.00 | |
| 103 | 补水仪 | | 台 | 200 | 600.00 | 120,000.00 | |
| 104 | 蒸脸仪 | | 台 | 400 | 400.00 | 160,000.00 | |
| 105 | 按摩仪 | | 台 | 400 | 400.00 | 160,000.00 | |
| 合计 | | | | | | ¥700,000.00 | |

第一联 存根联

仓库主管：刘明　记账：王鑫　保管：杨秀　经手人：杨秀　制单：杨秀

图 3－16　出库单

科技伴随 高效学习

# 购销合同

合同编号：06306340

购货单位（甲方）：上海兴旺商贸有限公司

供货单位（乙方）：广州美妆商贸有限公司

根据《中华人民共和国民法典》及国家相关法律、法规之规定，甲乙双方本着平等互利的原则，就甲方购买乙方货物一事达成以下协议。

一、货物的名称、数量及价格：

| 货物名称 | 规格型号 | 单位 | 数量 | 单价（元） | 金额（元） | 税率 | 价税合计（元） |
|---|---|---|---|---|---|---|---|
| 美容仪 | | 台 | 200 | 1,000.00 | 200,000.00 | 13% | 226,000.00 |
| 洗脸仪 | | 台 | 200 | 300.00 | 60,000.00 | 13% | 67,800.00 |
| 补水仪 | | 台 | 200 | 600.00 | 120,000.00 | 13% | 135,600.00 |
| 蒸脸仪 | | 台 | 400 | 400.00 | 160,000.00 | 13% | 180,800.00 |
| 按摩仪 | | 台 | 400 | 400.00 | 160,000.00 | 13% | 180,800.00 |
| | | | | | | | |
| | | | | | | | |
| | | | | | | | |
| 合计（大写）人民币 柒拾玖万壹仟元整 | | | | | | | ¥791,000.00 |

二、交货方式和费用承担：交货方式：购货方自行提货，交货时间：2023年09月04日前，交货地点：广州市友谊路68号，运费由购货方承担。

三、付款时间与付款方式：网银转账支付，交款提货。

四、质量异议期：订货方对供货方的货物质量有异议时，应在收到货物后7日内提出，逾期视为货物质量合格。

五、未尽事宜经双方协商可作补充协议，与本合同具有同等效力。

六、本合同自双方签字、盖章之日起生效；本合同壹式贰份，甲乙双方各执壹份。

甲方（签章）：上海兴旺商贸有限公司　　乙方（签章）：广州美妆商贸有限公司

授权代表：郑兴旺　　授权代表：陈明晖

地址：上海市东城路18号　　地址：广州市友谊路68号

电话：　　电话：

日期：2023年09月04日　　日期：2023年09月04日

图 3－17　销售合同

【业务 3－4】赊销业务。9 月 5 日，销售给北京靓妆美容有限公司美容保健产品，货款尚未收到，业务单据如图 3－18 至图 3－20 所示。

科技伴随 高效学习

## 购销合同

合同编号：95019052

购货单位（甲方）：北京靓妆美容有限公司

供货单位（乙方）：广州美妆商贸有限公司

根据《中华人民共和国民法典》及国家相关法律、法规之规定，甲乙双方本着平等互利的原则，就甲方购买乙方货物一事达成以下协议。

一、货物的名称、数量及价格：

| 货物名称 | 规格型号 | 单位 | 数量 | 单价（元） | 金额（元） | 税率 | 价税合计（元） |
|---|---|---|---|---|---|---|---|
| 美容仪 | | 台 | 100 | 1,000.00 | 100,000.00 | 13% | 113,000.00 |
| 洗脸仪 | | 台 | 100 | 300.00 | 30,000.00 | 13% | 33,900.00 |
| 补水仪 | | 台 | 100 | 600.00 | 60,000.00 | 13% | 67,800.00 |
| 蒸脸仪 | | 台 | 100 | 400.00 | 40,000.00 | 13% | 45,200.00 |
| 按摩仪 | | 台 | 100 | 400.00 | 40,000.00 | 13% | 45,200.00 |
| | | | | | | | |
| | | | | | | | |
| | | | | | | | |
| 合计（大写）人民币叁拾万伍仟壹佰元整 | | | | | | | ¥305,100.00 |

二、交货方式和费用承担：交货方式：购货方自行提货，交货时间：2023年09月05日前，交货地点：广州市友谊路68号，运费由购货方承担。

三、付款时间与付款方式：网银转账支付，提货后7日内交款。

四、质量异议期：订货方对供货方的货物质量有异议时，应在收到货物后7日内提出，逾期视为货物质量合格。

五、未尽事宜经双方协商可作补充协议，与本合同具有同等效力。

六、本合同自双方签字、盖章之日起生效，本合同壹式贰份，甲乙双方各执壹份。

|  | |  | |
|---|---|---|---|
| 甲方（签章）： | 北京靓妆美容有限公司 | 乙方（签章）： | 广州美妆商贸有限公司 |
| 授权代表： | 王宁 | 授权代表： | 陈明晖 |
| 地址： | 北京市朝阳路7号 | 地址： | 广州市友谊路68号 |
| 电话： | | 电话： | |
| 日期： | 2023 年 09 月 05 日 | 日期： | 2023 年 09 月 05 日 |

图 3－18　销售合同

科技伴随 高效学习

## 出　库　单

No. 21263177

购货单位：北京靓妆美容有限公司　　2023 年 09 月 05 日

| 编号 | 品名 | 规格 | 单位 | 数量 | 单价（元） | 金额（元） | 备注 |
|---|---|---|---|---|---|---|---|
| 101 | 美容仪 | | 台 | 100 | 1,000.00 | 100,000.00 | |
| 102 | 洗脸仪 | | 台 | 100 | 300.00 | 30,000.00 | |
| 103 | 补水仪 | | 台 | 100 | 600.00 | 60,000.00 | |
| 104 | 蒸脸仪 | | 台 | 100 | 400.00 | 40,000.00 | |
| 105 | 按摩仪 | | 台 | 100 | 400.00 | 40,000.00 | |
| 合计 | | | | | | ¥270,000.00 | |

第一联 存根联

仓库主管：刘明　记账：王鑫　保管：杨秀　经手人：杨秀　制单：杨秀

图 3－19　销售出库单

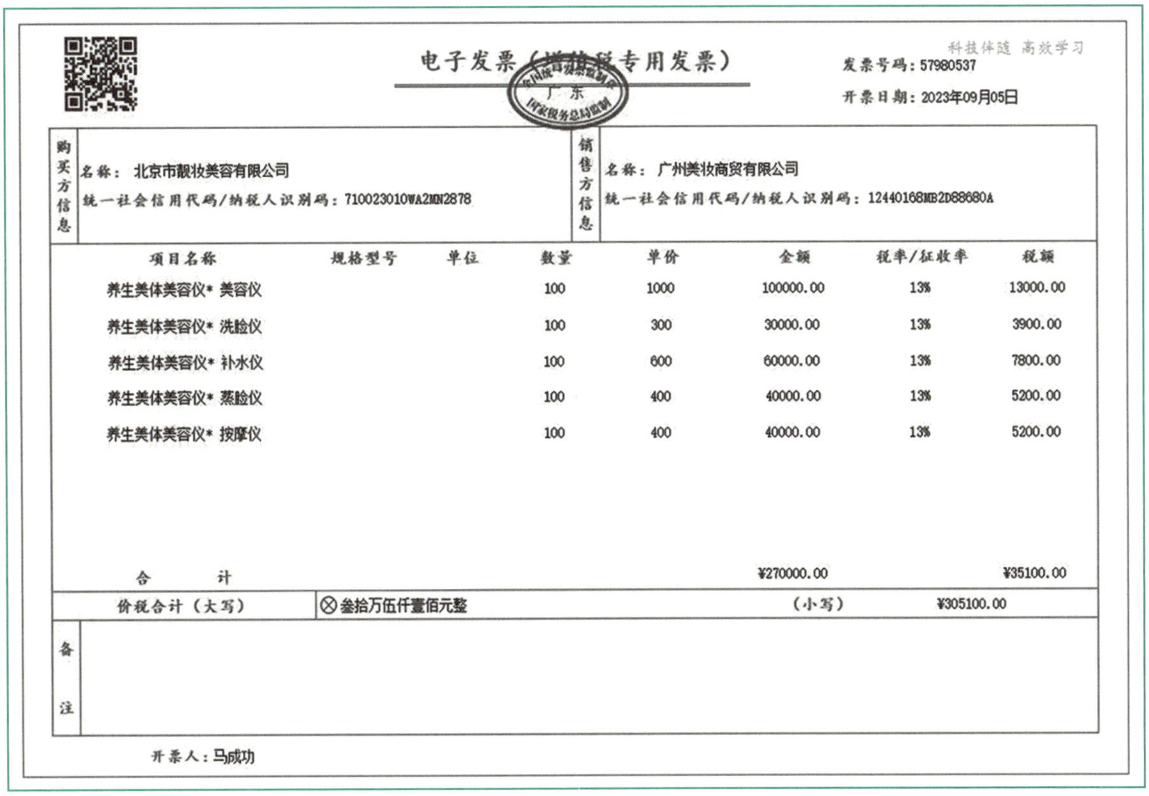

科技伴随　高效学习

电子发票（增值税专用发票）

发票号码：57980537

开票日期：2023年09月05日

| 购买方信息 | 销售方信息 |
|---|---|
| 名称：北京市靓妆美容有限公司 | 名称：广州美妆商贸有限公司 |
| 统一社会信用代码/纳税人识别号：710023010WA2MN2878 | 统一社会信用代码/纳税人识别号：12440168MB2D88680A |

| 项目名称 | 规格型号 | 单位 | 数量 | 单价 | 金额 | 税率/征收率 | 税额 |
|---|---|---|---|---|---|---|---|
| 养生美体美容仪* 美容仪 | | | 100 | 1000 | 100000.00 | 13% | 13000.00 |
| 养生美体美容仪* 洗脸仪 | | | 100 | 300 | 30000.00 | 13% | 3900.00 |
| 养生美体美容仪* 补水仪 | | | 100 | 600 | 60000.00 | 13% | 7800.00 |
| 养生美体美容仪* 蒸脸仪 | | | 100 | 400 | 40000.00 | 13% | 5200.00 |
| 养生美体美容仪* 按摩仪 | | | 100 | 400 | 40000.00 | 13% | 5200.00 |
| 合　计 | | | | | ¥270000.00 | | ¥35100.00 |

价税合计（大写）　ⓧ叁拾万伍仟壹佰元整　（小写）¥305100.00

备注

开票人：马成功

图 3－20　销售发票

## 业务流程

正常销售业务流程，如图 3－21 所示。

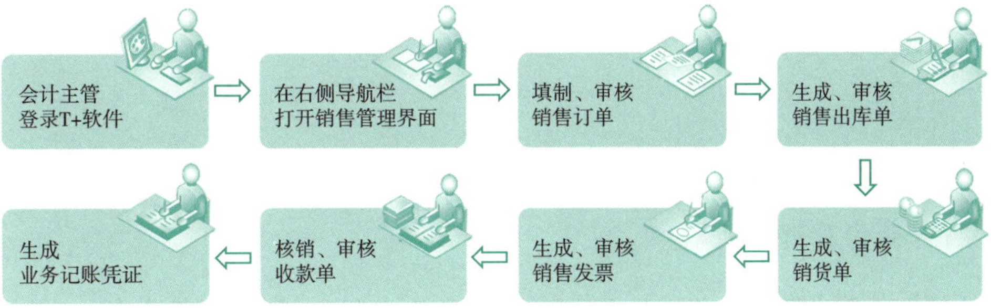


图 3－21　正常销售业务流程

## 知识准备

### 一、销售订单

销售订单是反映购销双方确认的客户货物需求的单据。商贸企业销售业务，一般需要经过客户询价、销售业务部门报价、双方签订购销合同的过程。订单作为合同或协议的载体，提供销售发货日期、货物明细、价格、数量等信息。在先发货后开票业务模式下，发货单可以根据销售订单开具，在开票直接发货业务模式下，销售发票可以根据销售订单开具。

## 二、销售出库单

对于工业企业，销售出库单是产成品销售出库时，所填制的出库单据；对于商业企业，一般是商品销售出库时，填制的出库单。无论是工业企业还是商业企业，销售出库单都是企业出库单据的主要部分，销售出库单也是进行日常业务处理和记账的主要单据之一。

销售出库单按业务类型划分为“普通销售”和“销售退货”。销售出库单可以直接录入，也可以由销售订单、销货单、配货单生成。

## 三、销货单

销货单是普通销售业务发货的载体，可通知仓库发货。在先发货后开票业务模式下，发货单由销售部门根据销售订单生成，客户通过发货单取得货物。在开票直接发货业务模式下，发货单由销售部门根据销售发票产生，作为发货依据，发货单只作浏览，不能进行增、删、改和审核操作。

## 四、销售发票

销售发票是企业给客户开具的增值税专用发票、普通发票等原始销售票据。销售发票可以由销售部门参照发货单生成，也可以参照销售订单生成或者直接填制。参照订单生成或者直接填制的销售发票经复核以后，生成发货单，生成销售出库单。

**销售管理的意义**

销售是企业经营成果的实现过程，是企业经营活动的中心。销售是企业形成利润的根本，做好销售管理，做好数据分析，提供市场数据，展示销售情况尤为重要。同学们要在核算中做好销售业务处理哦！

### 活动指导

【业务 3－3】销售现结业务处理

## 一、打开销售管理界面

活动3.2.1［业务3-3］操作录屏

会计主管以业务日期 2023 年 9 月 4 日登录 T＋教育专版，在左边导航栏中，单击打开“智能供应链｜销售管理”界面，如图 3－22 所示。

## 二、填制与审核销售订单

在“销售管理”界面，单击打开“销售订单”界面。在“销售订单”界面中，单据日期和单据编号由系统产生，选择业务类型为“普通销售”，收款方式为“全额现结”。根据图 3－17 销售合同信息，表头依次录入客户信息，表体依次录入存货名称、数量、单价等存货信息。录入完成后，单击“保存”按钮，完成销售订单录入，单击“审核”按钮，完成销售订单审核，如图 3－23 所示。

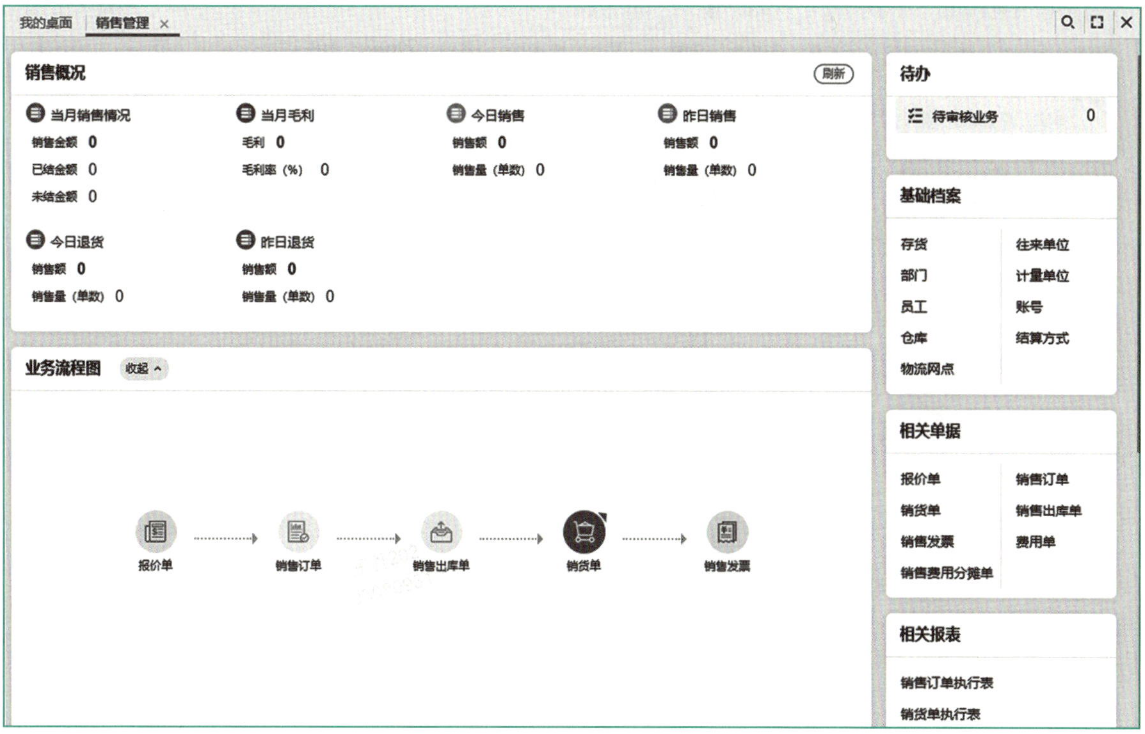


图 3－22 销售管理

| 序号 | *存货名称 | 规格型号 | *销售单位 | *数量 | 最新含税售价 | *单价 | *税率 | *含税单价 | *金额 | *含税金额 | 预计交货日期 | 现存量 | 现存量说明 |
|---|---|---|---|---|---|---|---|---|---|---|---|---|---|
| 1 | 美容仪 | | 台 | 200.00 | | 1,000.00 | 13.00% | 1,130.00 | 200,000.00 | 226,000.00 | | | |
| 2 | 洗脸仪 | | 台 | 200.00 | | 300.00 | 13.00% | 339.00 | 60,000.00 | 67,800.00 | | | |
| 3 | 补水仪 | | 台 | 200.00 | | 600.00 | 13.00% | 678.00 | 120,000.00 | 135,600.00 | | | |
| 4 | 蒸脸仪 | | 台 | 400.00 | | 400.00 | 13.00% | 452.00 | 160,000.00 | 180,800.00 | | | |
| 5 | 按摩仪 | | 台 | 400.00 | | 400.00 | 13.00% | 452.00 | 160,000.00 | 180,800.00 | | | |
| 6 | | | | | | | | | | | | | |
| 7 | | | | | | | | | | | | | |
| 合计 | | | | 1,400.00 | | | | | 700,000.00 | 791,000.00 | | | |

图 3－23 销售订单

## 三、生成与审核销售出库单

在“销售订单”界面，单击“生单”按钮，在下拉菜单中选择“生成销售出库单（普通销售）”，生成“销售出库单”。在生成的“销售出库单”中，选择仓库为“总仓”。单击“保存”按钮，保存销售出库单，单击“审核”按钮，完成销售出库单审核，如图 3－24 所示。

**图 3－24　销售出库单**

## 四、生成与审核销货单

（1）生成销货单。在“销售出库单”界面，单击“生单”按钮，在下拉菜单中选择“生成销货单”，生成“销货单”。在生成的“销货单”中，查看相关信息，如图 3－25 所示。

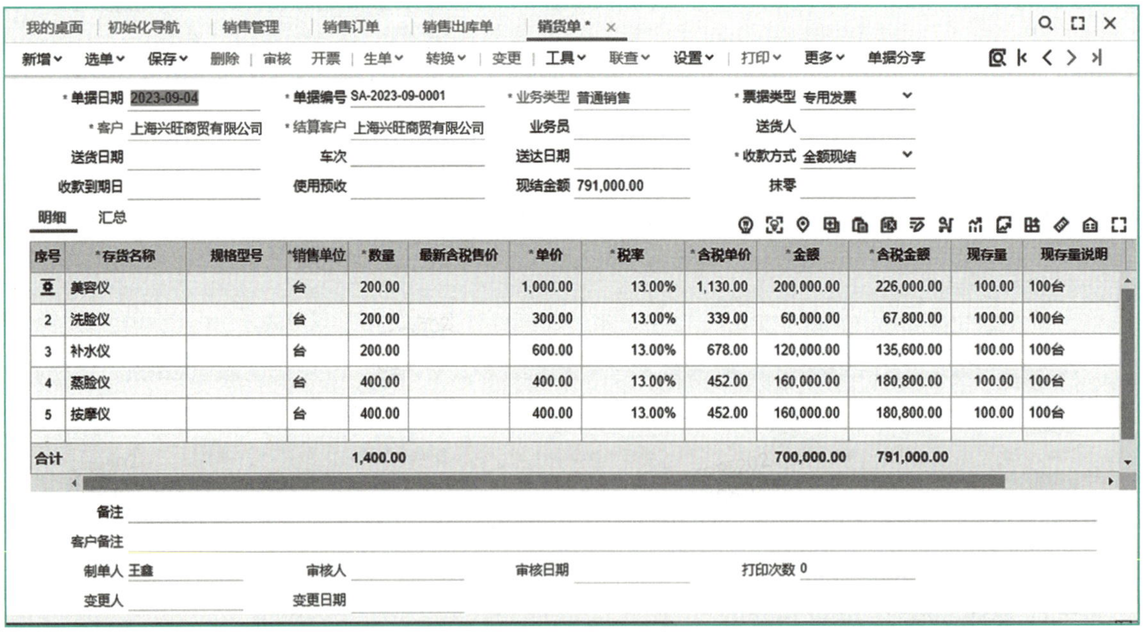


**图 3－25　销货单**

（2）进行现结。在“销货单”界面，单击表头“现结金额”栏目后面的图标，打开“现结”界面。在“现结”界面，结算方式选择“转账”，账号名称选择“银行存款”，收款金额默认为“791,000.00”，单击“确定”按钮，完成现结，如图 3－26 所示。

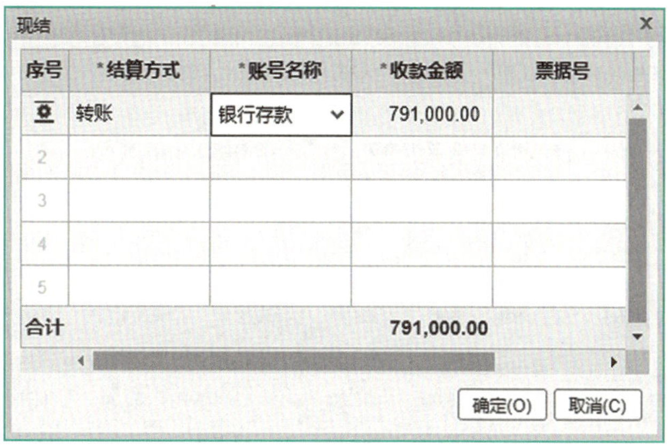


| 序号 | *结算方式 | *账号名称 | *收款金额 | 票据号 |
|---|---|---|---|---|
| | 转账 | 银行存款 | 791,000.00 | |
| 2 | | | | |
| 3 | | | | |
| 4 | | | | |
| 5 | | | | |
| 合计 | | | 791,000.00 | |

图 3－26 现结

（3）保存、审核销货单。先后单击“保存”和“审核”按钮，完成销货单生成与审核，如图 3－27 所示。

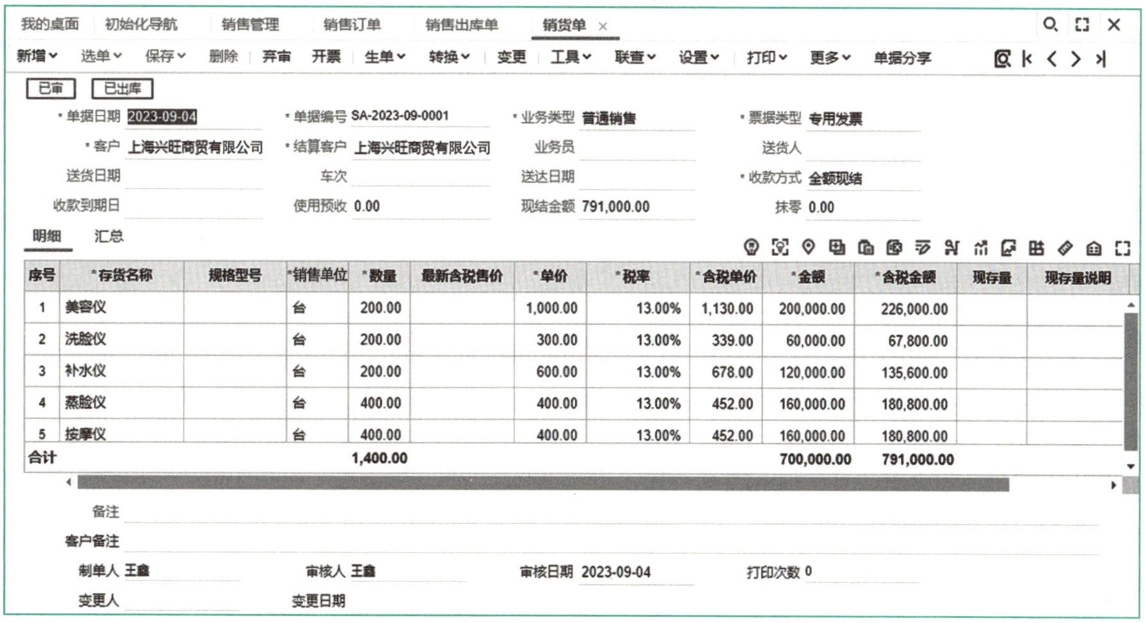


| 序号 | *存货名称 | 规格型号 | *销售单位 | *数量 | 最新含税售价 | *单价 | *税率 | *含税单价 | *金额 | *含税金额 | 现存量 | 现存量说明 |
|---|---|---|---|---|---|---|---|---|---|---|---|---|
| 1 | 美容仪 | | 台 | 200.00 | | 1,000.00 | 13.00% | 1,130.00 | 200,000.00 | 226,000.00 | | |
| 2 | 洗脸仪 | | 台 | 200.00 | | 300.00 | 13.00% | 339.00 | 60,000.00 | 67,800.00 | | |
| 3 | 补水仪 | | 台 | 200.00 | | 600.00 | 13.00% | 678.00 | 120,000.00 | 135,600.00 | | |
| 4 | 蒸脸仪 | | 台 | 400.00 | | 400.00 | 13.00% | 452.00 | 160,000.00 | 180,800.00 | | |
| 5 | 按摩仪 | | 台 | 400.00 | | 400.00 | 13.00% | 452.00 | 160,000.00 | 180,800.00 | | |
| 合计 | | | | 1,400.00 | | | | | 700,000.00 | 791,000.00 | | |



图 3－27 销货单

## 五、生成与审核销售发票

在“销货单”界面，单击“生单”按钮，在下拉菜单中选择“生成销售发票（普通销售）”，生成“销售发票”。在生成的“销售发票”中，查看相关信息。先后单击“保存”和“审核”按钮，完成销售发票生成与审核，如图 3－28 所示。

## 六、审核核销收款单

在 T＋教育专版左边导航栏中，单击打开“智能财税｜往来现金｜单据｜收款单”界面。在“收款单”界面，单击“上一张”按钮，找到本业务收款单信息，单击“审核”按钮，“付款单”界面显示“已核销”“已审”标识，完成收款核销审核，如图 3－29 所示。

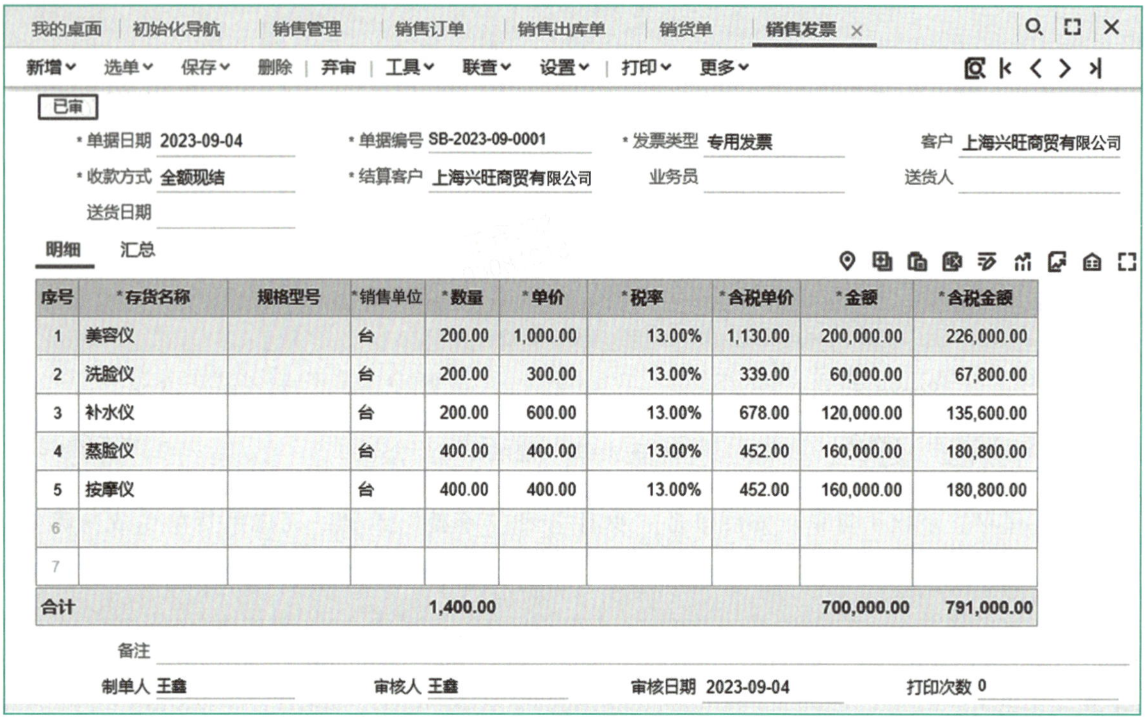
我的桌面 | 初始化导航 | 销售管理 | 销售订单 | 销售出库单 | 销货单 | 销售发票

新增 选单 保存 删除 | 弃审 | 工具 联查 设置 | 打印 更多

已审

*单据日期 2023-09-04　*单据编号 SB-2023-09-0001　*发票类型 专用发票　客户 上海兴旺商贸有限公司

*收款方式 全额现结　*结算客户 上海兴旺商贸有限公司　业务员　送货人

送货日期

明细　汇总

| 序号 | *存货名称 | 规格型号 | *销售单位 | *数量 | *单价 | *税率 | *含税单价 | *金额 | *含税金额 |
|---|---|---|---|---|---|---|---|---|---|
| 1 | 美容仪 | | 台 | 200.00 | 1,000.00 | 13.00% | 1,130.00 | 200,000.00 | 226,000.00 |
| 2 | 洗脸仪 | | 台 | 200.00 | 300.00 | 13.00% | 339.00 | 60,000.00 | 67,800.00 |
| 3 | 补水仪 | | 台 | 200.00 | 600.00 | 13.00% | 678.00 | 120,000.00 | 135,600.00 |
| 4 | 蒸脸仪 | | 台 | 400.00 | 400.00 | 13.00% | 452.00 | 160,000.00 | 180,800.00 |
| 5 | 按摩仪 | | 台 | 400.00 | 400.00 | 13.00% | 452.00 | 160,000.00 | 180,800.00 |
| 6 | | | | | | | | | |
| 7 | | | | | | | | | |
| 合计 | | | | 1,400.00 | | | | 700,000.00 | 791,000.00 |

备注

制单人 王鑫　审核人 王鑫　审核日期 2023-09-04　打印次数 0

图 3－28　销售发票

我的桌面 | 初始化导航 | 往来现金 | 收款单

新增 选单 分摊 保存 删除 放弃 草稿 | 弃审 | 转预收 | 刷新 联查 | 设置 | 打印 更多

已核销　已审

*单据日期 2023-09-04　*单据编号 SK-2023-09-0001　*业务类型 普通收款　*结算客户 上海兴旺商贸有限公司

部门　业务员　使用预收 0.00　折让 0.00

多结算明细

| 序号 | *结算方式 | *账号名称 | *收款金额 | 票据号 |
|---|---|---|---|---|
| 1 | 转账 | 银行存款 | 791,000.00 | |
| 2 | | | | |
| 合计 | | | 791,000.00 | |

核销明细

| 序号 | 单据类型 | 单据日期 | 单据编号 | 金额 | 应结款金额 | 结款金额 | 折让分摊 |
|---|---|---|---|---|---|---|---|
| 1 | 销货单 | 2023-09-04 | SA-2023-09-... | 791,000.00 | 791,000.00 | 791,000.00 | 0.00 |
| 2 | | | | | | | |
| 合计 | | | | 791,000.00 | 791,000.00 | 791,000.00 | 0.00 |

备注

图 3－29　收款单核销审核

## 七、生成销货单凭证

在 T＋教育专版左边导航栏中，单击打开“智能财税｜总账｜日常业务｜单据生凭证”界面。在“单据生凭证”界面，单据类型选择“销货单”，单击“下一步”按钮，进入“选择查询条件”界面，继续单击“下一步”按钮，进入“查询结果”界面，选择该笔业务记录，单击“生成凭证”按钮，生成记账凭证。在“生成凭证”界面，单击“保存”按钮，完成销售收入记账凭证生成，如图 3－30 所示。

我的桌面 | 初始化导航 | 单据生凭证 | 生成凭证 ×

流量 保存 批量保存 打印 退出

已分配 已生成

**记账凭证**

*凭证类别 记账凭证 *凭证编号 0005 *制单日期 2023-09-04 附单据数 1

明细 汇总

| 序号 | *摘要 | *科目名称 | 辅助项 | 借方 | 贷方 |
|---|---|---|---|---|---|
| 1 | 普通销售/上海兴旺商… | 银行存款-中国银行 | | 79100000 | |
| 2 | 普通销售/上海兴旺商… | 应交税费-应交增值税-销项税额 | | | 9100000 |
| 3 | 普通销售/上海兴旺商… | 主营业务收入 | | | 70000000 |
| 4 | | | | | |
| 5 | | | | | |
| 合计 大写合计 | | 柒拾玖万壹仟元整 | | 79100000 | 79100000 |

记账人 审核人 出纳 *制单人 王鑫

图 3－30 记账凭证

## 八、出库单生成凭证

在“单据生凭证”界面，单据类型选择“销售出库单”，单击“下一步”按钮，进入“选择查询条件”界面，继续单击“下一步”按钮，进入“查询结果”界面。选择该笔业务记录，单击“生成凭证”按钮，生成“记账凭证”。在“生成凭证”界面，单击“保存”按钮，完成销售成本记账凭证生成，如图 3－31 所示。

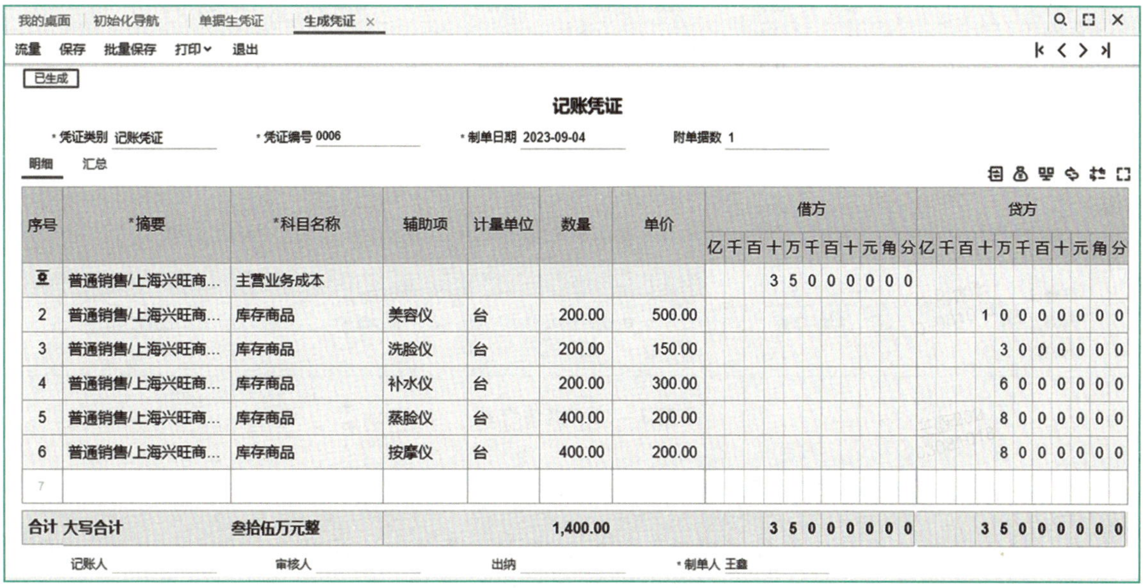
我的桌面 | 初始化导航 | 单据生凭证 | 生成凭证 ×

流量 保存 批量保存 打印 退出

已生成

**记账凭证**

*凭证类别 记账凭证 *凭证编号 0006 *制单日期 2023-09-04 附单据数 1

明细 汇总

| 序号 | *摘要 | *科目名称 | 辅助项 | 计量单位 | 数量 | 单价 | 借方 | 贷方 |
|---|---|---|---|---|---|---|---|---|
| 1 | 普通销售/上海兴旺商… | 主营业务成本 | | | | | 35000000 | |
| 2 | 普通销售/上海兴旺商… | 库存商品 | 美容仪 | 台 | 200.00 | 500.00 | | 10000000 |
| 3 | 普通销售/上海兴旺商… | 库存商品 | 洗脸仪 | 台 | 200.00 | 150.00 | | 3000000 |
| 4 | 普通销售/上海兴旺商… | 库存商品 | 补水仪 | 台 | 200.00 | 300.00 | | 6000000 |
| 5 | 普通销售/上海兴旺商… | 库存商品 | 蒸脸仪 | 台 | 400.00 | 200.00 | | 8000000 |
| 6 | 普通销售/上海兴旺商… | 库存商品 | 按摩仪 | 台 | 400.00 | 200.00 | | 8000000 |
| 7 | | | | | | | | |
| 合计 大写合计 | | 叁拾伍万元整 | | | 1,400.00 | | 35000000 | 35000000 |

记账人 审核人 出纳 *制单人 王鑫

图 3－31 记账凭证

**销售订单的后续执行有哪些**

(1) 销售订单可生成销货单。
(2) 销售订单可生成销售出库单。
(3) 销货单参照销售订单生单。
(4) 销售出库单参照销售订单生单。
(5) 销售订单自动生成的收款单已生成凭证、已核销、已冲销。

【业务 3－4】赊销业务处理

活动3.2.1
［业务3－4］
操作录屏

## 一、打开销售管理界面

会计主管以业务日期 2023 年 9 月 5 日登录 T＋教育专版，在左边导航栏，单击打开“智能供应链｜销售管理”界面。

## 二、填制与审核销售订单

在“销售管理”界面中，单击打开“销售订单”界面。在“销售订单”界面中，单据日期和单据编号由系统产生，选择业务类型为“普通销售”，收款方式为“限期收款”。根据图 3－18 销售合同中的销售信息，表头录入客户，表体录入销售存货信息等。录入完成后，先后单击“保存”和“审核”按钮，完成销售订单填制与审核，如图 3－32 所示。

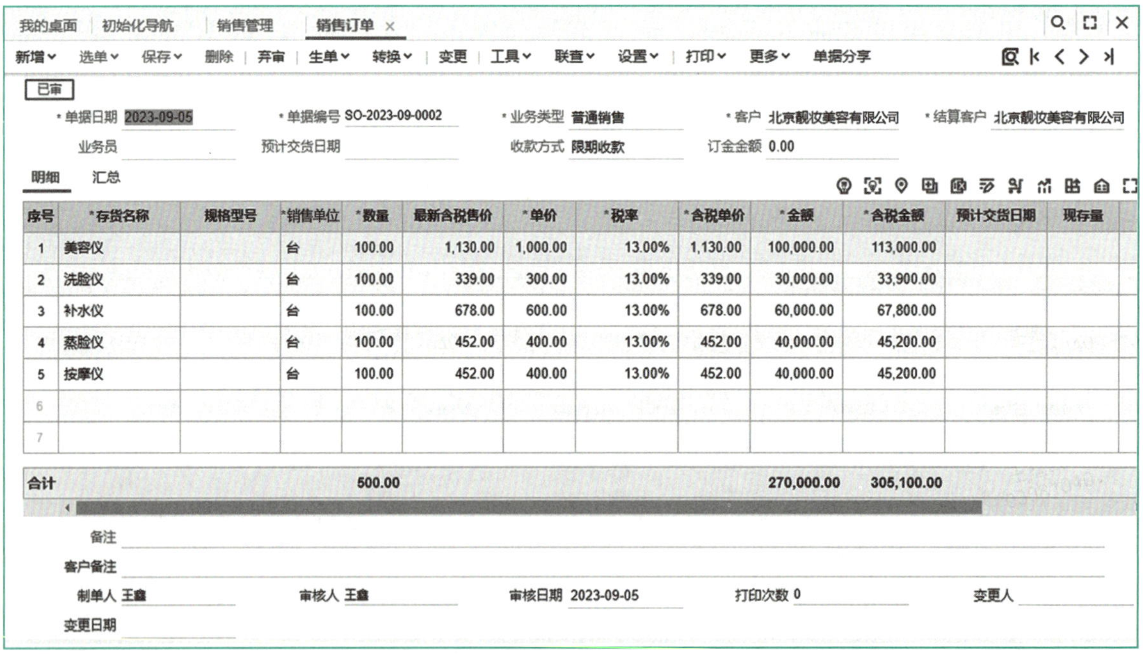


| 序号 | *存货名称 | 规格型号 | *销售单位 | *数量 | 最新含税售价 | *单价 | *税率 | *含税单价 | *金额 | *含税金额 | 预计交货日期 | 现存量 |
|---|---|---|---|---|---|---|---|---|---|---|---|---|
| 1 | 美容仪 | | 台 | 100.00 | 1,130.00 | 1,000.00 | 13.00% | 1,130.00 | 100,000.00 | 113,000.00 | | |
| 2 | 洗脸仪 | | 台 | 100.00 | 339.00 | 300.00 | 13.00% | 339.00 | 30,000.00 | 33,900.00 | | |
| 3 | 补水仪 | | 台 | 100.00 | 678.00 | 600.00 | 13.00% | 678.00 | 60,000.00 | 67,800.00 | | |
| 4 | 蒸脸仪 | | 台 | 100.00 | 452.00 | 400.00 | 13.00% | 452.00 | 40,000.00 | 45,200.00 | | |
| 5 | 按摩仪 | | 台 | 100.00 | 452.00 | 400.00 | 13.00% | 452.00 | 40,000.00 | 45,200.00 | | |
| 6 | | | | | | | | | | | | |
| 7 | | | | | | | | | | | | |
| 合计 | | | | 500.00 | | | | | 270,000.00 | 305,100.00 | | |



图 3－32 销售订单

## 三、生成与审核销售出库单

在“销售订单”界面，单击“生单”按钮，在下拉菜单中选择“生成销售出库单（普通销售）”，生成“销售出库单”。在“销售出库单”中，选择仓库为“总仓”。先后单击“保存”和“审核”按钮，完成销售出库单生成与审核，如图 3－33 所示。

我的桌面 | 初始化导航 | 销售管理 | 销售订单 | 销售出库单

新增 选单 保存 删除 | 弃审 | 生单 | 变更 | 工具 联查 设置 | 打印 更多

已审

*单据日期 2023-09-05　*单据编号 IO-2023-09-0002　*业务类型 普通销售　*客户 北京靓妆美容有限公司

*结算客户 北京靓妆美容有限公司　经手人　仓库 总仓

明细　汇总

| 序号 | *仓库 | *存货名称 | 规格型号 | *计量单位 | *数量 | 现存量 | 现存量说明 |
| --- | --- | --- | --- | --- | --- | --- | --- |
| 1 | 总仓 | 美容仪 | | 台 | 100.00 | | |
| 2 | 总仓 | 洗脸仪 | | 台 | 100.00 | | |
| 3 | 总仓 | 补水仪 | | 台 | 100.00 | | |
| 4 | 总仓 | 蒸脸仪 | | 台 | 100.00 | | |
| 5 | 总仓 | 按摩仪 | | 台 | 100.00 | | |
| 6 | | | | | | | |
| 7 | | | | | | | |
| 合计 | | | | | 500.00 | | |

备注

制单人 王鑫　审核人 王鑫　审核日期 2023-09-05　打印次数 0

图 3－33　销售出库单

## 四、生成与审核销货单

在“销售出库单”界面，单击“生单”按钮，在下拉菜单中选择“生成销货单”，生成“销货单”。在“销货单”中，查看相关信息。先后单击“保存”和“审核”按钮，完成销货单生成与审核，如图 3－34 所示。

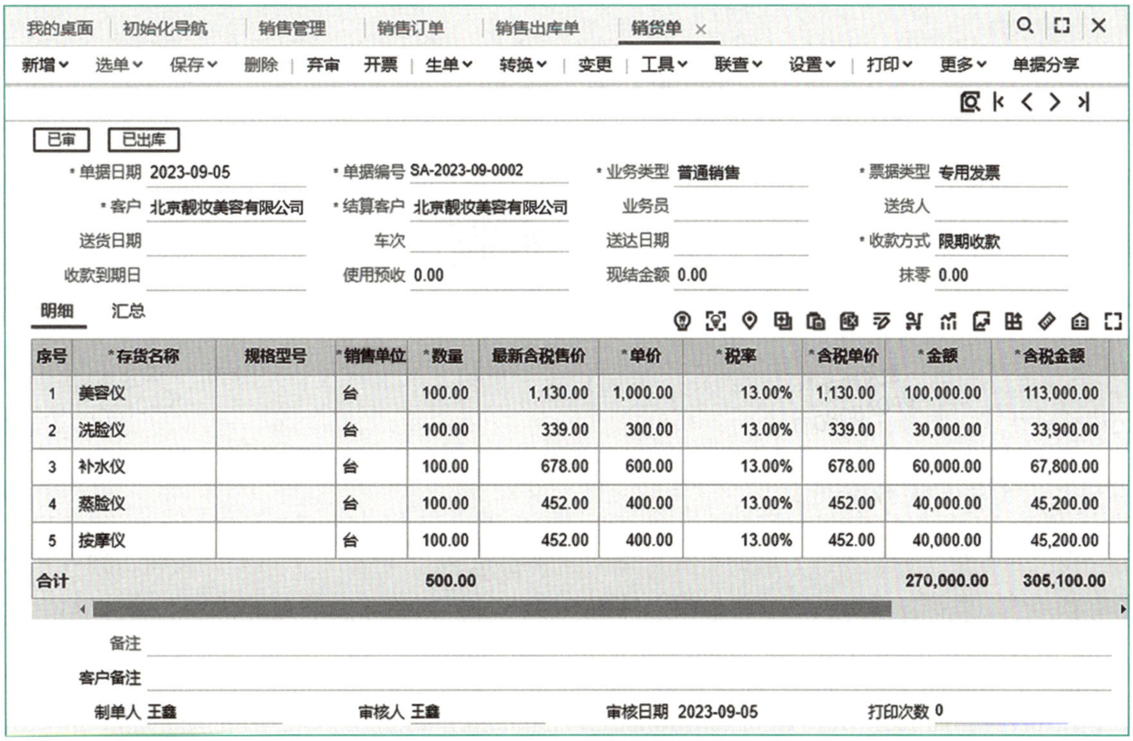

我的桌面 | 初始化导航 | 销售管理 | 销售订单 | 销售出库单 | 销货单

新增 选单 保存 删除 | 弃审 开票 | 生单 转换 | 变更 | 工具 联查 设置 | 打印 更多 单据分享

已审　已出库

*单据日期 2023-09-05　*单据编号 SA-2023-09-0002　*业务类型 普通销售　*票据类型 专用发票

*客户 北京靓妆美容有限公司　*结算客户 北京靓妆美容有限公司　业务员　送货人

送货日期　车次　送达日期　*收款方式 限期收款

收款到期日　使用预收 0.00　现结金额 0.00　抹零 0.00

明细　汇总

| 序号 | *存货名称 | 规格型号 | *销售单位 | *数量 | 最新含税售价 | *单价 | *税率 | *含税单价 | *金额 | *含税金额 |
| --- | --- | --- | --- | --- | --- | --- | --- | --- | --- | --- |
| 1 | 美容仪 | | 台 | 100.00 | 1,130.00 | 1,000.00 | 13.00% | 1,130.00 | 100,000.00 | 113,000.00 |
| 2 | 洗脸仪 | | 台 | 100.00 | 339.00 | 300.00 | 13.00% | 339.00 | 30,000.00 | 33,900.00 |
| 3 | 补水仪 | | 台 | 100.00 | 678.00 | 600.00 | 13.00% | 678.00 | 60,000.00 | 67,800.00 |
| 4 | 蒸脸仪 | | 台 | 100.00 | 452.00 | 400.00 | 13.00% | 452.00 | 40,000.00 | 45,200.00 |
| 5 | 按摩仪 | | 台 | 100.00 | 452.00 | 400.00 | 13.00% | 452.00 | 40,000.00 | 45,200.00 |
| 合计 | | | | 500.00 | | | | | 270,000.00 | 305,100.00 |

备注

客户备注

制单人 王鑫　审核人 王鑫　审核日期 2023-09-05　打印次数 0

图 3－34　销货单

## 五、生成与审核销售发票

在“销货单”界面，单击“生单”按钮，在下拉菜单中选择“生成销售发票（普通销售）”，生成“销售发票”。在“销售发票”中，查看相关信息。先后单击“保存”和“审核”按钮，完成销售发票生成与审核，如图 3－35 所示。

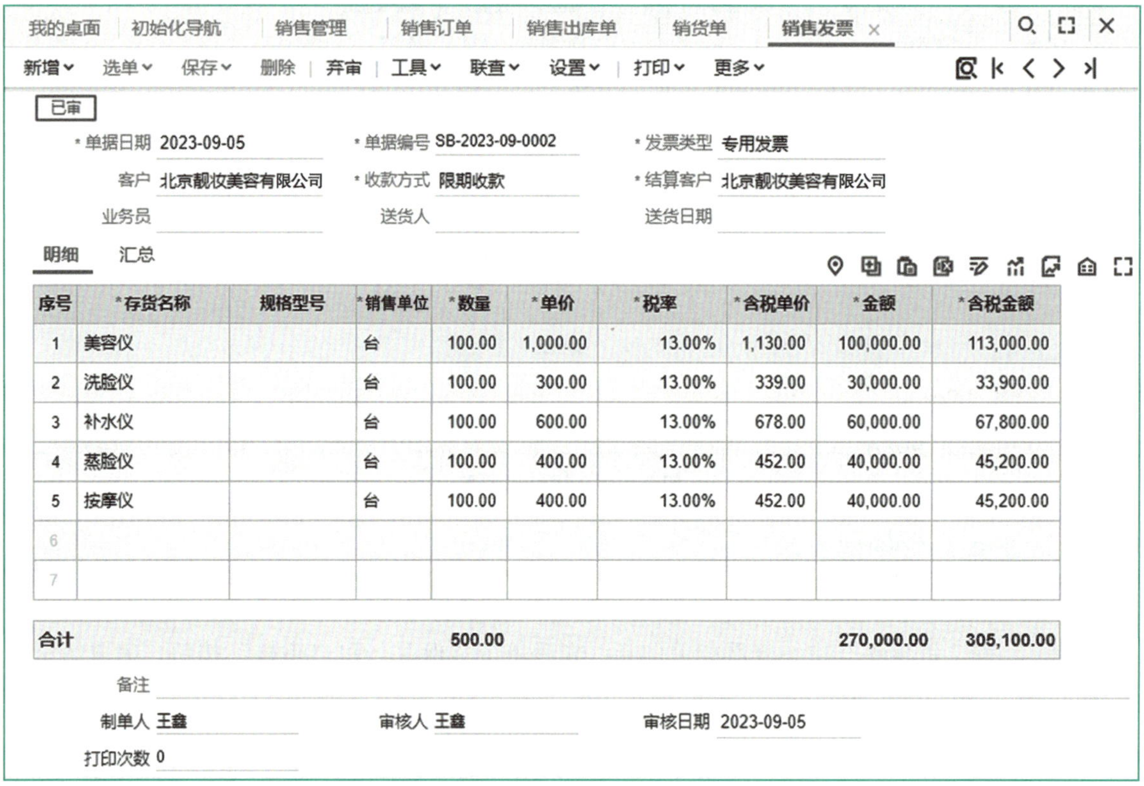
我的桌面 | 初始化导航 | 销售管理 | 销售订单 | 销售出库单 | 销货单 | 销售发票

新增 | 选单 | 保存 | 删除 | 弃审 | 工具 | 联查 | 设置 | 打印 | 更多

已审

*单据日期 2023-09-05　*单据编号 SB-2023-09-0002　*发票类型 专用发票

客户 北京靓妆美容有限公司　*收款方式 限期收款　*结算客户 北京靓妆美容有限公司

业务员　送货人　送货日期

明细　汇总

| 序号 | *存货名称 | 规格型号 | *销售单位 | *数量 | *单价 | *税率 | *含税单价 | *金额 | *含税金额 |
|---|---|---|---|---|---|---|---|---|---|
| 1 | 美容仪 | | 台 | 100.00 | 1,000.00 | 13.00% | 1,130.00 | 100,000.00 | 113,000.00 |
| 2 | 洗脸仪 | | 台 | 100.00 | 300.00 | 13.00% | 339.00 | 30,000.00 | 33,900.00 |
| 3 | 补水仪 | | 台 | 100.00 | 600.00 | 13.00% | 678.00 | 60,000.00 | 67,800.00 |
| 4 | 蒸脸仪 | | 台 | 100.00 | 400.00 | 13.00% | 452.00 | 40,000.00 | 45,200.00 |
| 5 | 按摩仪 | | 台 | 100.00 | 400.00 | 13.00% | 452.00 | 40,000.00 | 45,200.00 |
| 6 | | | | | | | | | |
| 7 | | | | | | | | | |
| 合计 | | | | 500.00 | | | | 270,000.00 | 305,100.00 |

备注

制单人 王鑫　审核人 王鑫　审核日期 2023-09-05

打印次数 0

图 3－35　销售发票

## 六、销货单生成凭证

在 T+教育专版左边导航栏中，单击打开“智能财税｜总账｜日常业务｜单据生凭证”界面。在“单据生凭证”界面，单据类型选择“销货单”，单击“下一步”按钮，进入“选择查询条件”界面，继续单击“下一步”按钮，进入“查询结果”界面，选择该笔业务记录，单击“生成凭证”按钮，生成记账凭证。在“生成凭证”界面，单击“保存”按钮，完成销售收入记账凭证生成，如图 3－36 所示。

## 七、出库单生成凭证

在“单据生凭证”界面，单据类型选择“销售出库单”，单击“下一步”按钮，进入“选择查询条件”界面，继续单击“下一步”按钮，进入“查询结果”界面。选择该笔业务记录，单击“生成凭证”按钮，生成“记账凭证”。在“生成凭证”界面，单击“保存”按钮，完成销售成本记账凭证生成，如图 3－37 所示。

我的桌面 | 初始化导航 | 单据生凭证 | 生成凭证 ×

流量　保存　批量保存　打印　退出

已生成

**记账凭证**

* 凭证类别 记账凭证　* 凭证编号 0007　* 制单日期 2023-09-05　附单据数 1

明细　汇总

| 序号 | *摘要 | *科目名称 | 辅助项 | 借方（亿千百十万千百十元角分） | 贷方（亿千百十万千百十元角分） |
|---|---|---|---|---|---|
| 1 | 普通销售/北京靓妆美… | 应收账款 | 北京靓… | 3 0 5 1 0 0 0 0 | |
| 2 | 普通销售/北京靓妆美… | 应交税费-应交增值… | | | 3 5 1 0 0 0 0 |
| 3 | 普通销售/北京靓妆美… | 主营业务收入 | | | 2 7 0 0 0 0 0 0 |
| 4 | | | | | |
| 5 | | | | | |
| 合计 大写合计 | | 叁拾万伍仟壹佰元整 | | 3 0 5 1 0 0 0 0 | 3 0 5 1 0 0 0 0 |

记账人　审核人　出纳　* 制单人 王鑫

图 3－36　销售收入记账凭证

我的桌面 | 初始化导航 | 单据生凭证 | 生成凭证 ×

流量　保存　批量保存　打印　退出

已生成

**记账凭证**

* 凭证类别 记账凭证　* 凭证编号 0008　* 制单日期 2023-09-05　附单据数 1

明细　汇总

| 序号 | *摘要 | *科目名称 | 辅助项 | 计量单位 | 数量 | 单价 | 借方（亿千百十万千百十元角分） | 贷方（亿千百十万千百十元角分） |
|---|---|---|---|---|---|---|---|---|
| 1 | 普通销售/北京靓妆美… | 主营业务成本 | | | | | 1 3 5 0 0 0 0 0 | |
| 2 | 普通销售/北京靓妆美… | 库存商品 | 美容仪 | 台 | 100.00 | 500.00 | | 5 0 0 0 0 0 0 |
| 3 | 普通销售/北京靓妆美… | 库存商品 | 洗脸仪 | 台 | 100.00 | 150.00 | | 1 5 0 0 0 0 0 |
| 4 | 普通销售/北京靓妆美… | 库存商品 | 补水仪 | 台 | 100.00 | 300.00 | | 3 0 0 0 0 0 0 |
| 5 | 普通销售/北京靓妆美… | 库存商品 | 蒸脸仪 | 台 | 100.00 | 200.00 | | 2 0 0 0 0 0 0 |
| 6 | 普通销售/北京靓妆美… | 库存商品 | 按摩仪 | 台 | 100.00 | 200.00 | | 2 0 0 0 0 0 0 |
| 合计 大写合计 | | 壹拾叁万伍仟元整 | | | 500.00 | | 1 3 5 0 0 0 0 0 | 1 3 5 0 0 0 0 0 |

记账人　审核人　出纳　* 制单人 王鑫

图 3－37　销售成本记账凭证

## 活动 3.2.2　销售退货业务处理

### 活动描述

【业务 3－5】9 月 8 日接到客户反馈，9 月 5 日销售给北京靓妆美容有限公司的美容保健产品中，按摩仪因质量问题退货，业务单据如图 3－38、图 3－39 所示。

科技伴随 高效学习

电子发票（增值税专用发票）

发票号码：83283272

开票日期：2023年09月08日

购买方信息 名称：北京靓妆美容有限公司
统一社会信用代码/纳税人识别码：710023010WA2MN2878

销售方信息 名称：广州美妆商贸有限公司
统一社会信用代码/纳税人识别码：12440168MB2D88680A

| 项目名称 | 规格型号 | 单位 | 数量 | 单价 | 金额 | 税率/征收率 | 税额 |
|---|---|---|---|---|---|---|---|
| 养生美体美容仪* 按摩仪 | | | -100 | 400 | -40,000.00 | 13% | -5,200.00 |
| 合计 | | | | | -¥40,000.00 | | -¥5,200.00 |
| 价税合计（大写） | ⊗（负数）肆万伍仟贰佰元整 | | | | （小写） | -¥45,200.00 | |

备注

开票人：马成功

图 3－38 红字发票

科技伴随 高效学习

出 库 单

No. 83818107

购货单位：北京靓妆美容有限公司　　2023 年 09 月 08 日

| 编号 | 品名 | 规格 | 单位 | 数量 | 单价 | 金额 | 备注 |
|---|---|---|---|---|---|---|---|
| 105 | 按摩仪 | | 台 | -100 | 400.00 | -40,000.00 | |
| | | | | | | | |
| | | | | | | | |
| | | | | | | | |
| | | | | | | | |
| 合计 | | | | | | ¥-40,000.00 | |

第一联 存根联

仓库主管：刘明　记账：王鑫　保管：杨秀　经手人：杨秀　制单：杨秀

图 3－39 红字出库单

## 业务流程

销售退货业务流程，如图 3－40 所示。

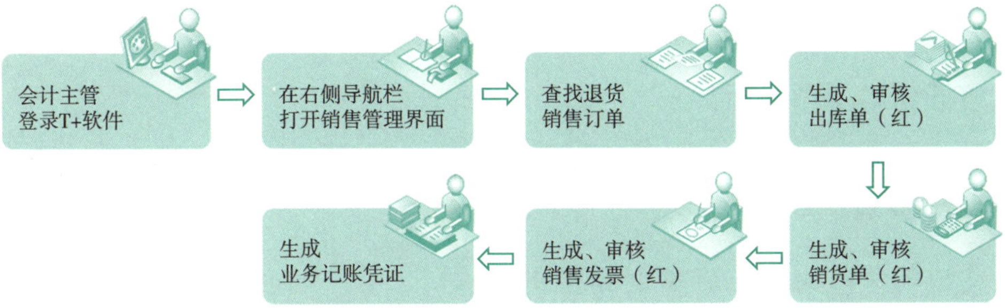


图 3-40 销售退货业务流程

## 知识准备

退货业务使用的单据是业务类型为“销售退货”的销货单。退货可以分为普通退货、换货、冲抵销货的退货、换货。在销货单界面，勾选“冲抵销货”复选框为冲抵销货的退货业务，不勾选为普通退货业务，换货业务在“普通销售”的销货单上体现。

### 一、普通退货

不管是否做了出库、开票业务，因为不符合要求产生的退货都可以看作普通退货。可以参照生成也可以手工添加，后续可以作相应的红字出库、红字开票业务。已出库的退货可采用此种方式。

### 二、冲抵销货的退货

已经发货了，即做了销货单，但发出的货还没有全部出库或开票，此时对于既未出库又未开票的部分可以冲抵销货，冲抵的这部分存货后续不再作红字出库、红字开票业务；已做过出库或开票的部分不可以做冲抵。冲抵销货的退货单只能参照销货单生成，以便记录冲抵的那一笔销货。

### 三、换货业务

不符合条件的存货返还给客户，同时从客户处得到符合条件的存货。此种换货业务，可以通过普通销货单明细正负混录实现：将不符合条件的存货在销货单上以负数形式录入，换回的符合条件的存货在同一销货单上以正数形式录入。换货业务的后续处理与普通退货相同。

**遵守账实相符原则**

为管理好存货数据，做到存货资料账实相符，发生退货时，要做到及时跟踪销货、退货相关单据处理，定期清查，对库存实务数据准确掌握。你也要养成这样的意识哦！

## 活动指导

活动3.2.2
［业务3-5］
操作录屏

### 一、打开销售管理界面

会计主管以业务日期2023年9月8日登录T+教育专版，在左边导航栏中，单击打开“智能供应链｜销售管理”界面。

### 二、生成与审核销售出库单（销售退货）

在“销售管理”界面，单击打开“销售订单”界面。在“销售订单”界面，单击左上角 < 按钮，找到9月5日销售给北京靓妆美容有限公司的销售订单。单击“生单”按钮，在下拉菜单中选择“生成销售出库单（销售退货）”，生成“销售出库单”（红字）。在“销售出库单”中，“仓库”选择“总仓”，在“明细”中，删除不需要退货的存货。先后单击“保存”和“审核”按钮，完成销售出库单（红字）生成与审核，如图3－41所示。

我的桌面 | 初始化导航 | 销售管理 | 销售订单 | 销售出库单 ×

新增 | 选单 | 保存 | 删除 | 弃审 | 生单 | 变更 | 工具 | 联查 | 设置 | 打印 | 更多

已审

*单据日期 2023-09-08　*单据编号 IO-2023-09-0003　*业务类型 销售退货　*客户 北京靓妆美容有限公司

*结算客户 北京靓妆美容有限公司　经手人　仓库 总仓

明细　汇总

| 序号 | *仓库 | *存货名称 | 规格型号 | *计量单位 | *数量 | 现存量 | 现存量说明 |
|---|---|---|---|---|---|---|---|
| 1 | 总仓 | 按摩仪 | | 台 | -100.00 | | |
| 2 | | | | | | | |
| 3 | | | | | | | |
| 4 | | | | | | | |
| 5 | | | | | | | |
| 6 | | | | | | | |
| 7 | | | | | | | |
| 8 | | | | | | | |
| 合计 | | | | | -100.00 | | |

备注

制单人 王鑫　审核人 王鑫　审核日期 2023-09-08　打印次数 0

图3－41　销售出库单（红字）

### 三、生成与审核销货单

在“销售出库单”界面，单击“生单”按钮，在下拉菜单中选择“生成销货单”，生成“销货单”。在“销货单”中，查看相关信息。单击“保存”和“审核”按钮，完成销货单（红字）生成与审核，如图3－42所示。

### 四、生成与审核销售发票

在“销货单”界面，单击“生单”按钮，在下拉菜单中选择“生成销售发票（销售退货）”，生成“销售发票”（红字）。在“销售发票”中，查看相关信息。单击“保存”和

“审核”按钮，完成销售发票（红字）生成与审核，如图 3－43 所示。

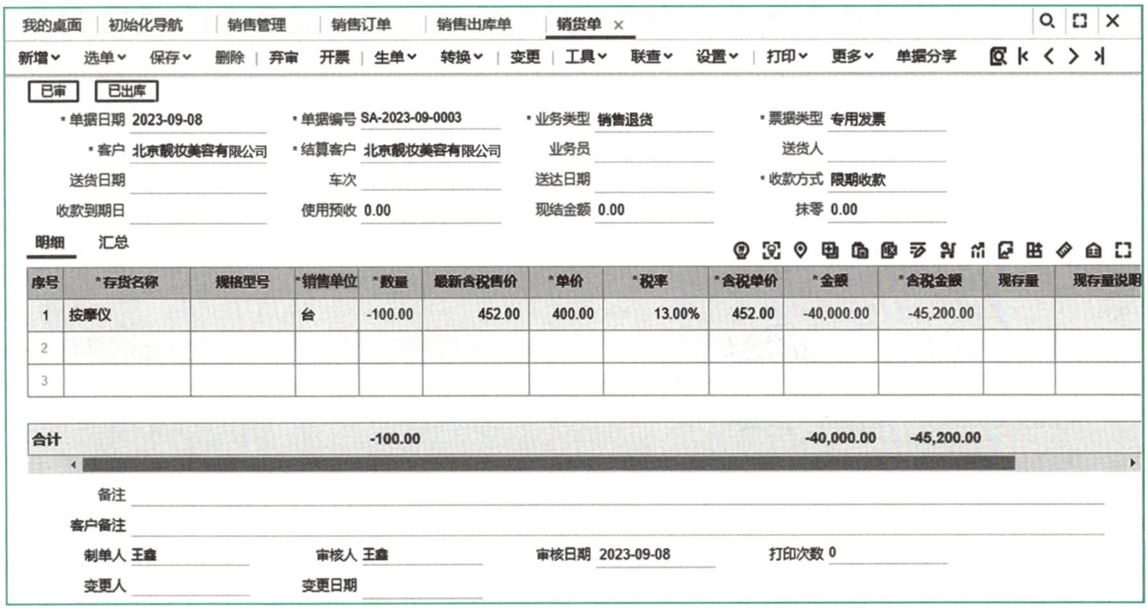


图 3－42 销货单（红字）

图 3－43 销售发票（红字）

## 五、生成销货单凭证

在 T＋教育专版左边导航栏中，单击打开“智能财税｜总账｜日常业务｜单据生凭证”界面。在“单据生凭证”界面，选择“销货单”，单击“下一步”按钮，进入“选择查询条件”

界面，继续单击“下一步”按钮，进入“查询结果”界面，选择该笔业务记录，生成记账凭证，如图 3－44 所示。

我的桌面 | 初始化导航 | 单据生成凭证 | 生成凭证 ×

流量 保存 批量保存 打印 退出

已生成

记账凭证

*凭证类别 记账凭证　*凭证编号 0009　*制单日期 2023-09-08　附单据数 1

明细 汇总

| 序号 | *摘要 | *科目名称 | 辅助项 | 借方（亿千百十万千百十元角分） | 贷方（亿千百十万千百十元角分） |
| --- | --- | --- | --- | --- | --- |
| 1 | 销售退货/北京靓妆美… | 应收账款 | 北京靓妆美容有限公司 | 4 5 2 0 0 0 0 | |
| 2 | 销售退货/北京靓妆美… | 应交税费-应交增值税 | | | 5 2 0 0 0 0 |
| 3 | 销售退货/北京靓妆美… | 主营业务收入 | | | 4 0 0 0 0 0 0 |
| 4 | | | | | |
| 5 | | | | | |
| 合计 大写合计 | | 负肆万伍仟贰佰元 | | 4 5 2 0 0 0 0 | 4 5 2 0 0 0 0 |

记账人　审核人　出纳　*制单人 王鑫

图 3－44　记账凭证

## 六、生成出库单凭证

在“单据生凭证”界面，选择“销售出库单”，单击“下一步”按钮，进入“选择查询条件”界面，继续单击“下一步”按钮，进入“查询结果”界面，选择该笔业务记录，生成记账凭证，如图 3－45 所示。

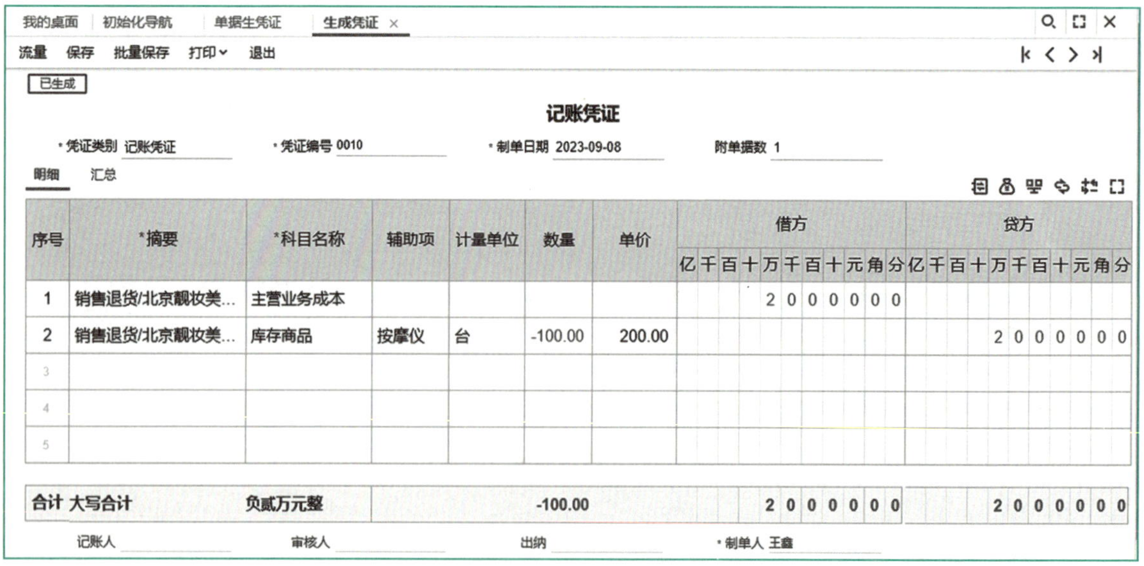
我的桌面 | 初始化导航 | 单据生凭证 | 生成凭证 ×

流量 保存 批量保存 打印 退出

已生成

记账凭证

*凭证类别 记账凭证　*凭证编号 0010　*制单日期 2023-09-08　附单据数 1

明细 汇总

| 序号 | *摘要 | *科目名称 | 辅助项 | 计量单位 | 数量 | 单价 | 借方（亿千百十万千百十元角分） | 贷方（亿千百十万千百十元角分） |
| --- | --- | --- | --- | --- | --- | --- | --- | --- |
| 1 | 销售退货/北京靓妆美… | 主营业务成本 | | | | | 2 0 0 0 0 0 0 | |
| 2 | 销售退货/北京靓妆美… | 库存商品 | 按摩仪 | 台 | -100.00 | 200.00 | | 2 0 0 0 0 0 0 |
| 3 | | | | | | | | |
| 4 | | | | | | | | |
| 5 | | | | | | | | |
| 合计 大写合计 | | 负贰万元整 | | | -100.00 | | 2 0 0 0 0 0 0 | 2 0 0 0 0 0 0 |

记账人　审核人　出纳　*制单人 王鑫

图 3－45　记账凭证

**常见的退货原因**

根据销售退货的实际情况确定同客户之间的应收关系及应收账款。产生退货的原因可以是送货过程中损坏、库房积压、换货等。

## 活动 3.2.3　应收业务处理

### 活动描述

【业务 3－6】9 月 10 日，收到 9 月 5 日销售给北京靓妆美容有限公司的美容保健产品网银转账支付货款。银行收款回单，如图 3－46 所示。

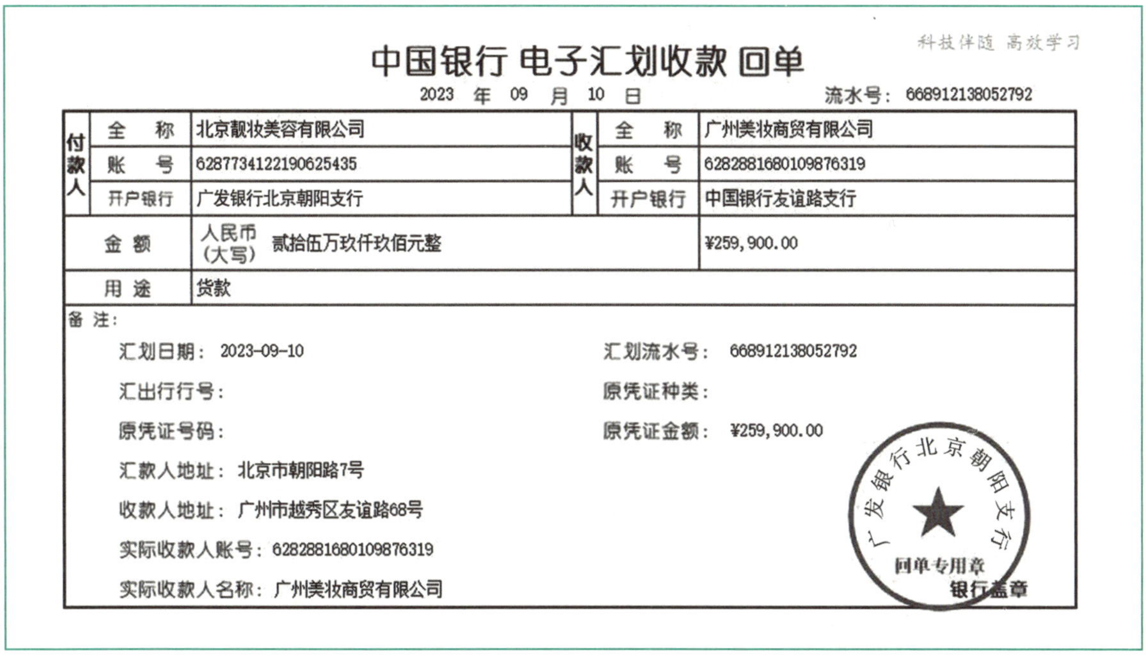

科技伴随　高效学习

中国银行 电子汇划收款 回单

2023 年 09 月 10 日　　流水号：668912138052792

| | | | | | |
|---|---|---|---|---|---|
| 付款人 | 全　称 | 北京靓妆美容有限公司 | 收款人 | 全　称 | 广州美妆商贸有限公司 |
| | 账　号 | 6287734122190625435 | | 账　号 | 6282881680109876319 |
| | 开户银行 | 广发银行北京朝阳支行 | | 开户银行 | 中国银行友谊路支行 |
| 金　额 | 人民币（大写） | 贰拾伍万玖仟玖佰元整 | | | ¥259,900.00 |
| 用　途 | 货款 | | | | |

备　注：

汇划日期：2023-09-10　　汇划流水号：668912138052792

汇出行行号：　　原凭证种类：

原凭证号码：　　原凭证金额：¥259,900.00

汇款人地址：北京市朝阳路7号

收款人地址：广州市越秀区友谊路68号

实际收款人账号：6282881680109876319

实际收款人名称：广州美妆商贸有限公司

广发银行北京朝阳支行　回单专用章

银行盖章

图 3－46　银行收款回单

### 业务流程

收款核销业务流程，如图 3－47 所示。

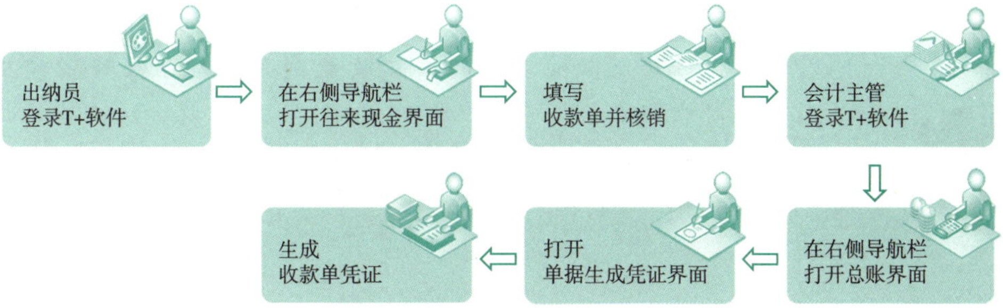


图 3－47　收款核销业务流程

## 知识准备

往来现金的日常业务工作包括：企业日常其他应收单、收款单、收款单核销等。其他应收单业务处理，可通过往来现金系统完成单据的录入、查阅工作。往来核销建立了收款与应收款业务的核销关系，可加强往来款项管理。

### 一、收款单

收款单用于处理企业对结算客户的收款，包括预收款、直接收款、普通收款以及收款核销，可以用普通收款和预收款单同时和应收款进行核销。

### 二、收款单新增方式

（1）预收款单：手工录入收款单。

（2）普通收款单：录入收款单并核销应收期初、销货单、收入单。通过选单按钮进入选单界面，选择要核销的单据或明细到收款单界面，手工填写或自动分摊每张单据或每条明细要结算的金额。用户不可以手工增加收款单核销明细。

（3）直接收款：手工录入收款单数据，直接保存。无须选择应收单进行核销。该类收款单的核销操作，可在往来核销的手工核销功能中进行。

### 三、使用预收核销方式

录入收款单的同时，可以使用预收款一起对应收期初、销货单、收入单进行核销。具体的操作有两种方式：

（1）直接录入“使用预收”金额。录入后，系统把录入的“使用预收”金额与收款单上结算客户所有的预收款的余额合计进行比较，判断录入的金额是否可用。如满足条件将“使用预收”金额按照时间顺序分摊到各个预收款单。

（2）手工指定预收款单。单击使用预收参照，打开目前有余额的预收款单。采用录入金额的方式来选择具体使用哪笔预收、具体的使用金额是多少。

### 四、使用折让

在收款的同时对于结算客户的折让，可在收款单上处理，收款与折让一起核销应收账款。在收款单上录入折让，然后点击分摊系统会将折让分摊到本次核销的单据上或手工分摊折让。

财经素养

**树立应收账款管理意识**

做好公司应收款管理，判断应收款到期情况，做好到期提醒，以便于及时收回货款。进行应收款分析，及时催收，防止客户拖欠，减少呆账、坏账，提高资金周转效率。你认识到应收款管理的重要性了吗？

## 活动指导

### 一、打开往来现金界面

出纳员以业务日期 2023 年 9 月 10 日登录 T＋教育专版。在左边导航栏，单击打开“智能财税｜往来现金”界面，如图 3－48 所示。

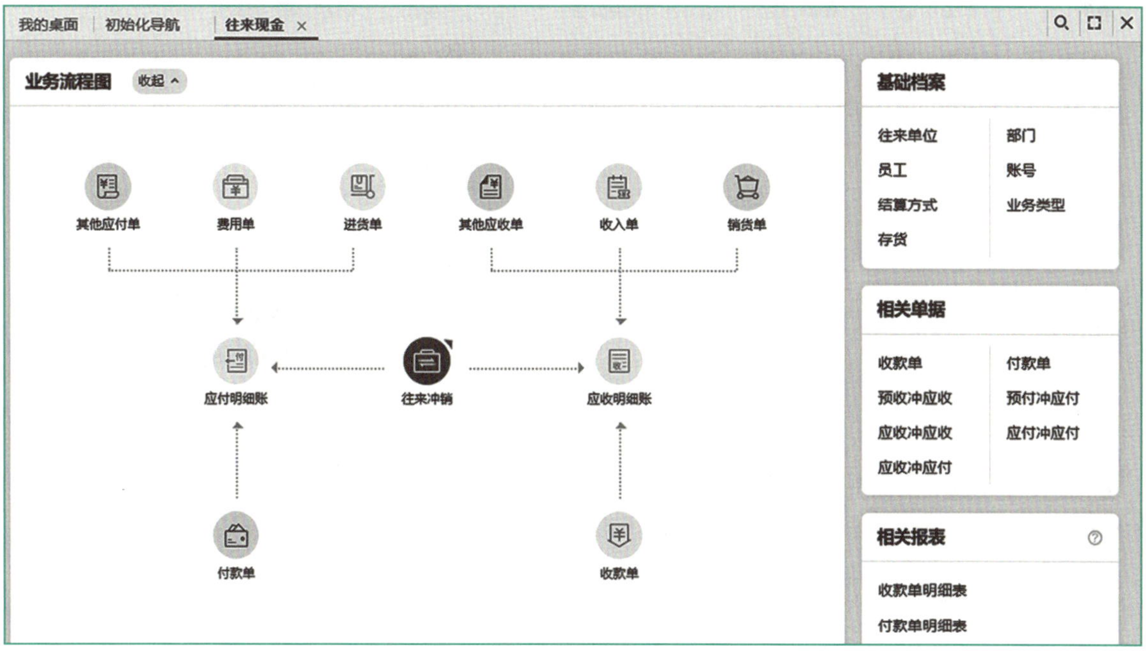


图 3－48　往来现金界面

### 二、核销收款信息

（1）查询需要核销的应收款。在“往来现金”界面，单击打开“收款单”界面。在“收款单”界面，单据日期和单据编号由系统产生，选择业务类型为“普通收款”，选择结算客户为“北京靓妆美容有限公司”。单击“选单”按钮，打开收款单选单信息，查询需要核销的应收款，如图 3－49 所示。

（2）收款核销。在收款单选单信息中，选择需要核销的收款信息，单击“确定”按钮，将应收款信息引入收款单“核销明细”。在“多结算明细”中，根据图 3－46 银行收款回单，依次录入结算方式、账号名称、收款金额等信息。单击“分摊”按钮，完成结算金额分摊。单击“保存”和“审核”按钮，完成收款核销审核，如图 3－50 所示。

**往来现金的报表用途**

T＋教育专版往来现金系统提供对发票、其他应收单、收款单等单据进行管理，可以及时、准确地提供客户的往来账款余额等资料，提供各种分析报表，如账龄分析表等，有利于企业进行合理的资金安排，提高资金利用率。

活动3.2.3
［业务3－6］
操作录屏

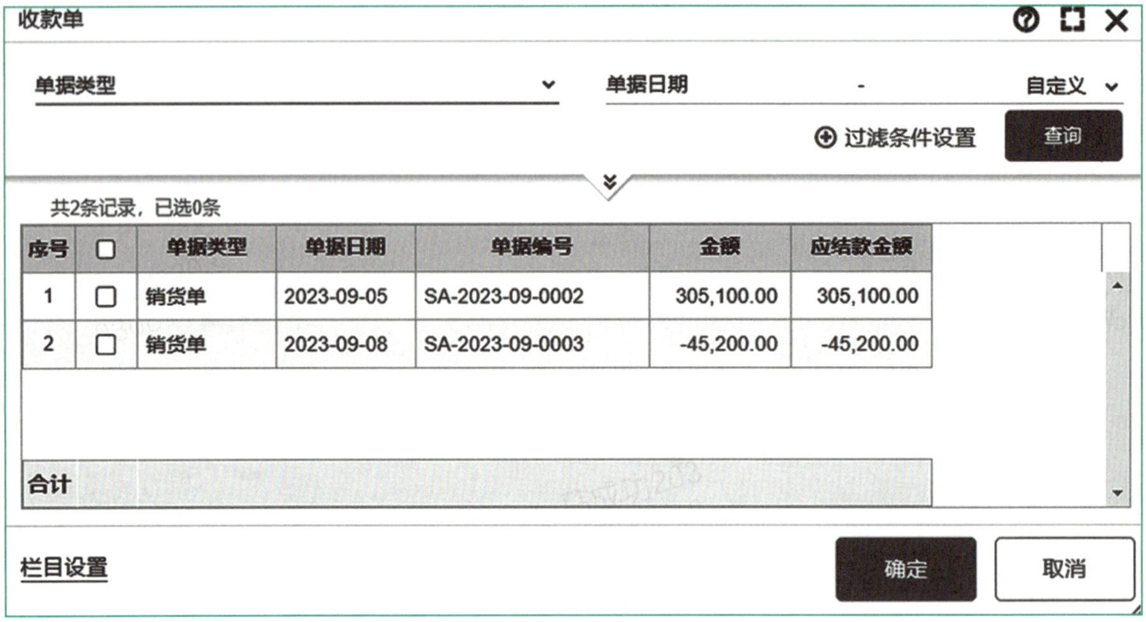


图 3－49　收款单选单信息

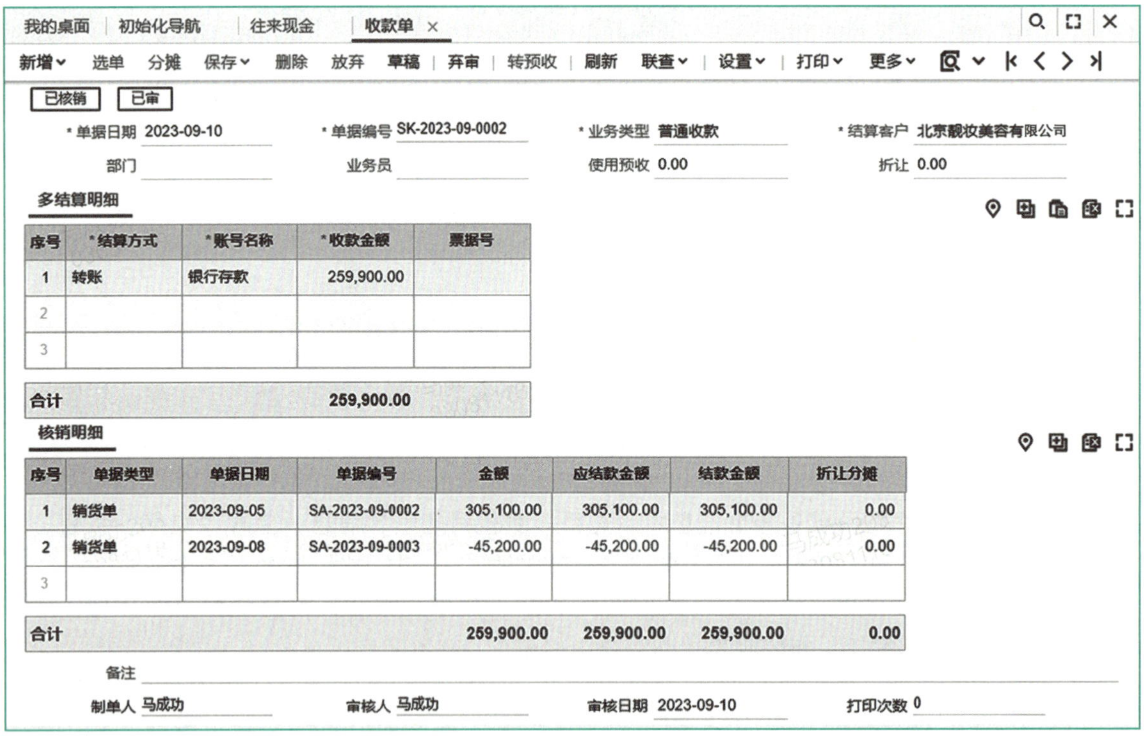


图 3－50　收款核销界面

## 三、生成收款单凭证

切换会计主管身份以业务日期 2023 年 9 月 10 日登录 T＋教育专版。在 T＋教育专版左边导航栏中，单击打开“智能财税｜总账｜日常业务｜单据生凭证”界面。在“单据生凭证”界面，选择“收款单”，单击“下一步”按钮，进入“选择查询条件”界面，继续单击

“下一步”按钮，进入“查询结果”界面，选择该笔业务记录，生成记账凭证，如图 3－51 所示。

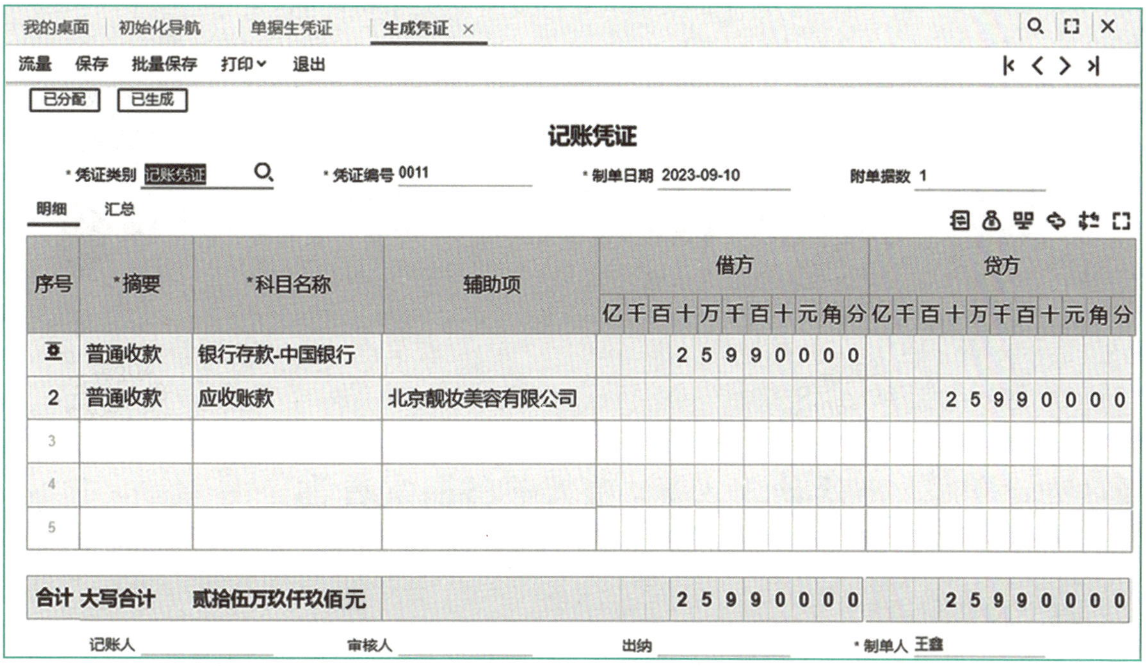

我的桌面　初始化导航　单据生成凭证　生成凭证

流量　保存　批量保存　打印　退出

已分配　已生成

记账凭证

*凭证类别 记账凭证　*凭证编号 0011　*制单日期 2023-09-10　附单据数 1

明细　汇总

| 序号 | *摘要 | *科目名称 | 辅助项 | 借方 | 贷方 |
|---|---|---|---|---|---|
| 1 | 普通收款 | 银行存款-中国银行 | | 25990000 | |
| 2 | 普通收款 | 应收账款 | 北京靓妆美容有限公司 | | 25990000 |
| 3 | | | | | |
| 4 | | | | | |
| 5 | | | | | |
| 合计 大写合计 | 贰拾伍万玖仟玖佰元 | | | 25990000 | 25990000 |

记账人　审核人　出纳　*制单人 王鑫

图 3－51　记账凭证界面

# 任务 3.3　销售业务数据查询

**任务介绍**

本任务介绍了销售模块相关业务的数据查询，包括销售业务概况查询、销售业务报表查询，通过销售业务数据查询可以全面了解企业销售情况，并为销售业务管理提供决策依据。

## 活动 3.3.1　销售业务概况查询

### 活动描述

【业务 3－7】9 月 30 日，会计主管查看本月销售相关业务的概况和相关单据的执行情况，了解公司销售的动态。

### 业务流程

销售业务概况查询流程，如图 3－52 所示。

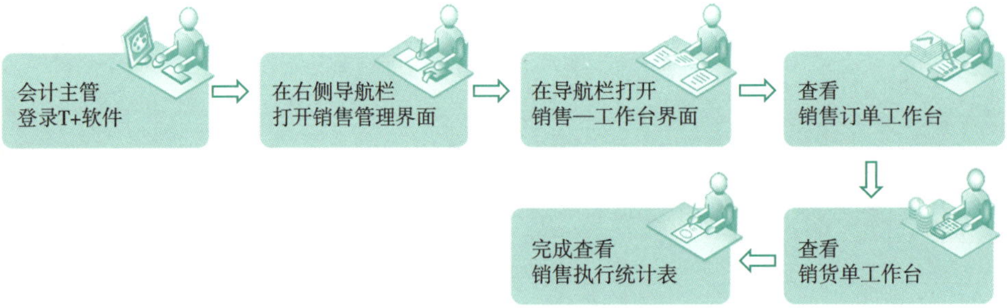


图 3－52　销售业务概况查询流程

### 知识准备

T＋教育专版提供销售业务工作台，通过工作台可以查看销售业务概括，销售订单执行情况和销货单执行情况，便于直观了解整体销售情况和每一笔业务执行的过程和具体状态。

#### 一、销售概况

销售概况汇总了销售管理模块相关业务的最新数据，包括提供当月销售情况、当月毛利、今日销售、昨日销售等实时数据，单击相关数据可以进入相关单据的明细表或者分析表，进一步查看数据的来源与构成。

## 二、销售订单执行表

在“业务与仓库分开”流程的前提下，销售订单执行表可查看目前销售订单的数量、金额及后续的销售、出库、开票等信息，便于监督送货和资金流入的情况。如果启用多计量，则可按不同计量单位进行统计。若在“业务与仓库合并”流程的前提下，则除了没有出库情况外，其他同分开流程内容一致。在查询结果中可以联查相应的单据、明细报表或执行报表。报表可以按分组条件进行分组汇总和分组小计。

## 三、销货单执行表

在“业务与仓库分开”流程的前提下，销货单执行表可查看目前销货单的销货数量、退货数量、冲抵数量、金额及后续出库、开票、结款等信息，便于监督发货、开票和资金流入的配比情况。如果启用多计量，则可按不同计量单位进行统计。若在“业务与仓库合并”流程的前提下，则除没有出库情况外，其他同分开流程内容一致。在查询结果中可以联查相应的单据、明细报表或执行报表。报表可以按分组条件进行分组汇总和分组小计。

# 活动指导

## 一、打开销售管理界面

会计主管以业务日期 2023 年 9 月 30 日登录 T＋教育专版，在左边导航栏，单击打开“智能供应链｜销售管理”界面。

## 二、查询销售概况

在“销售管理”界面，可以直接查询“销售概况”，销售概况提供当月销售情况、当月毛利、今日销售、昨日销售等数据，如图 3－53 所示。

图 3－53 销售概况

活动3.3.1
［业务3-7］
操作录屏

## 三、查询销售订单工作台

在 T＋教育专版左边导航栏中，单击“智能供应链｜销售管理｜工作台｜销售订单工作台”

选项，打开“查询”界面。在“查询”界面，选择查询方式为“公共方案｜系统方案”，单据日期为“2023.9.1－2023.9.30”，单击“查询”按钮，打开“销售订单工作台”界面，可以查看本期销售订单的执行情况，如图3－54所示。

**图3－54　销售订单工作台**

在T＋教育专版左边导航栏中，单击“智能供应链｜销售管理｜工作台｜销货单工作台”选项，打开“查询”界面。在“查询”界面，选择查询方式为“公共方案｜系统方案”，单据日期为“2023.9.1－2023.9.30”，单击“查询”按钮，打开“销货单工作台”界面，可以查看本期销售订单的执行情况，如图3－55所示。

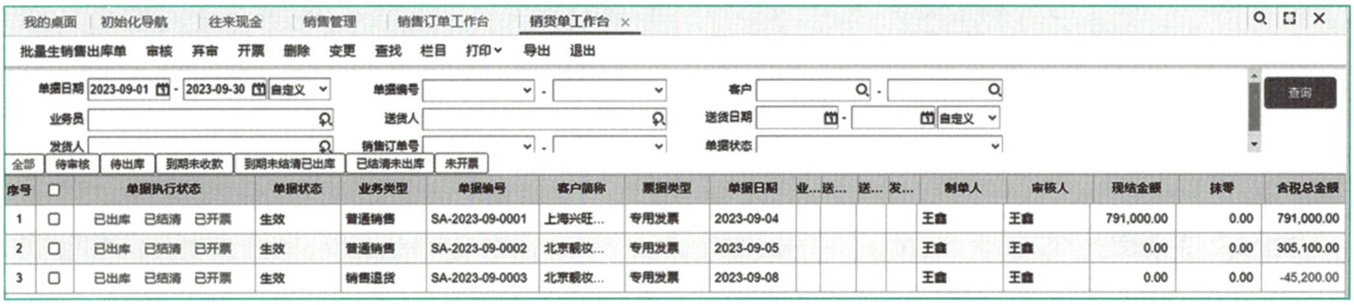


**图3－55　销货单工作台**

## 活动3.3.2　销售业务报表查询

### 活动描述

【业务3－8】9月30日，为了解本月销售的排行、利润等情况，会计主管登录销售管理界面，查询相关销售报表，为开展销售运营分析提供数据。

### 业务流程

销售业务报表查询流程，如图3－56所示。

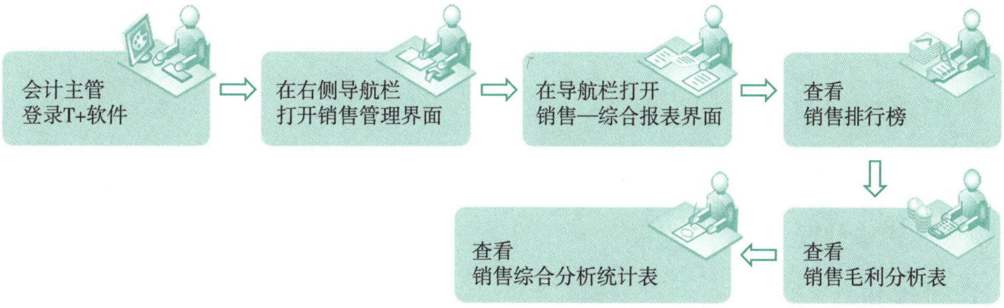


图 3－56　销售业务报表查询流程

## 知识准备

T＋教育专版提供销售订单各类单据统计表、销售排行榜、销售毛利分析表、销售综合统计分析表等统计分析数据。分析表可提供报表格式和图表格式。

### 一、销售排行榜

销售排行榜可以查看企业的销售排名情况，可根据销售收入、销售收入比重、毛利、毛利比重进行排名，可以以存货、部门、客户等维度进行分类查询汇总。销售排行榜可以直观看到公司销售业务的单品销售情况以及客户销售情况，便于公司对相关产品和客户做重点跟进和调整。

### 二、销售毛利分析表

销售毛利分析表是为了便于后期进行业务决策或绩效考核查询，定期统计销售收入、销售成本及毛利情况而编制的。以销货单、销售发票立账单据作为查询依据，考虑相应费用和关联的销售出库单的出库成本，计算出销货单上每一个存货的收入、成本、费用、毛利。

### 三、销售综合统计分析表

销售综合统计分析表综合销售及与之相关的所有单据，查询统计各环节的执行情况，包括：订货数量、订货金额、销货数量、销货金额、退货数量、退货金额、出库数量、出库金额、开票数量、开票金额、赠品数量等信息，在查询结果中可以联查相应的单据或明细表。

**提升销售数据分析的能力**

销售运营分析是将销售计划数与销售实际数对比、衡量、评价，便于分析不同因素对销售绩效的影响，为企业制定市场策略提供建议和意见。同学们要在学习过程中不断培养自己的数据分析能力哦！

## 活动指导

### 一、打开销售管理界面

会计主管以业务日期 2023 年 9 月 30 日登录 T + 教育专版，在左边导航栏，单击打开“智能供应链｜销售管理”界面。

### 二、查询销售排行榜

活动3.3.2
［业务3-8］
操作录屏

在 T + 教育专版左边导航栏中，单击“智能供应链｜销售管理｜综合报表｜销售排行榜”选项，打开“查询”界面。在“查询”界面，选择查询方式为“公共方案｜本月存货销售排行”，销售日期为“2023. 9. 1 – 2023. 9. 30”，成本取值为“最新成本”，单击“查询”按钮，打开“销售排行榜”界面，可以查看本期以存货为维度的销售排名情况。单击右上角，可以查看统计图，如图 3 – 57 和图 3 – 58 所示。

| 序号 | 主单位 | 按摩仪 金额 | 按摩仪 含税金额 | 按摩仪 数量(主单位) | 按摩仪 毛利 | 补水仪 金额 | 补水仪 含税金额 | 补水仪 数量(主单位) | 补水仪 毛利 |
|---|---|---|---|---|---|---|---|---|---|
| 1 | 台 | 160,000.00 | 180,800.00 | 400.00 | 79,600.00 | 180,000.00 | 203,400.00 | 300.00 | 90,000.00 |
| 2 | | | | | | | | | |
| 3 | | | | | | | | | |
| 4 | | | | | | | | | |
| 5 | | | | | | | | | |
| 6 | | | | | | | | | |
| 7 | | | | | | | | | |
| 8 | | | | | | | | | |
| 合计 | | 160,000.00 | | 400.00 | 79,600.00 | 180,000.00 | | 300.00 | 90,000.00 |

图 3 – 57　销售排行榜（存货）

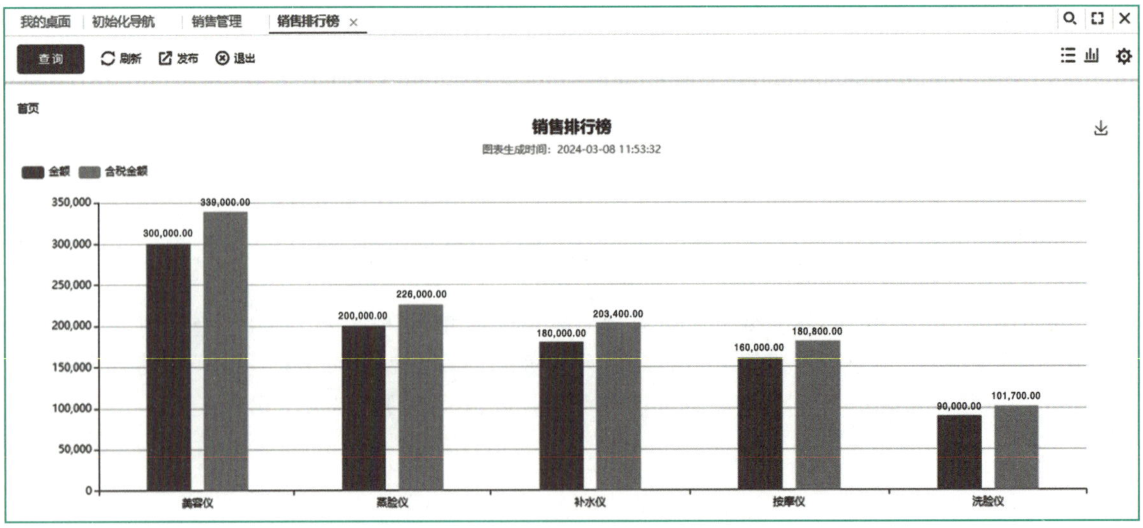


图 3 – 58　销售排行榜（存货）图表

在 T + 教育专版左边导航栏中，单击“智能供应链｜销售管理｜综合报表｜销售排行榜”

选项，打开“查询”界面。在“查询”界面，选择查询方式为“公共方案 | 本月客户销售排行”，销售日期为“2023. 9. 1 – 2023. 9. 30”，成本取值为“最新成本”，单击“查询”按钮，打开“销售排行榜”界面，可以查看本期以客户为维度的销售排名情况。单击右上角 ，可以查看统计图，如图 3 – 59 和图 3 – 60 所示。

| 序号 | 结算客户编码 | 结算客户 | 金额 | 主单位 | 数量(主单位) | 毛利 |
| --- | --- | --- | --- | --- | --- | --- |
| 1 | 101 | 上海兴旺商贸有限公司 | 700,000.00 | 台 | 1,400.00 | 349,200.00 |
| 2 | 104 | 北京靓妆美容有限公司 | 230,000.00 | 台 | 400.00 | 114,900.00 |
| 3 | | | | | | |
| 4 | | | | | | |
| 5 | | | | | | |
| 6 | | | | | | |
| 7 | | | | | | |
| 8 | | | | | | |
| 9 | | | | | | |
| 合计 | | | 930,000.00 | | 1,800.00 | 464,100.00 |

图 3 – 59　销售排行榜（客户）

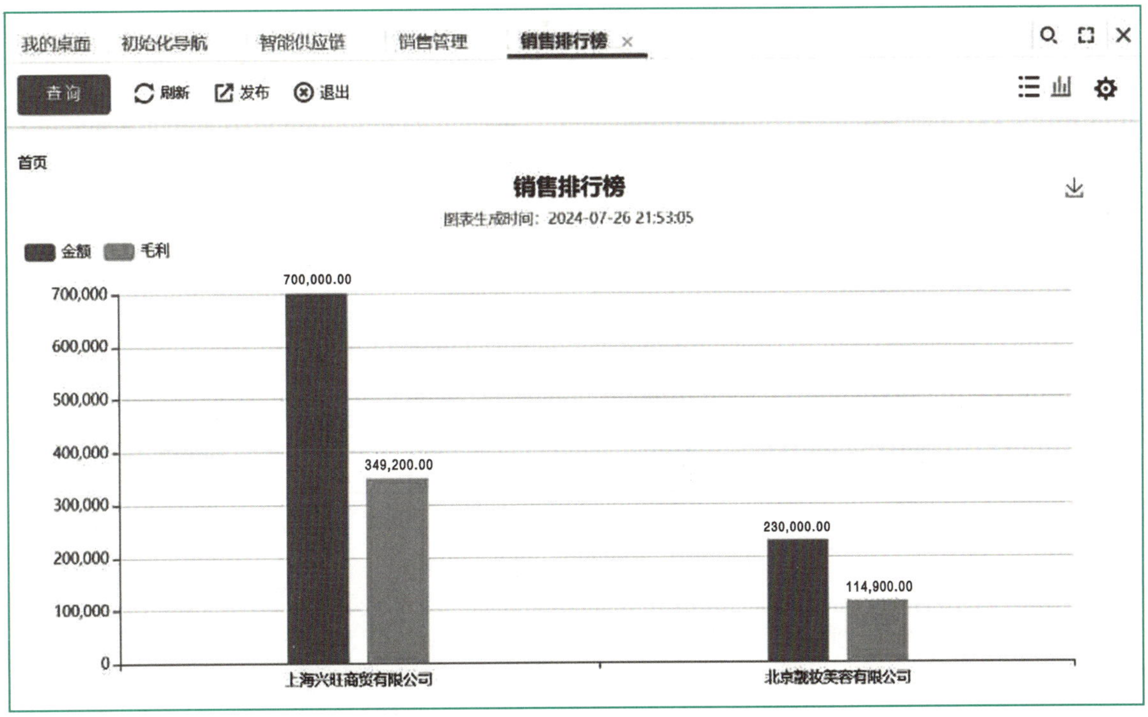


图 3 – 60　销售排行榜（客户）图表

## 三、查询销售毛利分析表

在T+教育专版左边导航栏中，单击“智能供应链｜销售管理｜综合报表｜销售毛利分析表”选项，打开“查询”界面。在“查询”界面，选择查询方式为“公共方案｜存货毛利趋势分析”，单据日期为“2023.9.1－2023.9.30”，单击“查询”按钮，打开“销售毛利分析表”界面，可以查看本期以存货为维度的销售毛利情况。单击右上角▇，可以查看统计图，如图3－61和图3－62所示。

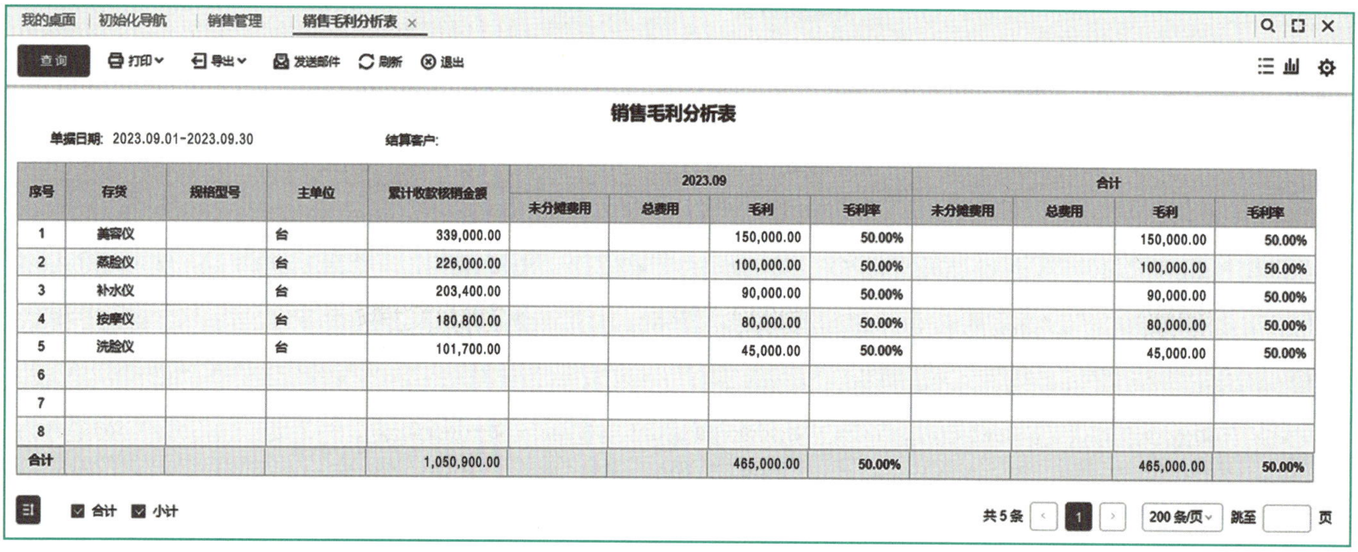


销售毛利分析表

单据日期：2023.09.01-2023.09.30　　结算客户：

| 序号 | 存货 | 规格型号 | 主单位 | 累计收款核销金额 | 2023.09 | | | | 合计 | | | |
|---|---|---|---|---|---|---|---|---|---|---|---|---|
| | | | | | 未分摊费用 | 总费用 | 毛利 | 毛利率 | 未分摊费用 | 总费用 | 毛利 | 毛利率 |
| 1 | 美容仪 | | 台 | 339,000.00 | | | 150,000.00 | 50.00% | | | 150,000.00 | 50.00% |
| 2 | 蒸脸仪 | | 台 | 226,000.00 | | | 100,000.00 | 50.00% | | | 100,000.00 | 50.00% |
| 3 | 补水仪 | | 台 | 203,400.00 | | | 90,000.00 | 50.00% | | | 90,000.00 | 50.00% |
| 4 | 按摩仪 | | 台 | 180,800.00 | | | 80,000.00 | 50.00% | | | 80,000.00 | 50.00% |
| 5 | 洗脸仪 | | 台 | 101,700.00 | | | 45,000.00 | 50.00% | | | 45,000.00 | 50.00% |
| 6 | | | | | | | | | | | | |
| 7 | | | | | | | | | | | | |
| 8 | | | | | | | | | | | | |
| 合计 | | | | 1,050,900.00 | | | 465,000.00 | 50.00% | | | 465,000.00 | 50.00% |

图3－61　销售毛利分析表（存货）

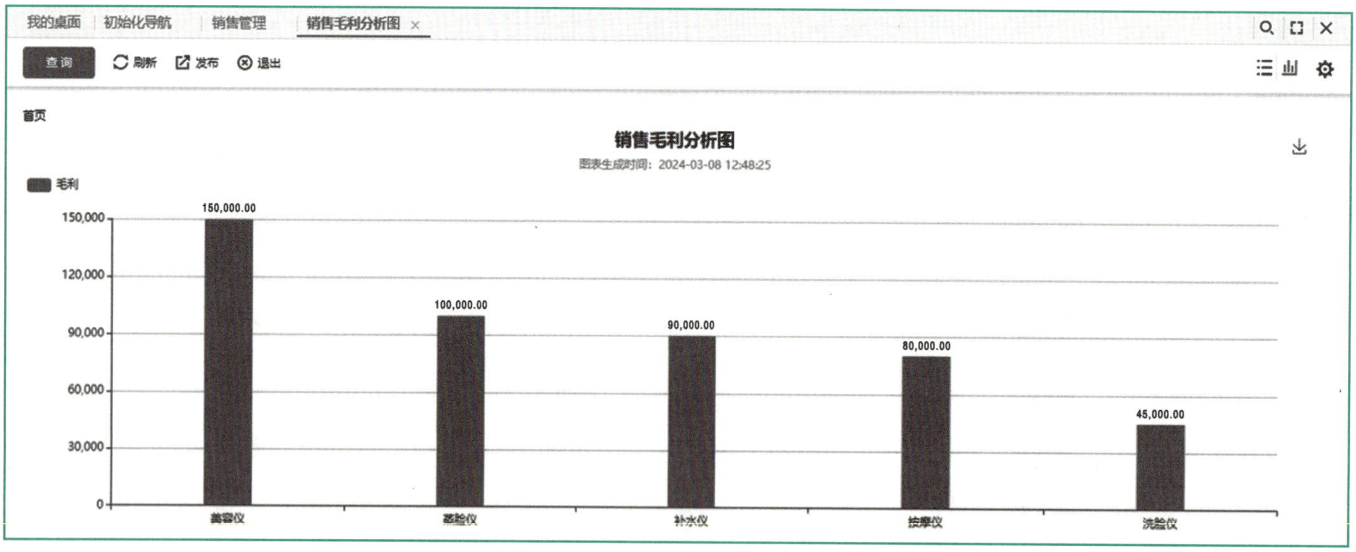


图3－62　销售毛利分析图（存货）

返回“查询”界面，选择查询方式为“公共方案｜本月客户毛利分析”，单据日期为“2023.9.1－2023.9.30”，单击“查询”按钮，打开“销售毛利分析表”界面，可以查看本期以客户为维度的销售毛利情况。单击右上角▇，可以查看统计图，如图3－63和图3－64所示。

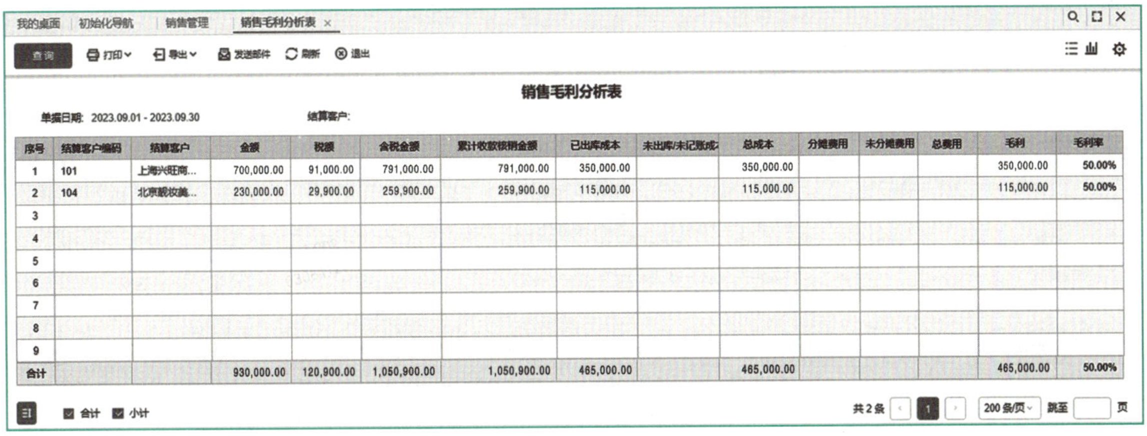


| 序号 | 结算客户编码 | 结算客户 | 金额 | 税额 | 含税金额 | 累计收款核销金额 | 已出库成本 | 未出库/未记账成 | 总成本 | 分摊费用 | 未分摊费用 | 总费用 | 毛利 | 毛利率 |
|---|---|---|---|---|---|---|---|---|---|---|---|---|---|---|
| 1 | 101 | 上海兴旺商... | 700,000.00 | 91,000.00 | 791,000.00 | 791,000.00 | 350,000.00 | | 350,000.00 | | | | 350,000.00 | 50.00% |
| 2 | 104 | 北京靓妆美... | 230,000.00 | 29,900.00 | 259,900.00 | 259,900.00 | 115,000.00 | | 115,000.00 | | | | 115,000.00 | 50.00% |
| 3 | | | | | | | | | | | | | | |
| 4 | | | | | | | | | | | | | | |
| 5 | | | | | | | | | | | | | | |
| 6 | | | | | | | | | | | | | | |
| 7 | | | | | | | | | | | | | | |
| 8 | | | | | | | | | | | | | | |
| 9 | | | | | | | | | | | | | | |
| 合计 | | | 930,000.00 | 120,900.00 | 1,050,900.00 | 1,050,900.00 | 465,000.00 | | 465,000.00 | | | | 465,000.00 | 50.00% |

图 3－63　销售毛利分析表（客户）

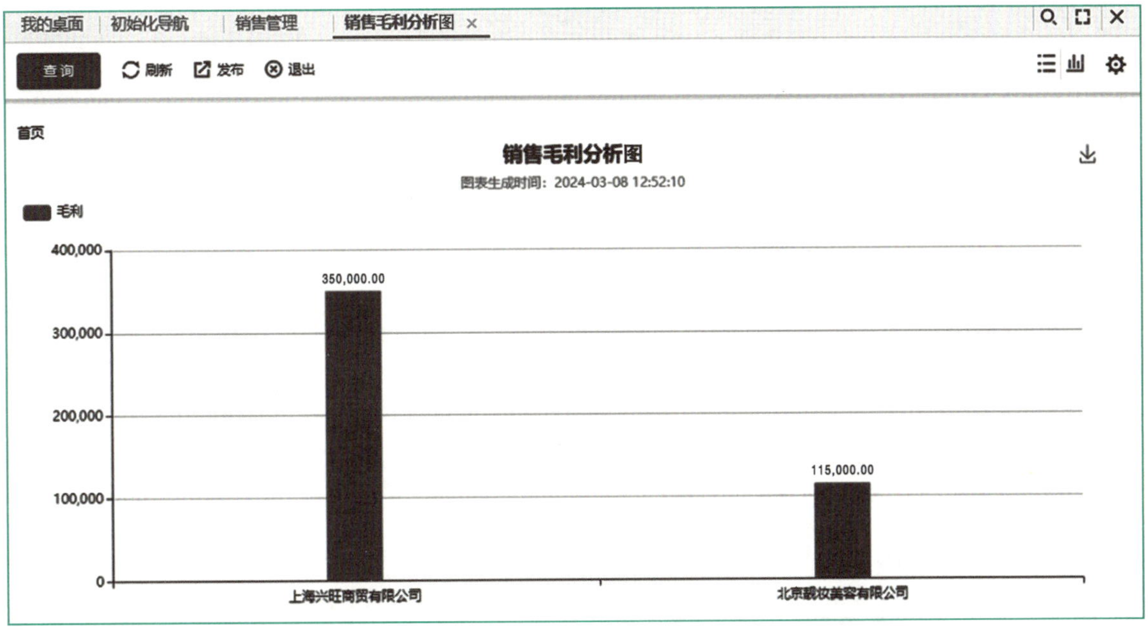


图 3－64　销售毛利分析图（客户）

## 四、查询销售综合统计分析表

在 T＋教育专版左边导航栏中，点击“智能供应链｜销售管理｜更多｜销售综合统计分析表”选项，打开“销售综合统计分析表查询”界面。单击“查询”按钮，打开“销售综合统计分析表”报表界面。单击右上角▆，可以查看统计图，如图 3－65 和图 3－66 所示。

我的桌面 | 初始化导航 | 销售管理 | 销售综合统计分析表

查询 打印 导出 发送邮件 刷新 退出

**销售综合统计分析表**

日期: 2023.09.01 - 2023.09.30　客户:

结算客户:　部门:

业务员:　存货:

| 序号 | 客户编码 | 客户 | 订货数量（主单位） | 订货金额 | 订货含税金额 | 销货数量（主单位） | 销货金额 | 销货含税金额 |
|---|---|---|---|---|---|---|---|---|
| 1 | 101 | 上海兴旺商贸... | 1,400.00 | 700,000.00 | 791,000.00 | 1,400.00 | 700,000.00 | 791,000.00 |
| 2 | 104 | 北京靓妆美容... | 500.00 | 270,000.00 | 305,100.00 | 500.00 | 270,000.00 | 305,100.00 |
| 3 | | | | | | | | |
| 4 | | | | | | | | |
| 5 | | | | | | | | |
| 6 | | | | | | | | |
| 7 | | | | | | | | |
| 合计 | | | 1,900.00 | 970,000.00 | 1,096,100.00 | 1,900.00 | 970,000.00 | 1,096,100.00 |

合计　共 2 条　1　200 条/页　跳至　页

图 3－65　销售综合统计分析表

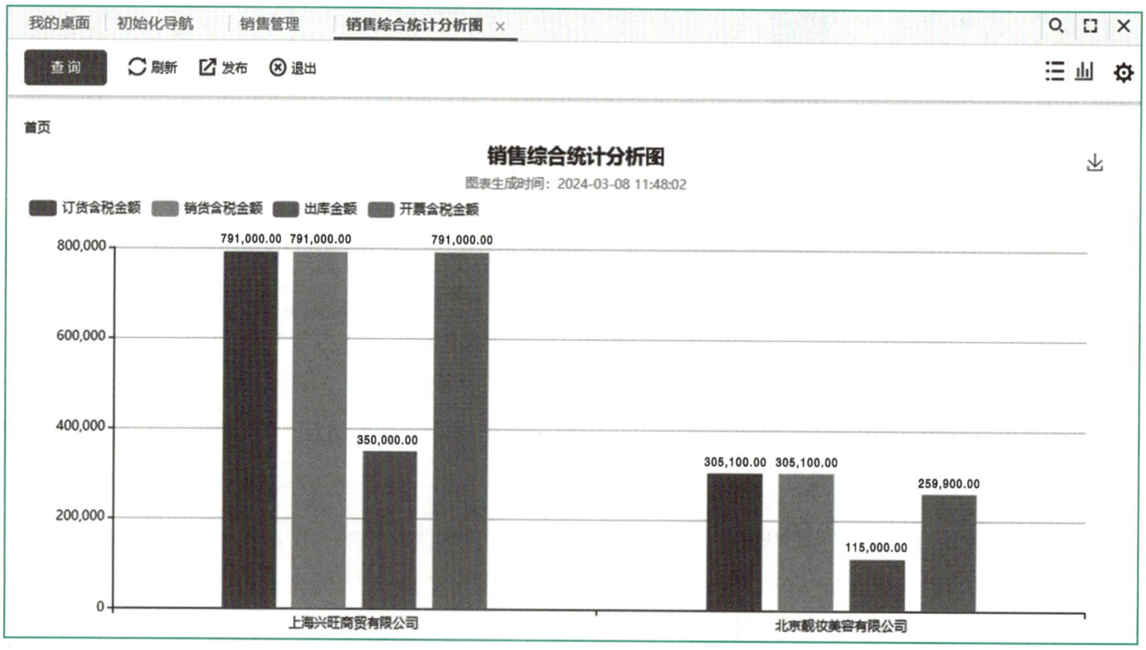


图 3－66　销售综合统计分析图

# 职业技能巩固与训练

## 一、单项选择题

1. 企业通过（　　）获得经营成果、实现企业价值，获得必要资金，保持企业可持续发展。

A. 采购　　B. 销售　　C. 贷款　　D. 广告

2. 选择销售立账方式在（　　）功能下操作。

A. 系统管理　　B. 基础设置　　C. 初始化　　D. 销售管理

3. 查看设置销售选项在（　　）功能下操作。

A. 系统管理　　B. 基础设置　　C. 初始化　　D. 销售管理

4. 销货单立账方式下根据（　　）生成销售业务记账凭证。

A. 销售订单　　B. 销货单　　C. 销售发票　　D. 销售出库单

5. 企业能够开具普通发票或专用发票且比较规范，需要以（　　）作为立账依据，来确定应收账款，并与往来进行核销。

A. 销售订单　　B. 销货单　　C. 销售发票　　D. 销售出库单

6. 退货业务使用的单据是业务类型为（　　）的销货单。

A. 销售退货　　B. 普通销售　　C. 销售折扣　　D. 正常销售

7. 销售与仓库合并流程下使用，销售出库单由（　　）生成。

A. 库存管理　　B. 销售管理　　C. 往来管理　　D. 核算管理

8. 全额现结的销货单生成凭证的借方科目是（　　）。

A. 销项税额　　B. 主营业务收入　　C. 银行存款　　D. 应收账款

9. 销售出库单生成凭证的借方科目是（　　）。

A. 主营业务收入　　B. 主营业务成本　　C. 库存商品　　D. 在途商品

10.（　　）可以查询销货单的信息及后续退货数量、冲抵数量、出库数量、开票数量、结款金额等情况。

A. 销售订单统计表　　B. 销货单统计表　　C. 销售发票统计表　　D. 销售毛利分析表

## 二、多项选择题

1. 销售立账方式可选择（　　）等立账方式。

A. 销货单立账　　B. 销售发票立账　　C. 销售订单立账　　D. 销售出库单立账

2. 往来单位按性质分类可分为（　　），用来标明往来单位的客户、供应商性质。

A. 客户　　B. 供应商　　C. 客户/供应商　　D. 往来单位

3. 完成（　　）业务操作后，往来期初不允许修改、删除。

A. 期初预收或期初应收已被后续核销

B. 期初预收或期初应收已参加汇兑损益调整

C. 已经进行了期末处理

D. 期初预收或期初应收录入

4. 往来期初包括哪些？（　　）

A. 期初应收账款　　B. 期初预收账款　　C. 期初应付账款　　D. 期初预付账款

5. 正常销售业务包括（　　）等销售业务流程。

A. 报价　　B. 订货　　C. 发货　　D. 开票

6. 填制销售订单时，需要填制（　　）等销售信息。

A. 客户　　B. 收款方式　　C. 存货名称　　D. 销售数量

7. 销售订单的收款方式有（　　）。

A. 全额现结　　B. 全额订金　　C. 限期收款　　D. 月结

8. 退货业务使用的单据是业务类型为“销售退货”的销货单，退货可以分为（　　）。

A. 普通退货　　B. 换货　　C. 冲抵销货　　D. 赠品出库

9. 收款单的业务类型包括（　　）。

A. 预收款　　B. 直接收款　　C. 普通收款　　D. 红字付款

10. 销售毛利分析表可以计算出销货单上每一个存货的（　　）。

A. 收入　　B. 成本　　C. 费用　　D. 毛利

## 三、判断题

（　　）1. 结算客户只能选择性质为客户或客户/供应商的往来单位。

（　　）2. 如果选中销货单自动生成出库单，销货单在生效的时候，自动生成销售出库单，在库存管理中可以修改自动生成销售出库单中的数量。

（　　）3. 会计信息系统需要完成库存期初维护才能进行日常业务处理。

（　　）4. 新增销售订单有手工填单和由报价单生成两种方式。

（　　）5. 销售发票是给客户开具的增值税专用发票、普通发票等原始销售票据。

（　　）6. 销售直接现结时，在销货单中，需进一步设置现结的结算方式等。

（　　）7. 当新增销售订单金额不为空，订单生效时，则自动生成一张预收款单。

（　　）8. 销货单生效时，若现结金额、使用预收不为空，自动生成一张收款单、预收冲应收单并进行自动核销。

（　　）9. 直接收款由手工录入收款单数据，直接保存。无须选择应收单进行核销。该类收款单的核销操作，可在往来核销中的手工核销功能中进行。

（　　）10. 销售订单统计表可查询销售订单的明细汇总情况，包括订单的信息及后续执行情况等。

# 模块四

# 采购与应付业务

## 模块导读

采购管理是T+供应链的重要组成部分，提供请购、采购订货、采购到货、采购入库、采购开票、采购核销等业务内容。需要进行订单跟踪、进货、入库、付款、开票等操作，进行发票、收据管理。本模块将重点介绍采购业务与供应商往来处理业务，需要完成采购单据处理、供应商往来处理、票据新增、付款、退票处理等业务。

## 学习目标

### 职业能力目标

（1）知道采购业务与供应商往来业务的基本内容。

（2）能描述采购业务流程，了解采购、往来、总账等系统的关系。

（3）能进行采购与应付系统的初始设置操作。

（4）能进行采购与应付基本业务处理。

### 财经素养目标

（1）理解常见的采购模式。

（2）理解节流对采购的意义。

（3）树立应付账款管理意识。

（4）具备采购成本分析能力。

# 业务流程

## 一、采购业务在公司整体业务中的定位

采购是企业管理六要素“人财物供产销”中对“供”这个要素进行管理的主要模块。采购业务是企业购买经营所需物资，以保证企业经营正常运营的经济事项。企业需要按照采购计划进行采购，以免造成存货积压或者存货不足。

企业采购环节是经营活动的初始阶段，需要根据经营的需要及时采购，形成存货储备，需要与供应商等单位进行货款和采购费用的结算。

## 二、采购业务流程

采购业务从请购单开始，根据请购单与供应商签订合同。根据合同内容，可采用预付款形式，交货时再办理结算；也可采用按合同金额付款并开具付款凭证，以及到合同付款期进行付款结算等方式支付货款。根据合同生成入库单、进货单、采购发票。根据单据确认采购成本、税金、应付账款等。采购业务流程和往来管理流程，分别如图 4－1、图 4－2 所示。

图 4－1　采购业务流程

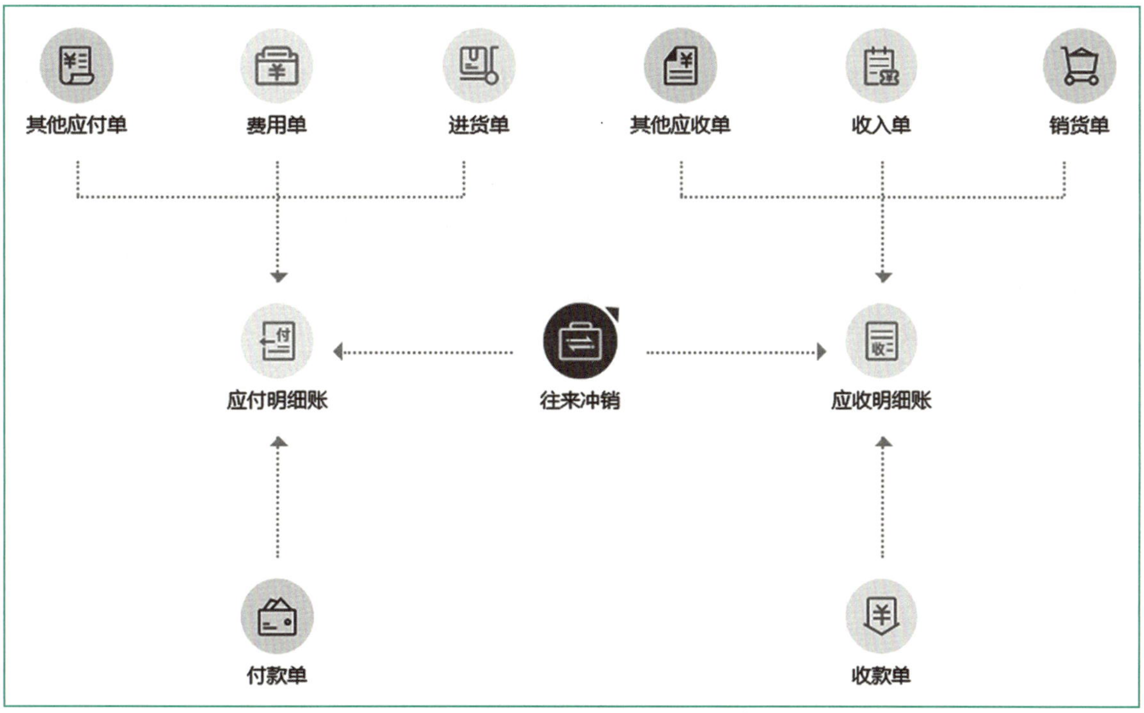


图 4－2　往来管理流程

# 典型任务

采购业务与供应商往来主要包括：采购订单处理、采购入库单处理、进货处理、退货处理、采购发票处理、现付业务处理、付款与核销业务处理。

**【典型任务一】** 填制采购订单

采购订单是采购管理系统中的重要业务单据。采购订单对采购业务进行全局跟踪与控制，有利于采购业务管理。在系统中随时可以查询采购订单的执行情况，查询没有取得采购发票的暂估入库汇总信息和明细数据、没有入库的采购发票汇总信息和明细数据、已进行采购结算的采购入库汇总信息和明细数据等。

**【典型任务二】** 生成采购入库单

采购入库单是根据采购到货签收的实收数量填制的单据。按进出仓库分为“入库单”和“退货单（红字）”。采购入库单可直接录入，也可以根据采购订单或者采购发票生成。

**【典型任务三】** 办理进货处理

进货处理是根据供应商送来的存货，按发货清单及质量检验结果（或根据已入库数量）填制单据；进货单立账流程时，根据实际进货情况可以确定同供应商之间的应付关系，确定入库成本，进货单是应付款立账的依据。

**【典型任务四】** 办理采购付款

企业收到供应商提供的发票，或者按照双方约定的付款日期、付款方式和付款条件向供应商支付货款。付款结算时，录入付款单据，与应付给供应商的应付货款进行核销。采购核销就是确定付款单与采购发票、应付单之间的对应关系。核销应明确每一笔付款对应的是哪些采购业务的应付款项，以便于应付款管理。

**【典型任务五】** 办理采购退货

采购业务完成后，若货物因质量等原因需要退款，可办理采购退货业务。采购退货在系统中生成红色采购入库单，红字发货单、红字采购发票。红字发票等与采购订单关联，相关红字单据经审核后，冲减应付账款金额。

# 任务 4.1 采购业务初始化

## 任务介绍

本任务介绍了采购业务的初始化设置，主要包括采购业务基础信息设置和采购期初业务录入。采购业务基础信息设置包括供应商档案、采购费用科目设置等。采购期初业务录入包括录入库存期初、应付期初、期初暂估入库单等。

## 活动 4.1.1 采购业务基础信息设置

### 活动描述

【业务 4－1】9 月 1 日，广州美妆商贸有限公司财务人员在 T＋教育专版上查看采购业务流程、采购选项设置，查看供应商档案信息，并新增供应商档案，如表 4－1 所示。

表 4－1 供应商档案

| 编码 | 供应商名称 | 性质 | 纳税人识别号 | 开户银行 | 银行账号 | 地址 |
|---|---|---|---|---|---|---|
| 204 | 广州万装材料有限公司 | 供应商 | 12440058M52752123 | 中行华夏路支行 | 6282881214325769371 | 广州市和平路 22 号 020－87745678 |

【业务 4－2】9 月 1 日，广州美妆商贸有限公司财务人员新增如下费用档案，并设置其入账科目，如表 4－2 至表 4－4 所示。

表 4－2 费用档案

| 编码 | 费用名称 | 税率 | 费用类型 | 是否进行分摊 | 分摊方式 | 普票可抵扣 |
|---|---|---|---|---|---|---|
| 501 | 运费 | 9% | 采购费用 | 是 | 按数量 | 否 |

表 4－3 采购费用科目设置信息

| 序号 | 费用 | 科目编码 | 科目名称 |
|---|---|---|---|
| 1 | 运费 | 1402 | 在途物资 |

表 4－4 采购费用对方科目设置信息

| 序号 | 费用类型 | 费用 | 部门 | 科目编码 | 科目名称 |
|---|---|---|---|---|---|
| 1 | 采购费用 | 运费 | | 220201 | 应付账款——应付款 |

### 业务流程

采购业务基础信息设置流程，如图 4－3 所示。

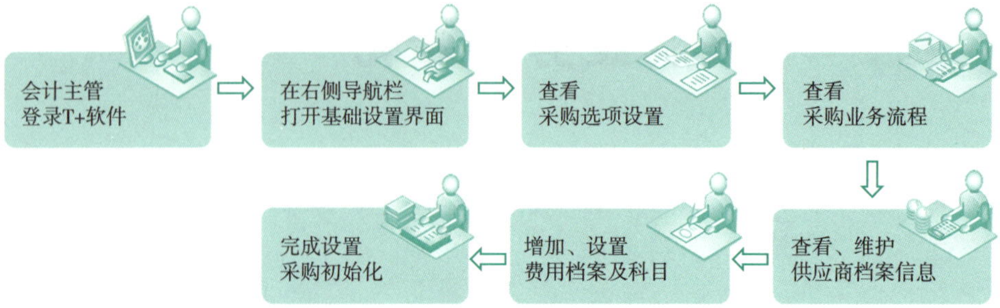


**图 4－3　采购业务基础信息设置流程**

## 知识准备

### 一、采购业务流程

采购管理可采用的立账方式有进货单立账和采购发票立账两种方式。业务流程可采用业务与仓库分开管理、业务与仓库合并管理方式。

在采用进货单立账方式，采用业务与仓库分开管理业务流程时，采购订单为采购员与供应商确定交易条款，签订合同时所填单据；采购入库单为仓管员收到货品，进行合格品入库时所填单据；进货单为财务收到采购发票或供应商发出的其他结算票据时所填单据；付款单为财务按照进货数量和金额进行付款结算的单据。

暂估处理方式，用于月末未收到发票，只收到存货先入库，后期收到发票时对采购入库的处理方式。暂估处理有单到回冲、单到补差两种处理方式。单到回冲即收到发票后，按发票数量冲销原入库单，按发票数量、金额生成新入库单。单到补差即收到发票后，有差异时，按差异金额生成入库调整单。如库存期初已经审核或已出入库，不能修改。

### 二、采购选项设置

采购选项设置包括最高进价控制、进货单自动生成入库单、按照订单严格采购、普通采购必有订单等选项设置。

最高进价控制可对采购业务中存货的最高进价进行控制，能够有效地控制采购价格的上限，限制业务员的权限。

进货单自动生成入库单只有选择了采购与仓库分开流程时才显示，进货单生效后就会生成采购入库单。在库存管理中不能修改自动生成的采购入库单中的数量。

如果未选中按照订单严格采购、参照订单生成进货单、采购入库单时，进货单、采购入库单的数量可超订单数量。如果选中，则参照订单生成进货单、采购入库单时，进货单、采购入库单的数量不可超订单数量。

普通采购必有订单勾选后，业务类型为普通采购的进货单或采购入库单必有一个来源于订单。

**采购管理的意义**

采购管理可以保证企业生产所需的原材料和零部件等物资的供应，保证企业生产和运营的顺畅。采购管理可以从供应商选择、供应商管理、采购流程等方面保证供应，避免由于供应链中某个环节的失误而影响企业的生产和运营。

## 三、往来单位等档案信息

供应商形成应付账款后，对所欠货款都需要约定一个结算方式和结算时限。根据约定能够计算出大概的收付时间，以便后续作为催款依据及进行账龄分析。结算方式可在往来单位档案进行建立，按照客户、供应商分别设置默认收款方式、默认付款方式。方式分为：

全额订金：适用于订单发生时就将订单的全部金额作为订金进行支付。若下订单时没有录入订金，可以录入“预收款”或“预付款”类型的收款单和付款单作为订金。

全额现结：适用于立账单据在确立应收应付账款时，直接对立账单据上的金额进行收付。

限期收/付款：限定某一个时限，在这个时限内必须对单据形成的应收应付账款进行收付。具有账期的作用。

月结：适用于结算前需要进行对账工作的结算方式。首先确定一个账期起始日，其次设定账期，最后设定到期后的结算日。

## 四、采购费用信息

在采购业务中，存放于仓库的存货，需要设置存货档案。采购业务发生后，在连续的业务流程中填制或生成相应业务单据。与存货采购相关联的采购费用，如运费等通过费用单的形式反映其采购运费发票内容，并与采购入库单中的入库存货进行费用分摊，确定入库存货的实际采购成本。

# 活动指导

## 一、打开系统管理界面

会计主管以业务日期2023年9月1日登录T+教育专版，在左边导航栏中，单击打开“基础设置｜基础设置｜系统管理”界面。

## 二、查看采购选项设置

在“系统管理”界面，单击打开“选项设置”界面。在“选项设置”界面，单击“采购”按钮，可查看“采购”选项设置，可按企业需求修改相关信息，如图4－4所示。

## 三、查看采购业务流程

单击“基础设置｜系统管理｜基本设置｜业务流程”选项，打开“业务流程”界面，可查看、修改采购业务流程与立账方式，如图4－5所示。

**采购发票立账注意事项**

采购业务中供应商能够开具发票，如普通发票、专用发票、农副产品发票且企业管理比较规范，需要以正规发票作为立账依据，即可选择“采购发票立账”，采购发票用来确定应付账款、入库成本，并与往来单位进行核销。

活动4.1.1
［业务4－1］
操作录屏

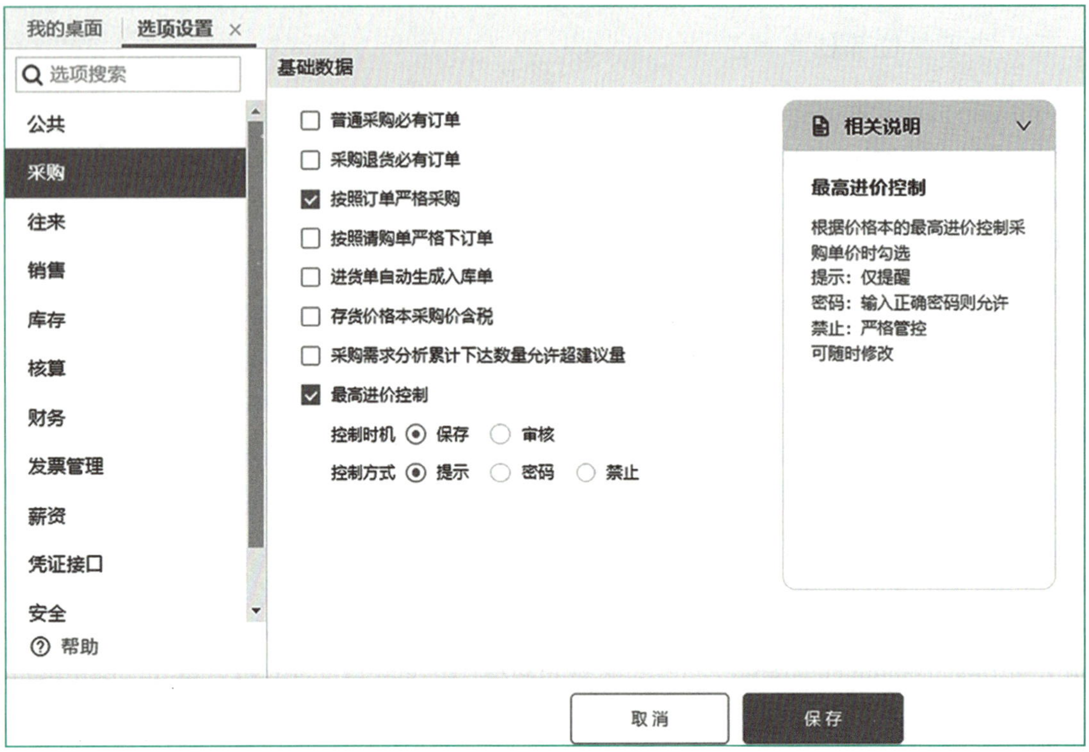


图 4－4　采购选项设置

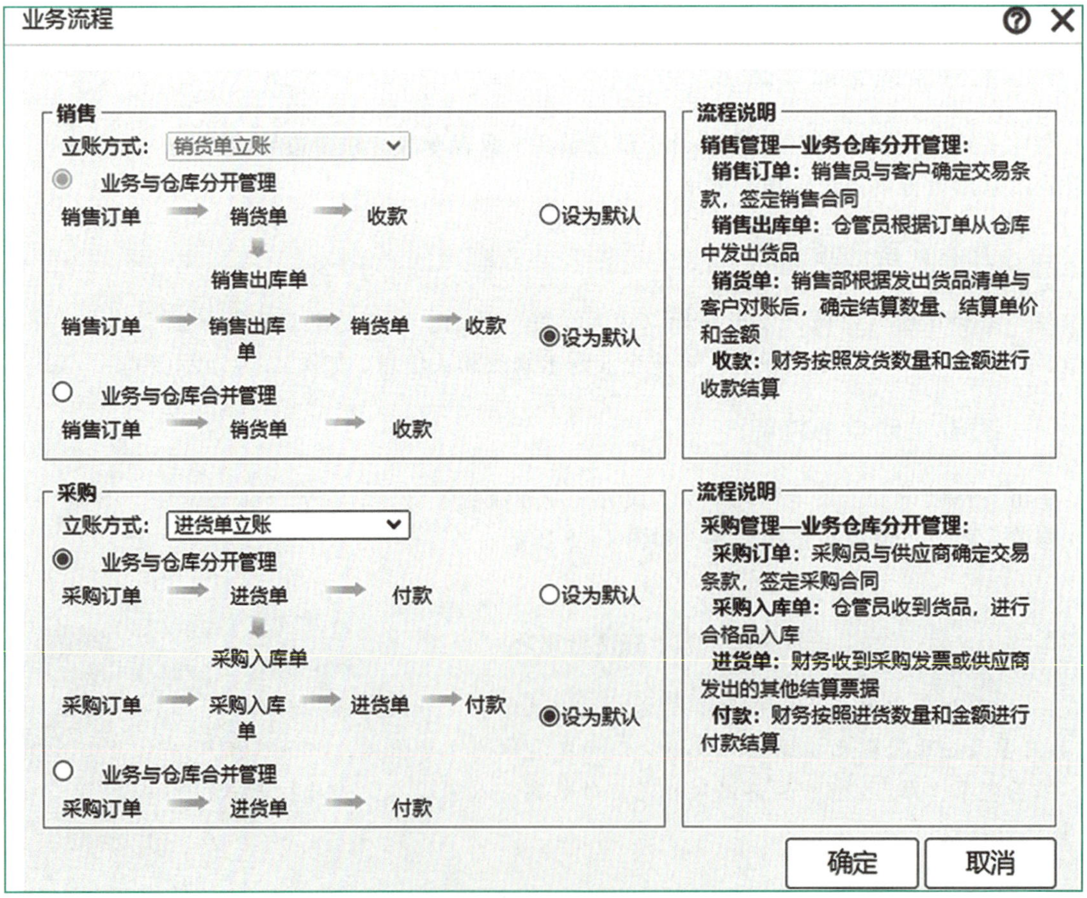


图 4－5　业务流程

## 四、查看与新增供应商档案

（1）打开往来单位界面。在 T＋教育专版左边导航栏中，单击“基础设置｜基础设置｜往来单位”选项，打开“往来单位”界面。在“往来单位”左侧界面，单击“供应商”，可查看现有供应商信息，如图 4－6 所示。

| 序号 | □ | 往来单位编码 | 往来单位名称 | 性质 | 结算客户 | 客户价格等级 | 分管 |
|---|---|---|---|---|---|---|---|
| 1 | □ | 201 | 北京科隆商贸有限公司 | 供应商 | | | |
| 2 | □ | 202 | 广州凯琳科技有限公司 | 供应商 | | | |
| 3 | □ | 203 | 广州快达物流有限公司 | 供应商 | | | |
| 4 | □ | 205 | 广州越秀物业管理有限公司 | 供应商 | | | |
| 5 | □ | 206 | 广州市奇点餐饮有限公司 | 供应商 | | | |
| 6 | □ | 207 | 国网广州市电力公司 | 供应商 | | | |
| 7 | □ | 208 | 广州市自来水集团有限公司 | 供应商 | | | |
| 8 | □ | 209 | 广州云视广告有限公司 | 供应商 | | | |

图 4－6　往来单位（供应商）

（2）查看供应商档案。在“往来单位”右侧界面，双击“201”编码供应商，打开“往来单位”界面，查看供应商往来单位编码、往来单位名称、性质、纳税号、开票地址、税率、供应商报价（含税）等信息，可进行供应商档案修改，单击“保存”按钮，完成供应商档案保存，如图 4－7 所示。

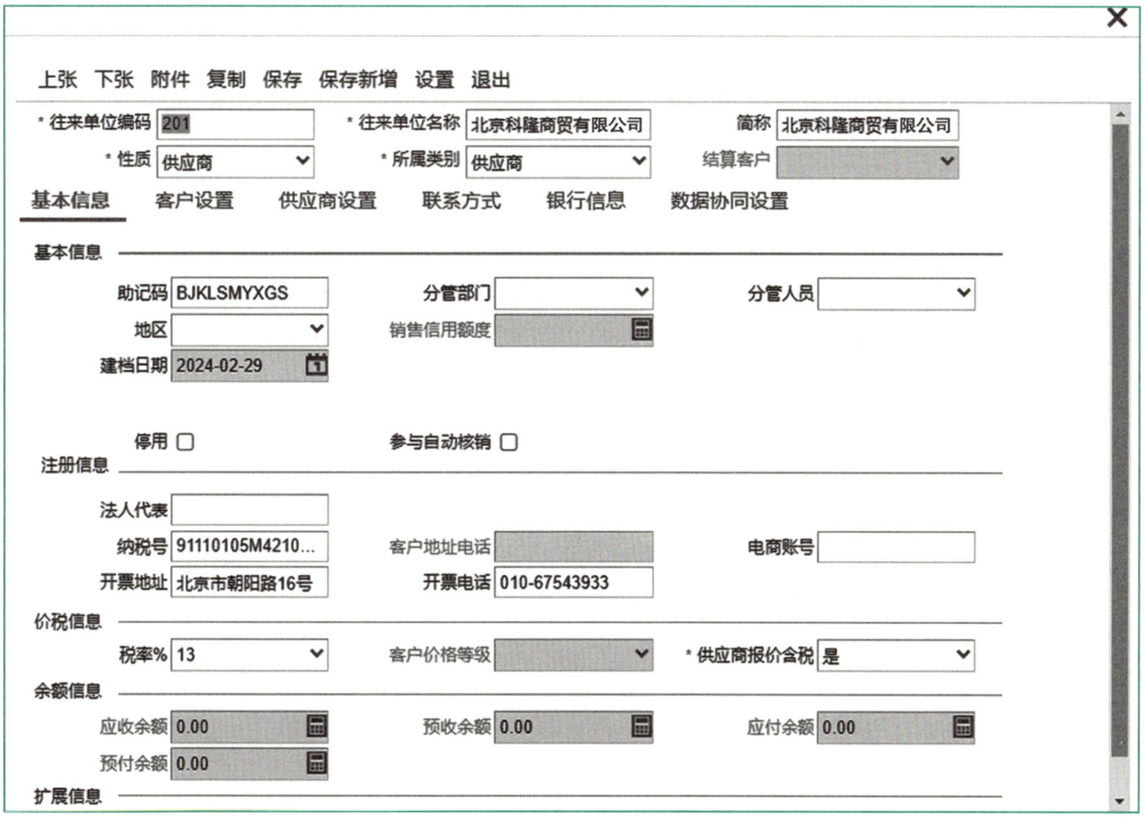


图 4－7　往来单位（查询）

（3）新增供应商档案。在“往来单位”右侧界面，单击“新增”按钮，打开“往来单位”界面，根据表 4－1 供应商档案，依次录入往来单位编码、往来单位名称等信息，录入完成后，单击“保存”按钮，完成供应商信息新增，如图 4－8 所示。

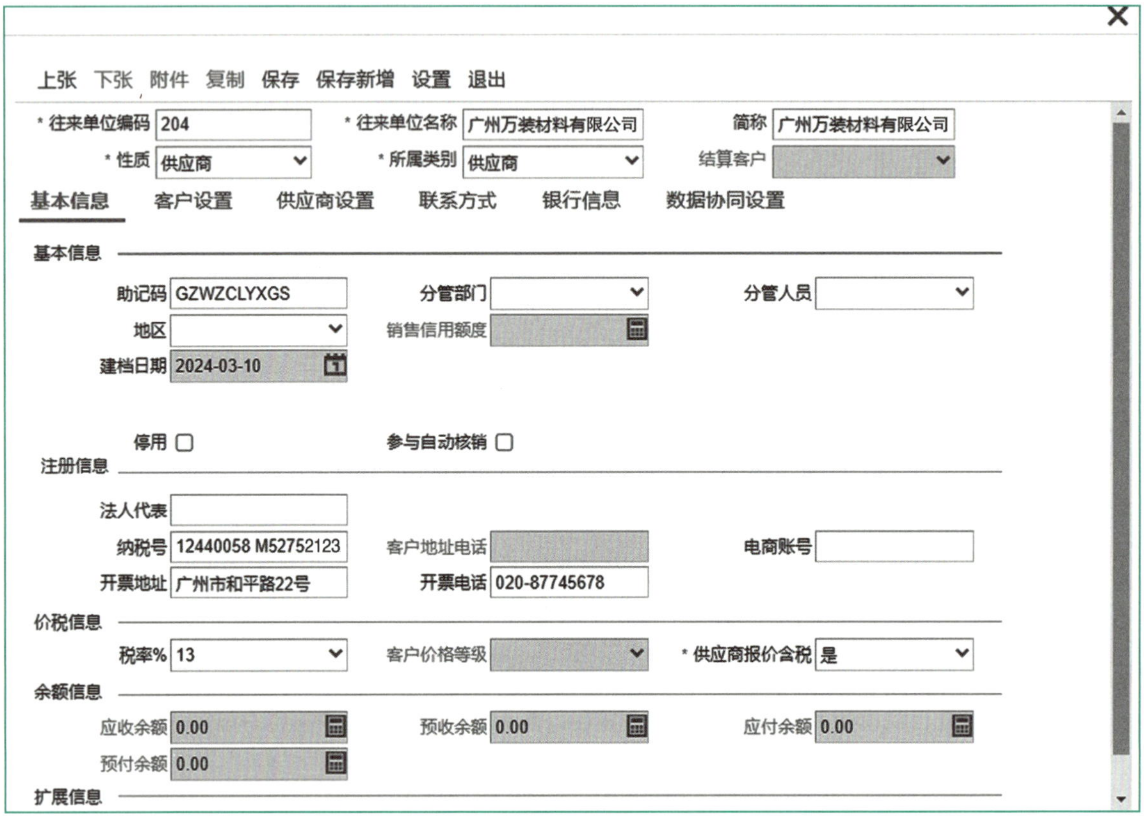


图 4－8　往来单位（新增）

## 五、新增费用档案，设置采购费用科目

活动4.1.1［业务4-2］操作录屏

（1）新增费用档案。在 T＋教育专版左边导航栏中，单击“基础设置｜基础设置｜收付结算｜费用”选项，打开“费用”界面。在“费用”界面，根据表 4－2 费用档案信息，依次录入运费档案信息，单击“保存”按钮，如图 4－9 所示。

图 4－9　“费用”界面

（2）设置采购费用科目。在T+教育专版左边导航栏中，单击“智能财税｜总账｜日常业务｜科目设置”选项，打开“科目设置”界面。在“科目设置”界面，选择“采购费用科目”，单击“设置”按钮，打开“采购费用科目扩展设置”界面。在“采购费用科目扩展设置”界面，选择费用为“运费”，选择科目名称为“在途物资”科目，单击“保存”按钮，完成采购费用科目设置，如图4－10所示。

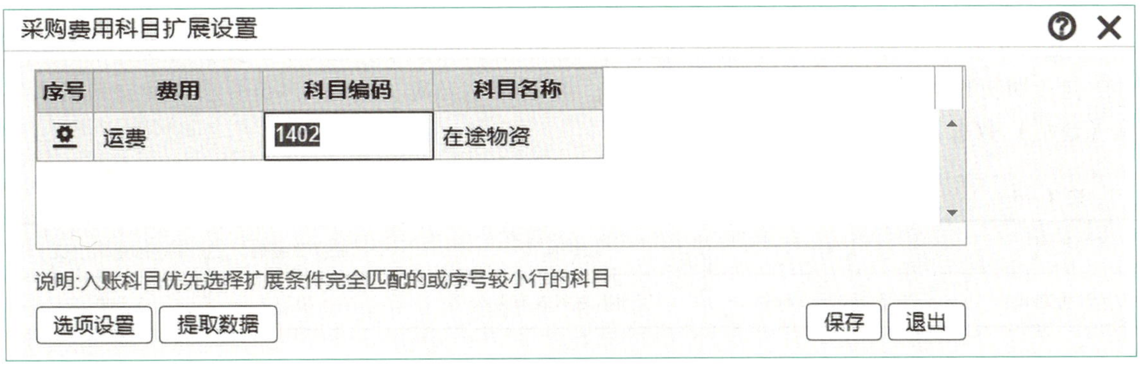


**图4－10　采购费用科目设置**

（3）设置采购费用对方科目。在“科目设置”界面，选择“其他应付科目”，单击“设置”按钮，打开“其他应付科目扩展设置”界面。在“其他应付科目扩展设置”界面，选择费用类型为“费用单”，选择费用为“运费”，选择科目名称为“应付账款—应付款”科目，单击“保存”按钮，完成采购费用对方科目设置，如图4－11所示。

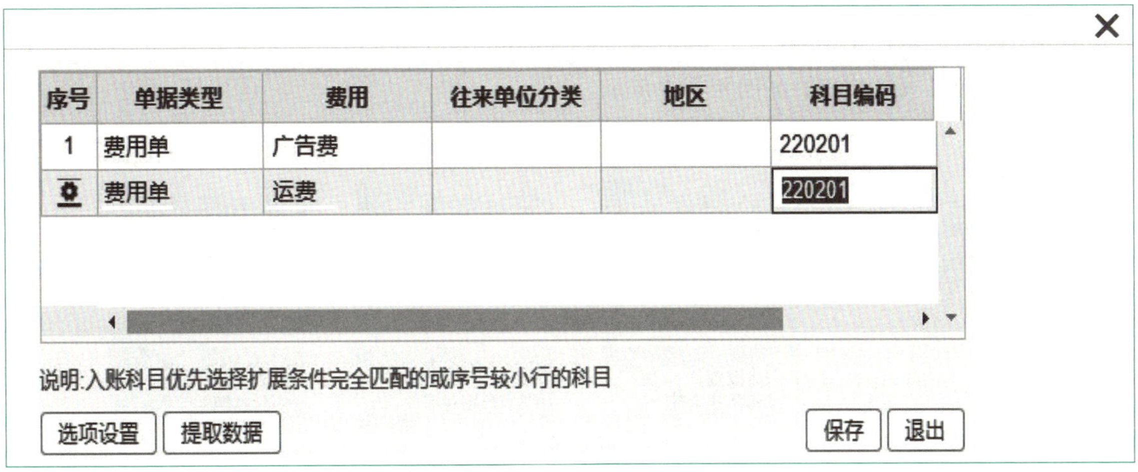


**图4－11　采购费用对方科目设置**

**采购费用设置注意事项**

设置费用单入账科目时需要注意，费用类型为采购费用的，在“采购费用科目”处设置其入账科目，费用类型不是采购费用的，在“费用科目”中设置费用入账科目。设置费用单对方科目时，往来单位为供应商，且记账方向为“应付”的，在“其他应付科目”中设置费用对方科目。

# 活动4.1.2　采购业务期初数据录入

## 活动描述

【业务4－3】9月1日，广州美妆商贸有限公司财务人员在T＋教育专版上完成上个月的应付期初、期初暂估入库单等采购期初业务录入。应付期初数据，如表4－5所示。期初采购入库单（暂估）数据，如表4－6所示。

表4－5　应付期初数据

| 类型 | 日期 | 供应商 | 供应商编码 | 应付账款（元） |
|---|---|---|---|---|
| 应付期初 | 2023年8月28日 | 广州凯琳科技有限公司 | 202 | 5,000.00 |

表4－6　期初采购入库单（暂估）数据

| 日期 | 供应商名称 | 仓库 | 存货名称 | 数量（台） | 单价（元/台） | 金额（元） |
|---|---|---|---|---|---|---|
| 2023－08－18 | 北京科隆商贸有限公司 | 总仓 | 美发仪 | 50 | 600 | 30,000.00 |
| | | | 卷发棒 | 50 | 100 | 5,000.00 |

## 业务流程

采购期初业务录入流程，如图4－12所示。

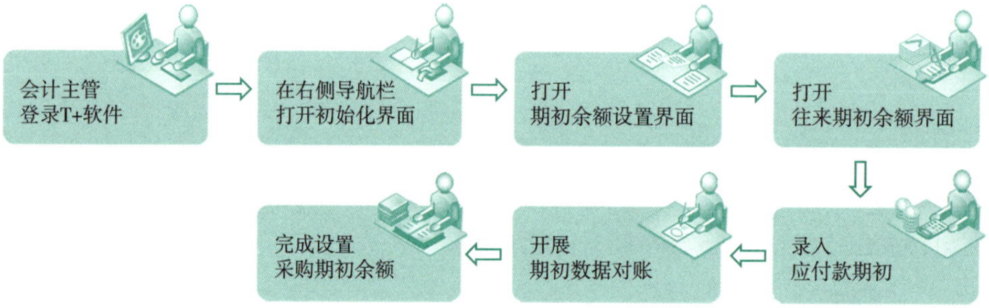


图4－12　采购期初业务录入流程

## 知识准备

### 一、期初进货单

期初进货单分两种业务：一种是开账期初进货单；另一种是账套结转后产生的期初进货单。

开账期初进货单是为了处理采购管理系统启用前未完全入库业务的进货单，将这些未入库的数据录入到系统，以便做后续的入库、开票等业务。当处于业务与仓库合并流程，以及进货单自动生成入库单的流程时，无期初进货单。

账套结转后的期初进货单是因为账套结转，由结转期前未执行完成的进货单转换而成，也可以在结转后的期间内参照或手工录入期初进货单，以便处理后续的业务。

开账期初与账套结转后的期初区别：进货单立账时，开账期初进货单不记应付账；账套结转后的期初要记应付账。

## 二、期初暂估入库单

期初暂估入库单用于录入使用系统前，存货已经入库，但还没有收到发票、未进行采购核算的采购入库单。在后续正常业务处理中，期初某笔采购入库的发票到账后，则可以根据期初暂估入库单来做进货单，同时进行采购核算。期初暂估入库单要求：

（1）单据日期只能在开账日期之前。

（2）当进货单和采购入库单合并时，没有期初暂估入库单。

（3）期初暂估入库单用来进行采购核算，不影响现存量，也不记明细账。

## 活动指导

## 一、打开初始化界面

会计主管以业务日期 2023 年 9 月 1 日登录 T + 教育专版，在左边导航栏中，单击打开“基础设置｜初始化”界面。

## 二、录入应付期初余额

在 T + 教育专版左边导航栏中，单击“基础设置｜初始化｜期初余额｜往来期初余额”选项，打开“往来期初余额”界面。在“往来期初余额”的“应付期初”页签中，根据表 4 – 5 应付期初数据，依次录入日期、供应商、应付账款金额等信息，单击“保存”按钮，完成应付期初余额录入，如图 4 – 13 所示。

| 序号 | ☐ | *日期 | *供应商 | *供应商编码 | 部门 | 业务员 | 预付账款 | 应付账款 | 期初费用单 | 其他应付 | 期初余额 |
|---|---|---|---|---|---|---|---|---|---|---|---|
| 1 | ☐ | 2023-08-28 | 广州凯琳科... | 202 | | | 0.00 | 5,000.00 | 0.00 | 0.00 | 5,000.00 |
| 2 | | | | | | | | | | | |
| 3 | | | | | | | | | | | |
| 4 | | | | | | | | | | | |
| 5 | | | | | | | | | | | |
| 6 | | | | | | | | | | | |
| 7 | | | | | | | | | | | |
| 8 | | | | | | | | | | | |
| 9 | | | | | | | | | | | |
| 10 | | | | | | | | | | | |
| 合计 | | | | | | | 0.00 | 5,000.00 | 0.00 | 0.00 | 5,000.00 |

图 4 – 13 往来期初余额（应付）

活动4.1.2
［业务4-3］
操作录屏

## 三、录入期初暂估入库单

单击“基础设置｜初始化｜期初单据｜期初暂估入库单”选项，打开“期初暂估入库单”界面。在“期初暂估入库单”界面，根据表 4 – 6 期初采购入库单（暂估）数据，依次录入日期、供应商、仓库、存货等信息，单击“保存”按钮，完成期初暂估入库单录入。单击“审核”按钮，完成期初暂估入库单审核，如图 4 – 14 所示。

图 4 – 14 期初采购入库单（暂估）

## 四、完成业务往来期初对账

单击“基础设置｜初始化｜初始化｜期初对账”选项，打开“期初对账”界面。在“期初对账”界面中点击“业务往来对账”页签，查看应付账款对账结果，如图 4 – 15 所示。

图 4 – 15 期初对账（应付）

在“期初对账”界面中点击“暂估入库期初对账”页签，查看暂估款对账结果，如图 4 – 16 所示。

| 序号 | 暂估入库金额 | 总账科目名称 | 总账金额 | 差额 |
|---|---|---|---|---|
| 1 | 35,000.00 | 暂估款 | 35,000.00 | |

图 4－16 期初对账（暂估）

**系统提供单据导入功能**

系统提供单据导入功能，在期初暂估入库单单据—更多中可以下载模板及导入数据，导出功能统一在系统管理数据导出中。系统支持多个单据导入，通过“单据编号”来区隔每个单据、表头和表体录在一行上，一单有多个存货明细信息时，表头信息内容相同。

# 任务 4.2　采购业务日常处理

## 任务介绍

本任务介绍了采购日常业务处理，主要是采购报价、订货、收货、收到发票等完整采购业务流程，包括正常采购业务处理、采购退货业务处理、供应商往来业务处理等业务。

## 活动 4.2.1　正常采购业务处理

### 活动描述

【业务 4－4】采购现结业务。9 月 6 日，从广州凯琳科技有限公司购入美容保健产品，货款已付，业务单据如图 4－17 至图 4－20 所示。

【业务 4－5】采购分摊业务。9 月 7 日，从北京科隆商贸有限公司购入美容保健产品，货款尚未支付，业务单据，如图 4－21 至图 4－24 所示。



付款凭证

**中国银行**　网银回单

日期：2023 年 09 月 06 日　　回单编号：

付款人户名：广州美妆商贸有限公司　　付款人开户行：中国银行友谊路支行

付款人账号（卡号）：6282881680109876319

收款人户名：广州凯琳科技有限公司　　收款人开户行：中行广州越秀支行

收款人账号（卡号）：12440106M46607591X

金额：人民币 肆拾捌万零贰佰伍拾元整　　小写：¥480,250.00

业务（产品）种类：转账付款　　凭证种类：2985889999　　凭证号码：775426948866

摘要：支付货款　　用途：货款　　币种：人民币

交易机构：435666777888　　记账柜员：81099　　交易代码：　　渠道：

附言：

支付交易序号：

报文种类：　　委托日期：　　业务种类：

本回单为第　　次打印，注意重复　　打印日期：2023.09.06　　打印柜员：　　验证码：

中国银行友谊路支行 网银回单专用章

图 4－17　付款单

**电子发票（增值税专用发票）**



发票号码：83504613

开票日期：2023年09月06日

| 购买方信息 | 名称：广州美妆商贸有限公司<br>统一社会信用代码/纳税人识别码：12440168MB2D88680A | 销售方信息 | 名称：广州凯琳科技有限公司<br>统一社会信用代码/纳税人识别码：12440106M46607591X |
|---|---|---|---|

| 项目名称 | 规格型号 | 单位 | 数量 | 单价 | 金额 | 税率/征收率 | 税额 |
|---|---|---|---|---|---|---|---|
| 养生美体美容仪*美容仪 | | 台 | 300 | 500 | 150,000.00 | 13% | 19,500.00 |
| 养生美体美容仪*洗脸仪 | | 台 | 300 | 150 | 45,000.00 | 13% | 5,850.00 |
| 养生美体美容仪*补水仪 | | 台 | 300 | 300 | 90,000.00 | 13% | 11,700.00 |
| 养生美体美容仪*美眼仪 | | 台 | 100 | 800 | 80,000.00 | 13% | 10,400.00 |
| 养生美体美容仪*美发仪 | | 台 | 100 | 600 | 60,000.00 | 13% | 7,800.00 |
| 合　计 | | | | | ¥425,000.00 | | ¥55,250.00 |
| 价税合计（大写） | ⊗肆拾捌万零贰佰伍拾元整 | | | | （小写） | ¥480,250.00 | |
| 备注 | | | | | | | |

开票人：陈萌

图 4－18　采购发票

**入　库　单**



No. 63439015

供货单位：广州凯琳科技有限公司　　2023 年 09 月 06 日

| 编　号 | 品　名 | 规　格 | 单位 | 数　量 | 单　价（元/台） | 金　额（元） | 备　注 |
|---|---|---|---|---|---|---|---|
| 101 | 美容仪 | | 台 | 300 | 500.00 | 150,000.00 | |
| 102 | 洗脸仪 | | 台 | 300 | 150.00 | 45,000.00 | |
| 103 | 补水仪 | | 台 | 300 | 300.00 | 90,000.00 | |
| 106 | 美眼仪 | | 台 | 100 | 800.00 | 80,000.00 | |
| 107 | 美发仪 | | 台 | 100 | 600.00 | 60,000.00 | |
| 合 | | | | 计 | | ¥425,000.00 | |

仓库主管：刘明　　记账：王鑫　　保管：杨秀　　经手人：杨秀　　制单：杨秀

图 4－19　入库单

# 购销合同

合同编号：32053449

购货单位（甲方）：广州美妆商贸有限公司

供货单位（乙方）：广州凯琳科技有限公司

根据《中华人民共和国民法典》及国家相关法律、法规之规定，甲乙双方本着平等互利的原则，就甲方购买乙方货物一事达成以下协议。

一、货物的名称、数量及价格：

| 货物名称 | 规格型号 | 单位 | 数量 | 单价（元） | 金额（元） | 税率 | 价税合计（元） |
|---|---|---|---|---|---|---|---|
| 美容仪 | | 台 | 300 | 500.00 | 150,000.00 | 13% | 169,500.00 |
| 洗脸仪 | | 台 | 300 | 150.00 | 45,000.00 | 13% | 50,850.00 |
| 补水仪 | | 台 | 300 | 300.00 | 90,000.00 | 13% | 101,700.00 |
| 美眼仪 | | 台 | 100 | 800.00 | 80,000.00 | 13% | 90,400.00 |
| 美发仪 | | 台 | 100 | 600.00 | 60,000.00 | 13% | 67,800.00 |
| | | | | | | | |
| | | | | | | | |
| | | | | | | | |
| 合计（大写）人民币肆拾捌万零贰佰伍拾元整 | | | | | | | ¥480,250.00 |

二、交货方式和费用承担：交货方式：供货方送货，交货时间：2023年09月06日前，交货地点：广州市友谊路68号，运费由供货方承担。

三、付款时间与付款方式：网银支付，交款提货。

四、质量异议期：订货方对供货方的货物质量有异议时，应在收到货物后7日内提出，逾期视为货物质量合格。

五、未尽事宜经双方协商可作补充协议，与本合同具有同等效力。

六、本合同自双方签字、盖章之日起生效，本合同壹式贰份，甲乙双方各执壹份。

甲方（签章）：广州美妆商贸有限公司　　乙方（签章）：广州凯琳科技有限公司

授权代表：陈明辉　　授权代表：梅凯琳

地址：广州市友谊路68号　　地址：广州市友谊路22号

电话：　　电话：

日期：2023年09月06日　　日期：2023年09月06日

图 4－20　采购合同

# 入　库　单



No. 18386575

供货单位：北京科隆商贸有限公司　　2023年09月07日

| 编号 | 品名 | 规格 | 单位 | 数量 | 单价 | 金额 | 备注 |
|---|---|---|---|---|---|---|---|
| 104 | 蒸脸仪 | | 台 | 500 | 200.00 | 100,000.00 | |
| 105 | 按摩仪 | | 台 | 600 | 200.00 | 120,000.00 | |
| | | | | | | | |
| | | | | | | | |
| | | | | | | | |
| 合 | | 计 | | | | ¥220,000.00 | |

仓库主管：刘明　记账：王鑫　保管：杨秀　经手人：杨秀　制单：杨秀

图 4－21　入库单

**电子发票（增值税专用发票）**



发票号码：79301212

开票日期：2023年09月07日

| 购买方信息 | 销售方信息 |
|---|---|
| 名称：广州美妆商贸有限公司 | 名称：北京科隆商贸有限公司 |
| 统一社会信用代码/纳税人识别码：12440168MB2D88680A | 统一社会信用代码/纳税人识别码：91110105M421005911 |

| 项目名称 | 规格型号 | 单位 | 数量 | 单价 | 金额 | 税率/征收率 | 税额 |
|---|---|---|---|---|---|---|---|
| 养生美体美容仪*蒸脸仪 | | 台 | 500 | 200 | 100,000.00 | 13% | 13,000.00 |
| 养生美体美容仪*按摩仪 | | 台 | 600 | 200 | 120,000.00 | 13% | 15,600.00 |
| 合　计 | | | | | ¥220,000.00 | | ¥28,600.00 |

| | | | |
|---|---|---|---|
| 价税合计（大写） | ⊗贰拾肆万捌仟陆佰元整 | （小写） | ¥248,600.00 |
| 备注 | | | |

开票人：简一

图 4－22　采购发票

货物运输服务

**电子发票（增值税专用发票）**



发票号码：69659873104874504001

开票日期：2023年09月07日

| 购买方信息 | 销售方信息 |
|---|---|
| 名称：广州美妆商贸有限公司 | 名称：广州快达物流有限公司 |
| 统一社会信用代码/纳税人识别码：12440168MB2D88680A | 统一社会信用代码/纳税人识别码：12440131M42105414 |

| 项目名称 | 单位 | 数量 | 单价 | 金额 | 税率/征收率 | 税额 |
|---|---|---|---|---|---|---|
| 国内道路货物运输服务*运费 | | 1 | 1,100 | 1,100.00 | 9% | 99.00 |
| 合　计 | | | | ¥1,100.00 | | ¥99.00 |

| 运输工具种类 | 运输工具牌号 | 起运地 | 到达地 | 运输货物名称 |
|---|---|---|---|---|
| 卡车 | 粤AW8888 | 北京 | 广州 | 居家美容保健设备 |

| | | |
|---|---|---|
| 价税合计（大写） | ⊗ 壹仟壹佰玖拾玖元整 | （小写）¥1,199.00 |
| 备注 | | |

开票人：陈婉平

图 4－23　运费发票

科技伴随 高效学习

## 购销合同

合同编号：40816053

购货单位（甲方）：广州美妆商贸有限公司

供货单位（乙方）：北京科隆商贸有限公司

根据《中华人民共和国民法典》及国家相关法律、法规之规定，甲乙双方本着平等互利的原则，就甲方购买乙方货物一事达成以下协议。

一、货物的名称、数量及价格：

| 货物名称 | 规格型号 | 单位 | 数量 | 单价（元） | 金额（元） | 税率 | 价税合计（元） |
|---|---|---|---|---|---|---|---|
| 蒸脸仪 | | 台 | 500 | 200.00 | 100,000.00 | 13% | 113,000.00 |
| 按摩仪 | | 台 | 600 | 200.00 | 120,000.00 | 13% | 135,600.00 |
| | | | | | | | |
| | | | | | | | |
| | | | | | | | |
| | | | | | | | |
| | | | | | | | |
| | | | | | | | |
| 合计（大写）人民币 贰拾肆万捌仟陆佰元整 | | | | | | | ¥248,600.00 |

二、交货方式和费用承担：交货方式：供货方送货，交货时间：2023年09月07日前，交货地点：广州市友谊路68号，运费由供货方承担。

三、付款时间与付款方式：网银支付，交款提货。

四、质量异议期：订货方对供货方的货物质量有异议时，应在收到货物后7日内提出，逾期视为货物质量合格。

五、未尽事宜经双方协商可签订补充协议，与本合同具有同等效力。

六、本合同自双方签字、盖章之日起生效；本合同壹式贰份，甲乙双方各执壹份。

| | |
|---|---|
| 甲方（签章）：广州美妆商贸有限公司 | 乙方（签章）：北京科隆商贸有限公司 |
| 授权代表：陈明晖 | 授权代表：许志强 |
| 地址：广州市友谊路68号 | 地址：北京市朝阳路16号 |
| 电话： | 电话： |
| 日期：2023 年 09 月 07 日 | 日期：2023 年 09 月 07 日 |

图 4－24　采购合同

### 业务流程

采购业务流程，如图 4－25 所示。

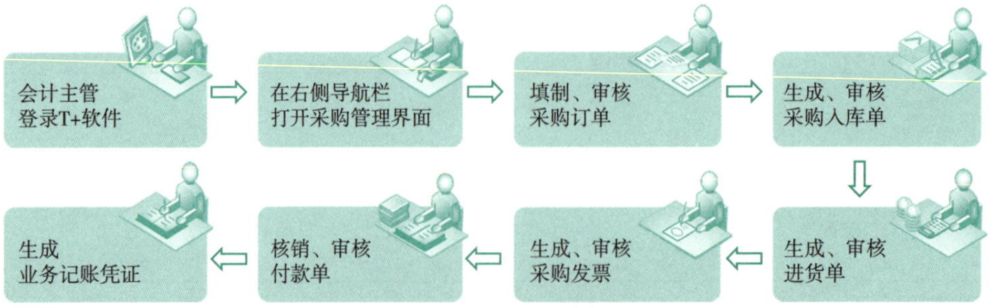


图 4－25　采购业务流程

## 知识准备

### 一、采购订单

采购订单是企业为购买货物或劳务，与供应商之间签订的单据，主要内容包括采购什么货物、采购数量、由谁供货，什么时间到货、到货地点、运输方式、价格、支付方式等。它可以是企业采购合同中关于货物的明细内容，也可以是一种订货的协议。采购订货的供应商可选择属性为“供应商”或“供应商/客户”的往来单位。

### 二、采购入库单

对于工业企业，采购入库单一般指采购原材料验收入库时，所填制的入库单据；对于商业企业，一般指商品进货入库时，填制的入库单。无论是工业企业还是商业企业，采购入库单都是企业入库单据的主要部分，在本系统中采购入库单也是日常业务的主要原始单据之一。

采购入库单是仓管员根据采购到货或退货签收的实收数量填制的单据。按业务类型划分为：普通采购、采购退货。采购入库单可以直接录入，也可以由采购订单或进货单产生。

### 三、进货单

进货单是根据供应商送来的存货，按照发货清单及质量检验结果（或根据已入库数量）填制的单据。进货单进行立账时，根据实际进货情况可以确定同供应商之间的应付关系，确定入库成本，进货单是应付款立账的依据。进货单按业务类型划分可以分为：普通采购、采购退货，可以处理普通采购进货的业务，也可以处理因为损坏、积压、换货等因素而产生的退货业务。

### 四、采购发票

采购发票用于记录收到真实发票的情况。发票类型分为：专用发票、普通发票、农副产品发票、红字专用发票、红字普通发票、红字农副产品发票，红字票默认税率与非红字票相同。发票可以参照进货单生成，也可以手工填写。采购发票作为立账单据时，可与采购入库单进行自动核算，确定入库成本，并确定应付账款。

**树立全面预算管理意识**

建立全面预算管理制度，落实采购计划。采购计划是企业组织采购的重要依据，也是确保企业生产经营正常运营的基础。一个企业，如果缺乏科学合理的采购计划，可能导致企业缺货或积压。同学们要养成这种思维哦。

## 活动指导

【业务 4－4】采购现结业务

### 一、打开采购管理界面

活动4.2.1［业务4－4］操作录屏

会计主管以业务日期 2023 年 9 月 6 日登录 T＋教育专版，在左边导航栏中，单击打开“智能供应链｜采购管理”界面，如图 4－26 所示。

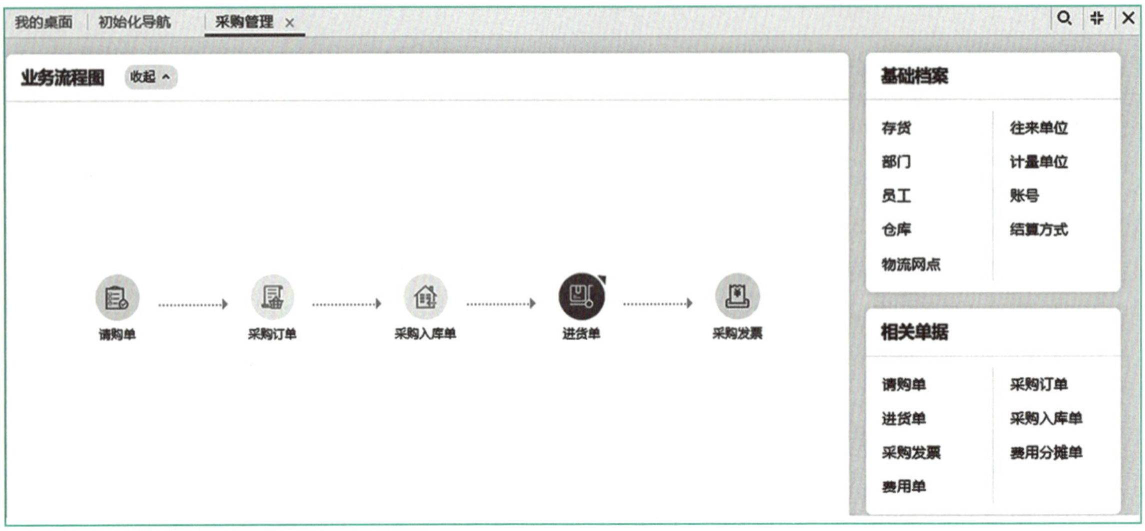


图 4－26　采购管理

## 二、填制与审核采购订单

在“采购管理”界面，单击打开“采购订单”界面。在“采购订单”界面中，单据日期和单据编号由系统产生，选择付款方式为“全额现结”。根据图 4－20 采购合同信息，填制表头供应商信息和表体存货信息等内容。录入完成后，单击“保存”和“审核”按钮，完成采购订单填制与审核，如图 4－27 所示。

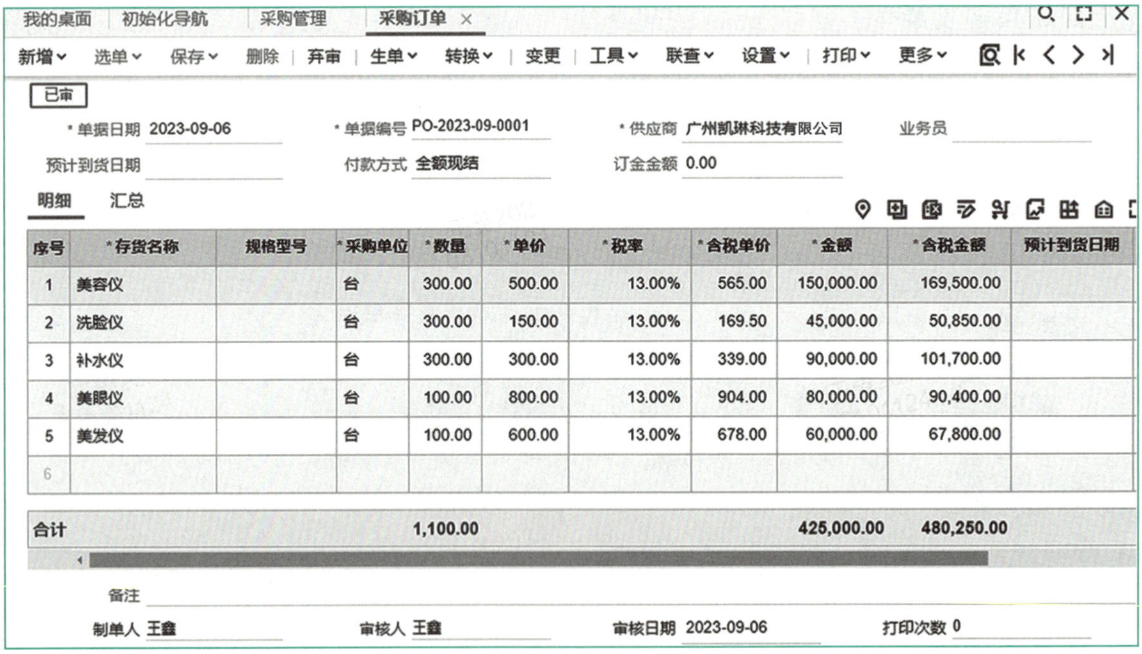


| 序号 | *存货名称 | 规格型号 | *采购单位 | *数量 | *单价 | *税率 | *含税单价 | *金额 | *含税金额 | 预计到货日期 |
|---|---|---|---|---|---|---|---|---|---|---|
| 1 | 美容仪 | | 台 | 300.00 | 500.00 | 13.00% | 565.00 | 150,000.00 | 169,500.00 | |
| 2 | 洗脸仪 | | 台 | 300.00 | 150.00 | 13.00% | 169.50 | 45,000.00 | 50,850.00 | |
| 3 | 补水仪 | | 台 | 300.00 | 300.00 | 13.00% | 339.00 | 90,000.00 | 101,700.00 | |
| 4 | 美眼仪 | | 台 | 100.00 | 800.00 | 13.00% | 904.00 | 80,000.00 | 90,400.00 | |
| 5 | 美发仪 | | 台 | 100.00 | 600.00 | 13.00% | 678.00 | 60,000.00 | 67,800.00 | |
| 6 | | | | | | | | | | |
| 合计 | | | | 1,100.00 | | | | 425,000.00 | 480,250.00 | |

图 4－27　采购订单

## 三、生成与审核采购入库单

在“采购订单”界面，单击“生单”按钮，在下拉菜单中选择“生成采购入库单（普通采购）”选项，生成“采购入库单”。在“采购入库单”中，“仓库”选择“总仓”。单击“保存”和“审核”按钮，完成采购入库单生成与审核，如图4－28所示。

我的桌面 | 初始化导航 | 采购管理 | 采购订单 | 采购入库单

新增 | 选单 | 保存 | 删除 | 弃审 | 生单 | 转换 | 变更 | 工具 | 联查 | 设置 | 打印 | 更多

已审

*单据日期 2023-09-06　*单据编号 II-2023-09-0001　*业务类型 普通采购　*供应商 广州凯琳科技有...

经手人　仓库 总仓

明细　汇总

| 序号 | *仓库 | *存货名称 | 规格型号 | *计量单位 | *实收数量 | 单价 | 金额 | 现存量 | 现存量说明 |
|---|---|---|---|---|---|---|---|---|---|
| 1 | 总仓 | 美容仪 | | 台 | 300.00 | 500.00 | 150,000.00 | | |
| 2 | 总仓 | 洗脸仪 | | 台 | 300.00 | 150.00 | 45,000.00 | | |
| 3 | 总仓 | 补水仪 | | 台 | 300.00 | 300.00 | 90,000.00 | | |
| 4 | 总仓 | 美眼仪 | | 台 | 100.00 | 800.00 | 80,000.00 | | |
| 5 | 总仓 | 美发仪 | | 台 | 100.00 | 600.00 | 60,000.00 | | |
| 6 | | | | | | | | | |
| 7 | | | | | | | | | |
| 合计 | | | | | 1,100.00 | | 425,000.00 | | |

备注

制单人 王鑫　审核人 王鑫　审核日期 2023-09-06　打印次数 0

图4－28　采购入库单

## 四、生成与审核进货单

（1）生成进货单。在“采购入库单”界面，单击“生单”按钮，在下拉菜单中选择“生成进货单（专用发票）”选项，生成“进货单”。在“进货单”中，查看相关信息，如图4－29所示。

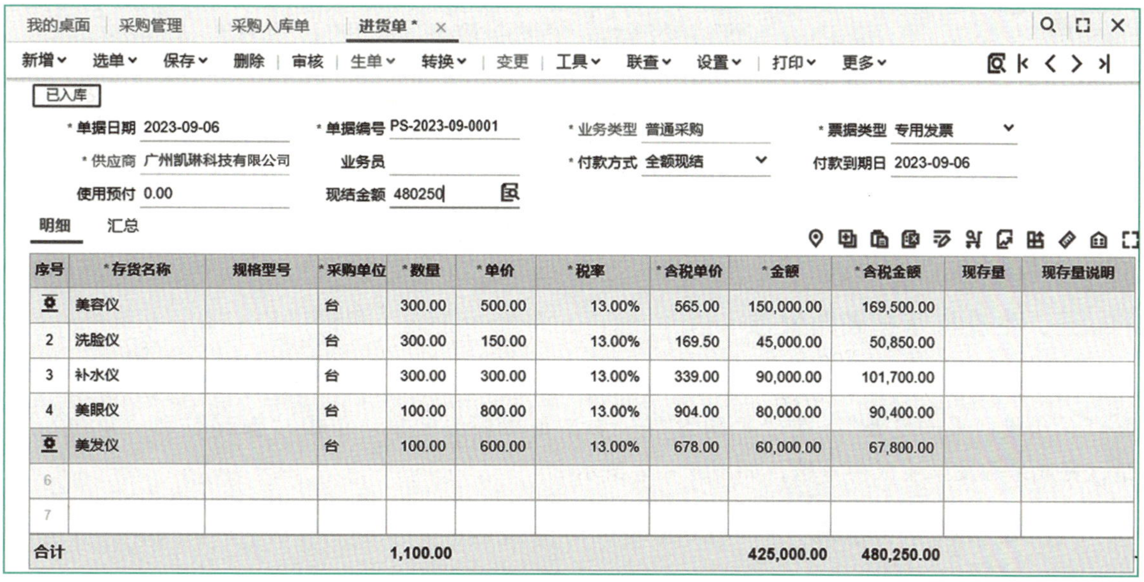
我的桌面 | 采购管理 | 采购入库单 | 进货单*

新增 | 选单 | 保存 | 删除 | 审核 | 生单 | 转换 | 变更 | 工具 | 联查 | 设置 | 打印 | 更多

已入库

*单据日期 2023-09-06　*单据编号 PS-2023-09-0001　*业务类型 普通采购　*票据类型 专用发票

*供应商 广州凯琳科技有限公司　业务员　*付款方式 全额现结　付款到期日 2023-09-06

使用预付 0.00　现结金额 480250

明细　汇总

| 序号 | *存货名称 | 规格型号 | *采购单位 | *数量 | *单价 | *税率 | *含税单价 | *金额 | *含税金额 | 现存量 | 现存量说明 |
|---|---|---|---|---|---|---|---|---|---|---|---|
| 1 | 美容仪 | | 台 | 300.00 | 500.00 | 13.00% | 565.00 | 150,000.00 | 169,500.00 | | |
| 2 | 洗脸仪 | | 台 | 300.00 | 150.00 | 13.00% | 169.50 | 45,000.00 | 50,850.00 | | |
| 3 | 补水仪 | | 台 | 300.00 | 300.00 | 13.00% | 339.00 | 90,000.00 | 101,700.00 | | |
| 4 | 美眼仪 | | 台 | 100.00 | 800.00 | 13.00% | 904.00 | 80,000.00 | 90,400.00 | | |
| 5 | 美发仪 | | 台 | 100.00 | 600.00 | 13.00% | 678.00 | 60,000.00 | 67,800.00 | | |
| 6 | | | | | | | | | | | |
| 7 | | | | | | | | | | | |
| 合计 | | | | 1,100.00 | | | | 425,000.00 | 480,250.00 | | |

图4－29　进货单

（2）进行现结。在“进货单”界面，单击表头“现结金额”栏目后面的图标，打开“现结”界面。在“现结”界面，根据图 4－17 付款单信息，录入结算方式、账号名称、付款金额等信息，单击“确定”按钮，完成现结，如图 4－30 所示。

图 4－30　现结

（3）保存、审核进货单。单击“保存”和“审核”按钮，完成进货单审核，如图 4－31 所示。

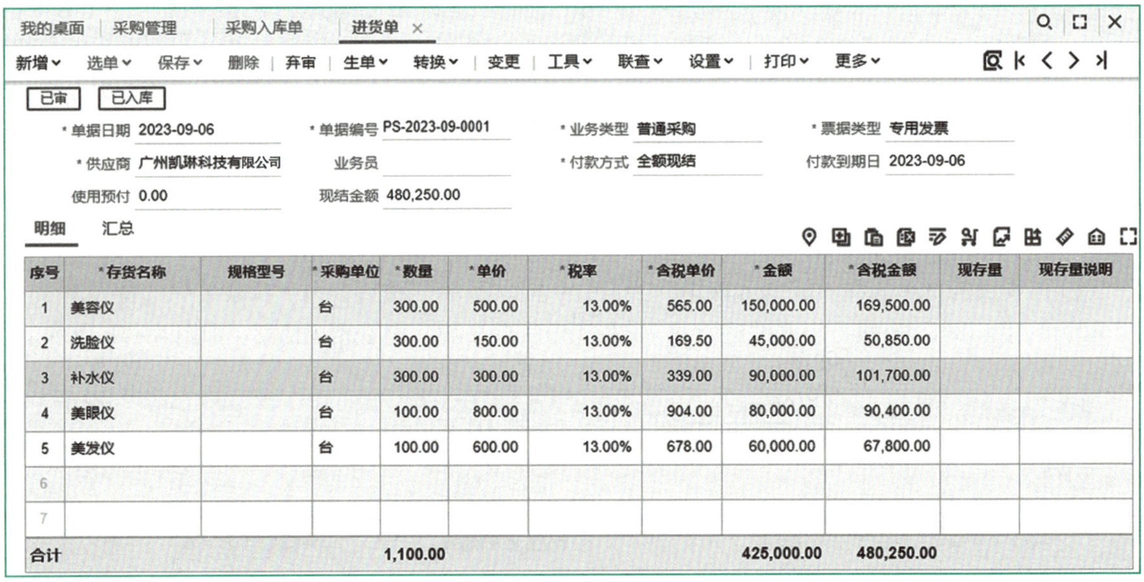


图 4－31　进货单

## 五、生成与审核采购发票

在“进货单”界面，单击“生单”按钮，在下拉菜单中选择“生成采购发票（普通采购）”，生成“采购发票”。在“采购发票”中，查看相关信息，单击“保存”和“审核”按钮，完成采购发票生成与审核，如图 4－32 所示。

## 六、审核核销付款单

在 T＋教育专版左边导航栏中，单击“智能财税｜往来现金｜单据｜付款单”选项，打开“付款单”界面。在“付款单”界面，单击“上一张”按钮，找到本业务付款单信息，单击“审核”按钮，“付款单”界面显示“已核销”“已审”标识，完成付款核销审核，如图 4－33 所示。

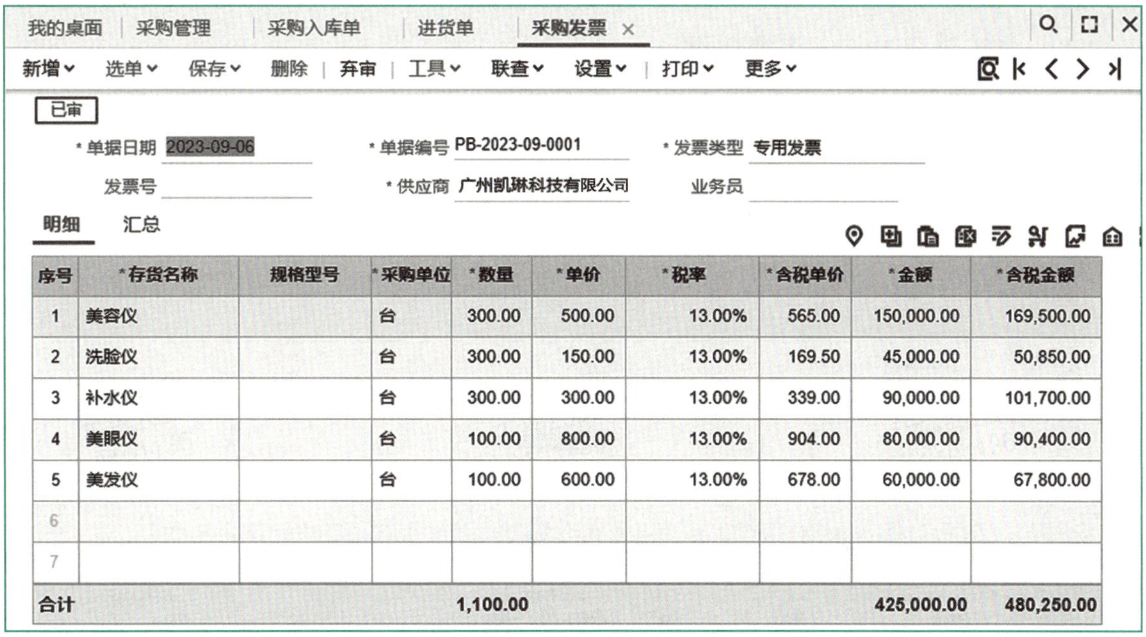

我的桌面 | 采购管理 | 采购入库单 | 进货单 | 采购发票

新增 选单 保存 删除 弃审 工具 联查 设置 打印 更多

已审

*单据日期 2023-09-06　*单据编号 PB-2023-09-0001　*发票类型 专用发票

发票号　*供应商 广州凯琳科技有限公司　业务员

明细　汇总

| 序号 | *存货名称 | 规格型号 | *采购单位 | *数量 | *单价 | *税率 | *含税单价 | *金额 | *含税金额 |
|---|---|---|---|---|---|---|---|---|---|
| 1 | 美容仪 | | 台 | 300.00 | 500.00 | 13.00% | 565.00 | 150,000.00 | 169,500.00 |
| 2 | 洗脸仪 | | 台 | 300.00 | 150.00 | 13.00% | 169.50 | 45,000.00 | 50,850.00 |
| 3 | 补水仪 | | 台 | 300.00 | 300.00 | 13.00% | 339.00 | 90,000.00 | 101,700.00 |
| 4 | 美眼仪 | | 台 | 100.00 | 800.00 | 13.00% | 904.00 | 80,000.00 | 90,400.00 |
| 5 | 美发仪 | | 台 | 100.00 | 600.00 | 13.00% | 678.00 | 60,000.00 | 67,800.00 |
| 6 | | | | | | | | | |
| 7 | | | | | | | | | |
| 合计 | | | | 1,100.00 | | | | 425,000.00 | 480,250.00 |

图 4－32　采购发票

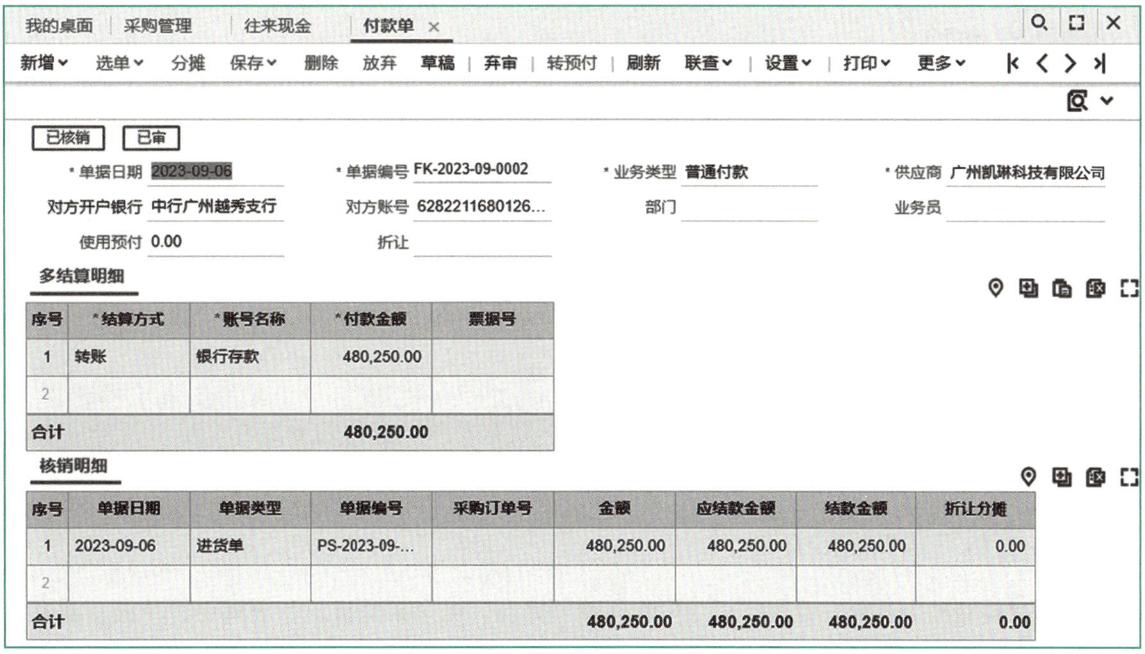

我的桌面 | 采购管理 | 往来现金 | 付款单

新增 选单 分摊 保存 删除 放弃 草稿 弃审 转预付 刷新 联查 设置 打印 更多

已核销　已审

*单据日期 2023-09-06　*单据编号 FK-2023-09-0002　*业务类型 普通付款　*供应商 广州凯琳科技有限公司

对方开户银行 中行广州越秀支行　对方账号 6282211680126...　部门　业务员

使用预付 0.00　折让

多结算明细

| 序号 | *结算方式 | *账号名称 | *付款金额 | 票据号 |
|---|---|---|---|---|
| 1 | 转账 | 银行存款 | 480,250.00 | |
| 2 | | | | |
| 合计 | | | 480,250.00 | |

核销明细

| 序号 | 单据日期 | 单据类型 | 单据编号 | 采购订单号 | 金额 | 应结款金额 | 结款金额 | 折让分摊 |
|---|---|---|---|---|---|---|---|---|
| 1 | 2023-09-06 | 进货单 | PS-2023-09-... | | 480,250.00 | 480,250.00 | 480,250.00 | 0.00 |
| 2 | | | | | | | | |
| 合计 | | | | | 480,250.00 | 480,250.00 | 480,250.00 | 0.00 |

图 4－33　付款核销审核

### 付款单生成的注意事项

若订金金额不为空，则订单生效时，自动生成一张预付款单。当采购订单日期小于启用日期或已期末处理的会计期间日期时，不允许在采购订单上录入、修改订金。

## 七、生成进货单与入库单凭证

在 T + 教育专版左边导航栏中，单击打开“智能财税｜总账｜日常业务｜单据生凭证”界面。在“单据生凭证”界面，单据类型选择“采购入库单、进货单”选项，连续单击两个“下一步”按钮进入“查询结果”界面，选择“按合并规则设置合并号”，将该笔业务的“采购入库单、进货单”合并号都输入“1”。单击“生成凭证”按钮，生成记账凭证。在“生成凭证”界面，单击“保存”按钮，完成采购记账凭证生成，如图 4 – 34 所示。

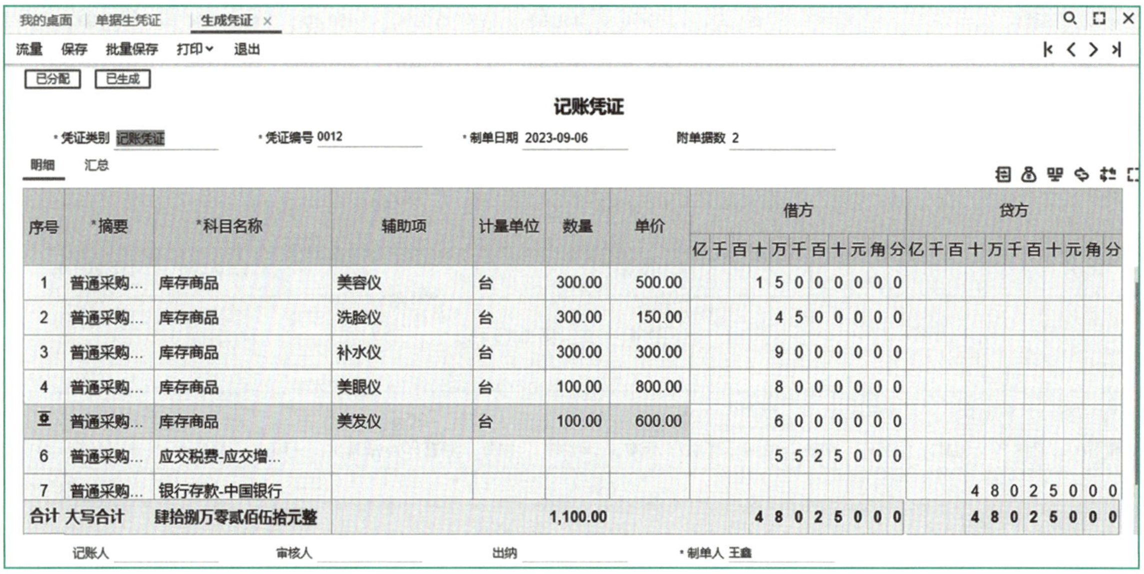
我的桌面 | 单据生凭证 | 生成凭证 ×

流量 保存 批量保存 打印 退出

已分配 已生成

记账凭证

·凭证类别 记账凭证 ·凭证编号 0012 ·制单日期 2023-09-06 附单据数 2

明细 汇总

| 序号 | *摘要 | *科目名称 | 辅助项 | 计量单位 | 数量 | 单价 | 借方（亿千百十万千百十元角分） | 贷方（亿千百十万千百十元角分） |
| --- | --- | --- | --- | --- | --- | --- | --- | --- |
| 1 | 普通采购… | 库存商品 | 美容仪 | 台 | 300.00 | 500.00 | 1 5 0 0 0 0 0 0 | |
| 2 | 普通采购… | 库存商品 | 洗脸仪 | 台 | 300.00 | 150.00 | 4 5 0 0 0 0 0 | |
| 3 | 普通采购… | 库存商品 | 补水仪 | 台 | 300.00 | 300.00 | 9 0 0 0 0 0 0 | |
| 4 | 普通采购… | 库存商品 | 美眼仪 | 台 | 100.00 | 800.00 | 8 0 0 0 0 0 0 | |
| 5 | 普通采购… | 库存商品 | 美发仪 | 台 | 100.00 | 600.00 | 6 0 0 0 0 0 0 | |
| 6 | 普通采购… | 应交税费-应交增… | | | | | 5 5 2 5 0 0 0 | |
| 7 | 普通采购… | 银行存款-中国银行 | | | | | | 4 8 0 2 5 0 0 0 |
| 合计 | 大写合计 | 肆拾捌万零贰佰伍拾元整 | | | 1,100.00 | | 4 8 0 2 5 0 0 0 | 4 8 0 2 5 0 0 0 |

记账人 审核人 出纳 ·制单人 王鑫

图 4 – 34 记账凭证

【业务 4 – 5】采购分摊业务

活动4.2.1 [业务4-5] 操作录屏

## 一、打开采购管理界面

会计主管以业务日期 2023 年 9 月 7 日登录 T + 教育专版，在左边导航栏，单击打开“智能供应链｜采购管理”界面。

## 二、填制与审核采购订单

在“采购管理”界面，单击打开“采购订单”界面。在“采购订单”界面中，单据日期和单据编号由系统产生，选择付款方式为“限期付款”。根据图 4 – 24 采购合同信息，依次填制供应商、付款方式、存货信息等内容。录入完成后，单击“保存”和“审核”按钮，完成采购订单填制与审核，如图 4 – 35 所示。

## 三、生成与审核采购入库单

在“采购订单”界面，单击“生单”按钮，在下拉菜单中选择“生成采购入库单（普通采购）”选项，生成“采购入库单”。在“采购入库单”中，“仓库”选择“总仓”。单击“保存”和“审核”按钮，完成采购入库单生成与审核，如图 4 – 36 所示。

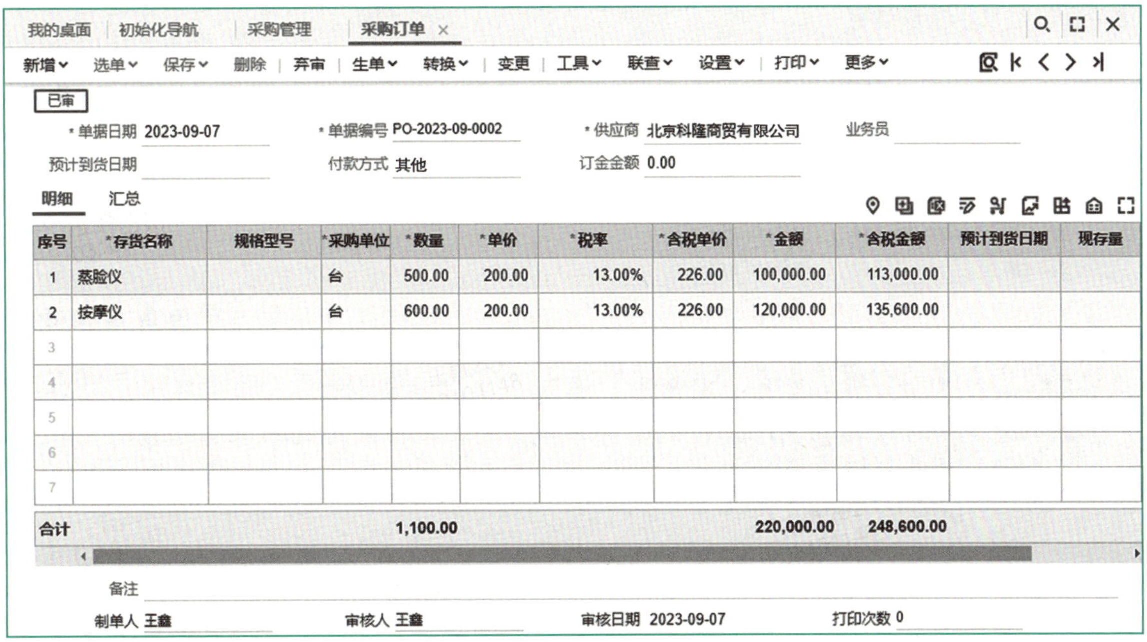

我的桌面 | 初始化导航 | 采购管理 | 采购订单

新增 选单 保存 删除 弃审 生单 转换 变更 工具 联查 设置 打印 更多

已审

*单据日期 2023-09-07　*单据编号 PO-2023-09-0002　*供应商 北京科隆商贸有限公司　业务员

预计到货日期　付款方式 其他　订金金额 0.00

明细　汇总

| 序号 | *存货名称 | 规格型号 | *采购单位 | *数量 | *单价 | *税率 | *含税单价 | *金额 | *含税金额 | 预计到货日期 | 现存量 |
|---|---|---|---|---|---|---|---|---|---|---|---|
| 1 | 蒸脸仪 | | 台 | 500.00 | 200.00 | 13.00% | 226.00 | 100,000.00 | 113,000.00 | | |
| 2 | 按摩仪 | | 台 | 600.00 | 200.00 | 13.00% | 226.00 | 120,000.00 | 135,600.00 | | |
| 3 | | | | | | | | | | | |
| 4 | | | | | | | | | | | |
| 5 | | | | | | | | | | | |
| 6 | | | | | | | | | | | |
| 7 | | | | | | | | | | | |
| 合计 | | | | 1,100.00 | | | | 220,000.00 | 248,600.00 | | |

备注

制单人 王鑫　审核人 王鑫　审核日期 2023-09-07　打印次数 0

图 4－35　采购订单

我的桌面 | 初始化导航 | 采购管理 | 采购订单 | 采购入库单

新增 选单 保存 删除 弃审 生单 转换 变更 工具 联查 设置 打印 更多

已审

*单据日期 2023-09-07　*单据编号 II-2023-09-0002　*业务类型 普通采购　*供应商 北京科隆商贸有限公司

经手人　仓库 总仓

明细　汇总

| 序号 | *仓库 | *存货名称 | 规格型号 | *计量单位 | *实收数量 | 单价 | 金额 | 现存量 | 现存量说明 |
|---|---|---|---|---|---|---|---|---|---|
| 1 | 总仓 | 蒸脸仪 | | 台 | 500.00 | 200.00 | 100,000.00 | | |
| 2 | 总仓 | 按摩仪 | | 台 | 600.00 | 200.00 | 120,000.00 | | |
| 3 | | | | | | | | | |
| 4 | | | | | | | | | |
| 5 | | | | | | | | | |
| 6 | | | | | | | | | |
| 7 | | | | | | | | | |
| 8 | | | | | | | | | |
| 合计 | | | | | 1,100.00 | | 220,000.00 | | |

备注

制单人 王鑫　审核人 王鑫　审核日期 2023-09-07　打印次数 0

图 4－36　采购入库单界面

## 四、填制费用单并进行费用分摊

在“采购入库单”界面，单击“工具”按钮，在下拉菜单中选择“费用单”选项，打开“费用单”界面。在“费用单”界面中，根据图 4－23 运费发票信息，填入往来单位、运费名称、金额等，单击“保存”按钮，完成费用单填制与保存。单击“审核”按钮，系统自动勾选“已分摊”选项，完成费用单自动分摊与审核，如图 4－37 所示。此时，可发现采购入库单上存货单价已经发生重新计算。

| 序号 | *费用名称 | *费用编码 | *税率 | *金额 | *税额 | 累计结款金额 | *含税金额 | 用途 | 已分摊 |
|---|---|---|---|---|---|---|---|---|---|
| 1 | 运费 | 501 | 9.00% | 1,100.00 | 99.00 | | 1,199.00 | | ☑ |
| 2 | | | | | | | | | |
| 3 | | | | | | | | | |
| 4 | | | | | | | | | |
| 5 | | | | | | | | | |
| 6 | | | | | | | | | |
| 7 | | | | | | | | | |
| 合计 | | | | 1,100.00 | 99.00 | | 1,199.00 | | |

图 4－37　费用单

## 五、生成与审核进货单

在“采购入库单”界面，单击“生单”按钮，在下拉菜单中选择“生成进货单（专用发票）”选项，生成“进货单”。在“进货单”中，查看相关信息，修改付款方式为“限期付款”。单击“保存”和“审核”按钮，完成进货单生成与审核，如图 4－38 所示。

| 序号 | *存货名称 | 规格型号 | *采购单位 | *数量 | *单价 | *税率 | *含税单价 | *金额 | *含税金额 | 现存量 | 现存量说 |
|---|---|---|---|---|---|---|---|---|---|---|---|
| 1 | 蒸脸仪 | | 台 | 500.00 | 200.00 | 13.00% | 226.00 | 100,000.00 | 113,000.00 | | |
| 2 | 按摩仪 | | 台 | 600.00 | 200.00 | 13.00% | 226.00 | 120,000.00 | 135,600.00 | | |
| 3 | | | | | | | | | | | |
| 4 | | | | | | | | | | | |
| 5 | | | | | | | | | | | |
| 6 | | | | | | | | | | | |
| 7 | | | | | | | | | | | |
| 合计 | | | | 1,100.00 | | | | 220,000.00 | 248,600.00 | | |

图 4－38　进货单

## 六、生成与审核采购发票

在“进货单”界面，单击“生单”按钮，在下拉菜单中选择“生成采购发票（普通采购）”选项，生成“采购发票”。在“采购发票”中，查看相关信息。单击“保存”和“审核”按钮，完成采购发票生成与审核，如图 4－39 所示。

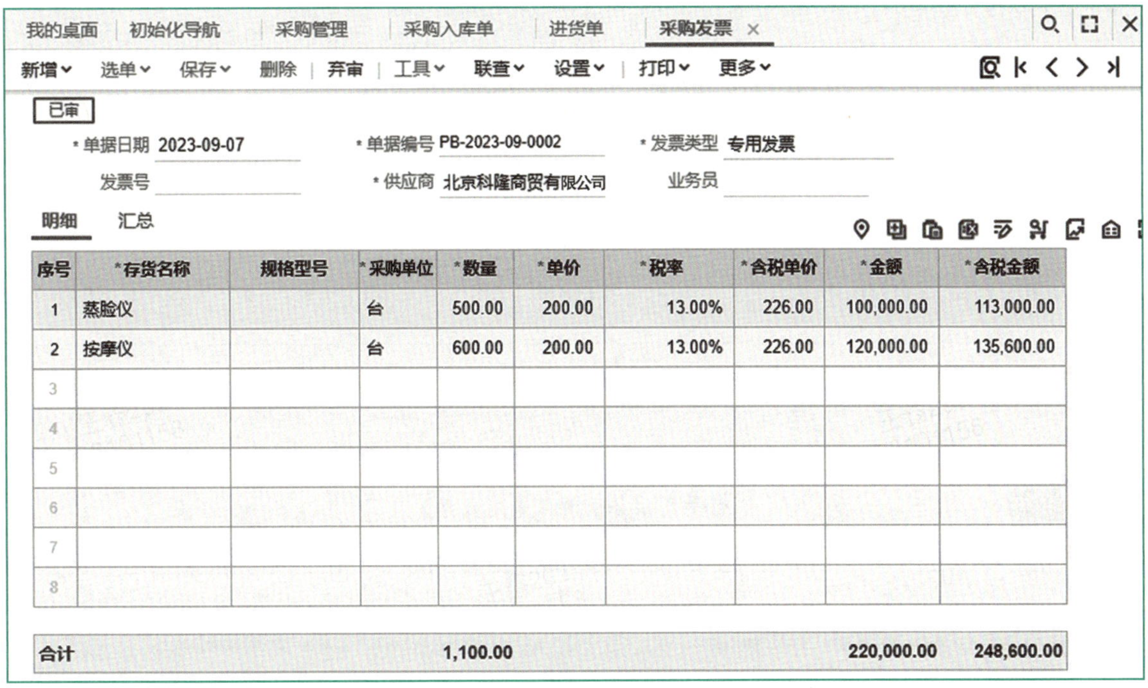

我的桌面 | 初始化导航 | 采购管理 | 采购入库单 | 进货单 | 采购发票

新增 选单 保存 删除 | 弃审 | 工具 联查 设置 | 打印 更多

已审

*单据日期 2023-09-07　*单据编号 PB-2023-09-0002　*发票类型 专用发票

发票号　*供应商 北京科隆商贸有限公司　业务员

明细　汇总

| 序号 | *存货名称 | 规格型号 | *采购单位 | *数量 | *单价 | *税率 | *含税单价 | *金额 | *含税金额 |
|---|---|---|---|---|---|---|---|---|---|
| 1 | 蒸脸仪 | | 台 | 500.00 | 200.00 | 13.00% | 226.00 | 100,000.00 | 113,000.00 |
| 2 | 按摩仪 | | 台 | 600.00 | 200.00 | 13.00% | 226.00 | 120,000.00 | 135,600.00 |
| 3 | | | | | | | | | |
| 4 | | | | | | | | | |
| 5 | | | | | | | | | |
| 6 | | | | | | | | | |
| 7 | | | | | | | | | |
| 8 | | | | | | | | | |
| 合计 | | | | 1,100.00 | | | | 220,000.00 | 248,600.00 |

图 4－39　采购发票

## 七、生成进货单、费用单、入库单的凭证

在 T＋教育专版左边导航栏中，单击“智能财税｜总账｜日常业务｜单据生凭证”选项，打开“单据生凭证”界面。在“单据生凭证”界面，单据类型选择“采购入库单、费用单、进货单”选项。连续单击两个“下一步”按钮进入“查询结果”界面，选择“按合并规则设置合并号”，将该笔业务的“采购入库单、费用单、进货单”合并号都输入“1”。单击“生成凭证”按钮，生成记账凭证。在“生成凭证”界面，单击“保存”按钮，完成采购记账凭证生成，如图 4－40 所示。

# 活动 4.2.2　采购特殊业务处理

### 活动描述

【业务 4－6】暂估业务。9 月 8 日，收到上月从北京科隆商贸有限公司购入的美容保健产品的采购发票，业务单据如图 4－41 所示。

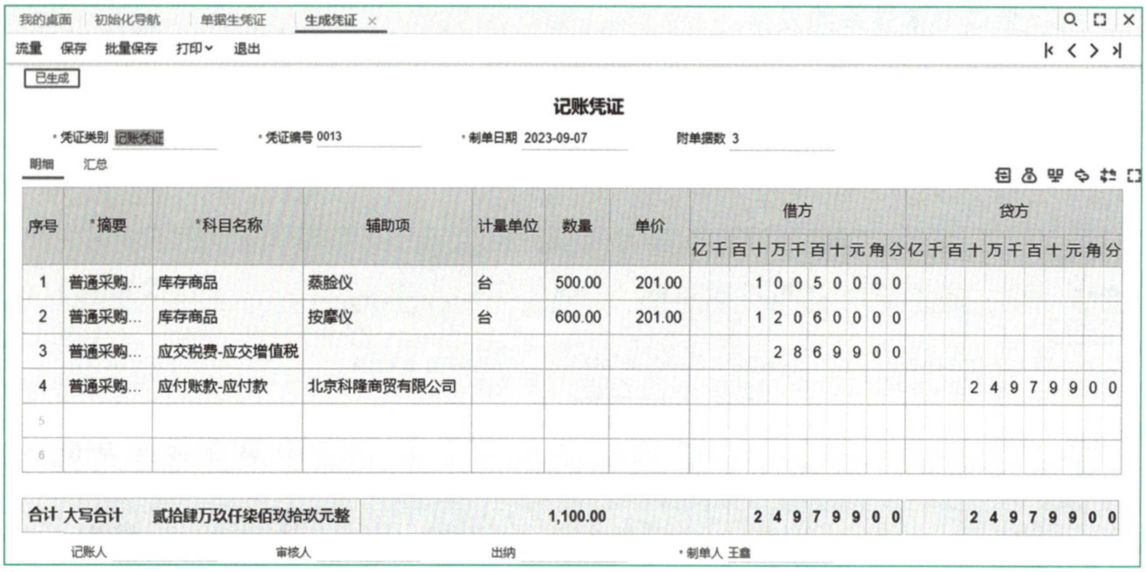

我的桌面 初始化导航 单据生凭证 生成凭证 ×

流量 保存 批量保存 打印 退出

已生成

记账凭证

*凭证类别 记账凭证 *凭证编号 0013 *制单日期 2023-09-07 附单据数 3

明细 汇总

| 序号 | *摘要 | *科目名称 | 辅助项 | 计量单位 | 数量 | 单价 | 借方（亿千百十万千百十元角分） | 贷方（亿千百十万千百十元角分） |
|---|---|---|---|---|---|---|---|---|
| 1 | 普通采购... | 库存商品 | 蒸脸仪 | 台 | 500.00 | 201.00 | 1 0 0 5 0 0 0 0 | |
| 2 | 普通采购... | 库存商品 | 按摩仪 | 台 | 600.00 | 201.00 | 1 2 0 6 0 0 0 0 | |
| 3 | 普通采购... | 应交税费-应交增值税 | | | | | 2 8 6 9 9 0 0 | |
| 4 | 普通采购... | 应付账款-应付款 | 北京科隆商贸有限公司 | | | | | 2 4 9 7 9 9 0 0 |
| 5 | | | | | | | | |
| 6 | | | | | | | | |
| 合计 大写合计 | 贰拾肆万玖仟柒佰玖拾玖元整 | | | | 1,100.00 | | 2 4 9 7 9 9 0 0 | 2 4 9 7 9 9 0 0 |

记账人 审核人 出纳 *制单人 王鑫

图 4－40　记账凭证

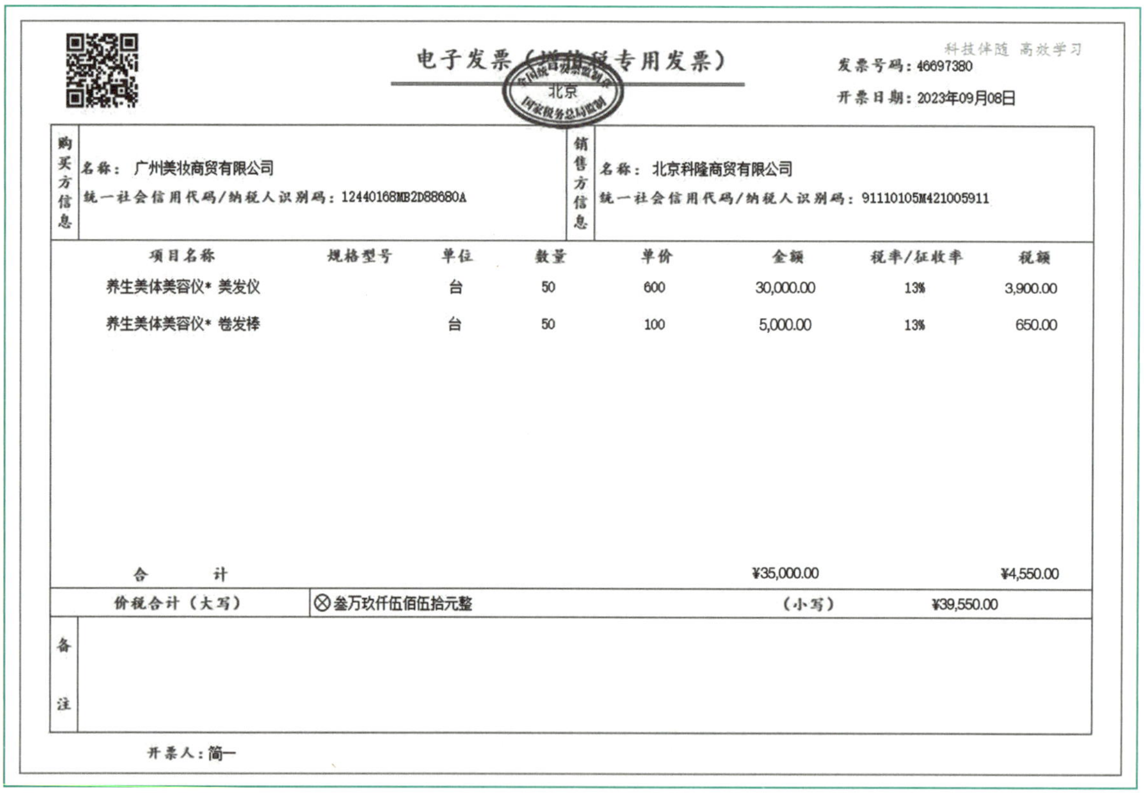

电子发票（增值税专用发票）

发票号码：46697380

开票日期：2023年09月08日

| 购买方信息 | 名称：广州美妆商贸有限公司<br>统一社会信用代码/纳税人识别号：12440168MB2D88680A | 销售方信息 | 名称：北京科隆商贸有限公司<br>统一社会信用代码/纳税人识别号：91110105M421005911 |
|---|---|---|---|

| 项目名称 | 规格型号 | 单位 | 数量 | 单价 | 金额 | 税率/征收率 | 税额 |
|---|---|---|---|---|---|---|---|
| 养生美体美容仪*美发仪 | | 台 | 50 | 600 | 30,000.00 | 13% | 3,900.00 |
| 养生美体美容仪*卷发棒 | | 台 | 50 | 100 | 5,000.00 | 13% | 650.00 |
| 合　计 | | | | | ¥35,000.00 | | ¥4,550.00 |
| 价税合计（大写） | ⊗叁万玖仟伍佰伍拾元整 | | | | （小写） | ¥39,550.00 | |
| 备注 | | | | | | | |

开票人：简一

图 4－41　采购发票

【业务 4－7】采购退货业务。9 月 8 日，从北京科隆商贸有限公司购入的美容保健产品中，有 100 件按摩仪因质量问题，办妥退货，收到红字发票，业务单据如图 4－42 和图 4－43 所示。

电子发票（增值税专用发票）



发票号码：46697380

开票日期：2023年09月08日

| 购买方信息 | 名称：广州美妆商贸有限公司<br>统一社会信用代码/纳税人识别号：12440168MB2D88680A | 销售方信息 | 名称：北京科隆商贸有限公司<br>统一社会信用代码/纳税人识别号：91110105M421005911 |
|---|---|---|---|

| 项目名称 | 规格型号 | 单位 | 数量 | 单价 | 金额 | 税率/征收率 | 税额 |
|---|---|---|---|---|---|---|---|
| 养生美体美容仪*按摩仪 | | 台 | -100 | 200 | -20,000.00 | 13% | -2,600.00 |
| 合计 | | | | | -¥20,000.00 | | -¥2,600.00 |
| 价税合计（大写） | ⊗（负数）贰万贰仟陆佰元整 | | | | （小写） | -¥22,600.00 | |
| 备注 | | | | | | | |

开票人：简一

图 4－42 采购发票

# 入 库 单



No. 18386575

供货单位：北京科隆商贸有限公司　　2023 年 09 月 08 日

| 编号 | 品名 | 规格 | 单位 | 数量 | 单价（元/台） | 金额（元） | 备注 |
|---|---|---|---|---|---|---|---|
| 105 | 按摩仪 | | 台 | -100 | 200.00 | -20,000.00 | |
| | | | | | | | |
| | | | | | | | |
| | | | | | | | |
| | | | | | | | |
| 合计 | | | | | | ¥-20,000.00 | |

仓库主管：刘明　记账：王鑫　保管：杨秀　经手人：杨秀　制单：杨秀

图 4－43 入库单

## 业务流程

采购暂估业务流程，如图 4－44 所示。

采购退货业务流程，如图 4－45 所示。

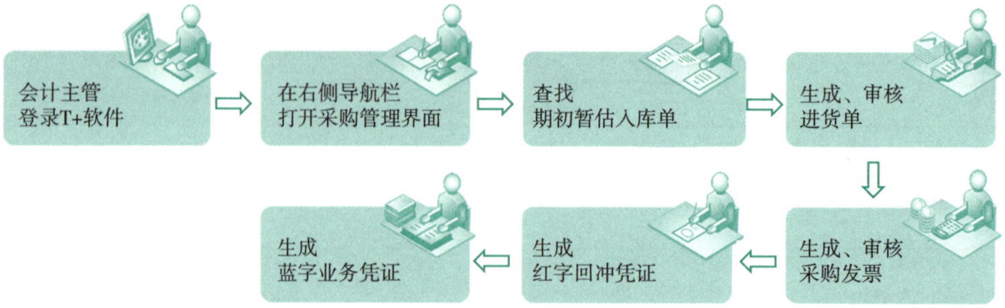


图 4－44　采购暂估业务流程

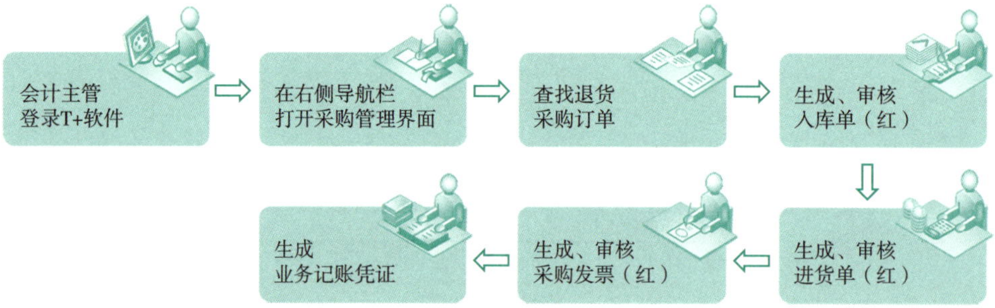


图 4－45　采购退货业务流程

## 知识准备

采购业务中，退货业务使用的单据是业务类型为“采购退货”的进货单。根据采购退货的实际情况确定同供应商之间的应付关系及应付账款，并确定相应的退货成本。产生退货的原因可以是送货过程中损坏、库房积压、换货等。

退货可以分为普通退货、冲抵进货的退货、换货业务。退货单页面勾选“冲抵进货”复选框，为冲抵进货的退货业务，不勾选为普通退货业务，换货业务在“普通采购”的进货单上体现。

### 一、普通退货

不管是否做了入库、开票业务，因不符合要求产生的退货都可以作为普通退货。退货单可以参照生成也可以手工添加，后续可以作相应的红字入库、红字开票业务。建议将已入库的退货采用此种方式。

### 二、冲抵进货的退货

已经收货了，即做了普通采购的进货单，但收到的货还没有全部入库或开票，此时对于既未入库又未开票的部分可以冲抵进货，冲抵的这部分存货后续不再作红字入库、红字开票业务，已做过入库或开票的部分不可以做冲抵。冲抵进货的退货单只能参照进货单生成，以便记录冲抵的是哪一笔进货。

### 三、换货业务

换货业务是指将不符合条件的存货返还给供应商，同时从供应商处得到符合条件的存货。

此种换货业务，可以通过业务类型为“普通采购”的进货单明细正负混录实现：将不符合条件的存货在进货单上以负数形式录入，换回的符合条件的存货在同一进货单上以正数形式录入。换货业务的后续处理与普通退货相同。

## 活动指导

【业务 4－6】暂估业务

### 一、打开初始化界面

会计主管以业务日期 2023 年 9 月 8 日登录 T＋教育专版，在左边导航栏中，单击打开“基础设置｜初始化”界面。

### 二、生成与审核进货单

在 T＋教育专版左边导航栏中，单击“基础设置｜初始化｜期初单据｜期初暂估入库单”选项，打开“期初暂估入库单”界面。在“期初暂估入库单”界面，单击“上一页”按钮，找到本笔业务的“期初暂估入库单”。

在“期初暂估入库单”界面，单击“生单”按钮，在下拉菜单中选择“生成进货单（专用发票）”选项，生成“进货单”。在“进货单”中，“付款方式”改为“限期付款”，查看相关信息。单击“保存”和“审核”按钮，完成进货单生成与审核，如图 4－46 所示。

我的桌面　初始化导航　期初暂估入库单　进货单
新增　选单　保存　删除　弃审　生单　转换　变更　工具　联查　设置　打印　更多
已审　已入库
单据日期 2023-09-08　单据编号 PS-2023-09-0003　业务类型 普通采购　票据类型 专用发票
供应商 北京科隆商贸有限公司　业务员　付款方式 限期付款　付款到期日 2023-09-08
使用预付 0.00　现结金额 0.00
明细　汇总

| 序号 | 存货名称 | 规格型号 | 采购单位 | 数量 | 单价 | 税率 | 含税单价 | 金额 | 含税金额 | 现存量 | 现存量说明 |
|---|---|---|---|---|---|---|---|---|---|---|---|
| 1 | 美发仪 | | 台 | 50.00 | 600.00 | 13.00% | 678.00 | 30,000.00 | 33,900.00 | | |
| 2 | 卷发棒 | | 台 | 50.00 | 100.00 | 13.00% | 113.00 | 5,000.00 | 5,650.00 | | |
| 3 | | | | | | | | | | | |
| 4 | | | | | | | | | | | |
| 5 | | | | | | | | | | | |
| 6 | | | | | | | | | | | |
| 7 | | | | | | | | | | | |
| 合计 | | | | 100.00 | | | | 35,000.00 | 39,550.00 | | |

图 4－46　进货单

### 三、生成与审核采购发票

在“进货单”界面，单击“生单”按钮，在下拉菜单中选择“生成采购发票（普通采购）”选项，生成“采购发票”。在“采购发票”中，查看相关信息。单击“保存”和“审核”按钮，完成采购发票生成与审核，如图 4－47 所示。

活动4.2.2
[业务4-6]
操作录屏

我的桌面 | 初始化导航 | 期初暂估入库单 | 进货单 | 采购发票

新增 选单 保存 删除 弃审 工具 联查 设置 打印 更多

已审

*单据日期 2023-09-08　*单据编号 PB-2023-09-0003　*发票类型 专用发票

发票号　*供应商 北京科隆商贸有限公司　业务员

明细　汇总

| 序号 | *存货名称 | 规格型号 | *采购单位 | *数量 | *单价 | *税率 | *含税单价 | *金额 | *含税金额 |
|---|---|---|---|---|---|---|---|---|---|
| 1 | 美发仪 | | 台 | 50.00 | 600.00 | 13.00% | 678.00 | 30,000.00 | 33,900.00 |
| 2 | 卷发棒 | | 台 | 50.00 | 100.00 | 13.00% | 113.00 | 5,000.00 | 5,650.00 |
| 3 | | | | | | | | | |
| 4 | | | | | | | | | |
| 5 | | | | | | | | | |
| 6 | | | | | | | | | |
| 7 | | | | | | | | | |
| 8 | | | | | | | | | |
| 合计 | | | | 100.00 | | | | 35,000.00 | 39,550.00 |

图 4-47　采购发票

## 四、单据生成凭证

在 T+教育专版左边导航栏中，单击“智能财税｜总账｜日常业务｜单据生凭证”选项，打开“单据生凭证”界面。在“单据生凭证”界面，单击选择来源单据“进货单、红字回冲单、蓝字回冲单”选项。连续单击两个“下一步”按钮进入“查询结果”界面，选择“按合并规则设置合并号”，将“红字回冲单”合并号输入“1”，“蓝字回冲单、进货单”合并号输入“2”。单击“生成凭证”按钮，分别生成两张“记账凭证”，分别单击“保存”按钮，完成记账凭证，如图 4-48 和图 4-49 所示。

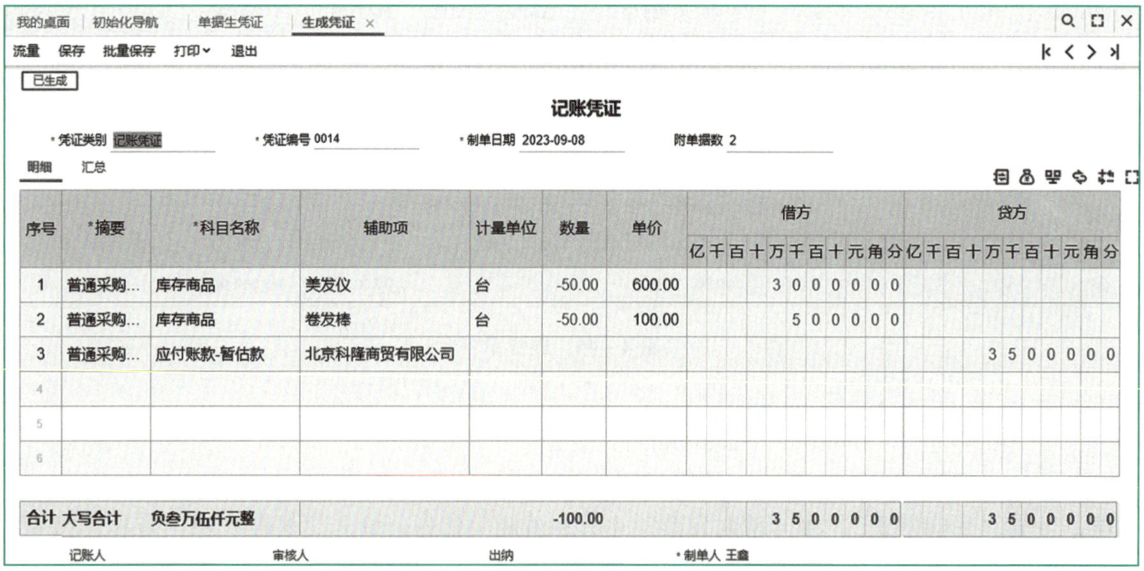

我的桌面 | 初始化导航 | 单据生凭证 | 生成凭证

流量 保存 批量保存 打印 退出

已生成

记账凭证

*凭证类别 记账凭证　*凭证编号 0014　*制单日期 2023-09-08　附单据数 2

明细　汇总

| 序号 | *摘要 | *科目名称 | 辅助项 | 计量单位 | 数量 | 单价 | 借方（亿千百十万千百十元角分） | 贷方（亿千百十万千百十元角分） |
|---|---|---|---|---|---|---|---|---|
| 1 | 普通采购... | 库存商品 | 美发仪 | 台 | -50.00 | 600.00 | 3000000 | |
| 2 | 普通采购... | 库存商品 | 卷发棒 | 台 | -50.00 | 100.00 | 500000 | |
| 3 | 普通采购... | 应付账款-暂估款 | 北京科隆商贸有限公司 | | | | | 3500000 |
| 4 | | | | | | | | |
| 5 | | | | | | | | |
| 6 | | | | | | | | |
| 合计 大写合计 | 负叁万伍仟元整 | | | | -100.00 | | 3500000 | 3500000 |

记账人　审核人　出纳　*制单人 王鑫

图 4-48　红字回冲单记账凭证

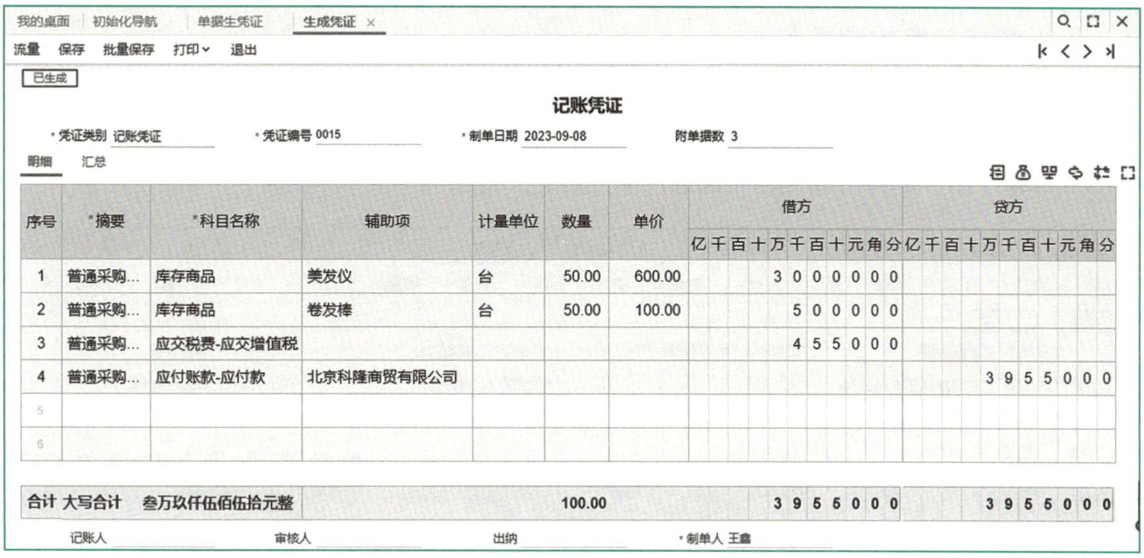

我的桌面 | 初始化导航 | 单据生成凭证 | 生成凭证 ×

流量 保存 批量保存 打印 退出

已生成

**记账凭证**

* 凭证类别 记账凭证 * 凭证编号 0015 * 制单日期 2023-09-08 附单据数 3

明细 汇总

| 序号 | *摘要 | *科目名称 | 辅助项 | 计量单位 | 数量 | 单价 | 借方（亿千百十万千百十元角分） | 贷方（亿千百十万千百十元角分） |
|---|---|---|---|---|---|---|---|---|
| 1 | 普通采购… | 库存商品 | 美发仪 | 台 | 50.00 | 600.00 | 3000000 | |
| 2 | 普通采购… | 库存商品 | 卷发棒 | 台 | 50.00 | 100.00 | 500000 | |
| 3 | 普通采购… | 应交税费-应交增值税 | | | | | 455000 | |
| 4 | 普通采购… | 应付账款-应付款 | 北京科隆商贸有限公司 | | | | | 3955000 |
| 5 | | | | | | | | |
| 6 | | | | | | | | |
| 合计 | 大写合计 叁万玖仟伍佰伍拾元整 | | | | 100.00 | | 3955000 | 3955000 |

记账人 审核人 出纳 * 制单人 王鑫

图 4－49 记账凭证

【业务 4－7】采购退货业务

## 一、打开采购管理界面

会计主管以业务日期 2023 年 9 月 8 日登录 T＋教育专版，在左边导航栏，单击打开“智能供应链｜采购管理”界面。

## 二、生成与审核采购入库单（采购退货）

在“采购管理”界面，单击打开“采购订单”界面。在“采购订单”界面，找到 9 月 7 日从北京科隆商贸有限公司采购货物的采购订单。单击“生单”按钮，在下拉菜单中选择“生成采购入库单（采购退货）”选项，生成“采购入库单”（红字）。在“采购入库单”界面中，“仓库”选择“总仓”，在“明细”中，删除不需要退货的存货，将“按摩仪”的实收数量改为“－100”。单击“保存”和“审核”按钮，完成采购入库单（红字）生成和审核，如图 4－50 所示。

我的桌面 | 初始化导航 | 采购管理 | 采购订单 | 采购入库单 ×

新增 选单 保存 删除 弃审 生单 转换 变更 工具 联查 设置 打印 更多

已审

* 单据日期 2023-09-08 * 单据编号 II-2023-09-0003 * 业务类型 采购退货 * 供应商 北京科隆商贸有限公司

经手人 仓库 总仓

明细 汇总

| 序号 | *仓库 | *存货名称 | 规格型号 | *计量单位 | *实收数量 | 单价 | 金额 | 现存量 | 现存量说明 |
|---|---|---|---|---|---|---|---|---|---|
| 1 | 总仓 | 按摩仪 | | 台 | -100.00 | 200.00 | -20,000.00 | | |
| 2 | | | | | | | | | |
| 3 | | | | | | | | | |
| 4 | | | | | | | | | |
| 5 | | | | | | | | | |
| 6 | | | | | | | | | |
| 7 | | | | | | | | | |
| 8 | | | | | | | | | |
| 合计 | | | | | -100.00 | | -20,000.00 | | |

图 4－50 采购入库单（红字）

活动4.2.2
［业务4－7］
操作录屏

## 三、生成与审核进货单

在“采购入库单”界面，单击“生单”按钮，在下拉菜单中选择“生成进货单（专用发票）”选项，生成“进货单”。在“进货单”中，查看相关信息，修改付款方式为“限期付款”。单击“保存”和“审核”按钮，完成进货单（红字）生成与审核，如图 4－51 所示。

图 4－51　进货单（红字）

## 四、生成与审核采购发票

在“进货单”界面，单击“生单”按钮，在下拉菜单中选择“生成采购发票（采购退货）”选项，生成“采购发票”（红字）。在“采购发票”中，查看相关信息。单击“保存”和“审核”按钮，完成采购发票（红字）生成与审核，如图 4－52 所示。

图 4－52　采购发票（红）

## 五、生成进货单与入库单凭证

在 T+教育专版左边导航栏中，单击“智能财税｜总账｜日常业务｜单据生凭证”选项，打开“单据生凭证”界面。在“单据生凭证”界面，单击选择来源单据“采购入库单、进货单”选项。连续单击两个“下一步”按钮进入“查询结果”界面，选择“按合并规则设置合并号”，将“采购入库单、进货单”合并号都输入“1”。单击“生成凭证”按钮，生成“记账凭证”，单击“保存”按钮，完成采购记账凭证，如图 4－53 所示。

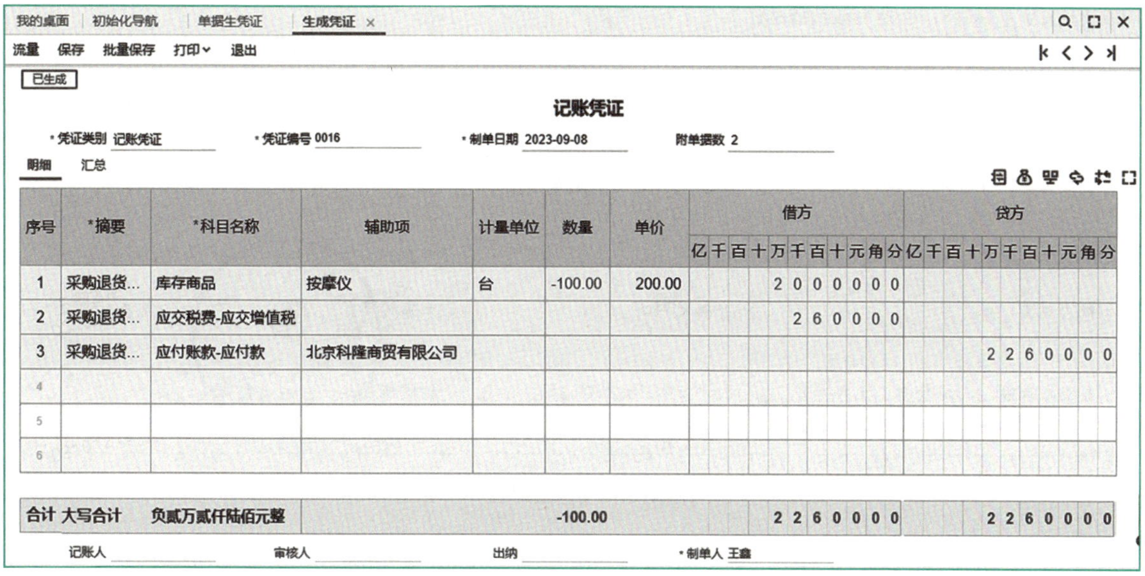
我的桌面　初始化导航　单据生凭证　生成凭证 ×
流量　保存　批量保存　打印　退出
已生成

记账凭证

*凭证类别 记账凭证　*凭证编号 0016　*制单日期 2023-09-08　附单据数 2

明细　汇总

| 序号 | *摘要 | *科目名称 | 辅助项 | 计量单位 | 数量 | 单价 | 借方（亿千百十万千百十元角分） | 贷方（亿千百十万千百十元角分） |
|---|---|---|---|---|---|---|---|---|
| 1 | 采购退货... | 库存商品 | 按摩仪 | 台 | -100.00 | 200.00 | 2000000 | |
| 2 | 采购退货... | 应交税费-应交增值税 | | | | | 260000 | |
| 3 | 采购退货... | 应付账款-应付款 | 北京科隆商贸有限公司 | | | | | 2260000 |
| 4 | | | | | | | | |
| 5 | | | | | | | | |
| 6 | | | | | | | | |
| 合计 | 大写合计　负贰万贰仟陆佰元整 | | | | -100.00 | | 2260000 | 2260000 |

记账人　审核人　出纳　*制单人 王鑫

图 4－53　记账凭证界面

**退货单有哪些增加方式**

（1）手工填单：同进货单。

（2）由采购入库单（采购退货）生成退货单。

（3）由进货单（普通采购）生成普通退货的退货单。

（4）由进货单（普通采购）生成冲抵进货的退货单。

# 活动 4.2.3　应付业务处理

### 活动描述

【业务 4－8】支付货款。9 月 11 日财务部支付 9 月 7 日从北京科隆商贸有限公司采购货物的货款，用网银转账支付，付款单如图 4－54 所示。

【业务 4－9】支付上月欠款。9 月 11 日财务部支付上月广州凯琳科技有限公司采购货款，用网银转账支付，付款单如图 4－55 所示。

付款凭证

**中国银行** 网银回单

日期： 2023 年 09 月 11 日 回单编号： 8995

付款人户名： 广州美妆商贸有限公司 付款人开户行： 中国银行友谊路支行

付款人账号(卡号)： 6282881680109876319

收款人户名： 北京科隆商贸有限公司 收款人开户行： 中国银行北京朝阳支行

收款人账号(卡号)： 6282171680623255311

金额： 人民币 贰拾贰万柒仟壹佰玖拾玖元整 小写： ¥227,199.00

业务(产品)种类： 转账付款 凭证种类： 2985888888 凭证号码： 775426948888

摘要： 支付货款及代垫运费 用途： 货款 币种： 人民币

交易机构： 435666777888 记账柜员： 81088 交易代码： 渠道：

附言：

支付交易序号：

报文种类： 委托日期： 业务种类：

本回单为第 次打印，注意重复 打印日期：2023.09.11 打印柜员： 验证码：

中国银行友谊路支行 网银回单专用章

图 4－54 付款单（1）



付款凭证

**中国银行** 网银回单

日期： 2023 年 09 月 11 日 回单编号： 1452

付款人户名： 广州美妆商贸有限公司 付款人开户行： 中国银行友谊路支行

付款人账号(卡号)： 6282881680109876319

收款人户名： 广州凯琳科技有限公司 收款人开户行： 中国银行广州越秀支行

收款人账号(卡号)： 12440106M46607591X

金额： 人民币 伍仟元整 小写： ¥5,000.00

业务(产品)种类： 转账付款 凭证种类： 2985889669 凭证号码： 775426668866

摘要： 支付货款 用途： 货款 币种： 人民币

交易机构： 435666777888 记账柜员： 81078 交易代码： 渠道：

附言：

支付交易序号：

报文种类： 委托日期： 业务种类：

本回单为第 次打印，注意重复 打印日期：2023.09.11 打印柜员： 验证码：

中国银行友谊路支行 网银回单专用章

图 4－55 付款单（2）

## 业务流程

付款核销业务流程，如图 4－56 所示。

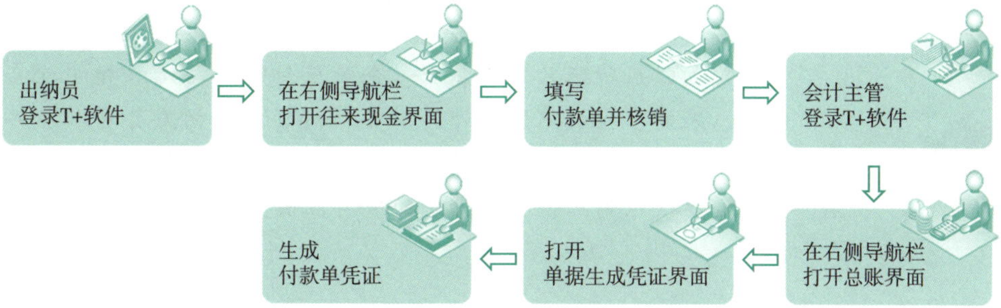


**图 4－56　付款核销业务流程**

## 知识准备

往来现金付款相关的日常业务工作包括：企业日常其他应付单、付款单、付款单核销等。其他应付单处理，可通过往来现金系统完成单据的录入、查阅工作。通过往来核销建立付款与应付款的核销关系，可加强往来支付款项管理。

### 一、付款单

付款单用于处理企业对供应商的付款，包括预付款、直接付款、普通付款以及付款核销，可以用普通付款和预付款同时和应付款核销。

### 二、付款单新增方式

（1）预付款单：手工录入付款单。

（2）普通付款单：录入付款单并核销应付期初、进货单、费用单。通过选单按钮进入选单界面，选择要核销的单据或明细到付款单界面，手工填写或自动分摊每张单据或每条明细要结算的金额。用户不可以手工增加付款单核销明细。

（3）直接收款：手工录入付款单数据，直接保存。无须选择应付单进行核销。该类付款单的核销操作，可在往来核销的手工核销功能中进行。

### 三、使用预付核销方式

录入付款单的同时，可以使用预付款一起对应付期初、进货单、费用单进行核销。具体的操作有两种方式：

（1）直接录入“使用预付”金额。录入后，系统把录入的“使用预付”金额与付款单上结算供应商所有的预付款的余额合计进行比较，判断录入的金额是否可用。如满足条件将“使用预付”金额按照时间顺序分摊到各个预付款单。

（2）手工指定预付款单。单击使用预付参照，打开目前有余额的预付款单。采用录入金额的方式来选择具体使用哪笔预付、具体使用多少。

### 四、折让

在付款的同时供应商对企业的折让，可在付款单上处理，付款与折让一起核销应付账款。在付款单上录入折让，然后点击分摊系统会将折让分摊到本次核销的单据上或手工分摊折让。

**树立应付账款管理意识**

企业要加强应付账款日常管理。企业应付账款的记录和管理需由独立于请购、采购、验收职能以外的财务部门负责。相关负责人应按付款日期、折扣条件等规定管理应付款，以保证采购付款内部控制的有效实施。同学们要认识到加强付款管理的重要性哦！

## 活动指导

【业务 4－8】支付货款

活动4.2.3
［业务4-8］
操作录屏

### 一、打开往来现金界面

出纳员以业务日期 2023 年 9 月 11 日登录 T＋教育专版，在左边导航栏，单击打开“智能财税｜往来现金”界面。

### 二、核销付款信息

（1）查询需要核销的应付款。在“往来现金”界面，单击打开“付款单”界面。在“付款单”界面，供应商选择“北京科隆商贸有限公司”，业务类型选择“普通付款”。单击“选单”按钮，打开付款单选单信息，查询需要核销的应付款，如图 4－57 所示。

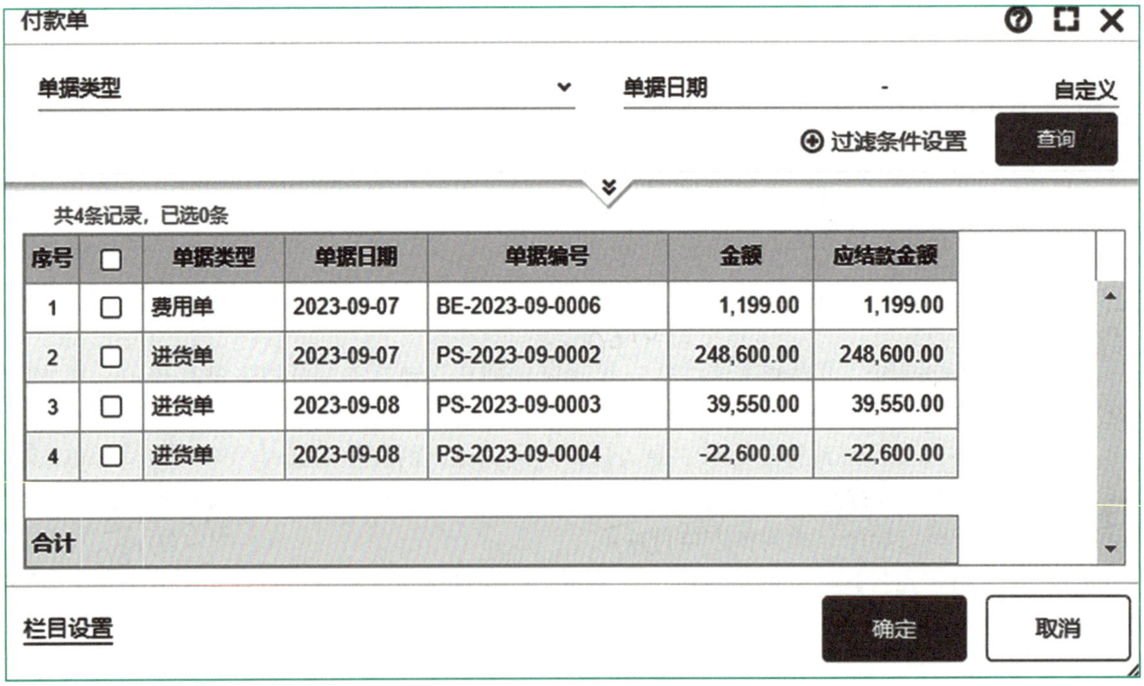


| 序号 | ☐ | 单据类型 | 单据日期 | 单据编号 | 金额 | 应结款金额 |
|---|---|---|---|---|---|---|
| 1 | ☐ | 费用单 | 2023-09-07 | BE-2023-09-0006 | 1,199.00 | 1,199.00 |
| 2 | ☐ | 进货单 | 2023-09-07 | PS-2023-09-0002 | 248,600.00 | 248,600.00 |
| 3 | ☐ | 进货单 | 2023-09-08 | PS-2023-09-0003 | 39,550.00 | 39,550.00 |
| 4 | ☐ | 进货单 | 2023-09-08 | PS-2023-09-0004 | -22,600.00 | -22,600.00 |
| 合计 | | | | | | |

图 4－57　付款单选单信息

（2）付款核销。在付款单选单信息中，根据实际选择本次需要核销的 3 条应付款信息，单击“确认”按钮，将应付款信息引入付款单“核销明细”。在“多结算明细”中，根据图 4－54 付款单信息，依次录入结算方式、账户名称、付款金额等信息。单击“分摊”按钮，在“核销明细”中，自动填入结算金额。单击“保存”和“审核”按钮，完成付款核销审核，如图 4－58 所示。

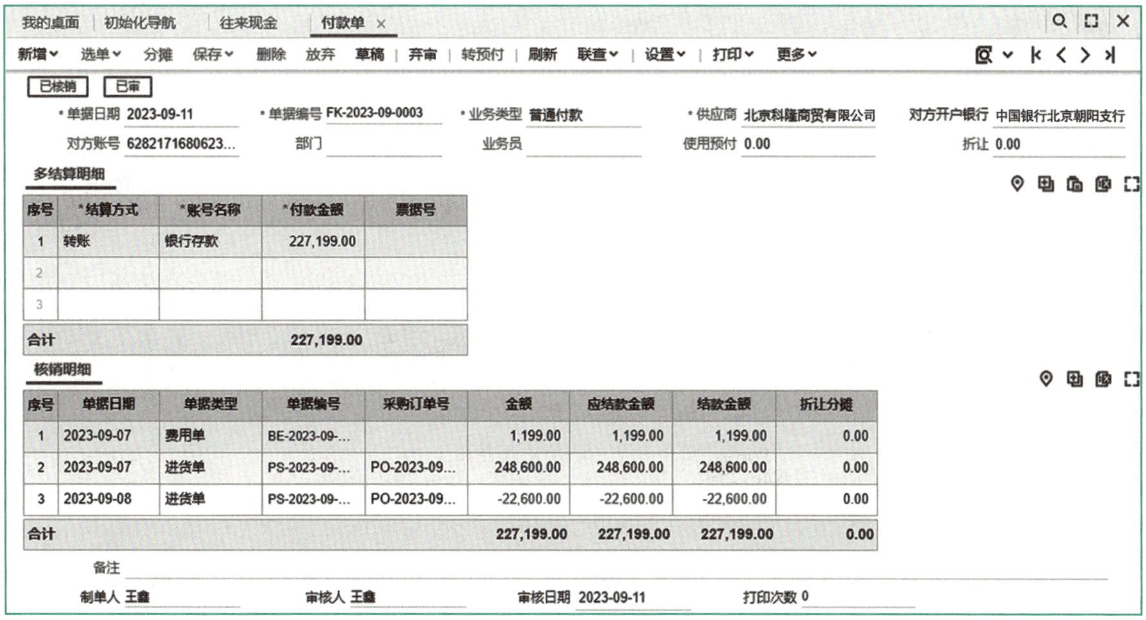

我的桌面 | 初始化导航 | 往来现金 | 付款单 ×

新增 选单 分摊 保存 删除 放弃 草稿 | 弃审 | 转预付 | 刷新 联查 | 设置 | 打印 更多

已核销 已审

*单据日期 2023-09-11　*单据编号 FK-2023-09-0003　*业务类型 普通付款　*供应商 北京科隆商贸有限公司　对方开户银行 中国银行北京朝阳支行

对方账号 6282171680623...　部门　业务员　使用预付 0.00　折让 0.00

多结算明细

| 序号 | *结算方式 | *账号名称 | *付款金额 | 票据号 |
|---|---|---|---|---|
| 1 | 转账 | 银行存款 | 227,199.00 | |
| 2 | | | | |
| 3 | | | | |
| 合计 | | | 227,199.00 | |

核销明细

| 序号 | 单据日期 | 单据类型 | 单据编号 | 采购订单号 | 金额 | 应结款金额 | 结款金额 | 折让分摊 |
|---|---|---|---|---|---|---|---|---|
| 1 | 2023-09-07 | 费用单 | BE-2023-09-... | | 1,199.00 | 1,199.00 | 1,199.00 | 0.00 |
| 2 | 2023-09-07 | 进货单 | PS-2023-09-... | PO-2023-09... | 248,600.00 | 248,600.00 | 248,600.00 | 0.00 |
| 3 | 2023-09-08 | 进货单 | PS-2023-09-... | PO-2023-09... | -22,600.00 | -22,600.00 | -22,600.00 | 0.00 |
| 合计 | | | | | 227,199.00 | 227,199.00 | 227,199.00 | 0.00 |

备注

制单人 王鑫　审核人 王鑫　审核日期 2023-09-11　打印次数 0

图 4－58　付款核销界面

**付款核销的注意事项**

系统自动将付款、折让以及使用预付分摊到各个要核销单据的结算金额上，采取的是从上到下的分摊方式，即排序在上的先核销。自动按照各行结算金额所占比例分摊折让金额，并将分摊结果填写在各个待核销单据的“折让分摊”栏。

## 三、生成付款单凭证

切换会计主管身份以业务日期 2023 年 9 月 11 日登录 T＋教育专版，在 T＋教育专版左边导航栏中，单击打开“智能财税｜总账｜日常业务｜单据生凭证”界面。在“单据生凭证”界面，选择“付款单”，连续单击两个“下一步”按钮进入“查询结果”界面，选择该笔业务记录，生成记账凭证，如图 4－59 所示。

**【业务 4－9】支付上月欠款**

## 一、打开往来现金界面

出纳员以业务日期 2023 年 9 月 11 日登录 T＋教育专版，在左边导航栏，单击打开“智能财税｜往来现金”界面。

活动4.2.3
［业务4－9］
操作录屏

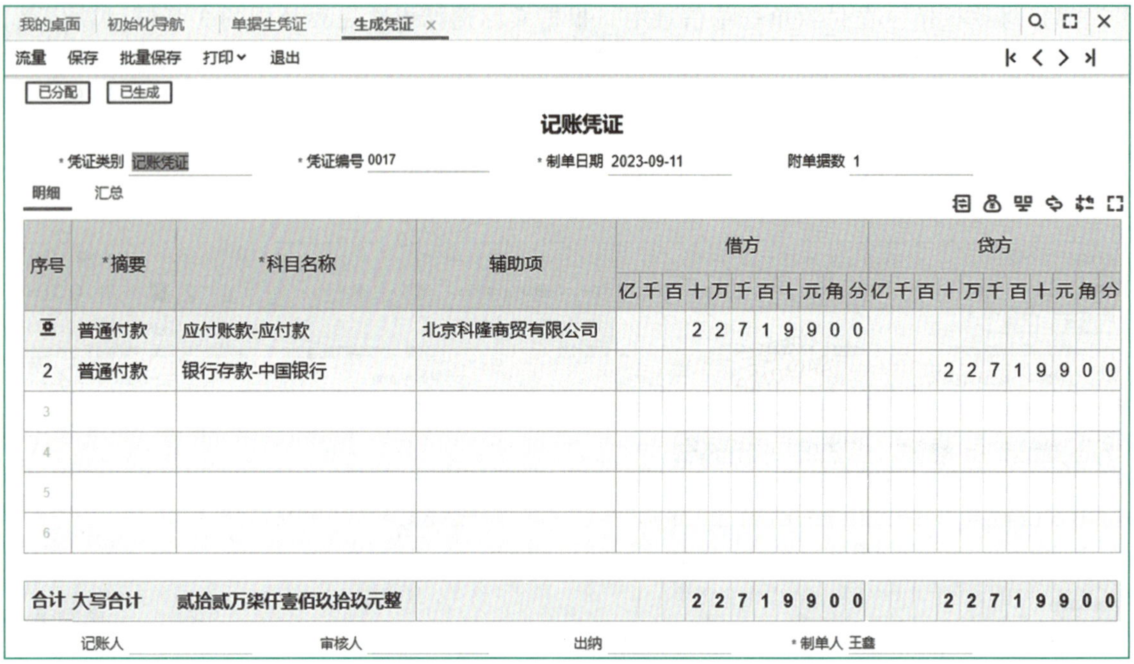


图 4－59 记账凭证界面

## 二、核销付款信息

（1）查询需要核销的应付款。在“往来现金”界面，单击打开“付款单”界面。在“付款单”界面，供应商选择“广州凯琳科技有限公司”，业务类型选择“普通付款”。单击“选单”按钮，打开付款单选单信息，查询需要核销的应付款，如图 4－60 所示。

图 4－60 付款单选单信息

（2）付款核销。在付款单选单信息中，选择本次需要核销的期初应付信息，单击“确认”按钮，将应付款信息引入付款单“核销明细”。在“多结算明细”中，根据图 4－55 付款单信息，依次录入结算方式、账户名称、付款金额等信息。单击“分摊”按钮，在“核销明细”中，自动填入结算金额。单击“保存”和“审核”按钮，完成付款核销审核，如图 4－61 所示。

图 4－61　付款核销界面

## 三、生成付款单凭证

切换会计主管身份以业务日期 2023 年 9 月 11 日登录 T＋教育专版，在 T＋教育专版左边导航栏中，单击打开“智能财税｜总账｜日常业务｜单据生凭证”界面。在“单据生凭证”界面，选择“付款单”，连续单击两个“下一步”按钮进入“查询结果”界面，选择该笔业务记录，生成记账凭证，如图 4－62 所示。

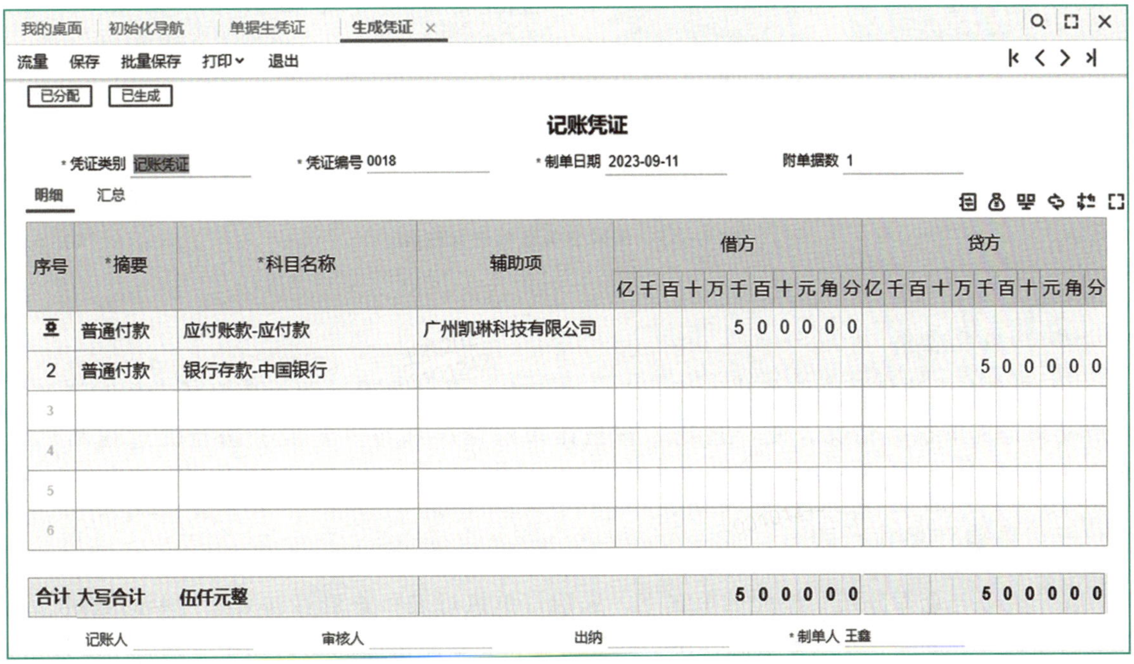


图 4－62　记账凭证界面

# 任务 4.3 采购业务数据查询

**任务介绍**

本任务介绍了采购模块相关业务的数据查询，包括采购业务概况查询、采购业务报表查询，通过采购业务数据查询，可以全面了解企业采购情况，并为采购业务管理提供决策依据。

## 活动 4.3.1 采购业务概况查询

### 活动描述

【业务 4－10】9 月 30 日，会计主管查看本月采购相关业务的概况和相关单据的执行情况，了解公司采购的动态。

### 业务流程

采购业务概况查询流程，如图 4－63 所示。

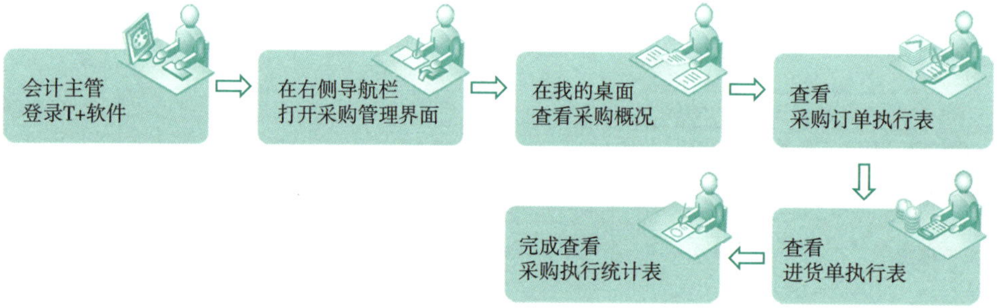


**图 4－63 采购业务概况查询流程**

### 知识准备

T＋教育专版提供采购业务执行统计表，通过查询可以查看采购业务概括、采购订单执行情况和进货单执行情况，便于直观了解整体采购情况和每一笔业务执行的过程和具体状态。

#### 一、采购订单执行表

在“业务与仓库分开”流程的前提下，采购订单执行表可查看目前采购订单的数量、金额及后续进货、入库、开票等信息，便于监督收货和资金流出的配比情况。如果启用多计量，则可按不同计量单位进行统计。在“业务与仓库合并”流程下，除没有入库情况外，其他同分开流程内容一致。在查询结果中可以联查相应的单据、明细报表或执行报表。报表可以按分组条件进行分组汇总和分组小计。

## 二、进货单执行表

在“业务与仓库分开”流程的前提下，进货单执行表可查看目前进货单的进货数量、普通退货数量、冲抵退货数量、金额及后续入库、开票、结款等信息，便于监督收货、开票和资金流出的配比情况。如果启用多计量，则可按不同计量单位进行统计。在“业务与仓库合并”流程下，除了没有入库的情况外，其他同分开流程内容一致。在查询结果中可以联查相应的单据、明细报表或执行报表。报表可以按分组条件进行分组汇总和分组小计。

# 活动指导

## 一、打开采购管理界面

会计主管以业务日期2023年9月30日登录T+教育专版，在左边导航栏，单击打开“智能供应链｜采购管理”界面。

## 二、查询采购概况

在“我的桌面”界面，可以直接查询“采购概况”，采购概况提供当月采购情况，当月采购发票、当月进货情况、当月采购入库等数据，如图4－64所示。

图4－64 采购概况

### 设置采购概况的操作

如果“我的桌面”没有“采购概况”的内容，可以通过点击“我的桌面”右下角⚙，设置桌面应用中的数据指标，选择采购概况，配置需要在概况中显示的具体信息。

活动4.3.1［业务4－10］操作录屏

## 三、查询采购业务执行情况

在T+教育专版左边导航栏中，单击“智能供应链｜采购管理｜报表｜采购订单执行表”

选项，打开“查询”界面。在“查询”界面，选择查询方式为“公共方案｜系统方案”，单据日期为“2023.9.1－2023.9.30”，单击“查询”按钮，打开“采购订单执行表”界面，可以查看本期采购订单的执行情况，如图 4－65 所示。

采购订单执行表

订单日期：2023.09.01 - 2023.09.30　订单编号：　供应商：

部门：　业务员：　存货：

| 序号 | 订单日期 | 订单编号 | 供应商 | 存货 | 规格型号 | 主单位 | 数量（主单( | 含税单价 | 订单含税金额 | 累计到货数量(主单 |
|---|---|---|---|---|---|---|---|---|---|---|
| 1 | 2023-09-06 | PO-2023-09-00... | 广州凯琳科技有限公司 | 补水仪 | | 台 | 300.00 | 339.00 | 101,700.00 | |
| 2 | 2023-09-06 | PO-2023-09-00... | 广州凯琳科技有限公司 | 美发仪 | | 台 | 100.00 | 678.00 | 67,800.00 | |
| 3 | 2023-09-06 | PO-2023-09-00... | 广州凯琳科技有限公司 | 美容仪 | | 台 | 300.00 | 565.00 | 169,500.00 | |
| 4 | 2023-09-06 | PO-2023-09-00... | 广州凯琳科技有限公司 | 美眼仪 | | 台 | 100.00 | 904.00 | 90,400.00 | |
| 5 | 2023-09-06 | PO-2023-09-00... | 广州凯琳科技有限公司 | 洗脸仪 | | 台 | 300.00 | 169.50 | 50,850.00 | |
| 6 | 2023-09-07 | PO-2023-09-00... | 北京科隆商贸有限公司 | 按摩仪 | | 台 | 600.00 | 226.00 | 135,600.00 | |
| 7 | 2023-09-07 | PO-2023-09-00... | 北京科隆商贸有限公司 | 蒸脸仪 | | 台 | 500.00 | 226.00 | 113,000.00 | |
| 8 | | | | | | | | | | |
| 9 | | | | | | | | | | |
| 合计 | | | | | | | 2,200.00 | | 728,850.00 | |

共 7 条　200 条/页　跳至　页

图 4－65　采购订单执行表

在 T＋教育专版左边导航栏中，单击“智能供应链｜采购管理｜报表｜进货单执行表”选项，打开“查询”界面。在“查询”界面，选择查询方式为“公共方案｜系统方案”，单据日期为“2023.9.1－2023.9.30”，单击“查询”按钮，打开“进货单执行表”界面，可以查看本期进货单订单的执行情况，如图 4－66 所示。

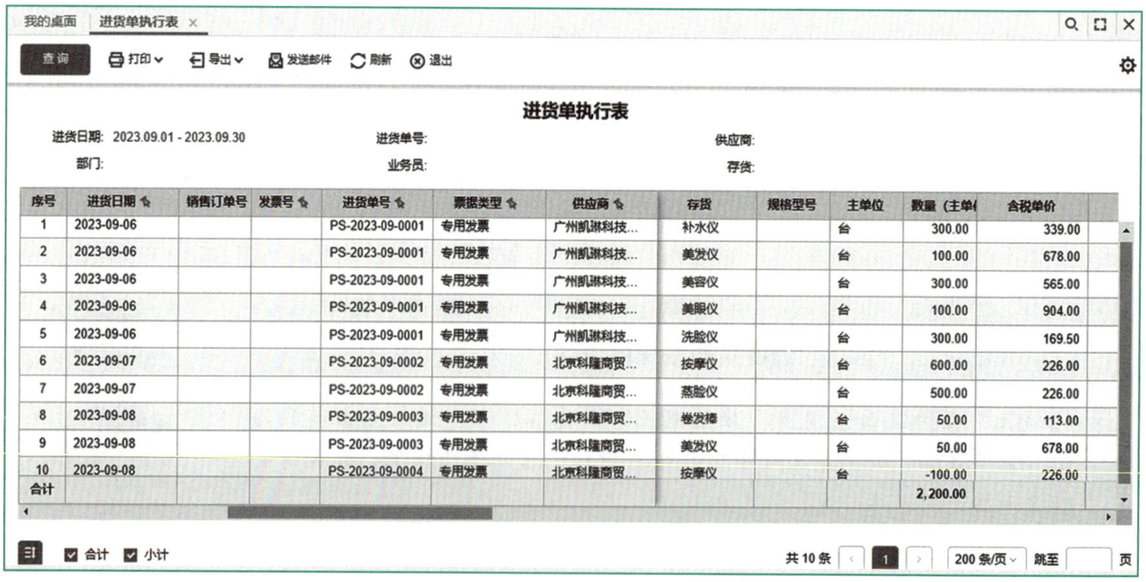

进货单执行表

进货日期：2023.09.01 - 2023.09.30　进货单号：　供应商：

部门：　业务员：　存货：

| 序号 | 进货日期 | 销售订单号 | 发票号 | 进货单号 | 票据类型 | 供应商 | 存货 | 规格型号 | 主单位 | 数量（主单( | 含税单价 |
|---|---|---|---|---|---|---|---|---|---|---|---|
| 1 | 2023-09-06 | | | PS-2023-09-0001 | 专用发票 | 广州凯琳科技... | 补水仪 | | 台 | 300.00 | 339.00 |
| 2 | 2023-09-06 | | | PS-2023-09-0001 | 专用发票 | 广州凯琳科技... | 美发仪 | | 台 | 100.00 | 678.00 |
| 3 | 2023-09-06 | | | PS-2023-09-0001 | 专用发票 | 广州凯琳科技... | 美容仪 | | 台 | 300.00 | 565.00 |
| 4 | 2023-09-06 | | | PS-2023-09-0001 | 专用发票 | 广州凯琳科技... | 美眼仪 | | 台 | 100.00 | 904.00 |
| 5 | 2023-09-06 | | | PS-2023-09-0001 | 专用发票 | 广州凯琳科技... | 洗脸仪 | | 台 | 300.00 | 169.50 |
| 6 | 2023-09-07 | | | PS-2023-09-0002 | 专用发票 | 北京科隆商贸... | 按摩仪 | | 台 | 600.00 | 226.00 |
| 7 | 2023-09-07 | | | PS-2023-09-0002 | 专用发票 | 北京科隆商贸... | 蒸脸仪 | | 台 | 500.00 | 226.00 |
| 8 | 2023-09-08 | | | PS-2023-09-0003 | 专用发票 | 北京科隆商贸... | 卷发棒 | | 台 | 50.00 | 113.00 |
| 9 | 2023-09-08 | | | PS-2023-09-0003 | 专用发票 | 北京科隆商贸... | 美发仪 | | 台 | 50.00 | 678.00 |
| 10 | 2023-09-08 | | | PS-2023-09-0004 | 专用发票 | 北京科隆商贸... | 按摩仪 | | 台 | -100.00 | 226.00 |
| 合计 | | | | | | | | | | 2,200.00 | |

共 10 条　200 条/页　跳至　页

图 4－66　进货单执行表

# 活动 4.3.2　采购业务报表查询

## 活动描述

【业务 4-11】9 月 30 日，会计进行采购业务报表查询，查询采购发票的明细及统计表，查询采购综合统计分析表，为开展采购运营分析提供数据。

## 业务流程

采购模块报表查询流程，如图 4-67 所示。

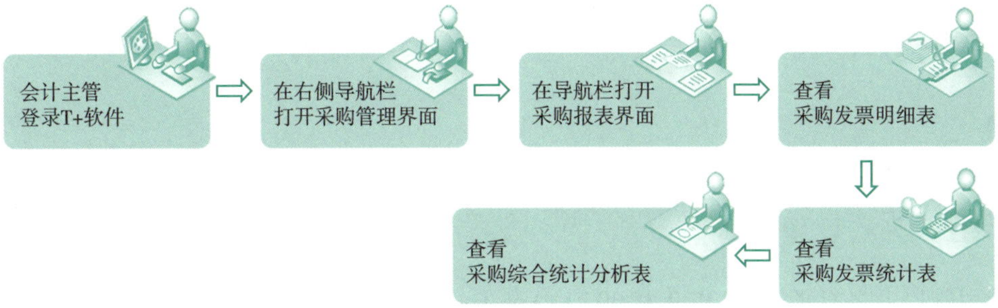


图 4-67　采购模块报表查询流程

## 知识准备

T+教育专版提供采购订单统计表、进货单统计表、采购发票统计表、采购综合统计分析表等统计分析数据。分析表可提供报表格式和图表格式。

### 一、采购订单统计表

采购订单统计表可查询采购订单的明细汇总情况，包括订单的信息及后续执行情况，如果启用多计量，则可按不同计量单位进行统计。此报表适合于业务与仓库合并、分开两种流程。在查询结果中可以联查相应的单据或明细表。

### 二、进货单统计表

进货单统计表可以查询进货单的明细汇总情况，包括进货单的信息及后续普通退货数量、冲抵退货数量、入库数量、开票数量、结款金额等情况，如果启用多计量，则可按不同计量单位进行统计。在查询结果中可以联查相应的单据或明细表。此报表适合于业务与仓库合并、分开流程，当合并时，没有入库相关的统计情况。

### 三、采购发票统计表

采购发票统计表可查询采购发票的明细汇总情况，包括采购发票的信息及后续核算数量、结款金额等情况，如果启用多计量，则可按不同计量单位进行统计。在查询结果中可以联查相应的单据或明细表。此报表适合于业务与仓库合并、分开流程。

## 四、采购综合统计分析表

采购综合统计分析表综合采购及与之相关的所有单据，查询统计各环节的执行情况，包括：请购数量、请购金额、订货数量、订货金额、进货数量、进货金额、退货数量、退货金额、入库数量、入库金额、开票数量、开票金额、赠品数量等信息，在查询结果中可以联查相应的单据或明细表。

**养成预算思维**

财务人员要养成预算思维，在日常采购业务中，要做好存货库存规划，提高存货周转率，定期对应付账款进行账龄分析，提高资金利用效率。同学们在学习过程中要不断培养自己的预算思维哦。

## 活动指导

活动4.3.2
[业务4-11]
操作录屏

### 一、打开采购管理界面

会计主管以业务日期 2023 年 9 月 30 日登录 T+教育专版，在左边导航栏，单击打开“智能供应链｜采购管理”界面。

### 二、查询采购发票明细及统计表

在 T+教育专版左边导航栏中，点击“智能供应链｜采购管理｜单据｜发票｜明细表”按钮，打开“采购发票明细表”界面，如图 4－68 所示。

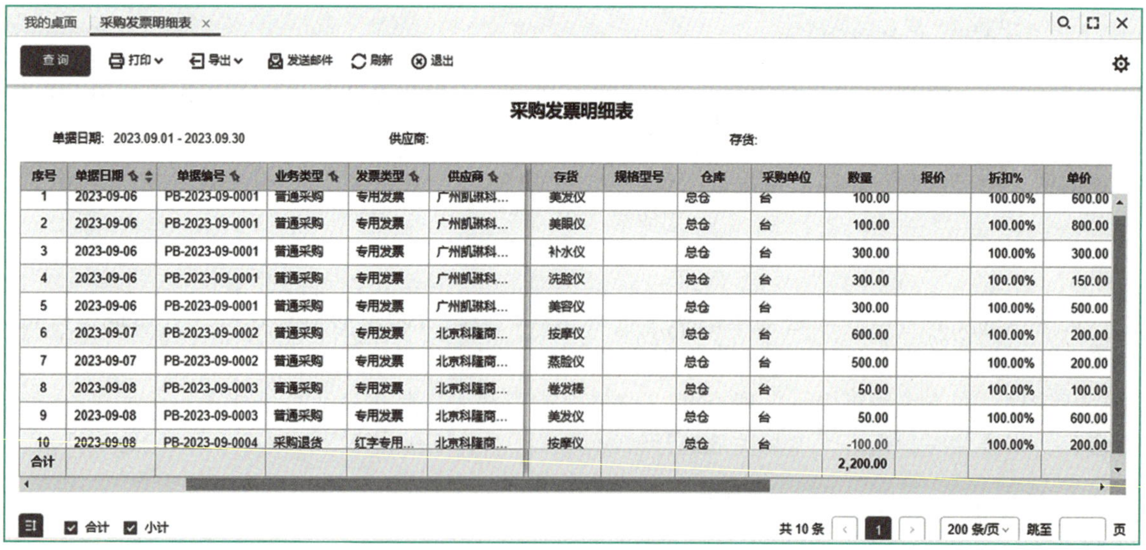

我的桌面　采购发票明细表

查询　打印　导出　发送邮件　刷新　退出

**采购发票明细表**

单据日期：2023.09.01 - 2023.09.30　供应商：　存货：

| 序号 | 单据日期 | 单据编号 | 业务类型 | 发票类型 | 供应商 | 存货 | 规格型号 | 仓库 | 采购单位 | 数量 | 报价 | 折扣% | 单价 |
|---|---|---|---|---|---|---|---|---|---|---|---|---|---|
| 1 | 2023-09-06 | PB-2023-09-0001 | 普通采购 | 专用发票 | 广州凯琳科... | 美发仪 | | 总仓 | 台 | 100.00 | | 100.00% | 600.00 |
| 2 | 2023-09-06 | PB-2023-09-0001 | 普通采购 | 专用发票 | 广州凯琳科... | 美眼仪 | | 总仓 | 台 | 100.00 | | 100.00% | 800.00 |
| 3 | 2023-09-06 | PB-2023-09-0001 | 普通采购 | 专用发票 | 广州凯琳科... | 补水仪 | | 总仓 | 台 | 300.00 | | 100.00% | 300.00 |
| 4 | 2023-09-06 | PB-2023-09-0001 | 普通采购 | 专用发票 | 广州凯琳科... | 洗脸仪 | | 总仓 | 台 | 300.00 | | 100.00% | 150.00 |
| 5 | 2023-09-06 | PB-2023-09-0001 | 普通采购 | 专用发票 | 广州凯琳科... | 美容仪 | | 总仓 | 台 | 300.00 | | 100.00% | 500.00 |
| 6 | 2023-09-07 | PB-2023-09-0002 | 普通采购 | 专用发票 | 北京科隆商... | 按摩仪 | | 总仓 | 台 | 600.00 | | 100.00% | 200.00 |
| 7 | 2023-09-07 | PB-2023-09-0002 | 普通采购 | 专用发票 | 北京科隆商... | 蒸脸仪 | | 总仓 | 台 | 500.00 | | 100.00% | 200.00 |
| 8 | 2023-09-08 | PB-2023-09-0003 | 普通采购 | 专用发票 | 北京科隆商... | 卷发棒 | | 总仓 | 台 | 50.00 | | 100.00% | 100.00 |
| 9 | 2023-09-08 | PB-2023-09-0003 | 普通采购 | 专用发票 | 北京科隆商... | 美发仪 | | 总仓 | 台 | 50.00 | | 100.00% | 600.00 |
| 10 | 2023-09-08 | PB-2023-09-0004 | 采购退货 | 红字专用... | 北京科隆商... | 按摩仪 | | 总仓 | 台 | -100.00 | | 100.00% | 200.00 |
| 合计 | | | | | | | | | | 2,200.00 | | | |

合计　小计　共 10 条　1　200 条/页　跳至　页

图 4－68　采购发票明细表

在 T+教育专版左边导航栏中，点击“智能供应链｜采购管理｜单据｜发票｜统计表”按钮，打开“采购发票统计表”界面，如图 4－69 所示。

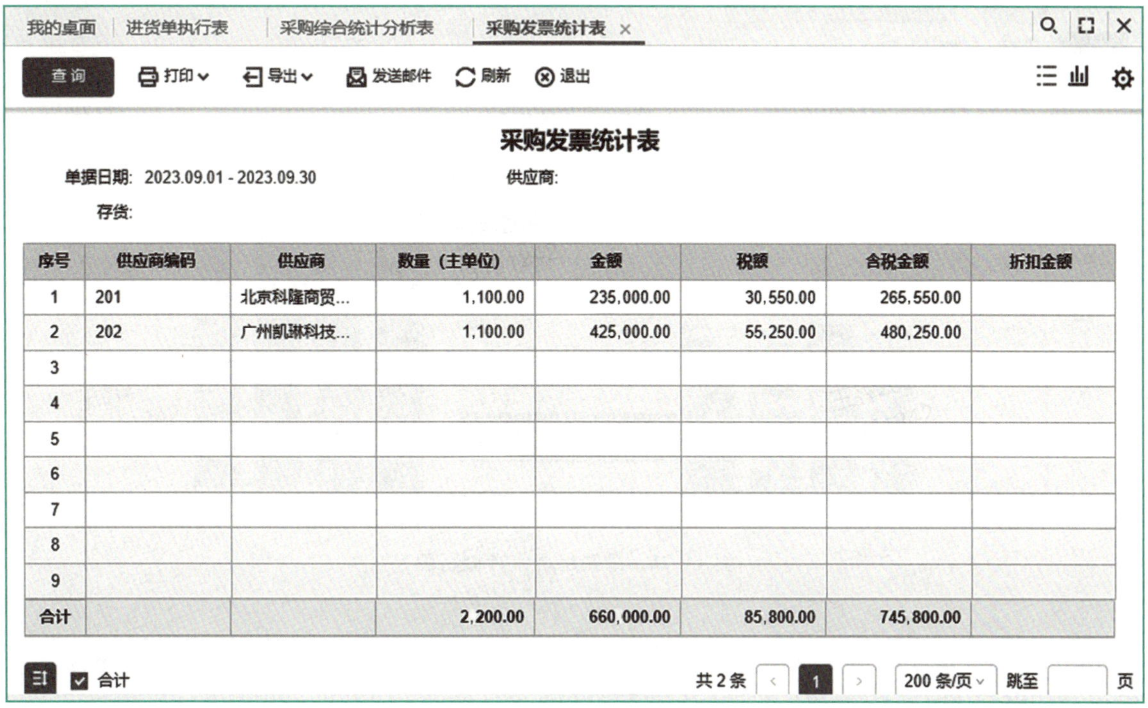

我的桌面 | 进货单执行表 | 采购综合统计分析表 | 采购发票统计表 ×

查询 打印 导出 发送邮件 刷新 退出

**采购发票统计表**

单据日期：2023.09.01 - 2023.09.30　　供应商：

存货：

| 序号 | 供应商编码 | 供应商 | 数量（主单位） | 金额 | 税额 | 含税金额 | 折扣金额 |
|---|---|---|---|---|---|---|---|
| 1 | 201 | 北京科隆商贸... | 1,100.00 | 235,000.00 | 30,550.00 | 265,550.00 | |
| 2 | 202 | 广州凯琳科技... | 1,100.00 | 425,000.00 | 55,250.00 | 480,250.00 | |
| 3 | | | | | | | |
| 4 | | | | | | | |
| 5 | | | | | | | |
| 6 | | | | | | | |
| 7 | | | | | | | |
| 8 | | | | | | | |
| 9 | | | | | | | |
| 合计 | | | 2,200.00 | 660,000.00 | 85,800.00 | 745,800.00 | |

合计　共2条　1　200条/页　跳至　页

图4－69　采购发票统计表

## 三、查询采购综合统计分析表

在T+教育专版左边导航栏中，点击“智能供应链｜采购管理｜报表｜采购综合统计分析表”按钮，打开“采购综合统计分析表查询”界面。单击“查询”按钮，打开“采购综合统计分析表”报表界面。单击右上角[图标]，可以查看统计图，如图4－70和图4－71所示。

我的桌面 | 进货单执行表 | 采购综合统计分析表 ×

查询 打印 导出 发送邮件 刷新 退出

**采购综合统计分析表**

日期：2023.09.01 - 2023.09.30　　供应商：　　部门：

业务员：　　存货：

| 序号 | 供应商编码 | 供应商 | 请购数量（主 | 请购金额 | 请购含税金 | 订货数量（主 | 订货金额 | 订货含税金额 | 进货数量（主 | 进货金额 | 进货含税金额 | 普通退货数量 |
|---|---|---|---|---|---|---|---|---|---|---|---|---|
| 1 | 201 | 北京科隆商贸... | | | | 1,100.00 | 220,000.00 | 248,600.00 | 1,200.00 | 255,000.00 | 288,150.00 | -100.00 |
| 2 | 202 | 广州凯琳科技... | | | | 1,100.00 | 425,000.00 | 480,250.00 | 1,100.00 | 425,000.00 | 480,250.00 | |
| 3 | | | | | | | | | | | | |
| 4 | | | | | | | | | | | | |
| 5 | | | | | | | | | | | | |
| 6 | | | | | | | | | | | | |
| 7 | | | | | | | | | | | | |
| 8 | | | | | | | | | | | | |
| 合计 | | | | | | 2,200.00 | 645,000.00 | 728,850.00 | 2,300.00 | 680,000.00 | 768,400.00 | -100.00 |

合计　共2条　1　200条/页　跳至　页

图4－70　采购综合统计分析表

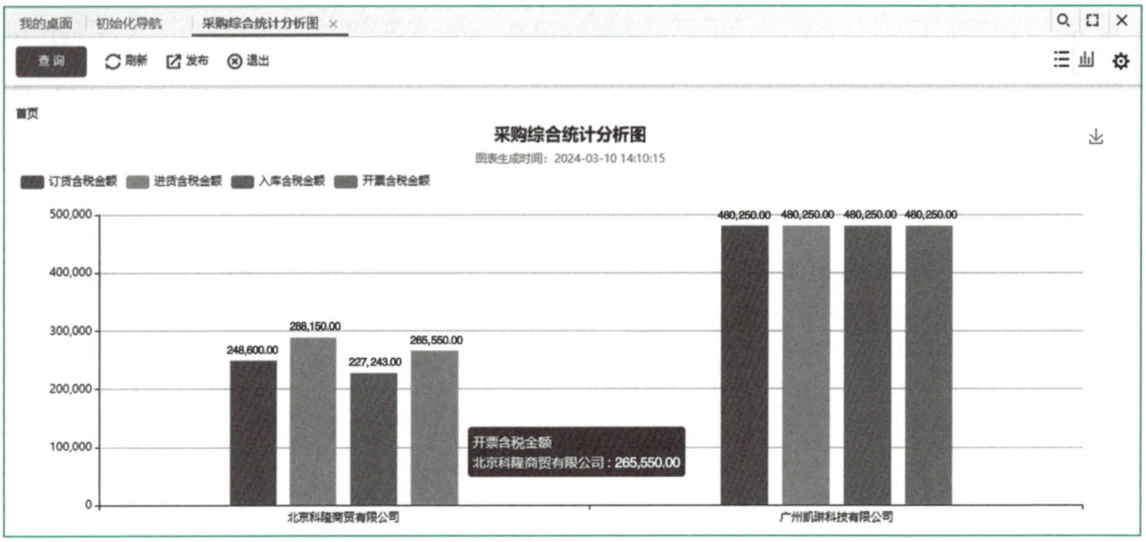


图 4 – 71　采购综合统计分析图

**操作员有哪些数据权限**

对采购订单上的“往来单位、部门、业务员、存货”有数据权限的记录，才可以在查询结果中显示。但在查询结果中联查时，要受联查单据或报表本身的数据权限控制。

# 职业技能巩固与训练

## 一、单项选择题

1. 采购业务流程的起点是（　　）。

A. 请购单　B. 采购订单　C. 采购入库单　D. 进货单

2. （　　）立账时，进货单保存后，直接复核，则记入应付账款。

A. 采购订单　B. 采购入库单　C. 进货单　D. 采购发票

3. 选择采购立账方式在（　　）功能下操作。

A. 系统管理　B. 基础设置　C. 初始化　D. 销售管理

4. （　　）用于录入使用系统前，存货已经入库，但还没有收到发票、未进行采购核算的采购入库单。

A. 期初暂估入库单　B. 期初进货单　C. 采购发票　D. 预收款单

5. 采购订单中，若订金金额不为空，则订单生效时，自动生成一张（　　）。

A. 付款单　B. 收款单　C. 预付款单　D. 预收款单

6. 采购分摊指的是（　　）和采购入库单之间的分摊。

A. 采购发票　B. 付款单　C. 费用单　D. 红字入库单

7. 商业企业采购入库单制单的借方科目是（　　）。

A. 原材料　B. 库存商品　C. 主营业务成本　D. 固定资产

8. 暂估业务选择单到回冲模式，对期初暂估入库单生成采购发票时，系统自动生成（　　）。

A. 进货单　B. 采购结算单　C. 红字回冲单　D. 记账凭证

9. 付款单业务类型不包括（　　）。

A. 直接付款　B. 普通付款　C. 预付款　D. 红字收款

10. （　　）查看目前采购订单的数量、金额及后续进货、入库、开票等信息。

A. 采购订单统计表　B. 进货单统计表　C. 采购发票统计表　D. 采购订单执行表

## 二、多项选择题

1. 采购业务流程主要包括（　　）。

A. 报价　B. 订货　C. 收货　D. 付款

2. 采购立账方式可选择（　　）等立账方式。

A. 采购订单立账　B. 进货单立账　C. 采购发票立账　D. 采购入库单立账

3. 期初暂估入库单的要求有（　　）。

A. 单据日期只能在开账日期之前

B. 当进货单和采购入库单合并时，没有期初暂估入库单

C. 期初暂估入库单只是用来进行采购核算，它既不影响现存量，也不记明细账

D. 单据日期只能在开账日期之后

4. 采购暂估的处理方式有（　　）。

A. 直接核销　B. 单到回冲　C. 单到补差　D. 月结核算

5. 采购业务的期初数据包括（　　）。

A. 期初应付款　　B. 期初预收款　　C. 期初采购入库单　　D. 期初采购发票

6. 采购订单选择存货的属性为（　　）。

A. 外购　　B. 劳务费用　　C. 销售　　D. 自制

7. 付款结算方式可以包括（　　）等。

A. 全额订金　　B. 全额现结　　C. 限期付款　　D. 月结

8. 采购发票用于记录收到真实发票的情况，发票类型分为（　　）。

A. 专用发票　　B. 普通发票　　C. 农副产品发票　　D. 运费发票

9. 产生退货的原因可能是（　　）。

A. 送货过程中损坏　　B. 库房积压　　C. 换货　　D. 质量不合要求

10. 采购综合统计分析表综合采购及与之相关的所有单据，查询统计各环节的执行情况包括（　　）等。

A. 订货数量、金额　　B. 进货数量、金额　　C. 退货数量、金额　　D. 入库数量、金额

## 三、判断题

（　　）1. 采购核销就是确定付款单与采购发票、应付单之间的对应关系。

（　　）2. 选择按照订单严格采购时，参照订单生成进货单、采购入库单时，进货单、采购入库单的数量可超过订单数量。

（　　）3. 普通采购必有订单勾选后业务类型为普通采购的进货单或采购入库单必有一个来源于订单。

（　　）4. 单到补差是指收到发票后，有差异时，按差异金额生成入库调整单，库存期初已经审核或已出入库，不能修改。

（　　）5. 进货单自动生成入库单只有选择了采购与仓库分开流程时才显示，进货单生效后就会生成采购入库单。在库存管理中可以修改自动生成的采购入库单中的数量。

（　　）6. 当处于业务与仓库合并流程、进货单自动生成入库单流程时，系统无期初进货单。

（　　）7. 期初暂估入库单用于录入使用系统前，存货已经入库，但还没有收到发票、未进行采购核算的采购入库单。

（　　）8. 采购订货的供应商可选择属性为“供应商/客户”的往来单位。

（　　）9. 付款单未审核或者入库单未审核即单据未生效，不允许业务结账。

（　　）10. 采购订单统计表查询结果中不可以联查相应的单据或明细表。

# 模块五

# 库存核算管理

## 模块导读

T+教育专版供应链中库存核算包含采购入库、销售出库、产成品入库、材料出库、调拨和存货盘点等业务。库存核算管理可进行库存核算分析，运用库存处理信息，完成企业库存信息化管理。本案例为商品流通企业，采用移动平均法，采购入库、销售出库业务已经在销售、采购业务中完成。本模块主要介绍库存调拨业务、盘点业务及存货核算分析。

## 学习目标

### 职业能力目标

（1）了解库存核算业务的基本内容。
（2）能描述库存核算业务流程，库存、销售、采购、总账等系统之间的关系。
（3）能进行库存系统的初始设置操作。
（4）能进行库存核算基本业务处理。

### 财经素养目标

（1）树立安全库存意识。
（2）理解存货周转率的价值意义。

# 业务流程

## 一、库存核算业务在公司整体业务中的定位

库存核算业务是商品流通企业进销存的中间环节，库存控制是企业经营管理的关键环节。若库存数量高于预计销售量，则造成产品积压并且会产生大量不必要的仓储费用；若库存数量低于预计产品销售量，则容易造成销售断供或短缺，影响正常经营。企业有必要做好库存核算管理，随时掌握出入库、调拨数量，合理配置存货，控制库存。

## 二、库存核算业务流程

企业向外单位购入存货时，除了需要办理付款结算，还需要填制采购入库单作为入库凭证。企业销售货物，形成利润，在销售过程中，会取得销售收入，办理收款结算，还需要填制或由系统生成销售出库单，作为出库凭证。企业分仓库存放的货物，因流转需要会需要调拨或者要货，需分别填制调拨单、要货单。企业需要根据需要进行存货财产清查，以达到账实相符的目的，此时需要填制盘点单，由系统生成其他入库单、其他出库单，并完成相关业务处理。工业企业根据生产需要，还需要填制材料出库单、产成品入库单等。库存核算业务流程，如图 5－1 所示。

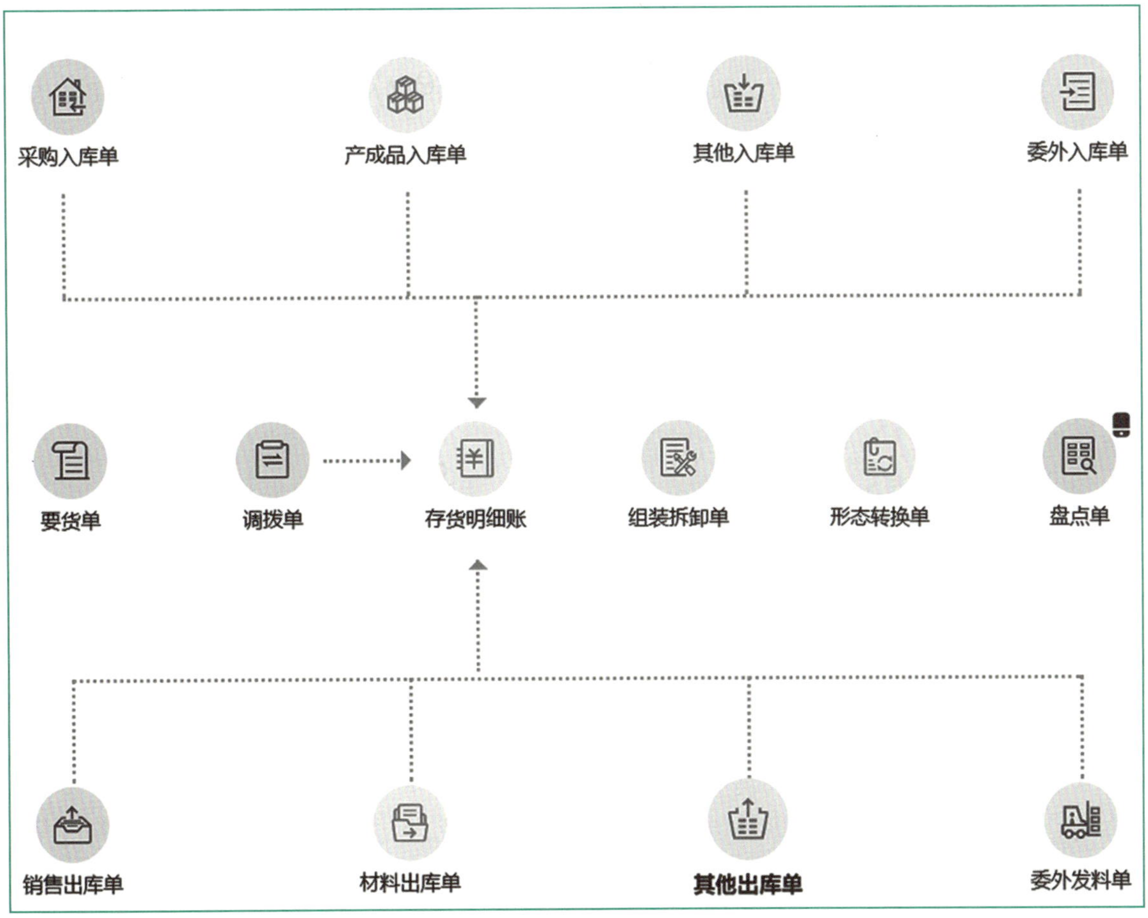


图 5－1　库存核算业务流程

# 典型任务

库存核算管理主要包括：采购入库业务、销售出库业务、产成品入库业务、材料出库业务，还包括调拨业务和存货盘点业务处理。

**【典型任务一】** 处理要货业务

要货业务用于门店/仓库根据自己的销售情况向总部提出要货/退货申请，总部再根据总部库存情况对门店/仓库的申请进行配货和发货管理。

**【典型任务二】** 处理调拨业务

调拨是指存货从一个仓库转移到另外一个仓库，使用调拨单处理不同仓库之间的存货调拨业务，不需要分别填写调出仓库的出库单和调入仓库的入库单，直接以调拨单登记库存账，减少调出仓库的账面结存，增加调入仓库的账面结存。

**【典型任务三】** 开展盘点业务

企业的存货品种多、收发频繁，在日常存货收发、保管过程中，由于计量错误、检验疏忽、管理不善、自然损耗、核算错误以及偷窃、贪污等原因，有时会发生存货的盘盈、盘亏和毁损现象，从而造成存货账实不相符。为了保护企业流动资产的安全和完整，做到账实相符，企业必须对存货进行定期或不定期的清查。确定企业各种存货的实际库存量，并与账面记录相核对，查明存货盘盈、盘亏和毁损的数量以及造成的原因，并据以编制“存货盘点报告表”，按规定程序，报有关部门审批。

# 任务 5.1 库存核算初始化

## 任务介绍

本任务介绍了库存核算的初始化设置，主要包括仓库、存货档案设置、库存期初余额录入、库存选项设置、核算选项设置、补充存货档案、期初同步及期初对账。

## 活动 5.1.1 库存核算基础设置

### 活动描述

【业务 5－1】9 月 1 日，广州美妆商贸有限公司财务人员在 T＋教育专版上查看库存和核算选项设置，查看出入库类别和业务类型。

### 业务流程

库存核算基础信息设置流程，如图 5－2 所示。

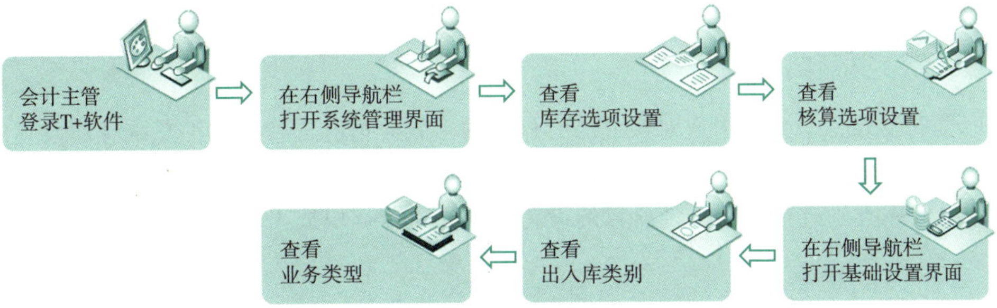


**图 5－2 库存核算基础信息设置流程**

### 知识准备

### 一、库存选项设置

库存选项设置包括一次性要货、最低最高库存控制、货位允许零库存出库等选项设置。

一次性要货控制时要货单后续流转一次还是多次？若勾选一次性要货，流转一次后要货单立即中止。当存货的现存量小于最低库存量或大于最高库存量时，系统根据控制方式来确定“禁止”或“提示”，最低库存量和最高库存量均在存货档案中设置。如果选中“货位允许零库存出库”选项，则系统存在货位负库存。如果未选中，则存货出库导致货位结存为负时，将不能保存，系统在使用的任何时间内都可以修改。其中“零库存出库”是指结存小于零，也被称为负库存。

## 二、核算选项设置

核算选项设置包括暂估处理方式、计价模式、入库成本取值方式等选项设置。

### 1. 暂估处理方式

（1）暂估处理方式是企业处理实际成本（即核算成本）和暂估成本差异的方式，包括“单到回冲”和“单到补差”：①单到回冲是跨月进行采购核算时，由系统按本次核算数量和暂估单价生成一张红字回冲单，然后按照核算单价和核算数量生成一张蓝字回冲单；②单到补差是指进行采购核算时，由系统根据核算金额和暂估金额的差异生成一张入库调整单。

（2）在企业日常业务里，暂估是指外购入库的货物，当月发票未到，在无法确定实际采购成本的情况下，暂时估计一个价格入账。①进货单立账时，进货单是采购入库成本的立账单据，采购入库单在没有对应的进货单进行采购核算的情况下，采购入库单上的成本是暂估成本。②发票立账时，采购发票是采购入库成本的立账单据，采购入库单在没有对应的采购发票进行采购核算的情况下，采购入库单上的成本是暂估成本。

### 2. 计价模式

计价模式分为：按仓库 + 存货计价和按存货计价两个模式。①按仓库 + 存货计价，即按照一个仓库中具体存货单独核算出入库成本。②按存货计价，则按照全系统的相同存货对出入库成本进行核算。库存期初已经审核或存在出入库单据的时候，不能修改。

### 3. 入库成本取值方式

录入入库单据时，入库成本的取值方式有以下 4 种：①上次出库成本：取明细账中此存货的上一次出库单价，作为本入库单据的入库单价，计算入库金额。②参考成本：取存货档案中此存货的参考成本，即参考单价，作为本入库单据的入库单价，计算入库金额。③结存成本：取明细账中的此存货的结存单价，作为本入库单据的入库单价，计算入库金额。④上次入库成本：取明细账中此存货的上一次入库单价，作为本入库单据的入库单价，计算入库金额。

## 三、出入库类别档案

出入库类别设置，是方便用户对产成品、材料的出入库情况进行分类汇总统计而设置的，明确了产成品、材料的出入库类型，用户可根据企业的实际需要自由灵活地进行设置。财务在科目设置模块可依据出入库类别进行对应会计科目的设置，出入库单据根据出入库类别生成凭证。

## 四、业务类型档案

业务类型档案用于设置业务单据中使用的业务类型。系统默认提供的业务类型，用户可以修改其对应的入库类型和出库类别。需要手工新增的业务类型只能应用于其他入库单和其他出库单。

活动5.1.1
[业务5-1]
操作录屏

# 活动指导

## 一、打开系统管理界面

会计主管以业务日期 2023 年 9 月 1 日登录 T + 教育专版，在左边导航栏中，单击打开“基础设置 | 系统管理”界面。

## 二、查看库存选项设置

在“系统管理”界面，单击“选项设置”按钮，打开“选项设置”界面。在“选项设置”界面，单击“库存”按钮，可查看“库存”选项设置，可按企业需求修改相关信息，如图 5 - 3 所示。

图 5－3　库存选项设置

## 三、查看核算选项设置

在“选项设置”界面，单击“核算”按钮，可查看“核算”选项设置，可按企业需求修改相关信息，如图 5－4 所示。

图 5－4　核算选项设置

## 四、查看出入库类别

在 T + 教育专版左边导航栏中，单击打开“基础设置｜基础设置｜基本信息｜出入库类别”界面，可查看现有出入库类别档案信息，如图 5 - 5、图 5 - 6 所示。

| 序号 | ☐ | 出入库类别编码 | 出入库类别名称 |
|---|---|---|---|
| 1 | ☐ | 101 | 采购入库 |
| 2 | ☐ | 102 | 自制产品入库 |
| 3 | ☐ | 104 | 受托产品入库 |
| 4 | ☐ | 105 | 借入 |
| 5 | ☐ | 106 | 借出还入 |
| 6 | ☐ | 107 | 受赠入库 |
| 7 | ☐ | 108 | 盘盈入库 |
| 8 | ☐ | 109 | 转换入库 |
| 9 | ☐ | 110 | 组装入库 |
| 10 | ☐ | 111 | 拆卸入库 |
| 11 | ☐ | 112 | 受托材料入库 |
| 12 | ☐ | 113 | 其他入库 |

图 5 - 5　出入库类别（入库）

| 序号 | ☐ | 出入库类别编码 | 出入库类别名称 |
|---|---|---|---|
| 1 | ☐ | 201 | 销售出库 |
| 2 | ☐ | 202 | 材料出库 |
| 3 | ☐ | 203 | 赠品出库 |
| 4 | ☐ | 204 | 盘亏出库 |
| 5 | ☐ | 205 | 转换出库 |
| 6 | ☐ | 206 | 组装出库 |
| 7 | ☐ | 207 | 拆卸出库 |
| 8 | ☐ | 208 | 其他出库 |
| 9 | ☐ | 209 | 线上销售 |

图 5 - 6　出入库类别（出库）

## 五、查看业务类型

在 T + 教育专版左边导航栏中，单击打开“基础设置｜基础设置｜基本信息｜业务类型”界面，可查看现有业务类型档案信息，如图 5－7、图 5－8 所示。

我的桌面　初始化导航　库存核算　业务类型 ×

新增　修改　删除　打印　退出

| 序号 | ☐ | 业务类型编码 | 业务类型名称 | 默认出库类别 | 默认入库类别 |
|---|---|---|---|---|---|
| 1 | ☐ | 01 | 普通采购 | | 采购入库 |
| 2 | ☐ | 02 | 采购退货 | | 采购入库 |
| 3 | ☐ | 03 | 自制加工 | | 自制产品入库 |
| 4 | ☐ | 04 | 自制退库 | | 自制产品入库 |
| 5 | ☐ | 07 | 受赠 | | 受赠入库 |
| 6 | ☐ | 08 | 盘盈 | | 盘盈入库 |
| 7 | ☐ | 09 | 形态转换 | 转换出库 | 转换入库 |
| 8 | ☐ | 10 | 组装 | 组装出库 | 组装入库 |
| 9 | ☐ | 11 | 拆卸 | 拆卸出库 | 拆卸入库 |
| 10 | ☐ | 12 | 受赠退库 | | 受赠入库 |
| 11 | ☐ | 13 | 其他 | | |
| 12 | ☐ | 14 | 其他退库 | | |
| 13 | ☐ | 15 | 普通销售 | 销售出库 | |
| 14 | ☐ | 16 | 销售退货 | 销售出库 | |

图 5－7　业务类型 1

我的桌面　初始化导航　库存核算　业务类型 ×

新增　修改　删除　打印　退出

| 序号 | ☐ | 业务类型编码 | 业务类型名称 | 默认出库类别 | 默认入库类别 |
|---|---|---|---|---|---|
| 15 | ☐ | 23 | 赠品出库 | 赠品出库 | |
| 16 | ☐ | 24 | 赠品退库 | 赠品出库 | |
| 17 | ☐ | 25 | 盘亏 | 盘亏出库 | |
| 18 | ☐ | 26 | 同价调拨 | 其他出库 | 其他入库 |
| 19 | ☐ | 27 | 异价调拨 | 其他出库 | 其他入库 |
| 20 | ☐ | 41 | 直接领料 | 材料出库 | |
| 21 | ☐ | 42 | 直接退料 | 材料出库 | |
| 22 | ☐ | 51 | 提现 | | |
| 23 | ☐ | 52 | 存款 | | |
| 24 | ☐ | 53 | 转账 | | |
| 25 | ☐ | 61 | 销售预测 | | |
| 26 | ☐ | 69 | 配货入库 | | |
| 27 | ☐ | 70 | 配货出库 | | |
| 28 | ☐ | 76 | 要货 | | |

图 5－8　业务类型 2

# 活动 5.1.2　库存核算信息维护

## 活动描述

【业务 5－2】9 月 1 日，广州美妆商贸有限公司财务人员在 T＋教育专版上查看“查看并新增”库存档案信息，查看并设置存货对方科目如表 5－1、表 5－2 所示。

表 5－1　存货档案

| 编码 | 存货名称 | 计量单位 | 计价方式 | 所属类别 | 税率 | 存货属性 |
|---|---|---|---|---|---|---|
| 109 | 加湿器 | 台 | 移动平均 | 库存商品 | 13% | 外购、销售 |

表 5－2　存货对方科目扩展设置

| 序号 | 单据类型 | 业务类型 | 存货分类 | 科目编码 | 科目名称 |
|---|---|---|---|---|---|
| 4 | 其他入库单 | 盘盈 | | 1901 | 待处理财产损溢 |
| 5 | 其他出库单 | 盘亏 | | 1901 | 待处理财产损溢 |

## 业务流程

库存核算信息维护流程，如图 5－9 所示。

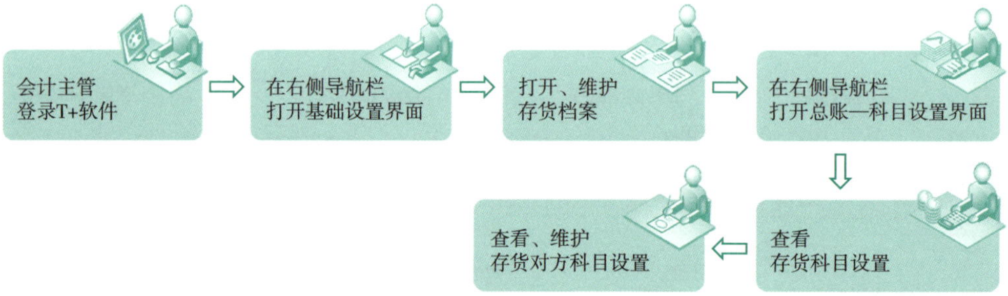


图 5－9　库存核算信息维护流程

## 知识准备

### 一、仓库档案

存货一般是用仓库来保管的，对存货进行核算管理，首先应对仓库进行管理，因此进行仓库设置是供销链管理系统的重要基础准备工作之一。第一次使用本系统时，应先将本单位使用的仓库，预先输入到系统之中，即进行“仓库档案设置”。设置的仓库可以是现实中存在的实际仓库，也可以是虚拟仓库，如某些生产企业为废品建立一个虚拟仓库，那么每次做废品入库时就可以入到废品仓中。

## 二、存货档案

根据存货所属特性（如品类、品牌等）划分分类，建立存货分类档案，进行分类管理，从而为存货建立档案信息，包括基本信息、单位价格、库存信息、条形码、自由项信息、图片信息。存货属性包括：销售、外购、生产耗用、自制、委外、劳务、成套件。选中销售后，在销售相关业务中可用；选中外购后，在采购相关业务中可用。

## 三、存货科目设置

通常情况下，原材料类存货的入账科目是原材料科目、产成品类存货的入账科目是库存商品科目，即入账科目受存货分类影响，需要选择不同科目。建议在扩展设置中选择入账科目。

## 四、存货对方科目设置

当业务单据中涉及存货增加或减少时，此单据生成凭证需要设置存货对方科目。涉及存货对方科目的单据有产成品入库单、其他入库单、销售出库单、材料出库单、其他出库单、入库调整单、出库调整单、调拨单、销货单（销售流程合并时）。存货对方科目扩展设置举例如表 5－3 所示。

表 5－3　　存货对方科目扩展设置举例

| 单据类型 | 业务类型 | 调整类型（类别） | 出入库类 | 部门 | 会计科目 |
|---|---|---|---|---|---|
| 产成品入库单 | | | | | 生产成本 |
| 其他入库单 | 受赠 | | | | 营业外收入 |
| 其他入库单 | 其他 | | | | 营业外收入 |
| 其他入库单 | 盘盈 | | | | 待处理财产损溢 |
| 其他入库单 | 组装 | | | | 生产成本 |
| 其他入库单 | 拆卸 | | | | 生产成本 |
| 其他入库单 | 形态转换 | | | | 生产成本 |
| 入库调整单 | | 手工录入 | | | 营业外支出 |
| 销售出库单 | | | | | 主营业务成本 |
| 材料出库单 | | | | | 生产成本 |
| 其他出库单 | 赠品出库 | | | | 营业外支出 |
| 其他出库单 | 其他 | | | | 营业外支出 |
| 其他出库单 | 盘亏 | | | | 待处理财产损溢 |
| 其他出库单 | 组装 | | | | 生产成本 |
| 其他出库单 | 拆卸 | | | | 生产成本 |
| 其他出库单 | 形态转换 | | | | 生产成本 |
| 出库调整单 | | 手工录入 | | | 营业外支出 |
| 出库调整单 | | 期末处理 | | | 营业外支出 |
| 调拨单 | 异价调拨 | | | | 营业外收入 |
| 销货单 | 、 | | | | 主营业务成本 |

续表

| 单据类型 | 业务类型 | 调整类型（类别） | 出入库类 | 部门 | 会计科目 |
|---|---|---|---|---|---|
| 委外发料单 | | | | | 委托加工物资 |
| 委外入库单 | | | | | 委托加工物资 |

注意：

1. 没有往来单位的单据不能设置往来单位和往来单位分类，包括其他入库单、其他出库单、产成品入库单、材料出库单、调拨单。

2. 当单据类型为入库调整单时，不能设置业务类型，只能设置调整类型，且调整类型只能为“手工录入”，否则不能保存。

3. 当单据类型为出库调整单时，不能设置业务类型，只能设置调整类型，且调整类型只能为“期末处理”和“手工输入”，否则不能保存。

4. 单据类型为调拨单时业务类型只有“异价调拨”。

活动5.1.2
[业务5-2]
操作录屏

## 活动指导

### 一、打开基础设置界面

会计主管以业务日期2023年9月1日登录T+教育专版，在左边导航栏中，单击打开“基础设置|基础设置”界面。

### 二、查看与维护存货档案信息

（1）打开存货界面。在“基础设置”界面中，单击打开“存货”界面，可查看现有库存商品信息，如图5-10所示。

**图5-10 存货档案**

（2）查看存货档案。在“存货”右侧界面，双击“108卷发棒”存货，打开“存货”界面，可查看存货档案信息，可进行存货档案信息修改，单击“保存”按钮，完成存货档案保存，如图5-11所示。

（3）新增存货档案。在“存货”右侧界面，单击“新增”按钮，打开“存货”界面，如图5-12所示。根据表5-1存货档案，依次录入存货编码、存货名称等信息，录入完成后，单击“保存”按钮，完成存货信息新增。

图 5－11 存货（查询）

图 5－12 存货（增加）

**什么是存货计价模式**

计价模式是指计算存货发出成本的模式，包括“按仓库＋存货”计价和“按存货”计价。

两种计价模式的区别在于如何处理“同一个存货在多个仓库发生收发业务”的计价。

## 三、查看与维护存货对方科目设置

（1）查看存货对方科目。在T＋教育专版左边导航栏中，单击打开“智能财税｜总账｜日常业务｜科目设置”界面。在“科目设置”界面，单击“存货对方科目”后面的“设置”按钮，打开“存货对方科目扩展设置”界面，可以查看现有存货对方科目设置情况，如图5－13（a）所示。

（2）维护存货对方科目。在“存货对方科目扩展设置”界面，单击序号“3”，选择“增行”，新增一条记录。根据表5－2存货对方科目信息，依次录入单据类型、业务类型、科目编码等信息，录入完成后如图5－13（b）所示。

| 序号 | 单据类型 | 业务类型 | 存货分类 | 科目编码 | 科目名称 |
|---|---|---|---|---|---|
| 1 | 销售出库单 | | | 5401 | 主营业务成本 |
| 2 | 材料出库单 | | | 4001 | 生产成本 |
| 3 | 产成品入库单 | | | 4001 | 生产成本 |

a.（查询）

b.（新增）

图 5－13　存货对方科目扩展设置

# 任务 5.2 库存核算日常处理

**任务介绍**

本任务介绍了库存核算日常业务处理，包括采购入库、销售出库、产成品入库、材料出库、调拨和存货盘点等业务。

## 活动 5.2.1 库存调拨业务处理

### 活动描述

【业务 5-3】9 月 12 日，公司调整仓库存放需要，将 100 台美容仪从总仓调拨入外仓。存货调拨单，如图 5-14 所示。

**调拨单**

日期：2023 年 09 月 12 日

调出仓库：总仓　　　　调入仓库：外仓

| 存货名称 | 规格型号 | 计量单位 | 数量 | 单价 | 调出金额 |
|---|---|---|---|---|---|
| 美容仪 | | 台 | 100 | 500.00 | 50,000.00 |
| | | | | | |
| | | | | | |
| | | | | | |
| | | | | | |
| | | | | | |
| | | | | | |
| | | | | | |
| | | | | | |
| 合　计 | | | 100 | | ¥50,000.00 |

签收：刘明　　　　仓库保管：刘明

图 5-14 调拨单

### 业务流程

库存调拨入库业务流程，如图 5-15 所示。

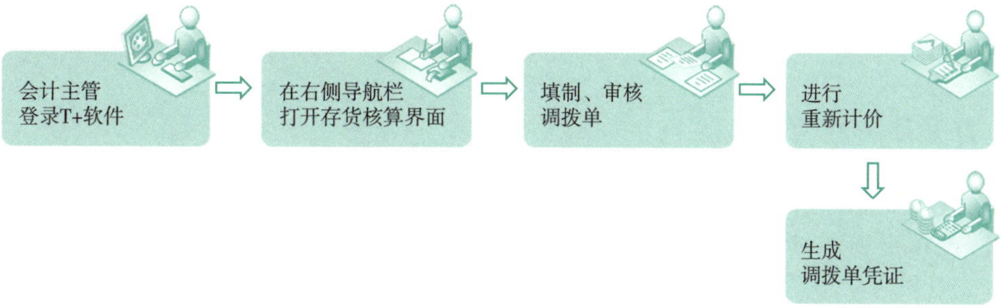


图 5－15　库存调拨入库业务流程

## 知识准备

### 一、调拨单

调拨是指存货从一个仓库转移到另外一个仓库，使用调拨单处理不同仓库之间的存货调拨业务，不需要分别填写调出仓库的出库单和调入仓库的入库单，直接以调拨单登记库存账，减少调出仓库的账面结存，增加调入仓库的账面结存。

存货调拨是存货以同等数量从一个地方转移到另外一个地方，调拨前后的总数量不发生变化，但由于调拨过程中可能会发生费用，所以调拨前后存货的成本会有差异，因此把调拨业务分为“同价调拨”和“异价调拨”两种业务类型。

（1）同价调拨是指按成本金额进行存货调拨，调出金额等于调入金额，用户可以修改。

（2）异价调拨是指调出金额和调入金额不一致，如果在调拨的过程中发生了搬运费等费用，为了准确核算调入仓库的实际入库成本，用户可以选择异价调拨，调入金额等于调出成本加上调拨过程中发生的各种费用，调入金额由用户录入。

### 二、重新计价

重新计价是在用户指定的范围内，由系统根据计价模式和计价方式对存货的收发存业务进行重新计价处理。

重新计价是由用户操作进行的，对于“计价时机”设置为定时计价的情况，在发生了插单、改单或删单后，如果希望立即更新当前单据与后续单据的发出成本和结存成本时，可以随时手工执行重新计价功能。

产品成本计算：可处理按照生产加工单或委外加工单进行产成品成本分配后，材料成本发生了变化，需要重新计算产品成本的业务。

**树立安全库存意识**

安全库存（又称保险库存）是指为了防止由于不确定因素（如突发性大量订货或供应商延期交货）影响订货需求而准备的缓冲库存，安全库存用于满足提前期需求。安全库存越大，出现缺货的可能性越小；但库存越大，会导致剩余库存的出现。应根据不同物品的用途以及客户的要求，将缺货保持在适当的水平上，允许一定程度的缺货现象存在。

活动5.2.1
[业务5-3]
操作录屏

## 活动指导

### 一、打开库存核算界面

会计主管以业务日期2023年9月12日登录T+教育专版，在左边导航栏中，单击打开“智能供应链｜库存核算”界面，如图5-16所示。

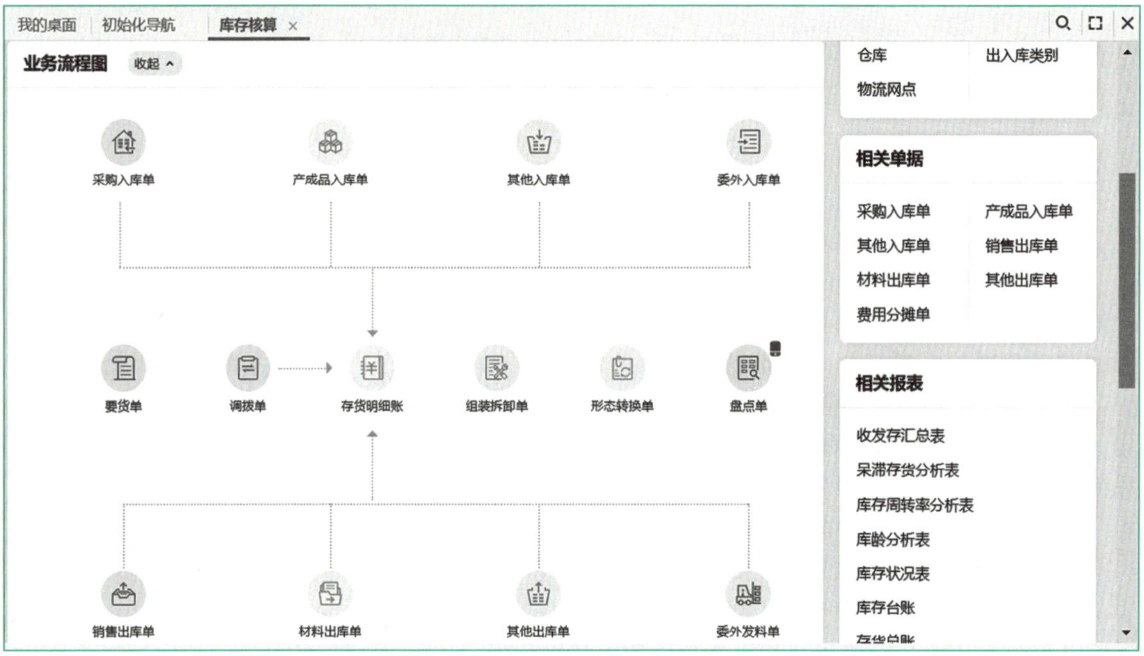


图5-16　库存核算

### 二、填制与审核调拨单

在“库存核算”界面，单击打开“调拨单”界面。在“调拨单”界面中，单据日期和单据编号由系统产生，业务类型选择“同价调拨”。根据图5-14调拨信息，依次填写表头调出仓库、调入仓库信息和表体存货信息。录入完成后，单击“保存”和“审核”按钮，完成调拨单填制与审核，如图5-17所示。

### 三、进行重新计价

在T+教育专版左边导航栏中，单击打开“智能供应链｜库存核算｜成本核算｜重新计价”界面，如图5-18所示。取消“普通单据”，选择“调拨单”，仓库选择“外仓”，单击“开始”按钮，等待计价，弹出“重新计价成功!”提示框，重新计价完成。

### 四、调拨单生成凭证

在T+教育专版左边导航栏中，单击打开“智能财税｜总账｜日常业务｜单据生凭证”界面。在“单据生凭证”界面，选择“调拨单”，连续单击两个“下一步”按钮进入“查询结果”界面，选择该笔业务记录，生成记账凭证，如图5-19所示。

图 5－17 调拨单

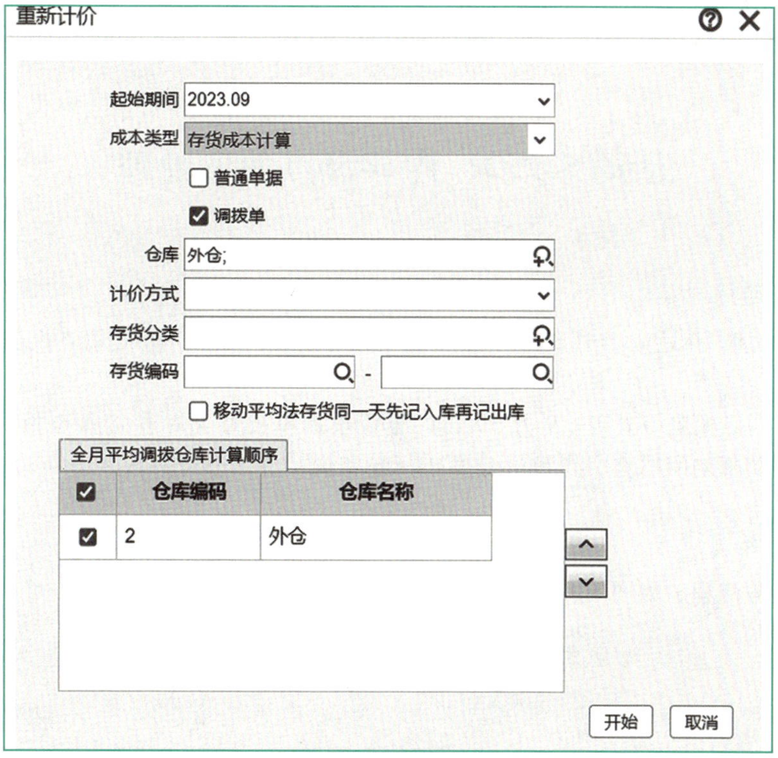


图 5－18 重新计价

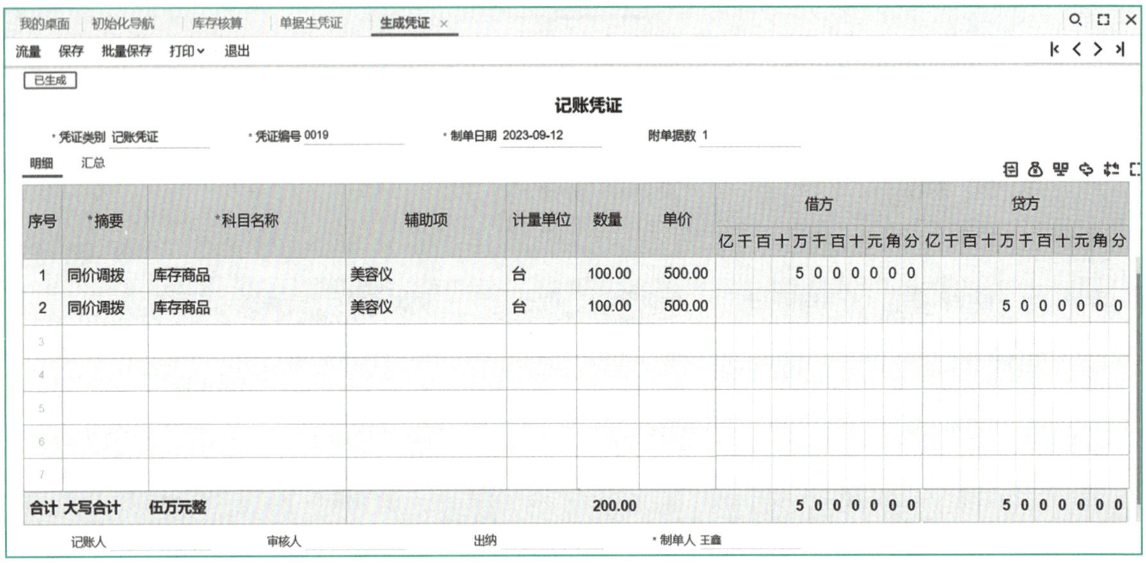
我的桌面 | 初始化导航 | 库存核算 | 单据生凭证 | 生成凭证 ×

流量 保存 批量保存 打印 退出

已生成

记账凭证

*凭证类别 记账凭证 *凭证编号 0019 *制单日期 2023-09-12 附单据数 1

明细 汇总

| 序号 | *摘要 | *科目名称 | 辅助项 | 计量单位 | 数量 | 单价 | 借方 亿千百十万千百十元角分 | 贷方 亿千百十万千百十元角分 |
|---|---|---|---|---|---|---|---|---|
| 1 | 同价调拨 | 库存商品 | 美容仪 | 台 | 100.00 | 500.00 | 5000000 | |
| 2 | 同价调拨 | 库存商品 | 美容仪 | 台 | 100.00 | 500.00 | | 5000000 |
| 3 | | | | | | | | |
| 4 | | | | | | | | |
| 5 | | | | | | | | |
| 6 | | | | | | | | |
| 7 | | | | | | | | |
| 合计 | 大写合计 | 伍万元整 | | | 200.00 | | 5000000 | 5000000 |

记账人 审核人 出纳 *制单人 王鑫

图 5－19 记账凭证

### 为什么要重新计价

重新计价时，对于已经生成凭证的单据，不会再调整原单的成本，而是按手工指定成本的规则处理。但对于个别计价和先进先出的存货，如果计价范围内有出库方向的单据（蓝字出库单或红字入库单）已经生成凭证，则不允许重新计价。

## 活动 5.2.2 库存盘点业务处理

### 活动描述

【业务 5－4】库存盘点。9 月 30 日，企业对仓库存货进行盘点。存货盘点报告表，如图 5－20 所示。

【业务 5－5】盘盈盘亏处理。9 月 30 日，企业根据审批意见对存货盘点情况进行处理。其中盘亏部分由仓储部刘明赔偿，盘盈部分由于计量错误，计入营业外收入。

### 业务流程

库存盘点业务流程，如图 5－21 所示。

## 存货盘点报告表

2023 年 09 月 30 日

企业名称：　广州市美妆商贸有限公司

| 编号 | 财产名称 | 单位 | 单价（元） | 数量 | | 盘盈 | | 盘亏 | | 盘盈、盘亏原因 |
|---|---|---|---|---|---|---|---|---|---|---|
| | | | | 账存 | 实存 | 数量 | 金额（元） | 数量 | 金额（元） | |
| 101 | 美容仪 | 台 | 500.00 | 200 | 200 | | 0.00 | | 0.00 | |
| 102 | 洗脸仪 | 台 | 150.00 | 300 | 200 | 100 | 15,000.0 | | 0.00 | 计量差错 |
| 103 | 补水仪 | 台 | 300.00 | 300 | 400 | | 0.00 | 100 | 30,000.0 | 保管人过失 |
| 104 | 蒸脸仪 | 台 | 200.00 | 500 | 500 | | 0.00 | | 0.00 | |
| 105 | 按摩仪 | 台 | 200.00 | 600 | 600 | | 0.00 | | 0.00 | |
| 106 | 美眼仪 | 台 | 800.00 | 200 | 200 | | 0.00 | | 0.00 | |
| 107 | 美发仪 | 台 | 600.00 | 200 | 200 | | 0.00 | | 0.00 | |
| 108 | 卷发棒 | 台 | 100.00 | 200 | 200 | | 0.00 | | 0.00 | |
| | | | | | | | | | | |
| | | | | | | | | | | |
| | | | | | | | | | | |
| | | | | | | | | | | |
| | | | | | | | | | | |
| | | | | | | | | | | |
| | | | | | | | | | | |
| 财务部门建议处理意见： | | 盘亏部分由仓储部刘明赔偿，盘盈部分由于计量差错，计入营业外收入。 | | | | | | | | |
| 单位主管部门批复处理意见： | | 同意财务部门处理意见。 | | | | | | | | |

审核人：林凌云　　　　监盘人：马成功　　　　盘点人：刘明

图 5－20　盘点报告表

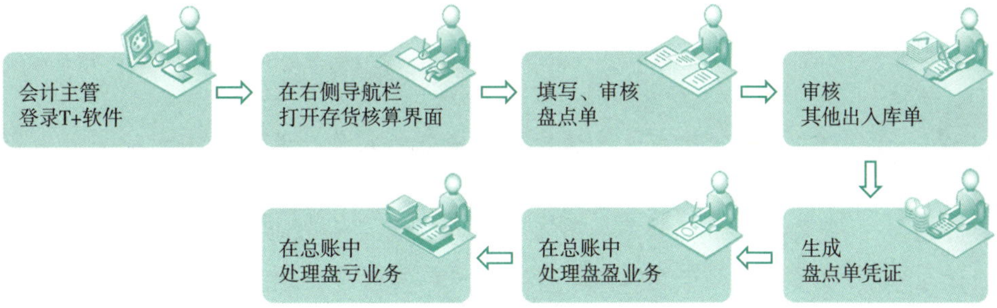


图 5－21　库存盘点业务流程

## 知识准备

企业的存货品种多、收发频繁，在日常存货收发、保管过程中，由于计量错误、检验疏忽、管理不善、自然损耗、核算错误以及偷窃、贪污等原因，有时会发生存货的盘盈、盘亏和毁损现象，从而造成存货账实不相符。

存货盘盈、盘亏和毁损，在查明原因、分清责任、按规定程序报经有关部门批准后，应进行相应的账务处理，调整存货账的实存数，使存货的账面记录与库存实物核对相符。

本功能可对各仓库或货位中的全部或部分存货进行盘点，盘盈、盘亏的结果可自动生成其他出入库单。

## 一、盘点单

盘点单是证明企业存货盘盈、盘亏和毁损，据以调整存货实存数的书面凭证，经企业领导批准后，即可作为原始凭证入账。但是，存货的盘盈、盘亏和毁损必须在按规定程序报经有关部门批准后才能进行处理。未批准前，只能先到账，即根据存货盘点报告表所列盈亏数，先结转“待处理财产损溢”；批准后，再根据盈亏的不同原因和不同处理结果，作进一步的账务处理。

如果存在一张未审核的盘点单，那么就不能再做与这张盘点单相同仓库、相同存货的盘点单。

## 二、锁盘

为了保证账实相符，在盘点前应该先将相关仓库冻结，避免在盘点过程中，仓库中的实物或账面数量发生变化，造成盘点数量不准确，所以在做盘点时建议进行锁盘操作。一旦某仓库被锁盘，即被冻结，那么所有出入库单、调拨单、进货单（与仓库合并流程）和销货单（与仓库合并流程）都受到锁盘的影响，当相关单据有审核流程时，则允许新增、修改、删除操作，但不允许审核和弃审操作。当相关单据无审核流程时，则不允许新增、修改、删除操作。

## 三、全部提取

根据表头的仓库信息，自动提取有结存的存货及其结存数量，并将存货、货位、批号及其结存数量等信息填充到盘点单的相关信息栏目中。如果表体已经存在数据行，将会被覆盖。

## 四、打空表

打印一个盘点空表作为实地盘点记录的表格。空表格中不打印账面数量、盈亏数量、单价、金额等字段，只打印存货、批号、有效期、货位等信息，如果没有存货等信息，就打印一张空表格。打空表是一个辅助功能，盘点时用户也可以不使用本功能。

盘点单的后续执行包括：生成的其他出入库单已经存在后续执行、生成凭证、进行期末处理。

**遵守账实相符原则**

为了保护企业流动资产的安全和完整，做到账实相符，企业必须对存货进行定期或不定期的清查。确定企业各种存货的实际库存量，并与账面记录相核对，查明存货盘盈、盘亏和毁损的数量以及造成的原因，并据以编制存货盘点报告表，按规定程序，报有关部门审批。我们要养成定期清查的习惯哦！

活动5.2.2
[业务5-4]
操作录屏

## 活动指导

【业务 5-4】库存盘点

## 一、打开库存核算界面

会计主管以业务日期 2023 年 9 月 30 日登录 T+教育专版，在左边导航栏中，单击打开“智能供应链｜库存核算”界面。

## 二、填制与审核盘点单

在“库存核算”界面，单击打开“盘点单”界面。在“盘点单”界面，选择盘点仓库为“总仓”，出库类别默认“盘亏出库”，入库类别默认“盘盈入库”。单击“锁盘”按钮，完成仓库锁盘。单击“提取”按钮，选择“全部提取”选项，仓库中存货信息自动填入“盘点单”明细。根据图 5－20 盘点报告表，录入盘点数量，注意补水仪的数量为“200”、洗脸仪的数量为“400”。录入完成后，先后单击“保存”和“审核”按钮，完成盘点单填制与审核，如图 5－22 所示。

我的桌面　初始化导航　库存核算　盘点单

新增　选单　保存　删除　弃审　校验　锁盘　提取　追加　盘点期间业务　工具　联查　设置　打印　更多

已审

*账面日期 2023-09-30　*盘点结束… 2023-09-30　*单据编号 BA-2023-09-0001　出库类别 盘亏出库

入库类别 盘盈入库　*盘点仓库 总仓　包含当天

明细　汇总

| 序号 | *存货名称 | 规格型号 | *计量单位 | *账面数量 | *盘点数量 | *盈亏数量 | 单价 | 盈亏金额 |
|---|---|---|---|---|---|---|---|---|
| 1 | 美容仪 | | 台 | 200.00 | 200.00 | 0.00 | 500.00 | 0.00 |
| 2 | 洗脸仪 | | 台 | 300.00 | 400.00 | 100.00 | 150.00 | 15,000.00 |
| 3 | 补水仪 | | 台 | 300.00 | 200.00 | -100.00 | 300.00 | -30,000.00 |
| 4 | 蒸脸仪 | | 台 | 500.00 | 500.00 | 0.00 | 201.00 | 0.00 |
| 5 | 按摩仪 | | 台 | 600.00 | 600.00 | 0.00 | 201.00 | 0.00 |
| 6 | 美眼仪 | | 台 | 200.00 | 200.00 | 0.00 | 800.00 | 0.00 |
| 7 | 美发仪 | | 台 | 200.00 | 200.00 | 0.00 | 600.00 | 0.00 |
| 8 | 卷发棒 | | 台 | 100.00 | 100.00 | 0.00 | 100.00 | 0.00 |
| 合计 | | | | 2,400.00 | 2,400.00 | 0.00 | | -15,000.00 |

图 5－22　盘点单

## 三、审核其他入库单

在“库存核算”界面，单击打开“其他入库单”，单击“上一张”按钮，打开本次盘点生成的其他入库单。先后单击“保存”和“审核”按钮，完成其他入库单审核，如图 5－23 所示。

我的桌面　初始化导航　库存核算　其他入库单

新增　保存　删除　弃审　转换　变更　工具　联查　设置　打印　更多

已审

*单据日期 2023-09-30　*单据编号 IC-2023-09-0001　*业务类型 盘盈　仓库 总仓

明细　汇总

| 序号 | *仓库 | *存货名称 | 规格型号 | *计量单位 | *数量 | 单价 | 金额 | 现存量 | 现存量说明 |
|---|---|---|---|---|---|---|---|---|---|
| 1 | 总仓 | 洗脸仪 | | 台 | 100.00 | 150.00 | 15,000.00 | | |
| 2 | | | | | | | | | |
| 3 | | | | | | | | | |
| 4 | | | | | | | | | |
| 5 | | | | | | | | | |
| 6 | | | | | | | | | |
| 7 | | | | | | | | | |
| 8 | | | | | | | | | |
| 9 | | | | | | | | | |
| 10 | | | | | | | | | |
| 合计 | | | | | 100.00 | | 15,000.00 | | |

图 5－23　其他入库单

## 四、审核其他出库单

在“库存核算”界面，单击打开“其他出库单”，单击“上一张”按钮，打开本次盘点生成的其他出库单。先后单击“保存”和“审核”按钮，完成其他出库单审核，如图 5－24 所示。

| 序号 | *仓库 | *存货名称 | 规格型号 | *计量单位 | *数量 | 单价 | 金额 | 现存量 | 现存量说明 |
|---|---|---|---|---|---|---|---|---|---|
| 1 | 总仓 | 补水仪 | | 台 | 100.00 | 300.00 | 30,000.00 | | |
| 2 | | | | | | | | | |
| 3 | | | | | | | | | |
| 4 | | | | | | | | | |
| 5 | | | | | | | | | |
| 6 | | | | | | | | | |
| 7 | | | | | | | | | |
| 8 | | | | | | | | | |
| 9 | | | | | | | | | |
| 10 | | | | | | | | | |
| 合计 | | | | | 100.00 | | 30,000.00 | | |

**图 5－24　其他出库单**

## 五、盘点单生成凭证

在 T＋教育专版左边导航栏中，单击打开“智能财税｜总账｜日常业务｜单据生凭证”界面。在“单据生凭证”界面，选择“盘点单”，连续单击两个“下一步”按钮进入“查询结果”界面，选择该笔业务记录，生成记账凭证，如图 5－25 所示。

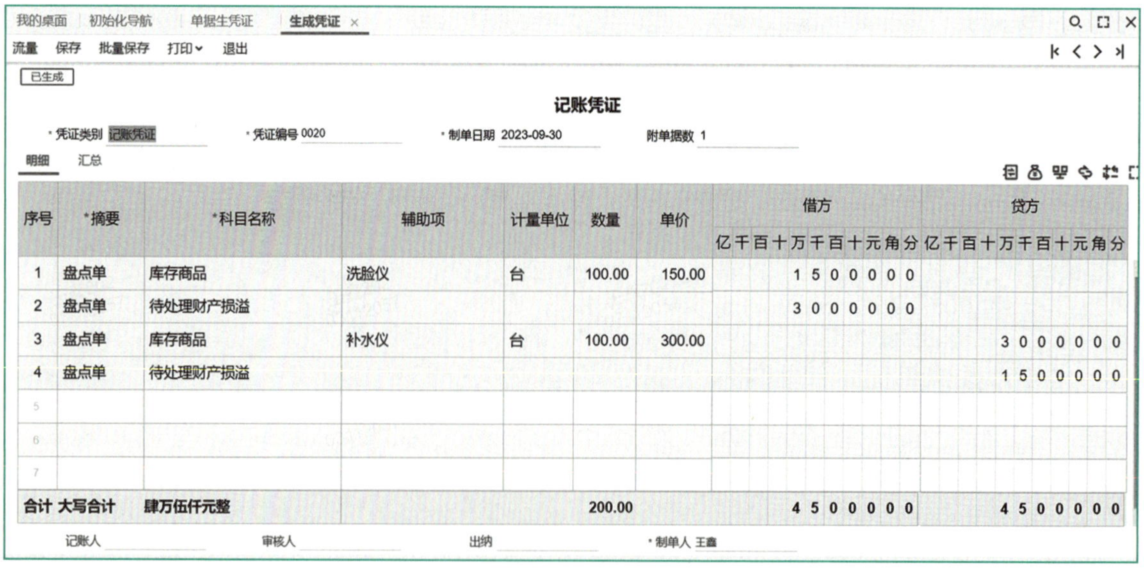


| 序号 | *摘要 | *科目名称 | 辅助项 | 计量单位 | 数量 | 单价 | 借方（亿千百十万千百十元角分） | 贷方（亿千百十万千百十元角分） |
|---|---|---|---|---|---|---|---|---|
| 1 | 盘点单 | 库存商品 | 洗脸仪 | 台 | 100.00 | 150.00 | 1500000 | |
| 2 | 盘点单 | 待处理财产损溢 | | | | | 3000000 | |
| 3 | 盘点单 | 库存商品 | 补水仪 | 台 | 100.00 | 300.00 | | 3000000 |
| 4 | 盘点单 | 待处理财产损溢 | | | | | | 1500000 |
| 5 | | | | | | | | |
| 6 | | | | | | | | |
| 7 | | | | | | | | |
| 合计 大写合计 | 肆万伍仟元整 | | | | 200.00 | | 4500000 | 4500000 |

记账人　审核人　出纳　*制单人 王鑫

**图 5－25　记账凭证**

【业务5－5】盘盈盘亏处理

活动5.2.2
［业务5－5］
操作录屏

## 一、打开总账界面

会计以业务日期2023年9月30日登录T＋教育专版，在左边导航栏中，单击打开“智能财税｜总账”界面。

## 二、填制进项税额转出凭证

在T＋教育专版左边导航栏中，单击打开“智能财税｜总账｜日常业务｜填制记账”界面。在“填制凭证”界面，录入会计分录，摘要为“盘亏进项税转出”，借方为“待处理财产损溢”，贷方为“应交税费——应交增值税（进项税额转出）”，金额为“3,900元”。生成“记账凭证”，单击“保存”按钮，完成进项税额转出记账凭证的填制，如图5－26所示。

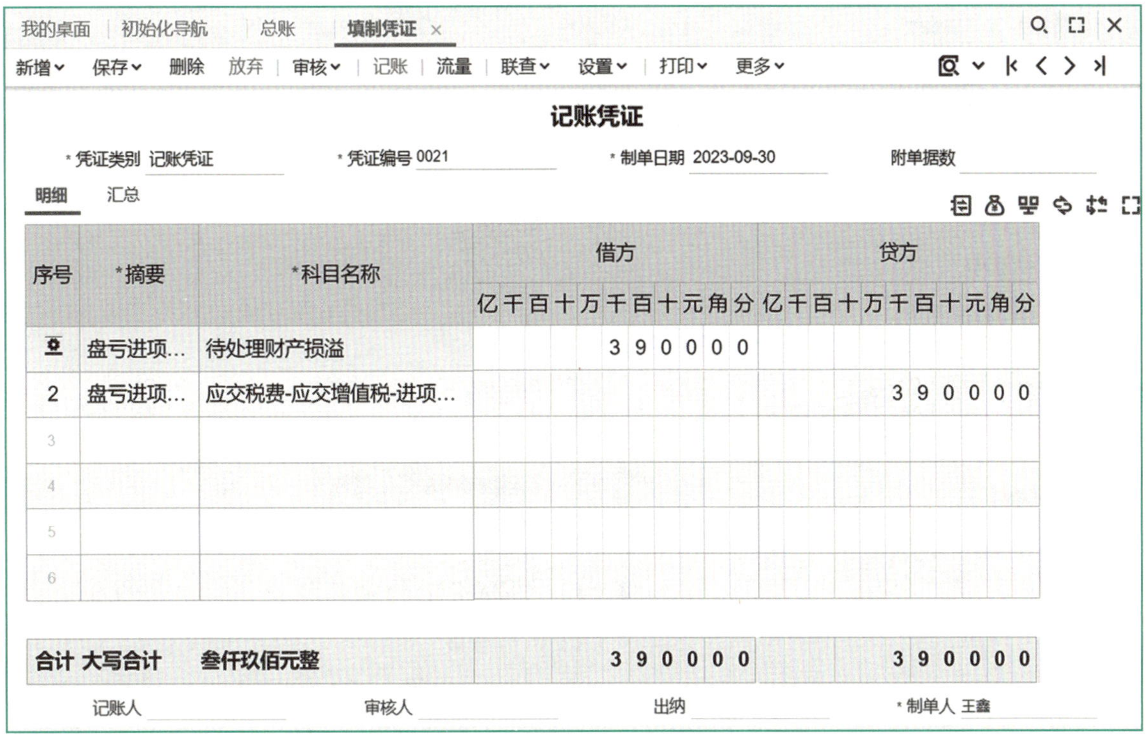
我的桌面　初始化导航　总账　填制凭证 ×
新增　保存　删除　放弃　审核　记账　流量　联查　设置　打印　更多

记账凭证

*凭证类别 记账凭证　*凭证编号 0021　*制单日期 2023-09-30　附单据数

明细　汇总

| 序号 | *摘要 | *科目名称 | 借方 | 贷方 |
| --- | --- | --- | --- | --- |
| 1 | 盘亏进项… | 待处理财产损溢 | 390000 | |
| 2 | 盘亏进项… | 应交税费-应交增值税-进项… | | 390000 |
| 3 | | | | |
| 4 | | | | |
| 5 | | | | |
| 6 | | | | |
| 合计 大写合计 | 叁仟玖佰元整 | | 390000 | 390000 |

记账人　审核人　出纳　*制单人 王鑫

图5－26　记账凭证界面

### 盘亏处理的注意事项

在存货盘亏时，除将账面价值转入“待处理财产损溢”，增值税进项税额也需要转出。可在总账另外填制凭证，也可直接修改系统生成凭证。若修改系统生成凭证，需要在“系统管理｜选项设置｜凭证接口”中取消“控制凭证借（贷）方合计金额不变”选项。

## 三、填制盘亏记账凭证

在“总账”界面中，单击打开“填制凭证”，在“填制凭证”界面，录入会计分录，摘要为“盘亏处理”，借方为“其他应收款——个人应收款（刘明）”（如果科目表中没有该科目，需要补充增加“其他应收款——个人借款”，辅助核算为“个人”，如图 5－27 所示），贷方为“待处理财产损溢”，金额为“33, 900 元”。录入完成后，单击“保存”按钮，完成盘亏记账凭证的填制，如图 5－28 所示。

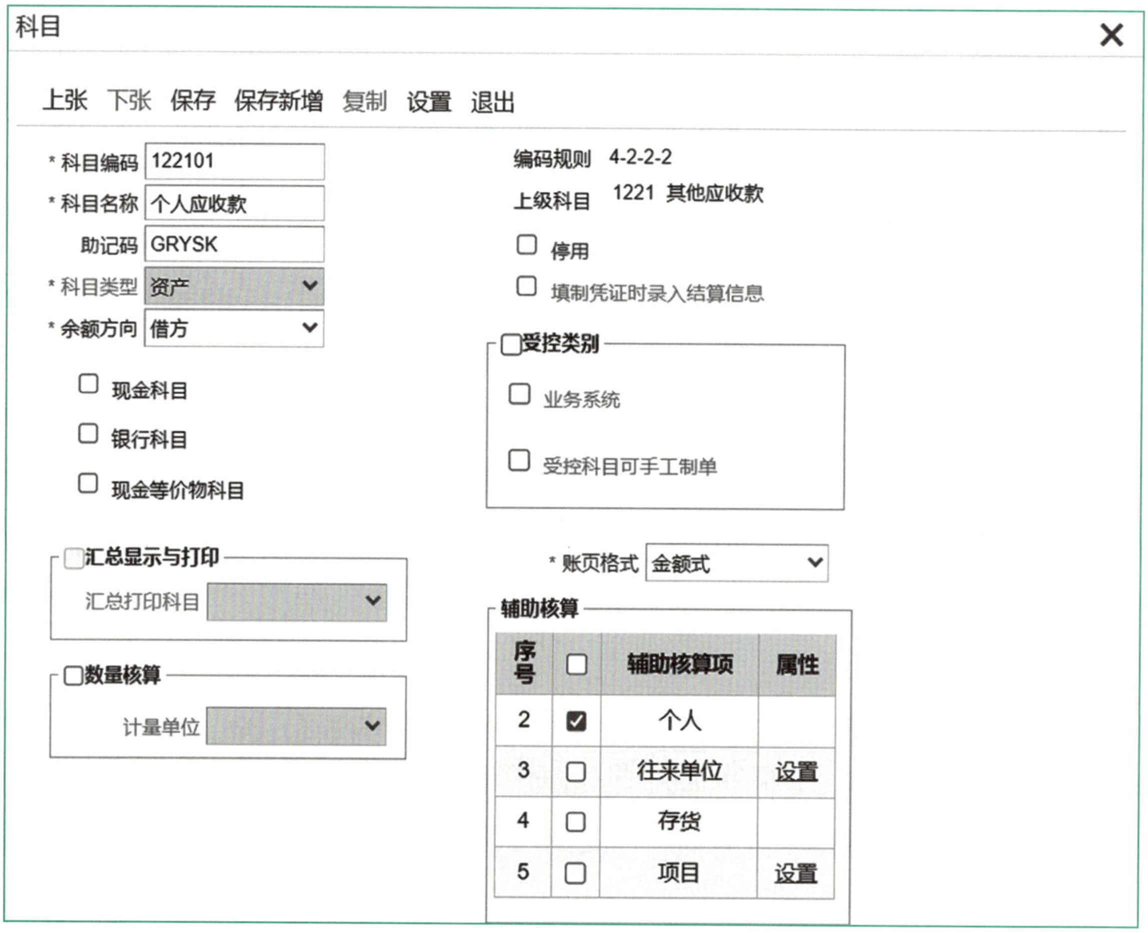

图 5－27　科目维护

## 四、填制盘盈记账凭证

在“总账”界面中，单击打开“填制凭证”，在“填制凭证”界面，录入会计分录，摘要为“盘盈处理”，借方为“待处理财产损溢”，贷方为“营业外收入——盘盈收益”，金额为“15, 000 元”。完成录入后，单击“保存”按钮，完成盘盈记账凭证的填制，如图 5－29 所示。

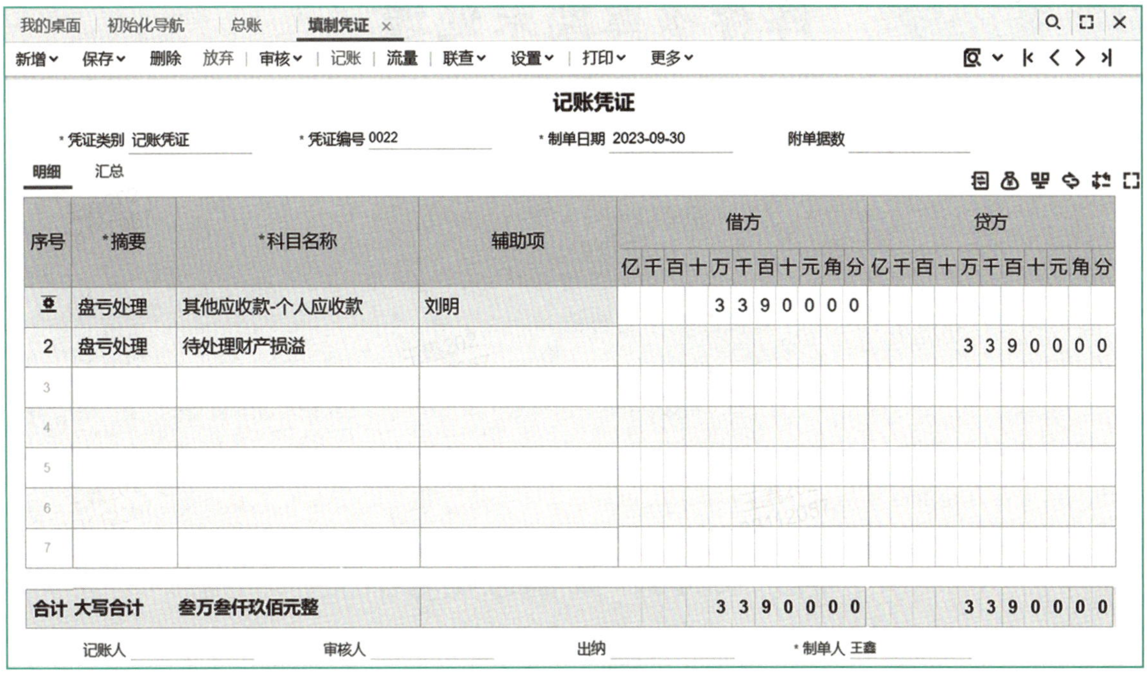

我的桌面 | 初始化导航 | 总账 | 填制凭证 ×

新增 保存 删除 放弃 审核 记账 流量 联查 设置 打印 更多

**记账凭证**

*凭证类别 记账凭证　*凭证编号 0022　*制单日期 2023-09-30　附单据数

明细　汇总

| 序号 | *摘要 | *科目名称 | 辅助项 | 借方（亿千百十万千百十元角分） | 贷方（亿千百十万千百十元角分） |
|---|---|---|---|---|---|
| 1 | 盘亏处理 | 其他应收款-个人应收款 | 刘明 | 3 3 9 0 0 0 0 | |
| 2 | 盘亏处理 | 待处理财产损溢 | | | 3 3 9 0 0 0 0 |
| 3 | | | | | |
| 4 | | | | | |
| 5 | | | | | |
| 6 | | | | | |
| 7 | | | | | |
| 合计 大写合计 | 叁万叁仟玖佰元整 | | | 3 3 9 0 0 0 0 | 3 3 9 0 0 0 0 |

记账人　审核人　出纳　*制单人 王鑫

图 5－28　记账凭证

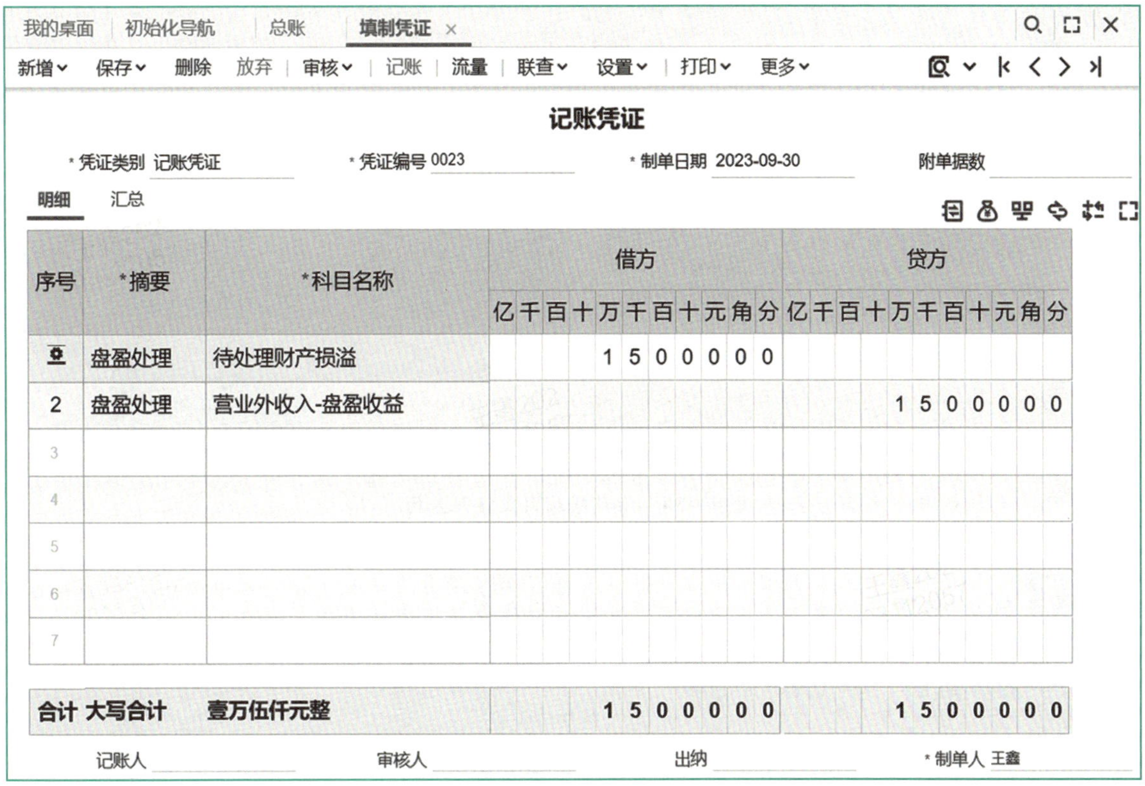

我的桌面 | 初始化导航 | 总账 | 填制凭证 ×

新增 保存 删除 放弃 审核 记账 流量 联查 设置 打印 更多

**记账凭证**

*凭证类别 记账凭证　*凭证编号 0023　*制单日期 2023-09-30　附单据数

明细　汇总

| 序号 | *摘要 | *科目名称 | 借方（亿千百十万千百十元角分） | 贷方（亿千百十万千百十元角分） |
|---|---|---|---|---|
| 1 | 盘盈处理 | 待处理财产损溢 | 1 5 0 0 0 0 0 | |
| 2 | 盘盈处理 | 营业外收入-盘盈收益 | | 1 5 0 0 0 0 0 |
| 3 | | | | |
| 4 | | | | |
| 5 | | | | |
| 6 | | | | |
| 7 | | | | |
| 合计 大写合计 | 壹万伍仟元整 | | 1 5 0 0 0 0 0 | 1 5 0 0 0 0 0 |

记账人　审核人　出纳　*制单人 王鑫

图 5－29　记账凭证

# 任务 5.3 库存核算期末处理

**任务介绍**

本任务是对库存核算相关业务期末处理进行介绍，包括期末业务结账、库存核算期末数据统计分析的财务处理流程。

## 活动 5.3.1 购销存业务结账

### 活动描述

【业务 5 - 6】9 月 30 日，会计进行销售模块、采购核算、库存核算月末结账。

### 业务流程

库存核算月末结账流程，如图 5 - 30 所示。

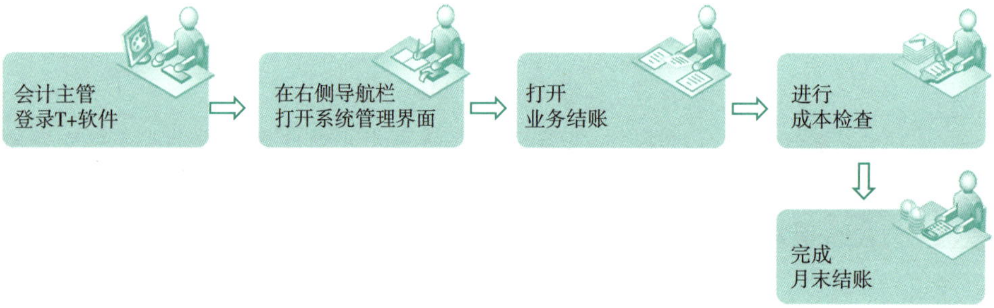


图 5 - 30 库存核算月末结账流程

### 知识准备

#### 一、业务结账

业务结账是指把当前会计期间库存核算、购销管理、业务往来对应的期末数据结转到下个期间，作为下个期间的期初数据，并对被处理会计期间的数据进行封存。

#### 二、结账说明

业务结账只能按会计期间依次进行，取消业务结账只能按会计期间反向依次进行。只有一个期间完成业务结账后，才能进行下一期间的处理操作。

已经进行业务结账的会计期间除了没有订金金额的采购订单、没有订金金额的销售订单外，其他业务都不允许操作。

业务结账前除了没有订金金额的采购订单、没有订金金额的销售订单外，其他单据必须在生效后，才可以进行业务结账。

## 三、成本检查

在业务结账时，单击“成本检查”按钮，可对库存单据进行分析，如果发现成本为0或为负的情况，可通过“存货核算—库存工具—成本分析工具”再详细查询并修改后结账。

# 活动指导

## 一、打开系统管理界面

会计主管以业务日期2023年9月30日登录T+教育专版，在左边导航栏中，单击打开“基础设置｜系统管理”界面。

## 二、业务结账

（1）打开“业务结账”对话框。在“系统管理”界面，单击“期末处理”下拉按钮，选择“业务结账”选项。打开“业务结账”对话框，如图5－31所示。

图5－31 业务结账

活动5.3.1
［业务5－6］
操作录屏

（2）进行成本检查。在“业务结账”对话框中，单击“成本检查”按钮，提示“没有发现成本为零或为负的问题”，完成成本检查，如图 5－32 所示。

图 5－32 成本检查

（3）进行期末结账。在“业务结账”对话框中，单击“期末结账”按钮，打开“期末结账成功”提示框，完成期末结账，如图 5－33 所示。

图 5－33 完成结账

**业务结账的注意事项**

业务结账功能与本系统的销售、采购等功能存在互斥，即业务结账前需关闭其他子系统或者界面，才可操作成功。

完成业务结账，即完成了销售、采购、库存的期末结账。取消业务结账只能对最后一个已经业务结账的期间进行。

# 活动5.3.2　库存核算报表查询

## 活动描述

【业务5－7】9月30日，会计进行库存核算报表查询，分别打开库存资金占用分析表、现存量、收发存汇总表，为开展库存情况分析提供数据。

## 业务流程

库存核算报表查询流程，如图5－34所示。

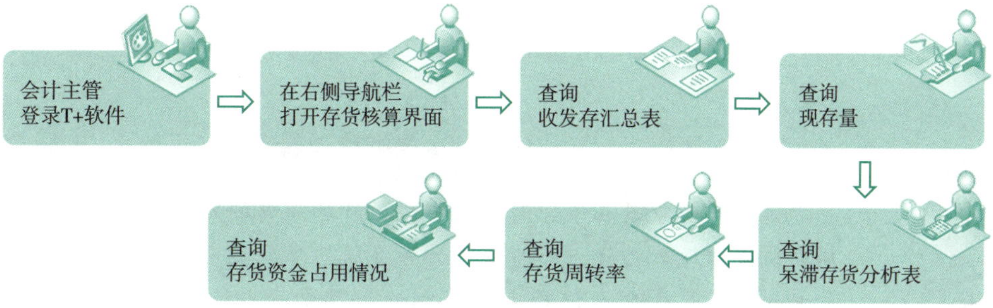


图5－34　库存核算报表查询流程

## 知识准备

T＋教育专版提供库存核算分析，包括库存周转率分析表、库龄分析表、库存资金占用分析表、库存存货毛利预估表等。企业在运营过程中，应掌握库存相关信息，做好物流管控。

### 一、收发存汇总表

收发存汇总表可查看各仓库、各存货期初结存、收入、发出、期末结存情况，了解本期存货收发存情况。

### 二、现存量查询

现存量查询是库存管理中的常用功能。现存量查询可查询当前各仓库、存货、批号的时点数据。现存量查询数据中包括可用量、现存量、预计入库量、预计出库量等数据，为用户提供丰富的数据信息。系统提供两种查询现存量的方式：一种是现存量报表查询，另一种是在维护单据时查询现存量。

现存量查询根据实际需求，录入查询条件以及汇总项目，就能查到所需数据。结果可以显示每一个存货的最详细的信息，如存货编码、名称、批号、有效期等。

### 三、呆滞存货分析表

根据仓库、存货分类等查询条件查询存货呆滞情况。在企业实际业务中，需要掌握有哪些存货在库房中滞留一定时间没有出入库，这些存货随着时间的推移，可能会成为废品，也可能会发生大规模的贬值。因此企业要尽早发现这些存货，并及时进行处理。呆滞库存的特征：在仓库里有结存、但已经有一段时间没有流转。本报表查询时，由用户在查询条件里录入一个呆滞标准天数，即确定多少天没有出入库才算呆滞。报表查询结果里查询出来的是超过呆滞标准天数没有发生业务的数据。

## 四、库存周转率分析表

库存周转率分析表用于查询存货的周转情况，支持按数量和按金额两种分析方式。分析方式选择“按数量”时按照出库数量与平均库存数量来计算周转率，选择“按金额”时按照出库成本与平均库存成本来计算周转率。周转率是指存货的周转次数，如一年周转 6 次。周转天数是指存货周转一次的天数。

## 五、库存资金占用分析表

库存资金占用分析表根据仓库、存货、存货分类查询存货资金占用情况。库存资金是企业流动资产中非常重要的一部分，因此企业希望能够看到库存资金的分布情况和占用情况，分析这种占用比例的合理性，并进行调整。

**理解什么是存货周转率**

库存周转率是在某一时间段内库存货物周转的次数，是反映库存货物周转快慢程度的指标。一般来讲，库存周转率越大表明销售情况越好。在物料保质期及资金允许的条件下，企业可以适当增加其库存控制目标天数，以保证合理的库存。反之，则可以适当减少其库存控制目标天数。

活动5.3.2
[业务5-7]
操作录屏

## 活动指导

## 一、打开库存核算界面

会计以业务日期 2023 年 9 月 30 日登录 T+教育专版，在左边导航栏中，单击打开“智能供应链｜库存核算”界面。

## 二、查看库存概况

在“库存核算”界面，可以直接查看“库存概况”，如图 5-35 所示。库存概况提供了在库商品、近 30 天未出库、本月出入库等信息。

图 5-35　库存概况

## 三、查看收发存汇总表

在 T+教育专版左边导航栏中，点击“智能供应链｜库存核算｜库存账表｜收发存汇总表”选项，打开“查询”界面，单据日期选择“2023.09－2023.09”，单击“查询”按钮，打开“收发存汇总表”报表界面，如图 5－36 所示。

我的桌面　库存核算　收发存汇总表

查询　打印　导出　发送邮件　刷新　退出

**收发存汇总表**

期间:　　单据日期: 2023.09 - 2023.09

| 序号 | 仓库编码 | 仓库 | 存货编码 | 存货 | 期初结存 | | | 本期入库 | | | 本期出库 | | | 期末结存 | | |
|---|---|---|---|---|---|---|---|---|---|---|---|---|---|---|---|---|
| | | | | | 数量(主单位) | 平均单价 | 金额 | 数量(主单位 | 平均单价 | 金额 | 数量(主单位 | 平均单价 | 金额 | 数量(主单位) | 平均单价 | 金额 |
| 1 | - 1 | 总仓 | | | 2,200.00 | 288.64 | 635,000.00 | 2,200.00 | 291.41 | 641,100.00 | 2,000.00 | 272.50 | 545,000.00 | 2,400.00 | 304.63 | 731,100.00 |
| 2 | | | 101 | 美容仪 | 300.00 | 500.00 | 150,000.00 | 300.00 | 500.00 | 150,000.00 | 400.00 | 500.00 | 200,000.00 | 200.00 | 500.00 | 100,000.00 |
| 3 | | | 102 | 洗脸仪 | 300.00 | 150.00 | 45,000.00 | 400.00 | 150.00 | 60,000.00 | 300.00 | 150.00 | 45,000.00 | 400.00 | 150.00 | 60,000.00 |
| 4 | | | 103 | 补水仪 | 300.00 | 300.00 | 90,000.00 | 300.00 | 300.00 | 90,000.00 | 400.00 | 300.00 | 120,000.00 | 200.00 | 300.00 | 60,000.00 |
| 5 | | | 104 | 蒸脸仪 | 500.00 | 200.00 | 100,000.00 | 500.00 | 201.00 | 100,500.00 | 500.00 | 200.00 | 100,000.00 | 500.00 | 201.00 | 100,500.00 |
| 6 | | | 105 | 按摩仪 | 500.00 | 200.00 | 100,000.00 | 500.00 | 201.20 | 100,600.00 | 400.00 | 200.00 | 80,000.00 | 600.00 | 201.00 | 120,600.00 |
| 7 | | | 106 | 美眼仪 | 100.00 | 800.00 | 80,000.00 | 100.00 | 800.00 | 80,000.00 | | | | 200.00 | 800.00 | 160,000.00 |
| 8 | | | 107 | 美发仪 | 100.00 | 600.00 | 60,000.00 | 100.00 | 600.00 | 60,000.00 | | | | 200.00 | 600.00 | 120,000.00 |
| 9 | | | 108 | 卷发棒 | 100.00 | 100.00 | 10,000.00 | | | | | | | 100.00 | 100.00 | 10,000.00 |
| 10 | - 2 | 外仓 | | | | | | 100.00 | 500.00 | 50,000.00 | | | | 100.00 | 500.00 | 50,000.00 |
| 11 | | | 101 | 美容仪 | | | | 100.00 | 500.00 | 50,000.00 | | | | 100.00 | 500.00 | 50,000.00 |
| 合计 | | | | | 2,200.00 | | 635,000.00 | 2,300.00 | | 691,100.00 | 2,000.00 | | 545,000.00 | 2,500.00 | | 781,100.00 |

合计　　共 11 条　1　200 条/页　跳至　页

图 5－36　收发存汇总表

## 四、查看库存状况

在 T+教育专版左边导航栏中，点击“智能供应链｜库存核算｜库存账表｜库存状况表”选项，打开“查询”界面，期间选择“2023.09－2023.09”，单击“查询”按钮，打开“库存状况查询”报表界面，如图 5－37 所示。

我的桌面　库存核算　库存状况表

查询　打印　导出　发送邮件　刷新　退出

**库存状况查询**

仓库:

| 序号 | 仓库编码 | 仓库 | 存货编码 | 存货 | 规格型号 | 主计量 | 现存量(主) | 结存单价(主) | 结存金额 |
|---|---|---|---|---|---|---|---|---|---|
| 1 | 1 | 总仓 | 101 | 美容仪 | | 台 | 200.00 | 500.00 | 100,000.00 |
| 2 | 1 | 总仓 | 102 | 洗脸仪 | | 台 | 400.00 | 150.00 | 60,000.00 |
| 3 | 1 | 总仓 | 103 | 补水仪 | | 台 | 200.00 | 300.00 | 60,000.00 |
| 4 | 1 | 总仓 | 104 | 蒸脸仪 | | 台 | 500.00 | 201.00 | 100,500.00 |
| 5 | 1 | 总仓 | 105 | 按摩仪 | | 台 | 600.00 | 201.00 | 120,600.00 |
| 6 | 1 | 总仓 | 106 | 美眼仪 | | 台 | 200.00 | 800.00 | 160,000.00 |
| 7 | 1 | 总仓 | 107 | 美发仪 | | 台 | 200.00 | 600.00 | 120,000.00 |
| 8 | 1 | 总仓 | 108 | 卷发棒 | | 台 | 100.00 | 100.00 | 10,000.00 |
| 9 | 2 | 外仓 | 101 | 美容仪 | | 台 | 100.00 | 500.00 | 50,000.00 |
| 10 | | | | | | | | | |
| 合计 | | | | | | | 2,500.00 | | 781,100.00 |

合计　小计　　共 9 条　1　200 条/页　跳至　页

图 5－37　库存状况查询

## 五、查看现存量

在 T+教育专版左边导航栏中，单击打开“智能供应链｜库存核算｜库存账表｜现存量查询”界面，单击“查询”按钮，打开“现存量查询”报表界面，如图 5-38 所示。

现存量查询

| 序号 | 仓库 | 存货编码 | 存货 | 规格型号 | 存货助记码 | 主计量 | 现存量 | 可用量 | 预计入库量 | 预计出库量 | 采购在途 | |
|---|---|---|---|---|---|---|---|---|---|---|---|---|
| | | | | | | | | | | | 订单在途量 | 进货待入量 |
| 1 | 外仓 | 101 | 美容仪 | | MRY | 台 | 100.00 | 100.00 | | | | |
| 2 | 总仓 | 101 | 美容仪 | | MRY | 台 | 200.00 | 200.00 | | | | |
| 3 | 总仓 | 102 | 洗脸仪 | | XLY | 台 | 400.00 | 400.00 | | | | |
| 4 | 总仓 | 103 | 补水仪 | | BSY | 台 | 200.00 | 200.00 | | | | |
| 5 | 总仓 | 104 | 蒸脸仪 | | ZLY | 台 | 500.00 | 500.00 | | | | |
| 6 | 总仓 | 105 | 按摩仪 | | AMY | 台 | 600.00 | 600.00 | | | | |
| 7 | 总仓 | 106 | 美眼仪 | | MYY | 台 | 200.00 | 200.00 | | | | |
| 8 | 总仓 | 107 | 美发仪 | | MFY | 台 | 200.00 | 200.00 | | | | |
| 9 | 总仓 | 108 | 卷发棒 | | JFB | 台 | 100.00 | 100.00 | | | | |
| 10 | | | | | | | | | | | | |
| 合计 | | | | | | | 2,500.00 | 2,500.00 | | | | |

图 5-38 现存量查询

## 六、查看呆滞存货分析表

在 T+教育专版左边导航栏中，单击打开“智能供应链｜库存核算｜综合报表｜呆滞存货分析表”界面，单击“查询”按钮，打开“呆滞存货分析表”报表界面，如图 5-39 所示。

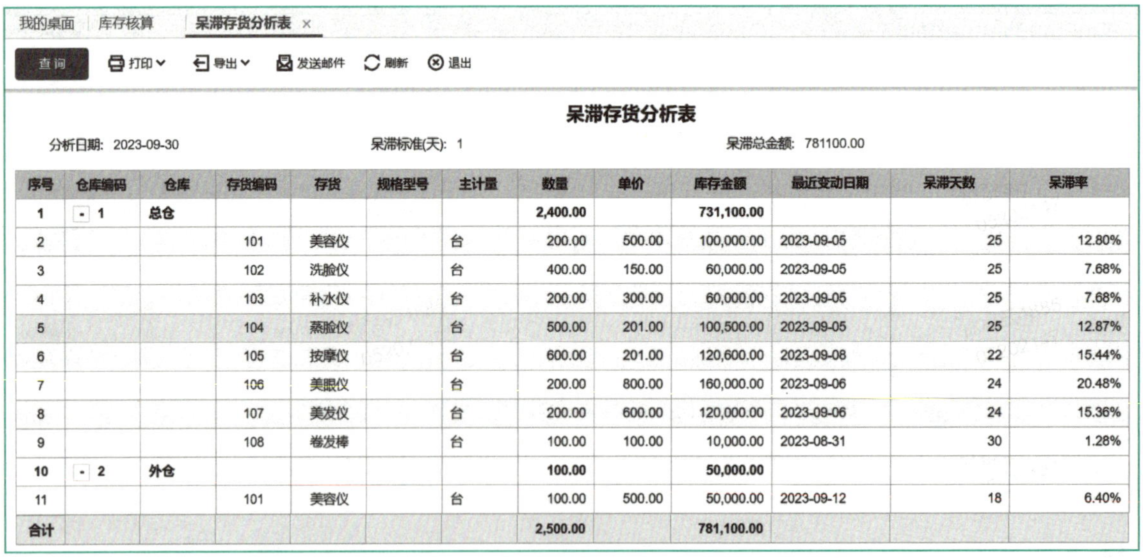


呆滞存货分析表

分析日期：2023-09-30　　呆滞标准(天)：1　　呆滞总金额：781100.00

| 序号 | 仓库编码 | 仓库 | 存货编码 | 存货 | 规格型号 | 主计量 | 数量 | 单价 | 库存金额 | 最近变动日期 | 呆滞天数 | 呆滞率 |
|---|---|---|---|---|---|---|---|---|---|---|---|---|
| 1 | - 1 | 总仓 | | | | | 2,400.00 | | 731,100.00 | | | |
| 2 | | | 101 | 美容仪 | | 台 | 200.00 | 500.00 | 100,000.00 | 2023-09-05 | 25 | 12.80% |
| 3 | | | 102 | 洗脸仪 | | 台 | 400.00 | 150.00 | 60,000.00 | 2023-09-05 | 25 | 7.68% |
| 4 | | | 103 | 补水仪 | | 台 | 200.00 | 300.00 | 60,000.00 | 2023-09-05 | 25 | 7.68% |
| 5 | | | 104 | 蒸脸仪 | | 台 | 500.00 | 201.00 | 100,500.00 | 2023-09-05 | 25 | 12.87% |
| 6 | | | 105 | 按摩仪 | | 台 | 600.00 | 201.00 | 120,600.00 | 2023-09-08 | 22 | 15.44% |
| 7 | | | 106 | 美眼仪 | | 台 | 200.00 | 800.00 | 160,000.00 | 2023-09-06 | 24 | 20.48% |
| 8 | | | 107 | 美发仪 | | 台 | 200.00 | 600.00 | 120,000.00 | 2023-09-06 | 24 | 15.36% |
| 9 | | | 108 | 卷发棒 | | 台 | 100.00 | 100.00 | 10,000.00 | 2023-08-31 | 30 | 1.28% |
| 10 | - 2 | 外仓 | | | | | 100.00 | | 50,000.00 | | | |
| 11 | | | 101 | 美容仪 | | 台 | 100.00 | 500.00 | 50,000.00 | 2023-09-12 | 18 | 6.40% |
| 合计 | | | | | | | 2,500.00 | | 781,100.00 | | | |

图 5-39 呆滞存货分析表

## 七、查看库存周转率分析表

在T+教育专版左边导航栏中，单击打开“智能供应链｜库存核算｜综合报表｜库存周转率分析表”界面，单击“查询”按钮，打开“库存周转率分析表”报表界面，如图5-40所示。

我的桌面 | 库存核算 | 库存周转率分析表 ×

查询 打印 导出 发送邮件 刷新 退出

**库存周转率分析表**

分析期间：2023.09-2023.09 仓库： 存货分类：

| 序号 | 仓库编码 | 仓库 | 存货分类（1级） | 存货编码 | 存货 | 标准周转天数 | 规格型号 | 主计量 | 数量 | 库存金额 | 周转率 | 实际周转天数 | 差异 |
|---|---|---|---|---|---|---|---|---|---|---|---|---|---|
| 1 | - 1 | 总仓 | | | | | | | 2,400.00 | 731,100.00 | | | |
| 2 | - | | 库存商品 | | | | | | 2,400.00 | 731,100.00 | | | |
| 3 | | | | 101 | 美容仪 | | | 台 | 200.00 | 100,000.00 | 1.35 | 22.22 | 22.22 |
| 4 | | | | 102 | 洗脸仪 | | | 台 | 400.00 | 60,000.00 | 1.05 | 28.57 | 28.57 |
| 5 | | | | 103 | 补水仪 | | | 台 | 200.00 | 60,000.00 | 1.07 | 28.04 | 28.04 |
| 6 | | | | 104 | 蒸脸仪 | | | 台 | 500.00 | 100,500.00 | 1.10 | 27.27 | 27.27 |
| 7 | | | | 105 | 按摩仪 | | | 台 | 600.00 | 120,600.00 | 0.75 | 40.00 | 40.00 |
| 8 | | | | 106 | 美眼仪 | | | 台 | 200.00 | 160,000.00 | | | |
| 9 | | | | 107 | 美发仪 | | | 台 | 200.00 | 120,000.00 | | | |
| 10 | | | | 108 | 卷发棒 | | | 台 | 100.00 | 10,000.00 | | | |
| 11 | - 2 | 外仓 | | | | | | | 100.00 | 50,000.00 | | | |
| 12 | - | | 库存商品 | | | | | | 100.00 | 50,000.00 | | | |
| 13 | | | | 101 | 美容仪 | | | 台 | 100.00 | 50,000.00 | | | |
| 14 | | | | | | | | | | | | | |
| 合计 | | | | | | | | | 2,500.00 | 781,100.00 | | | |

图5-40 库存周转率分析表

## 八、查询库存资金占用分析表

在T+教育专版左边导航栏中，单击打开“智能供应链｜库存核算｜综合报表｜库存资金占用分析表”界面，单击“查询”按钮，打开“库存资金占用分析表”报表界面，如图5-41所示。

我的桌面 | 库存核算 | 库存资金占用分析表 ×

查询 打印 导出 发送邮件 刷新 退出

**库存资金占用分析表**

分析期间：2023.09-2023.09 仓库： 存货分类：

| 序号 | 仓库编码 | 仓库 | 存货分类（1级） | 存货编码 | 存货 | 规格型号 | 数量 | 库存金额 | 占用比例 | 累计金额 | 累计比例 |
|---|---|---|---|---|---|---|---|---|---|---|---|
| 1 | - 1 | 总仓 | | | | | 2,400.00 | 731,100.00 | | | |
| 2 | - | | 库存商品 | | | | 2,400.00 | 731,100.00 | | | |
| 3 | | | | 101 | 美容仪 | | 200.00 | 100,000.00 | 12.80% | 100,000.00 | 12.80% |
| 4 | | | | 102 | 洗脸仪 | | 400.00 | 60,000.00 | 7.68% | 160,000.00 | 20.48% |
| 5 | | | | 103 | 补水仪 | | 200.00 | 60,000.00 | 7.68% | 220,000.00 | 28.17% |
| 6 | | | | 104 | 蒸脸仪 | | 500.00 | 100,500.00 | 12.87% | 320,500.00 | 41.03% |
| 7 | | | | 105 | 按摩仪 | | 600.00 | 120,600.00 | 15.44% | 441,100.00 | 56.47% |
| 8 | | | | 106 | 美眼仪 | | 200.00 | 160,000.00 | 20.48% | 601,100.00 | 76.96% |
| 9 | | | | 107 | 美发仪 | | 200.00 | 120,000.00 | 15.36% | 721,100.00 | 92.32% |
| 10 | | | | 108 | 卷发棒 | | 100.00 | 10,000.00 | 1.28% | 731,100.00 | 93.60% |
| 11 | - 2 | 外仓 | | | | | 100.00 | 50,000.00 | | | |
| 12 | - | | 库存商品 | | | | 100.00 | 50,000.00 | | | |
| 13 | | | | 101 | 美容仪 | | 100.00 | 50,000.00 | 6.40% | 781,100.00 | 100.00% |
| 14 | | | | | | | | | | | |
| 合计 | | | | | | | 2,500.00 | 781,100.00 | | | |

图5-41 库存资金占用分析表

# 职业技能巩固与训练

## 一、单项选择题

1. （　　）可对采购业务中存货的最高进价进行控制，能够有效地控制采购价格的上限，限制业务员的权限。

A. 进货单自动生成入库单　　B. 最高进价控制

C. 按照订单严格采购　　D. 普通采购必有订单

2. 库存选项启用（　　）选项时，则各仓库中的库存可以小于零。

A. 货位允许零库存出库　　B. 仓库允许零库存出库

C. 配货管理　　D. 可用量控制

3. 存货的用途选中（　　）后，在销售相关业务中可用。

A. 销售　　B. 外购　　C. 生产耗用　　D. 自制

4. 库存期初完成（　　）才会影响库存现存量、明细账。

A. 录入维护后　　B. 审核后　　C. 记账后　　D. 销售后

5. （　　）时，进货单是采购入库成本的立账单据，采购入库单在没有对应的进货单进行采购核算的情况下，采购入库单上的成本是暂估成本。

A. 销货单立账　　B. 采购发票立账　　C. 进货单立账　　D. 销售发票立账

6. （　　）是证明企业存货盘盈、盘亏和毁损，据以调整存货实存数的书面凭证，可作为原始凭证入账。

A. 其他入库单　　B. 盘点单　　C. 其他出库单　　D. 调拨单

7. （　　）是在盘点前应该先将相关仓库冻结，避免在盘点过程中，仓库中的实物或账面数量发生变化。

A. 锁盘　　B. 打空表　　C. 全部提取　　D. 分类提取

8. 库存盘盈时，记账凭证的贷方科目是（　　）。

A. 库存商品　　B. 营业外收入　　C. 其他应收款　　D. 待处理财产损溢

9. 存货从一个仓库转移到另外一个仓库，使用（　　）处理不同仓库之间的存货调拨业务。

A. 配货单　　B. 其他出库单　　C. 要货单　　D. 调拨单

10. （　　）用于查询存货的周转率或者周转天数。

A. 存货周转率分析表　　B. 库龄分析表

C. 库存资金占用分析表　　D. 库存存货毛利预估表

## 二、多项选择题

1. 期初同步可以把业务模块中的（　　）同步到财务科目的期初。

A. 应收应付期初　　B. 库存现金期初　　C. 库存期初　　D. 实收资本期初

2. 库存核算一般包括（　　）。

A. 应收款核销业务　　B. 盘点业务　　C. 调拨业务　　D. 组装拆卸业务

3. 存货的计价方式包括（　　）。

A. 全月平均　　B. 移动平均　　C. 先进先出　　D. 个别计价

4. 需要制单的库存核算业务有（ ）。

A. 采购入库单 B. 销售出库单 C. 同价调拨单 D. 组装拆卸单

5. 暂估处理方式分为（ ）。

A. 单到回冲 B. 按上个月成本 C. 单到补差 D. 按实际成本

6. 存货的属性包括（ ）。

A. 销售 B. 外购 C. 生产耗用 D. 自制

7. T+教育专版盘点单审核后，若有盘盈、盘亏，系统会自动生成（ ）。

A. 其他入库单 B. 盘点单 C. 其他出库单 D. 调拨单

8. 存货调拨业务分为（ ）业务类型。

A. 同价调拨 B. 异价调拨 C. 出库调拨 D. 入库调拨

9. 某仓库被锁盘后，（ ）都受到锁盘的影响，相关单据不允许审核和弃审操作。

A. 出入库单 B. 调拨单

C. 进货单（与仓库合并流程） D. 销货单（与仓库合并流程）

10. T+教育专版中的库存核算可查询的相关报表有（ ）等。

A. 收发存汇总表 B. 库存周转率分析表

C. 账龄分析表 D. 库存台账

## 三、判断题

（ ）1. 库存期初对账是指库存期初余额中各仓库的期初数据与总账相关科目期初余额对账。

（ ）2. 库存存货一般会有期初数据，为了保证其数据的连贯性，初次使用时，应先输入全部有数量或金额结余的存货。

（ ）3. 如果存在一张未审核的盘点单，那么就不能再做与这张盘点单相同仓库、相同存货的盘点单。

（ ）4. 如果盘点的存货在盘点期间不会发生出入库业务，可以不用锁盘，以免影响其他业务处理。

（ ）5. 存货盘亏时，需将盘亏存货的账面价值转入“待处理财产损溢”，增值税进项税额不需要转出。

（ ）6. 库存期初已经审核或存在出入库单据的时候，存货计价方式还可以修改。

（ ）7. 其他入库单业务类型为受赠的，其入账的会计科目是营业外收入。

（ ）8. 同价调拨的调拨单需要制单生成凭证。

（ ）9. 调拨单可以登记库存账，减少调出仓库的账面结存，增加调入仓库的账面结存。

（ ）10. 在业务结账时，单击“成本检查”按钮，可对库存单据进行分析，如果发现成本为0或为负的情况，建议使用“存货核算—库存工具—成本分析工具”再详细查询并修改后结账。

# 模块六

# 职工薪酬管理

## 模块导读

职工薪酬管理包括职工薪酬业务的初始化、日常处理和期末处理三个任务。初始化包括职工薪酬业务基础信息设置和期初业务录入，介绍职工薪酬模块的期初各种设置；日常处理包括职工薪酬的变动和发放，主要涉及职工的考勤核算、日常工资的计算及制单；期末处理包括数据统计，介绍账表查看功能。其中，薪资项目设置、计算公式设置和薪资科目设置是本模块重点。

## 学习目标

### 职业能力目标

（1）了解职工薪酬业务初始设置操作。
（2）能应用职工薪酬模块计算工资并生成相关凭证。
（3）能完成职工薪酬的数据统计。

### 财经素养目标

（1）树立全勤意识。
（2）理解劳动的价值。
（3）懂得纳税光荣。

# 业务流程

## 一、薪资管理业务在公司整体业务中的定位

薪资管理是企业管理六要素“人财物供产销”中对“人”这个要素进行价值核算的主要模块。薪资管理可供财务人员对本单位的人员以及工资进行增加、删除、修改、查询，工资发放中的应发工资合计等项目由系统自动进行计算；同时系统还可对人事及工资管理情况进行多角度查询。

## 二、薪资业务流程

工资是企业职工薪酬的重要组成部分，也是产品成本的计算内容及企业进行各种费用计提的基础。采用计算机处理保证了工资核算的准确性和及时性。工资核算的内容包括以职工个人的工资原始数据为基础，计算应发工资、扣款和实发工资等，编制薪资结算单，按部门和人员类别进行汇总，自动进行个人所得税计算，提供对工资相关数据的多种方式的查询和分析，进行工资费用分配与计提，并实现自动生成凭证处理。

薪资管理模块的主要功能包括薪资项目、薪资类别、人员档案管理、薪资数据管理、薪资报表管理等。其中，薪资项目设置、计算公式设置和薪资科目设置是重点。

职工薪酬管理的业务流程如图 6 - 1 所示。

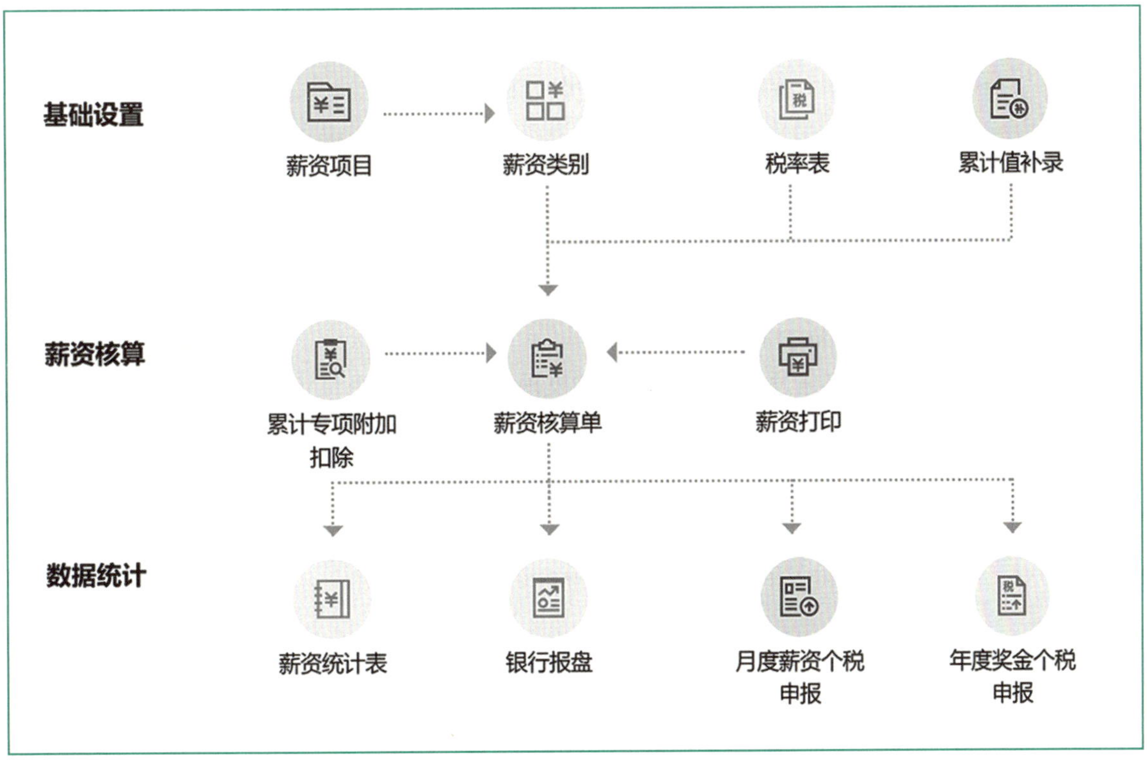


图 6 - 1　职工薪酬管理的业务流程

# 典型任务

薪资核算管理典型业务主要包括：工资数据录入计算、工资发放、工资分摊业务、工资数据查询统计。

**【典型任务一】** 工资发放

工资发放是根据工资数据，导盘至银行，由银行进行工资转账，企业同时也向税务等部门上缴社会保险、公积金等费用。工资发放后，需要根据发放数据生成会计凭证。

**【典型任务二】** 上缴社保及公积金

缴纳社保费和公积金是根据工资核算数据，将代扣个人的社会保险费和住房公积金，连同企业需要计提的社会保险费和住房公积金，上缴到税务局和公积金中心。上缴后，需要根据上缴数据填制凭证。

**【典型任务三】** 工资数据变动

工资数据录入计算，必须将所有人员的基本工资数据录入系统。工资数据录入包括固定工资数据输入和变动工资数据输入。工资数据录入完毕后，可执行计算功能，将有计算公式的工资项目自动计算出相应的数据。

**【典型任务四】** 工资分摊

工资费用是费用中人工费最主要的部分，需要对工资费用进行工资总额的计提计算、分配及各种经费的计提，并编制转账会计凭证，供记账处理之用。

**【典型任务五】** 个人代扣款结转

个人代扣款结转是指月末根据工资核算表，将需要代扣个人的养老保险、医疗保险、失业保险、住房公积金、个人所得税等款项从应付职工工资中代扣出来。

**【典型任务六】** 工资数据查询统计

工资数据处理结果最终通过工资报表的形式反映，工资系统提供了各种工资表和工资分析表的查询统计。

# 任务 6.1　职工薪酬初始化

## 任务介绍

本任务介绍了职工薪酬模块的初始化功能，包括职工薪酬业务基础信息设置、职工薪酬项目及科目设置、期初业务录入，介绍职工薪酬模块的期初各种设置。

## 活动 6.1.1　职工薪酬基础信息设置

### 活动描述

【业务 6－1】9 月 1 日，广州美妆商贸有限公司财务人员在 T＋教育专版上查看薪资管理选项设置，补充员工档案的职务、身份证号及银行账号等信息，如表 6－1 所示。根据公司实际情况完成职工薪酬对方科目设置。

表 6－1　员工档案

| 编号 | 职员姓名 | 所属部门 | 职务 | 身份证号 | 开户银行 | 银行卡号 |
|---|---|---|---|---|---|---|
| 101 | 陈明晖 | 行政部 | 经理 | 44010019811108363X | 中国银行友谊路支行 | 6216001981110831234 |
| 201 | 林凌云 | 财务部 | 经理 | 44010019880121112X | 中国银行友谊路支行 | 6216001988012112231 |
| 202 | 王鑫 | 财务部 | 员工 | 44010019900809356X | 中国银行友谊路支行 | 6216001990080934356 |
| 203 | 马成功 | 财务部 | 员工 | 44010019921005660X | 中国银行友谊路支行 | 6216001992100568790 |
| 301 | 赵云 | 采购部 | 经理 | 44010019990519021X | 中国银行友谊路支行 | 6216001999051965478 |
| 302 | 王鹏 | 采购部 | 员工 | 44010019980131562X | 中国银行友谊路支行 | 6216001998013151232 |
| 401 | 郭商 | 销售部 | 经理 | 44010019950721214X | 中国银行友谊路支行 | 6216001995072125690 |
| 402 | 李丽 | 销售部 | 员工 | 44010019960908362X | 中国银行友谊路支行 | 6216001996090832136 |
| 501 | 刘明 | 仓储部 | 经理 | 44010019891026254X | 中国银行友谊路支行 | 6216001989102627869 |
| 601 | 郑翔 | 后勤部 | 经理 | 44010019870308433X | 中国银行友谊路支行 | 6216001987030840216 |
| 602 | 刘韬 | 后勤部 | 员工 | 44010019960908368X | 中国银行友谊路支行 | 6216001996090832176 |

### 业务流程

薪资管理基础设置的业务流程，如图 6－2 所示。

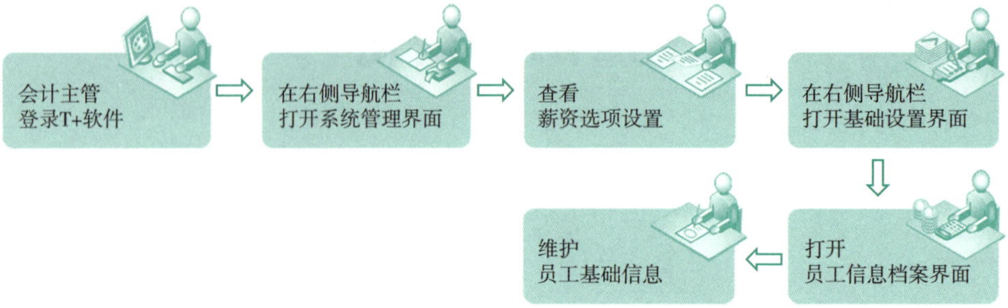


图 6－2　薪资管理基础设置的业务流程

## 知识准备

### 一、薪资管理

薪酬管理模块用于各类企业和行政事业单位进行职工薪酬核算和管理，能够核算员工考勤、日常工资变动等，从而正确计算个人所得税、职工“五险一金”等职工薪酬。

### 二、选项设置

选项参数的设置是薪资管理初始化设置的首要工作，包括移动端薪资查询、合并计税、报税期间设置等。

#### 1. 移动端查询验密控制

移动端薪资查询支持验密功能，企业可根据管理需要自行选择验密控制方式。

强制验密：要求员工每次查询薪资时必须输入查询密码。

员工自主选择：是否设置查询密码由员工自主选择。

不启用验密：直接查询薪资，无须启用查询密码随时可改，但修改后需要企业自行通知所有员工。

#### 2. 启用合并计税

启用合并计税后，一位员工一个期间内可以多次发薪，系统可自动汇总核算个税，但只能核算一次，合并计税功能可随时由关闭修改为启用，存在［计算个税］为“否”的月度薪资类别时不允许关闭。

#### 3. 报税期间＝薪资期间＋月份

设置薪资期间与报税期间关系，设置后系统根据薪资期间自动计算报税期间，并按报税期间计算累计值、个税申报等。如 2023 年 12 月薪资 2024 年 1 月报税，可设置为［报税期间］=［薪资期间］+1，此时会将 2023 年 12 月薪资累计至 2024 年计算个税。存在薪资核算单时禁止修改。

### 三、员工档案

员工档案维护需要核算薪资的员工档案数据，如使用移动端薪资查询时必须生成移动端操作员。人员档案记录了员工基本信息，该档案用于薪资发放人员的姓名、职务、所在部门、个人身份证号以及银行账号信息。

活动6.1.1
［业务6－1］
操作录屏

## 活动指导

### 一、打开系统管理界面

会计主管以业务日期 2023 年 9 月 1 日登录 T＋教育专版，在左边导航栏中，单击打开“基础设置｜系统管理”界面。

## 二、查看薪资选项设置

在“系统管理”界面，单击打开“选项设置”界面。在“选项设置”界面，单击“薪资”按钮，可查看“薪资”选项设置，可按企业需求修改相关信息，将报税期间设置改为“薪资期间＋0月”，如图6－3所示。

图6－3　选项设置（薪资）

### 全勤奖，你了解吗

不少公司为了规范人力资源管理制度，完善内部奖惩管理规定及福利制度，提高员工的工作积极性和工作效率，促进公司管理工作，达到正向激励的效果，会设立全勤奖，如当月有21.75天在公司规定的上班时间内未出现任何迟到、早退、请假、旷工者，公司给予全勤奖。工作是人们创造美好生活的物质前提，也是体现个人价值的最好途径之一，所以我们要有全勤意识，在有限的时间内创造出最大的价值。

## 三、补充员工档案信息

（1）打开员工档案。在 T + 教育专版左边导航栏中，单击打开“基础设置｜基础设置｜基本信息｜员工”界面。勾选“员工编码”为“101”的记录，单击“修改”按钮，打开“员工”信息界面，如图 6－4 所示。

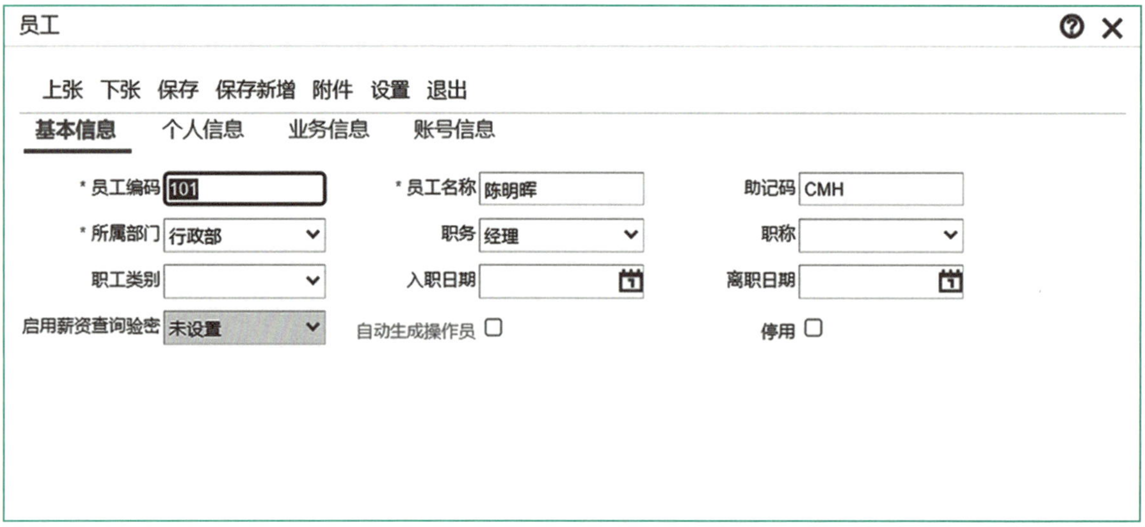


图 6－4　员工信息界面（基本信息）

（2）修改基本信息。在“基本信息”页签中，选择职务为“经理”；在“个人信息”页签，选择证件类型为“居民身份证”，录入证件号码为“44010019811108363X”，如图 6－5 所示。

图 6－5　员工信息界面（个人信息）

（3）补充账号信息。在“账号信息”页签中，选择开户银行为“中国银行友谊路支行”，录入“银行账号”为“6216001981110831234”，如图 6－6 所示。单击“保存”按钮，完成信息修改。

（4）修改其他员工信息。重复上面的步骤，根据表 6－1 员工信息，补充完成其他员工档案，如图 6－7 所示。

图 6－6　员工信息界面（账号信息）

| 序号 | ☐ | 员工编码 | 员工名称 | 所属部门 | 应付… | 证件类型 | 证件号码 | 职务 | 开户银行 | 银行账号 | 停用 |
|---|---|---|---|---|---|---|---|---|---|---|---|
| 1 | ☐ | 101 | 陈明晖 | 行政部 | 0.00 | 居民身份证 | 44010019811108363X | 经理 | 中国银行友谊路支行 | 6216001981110831234 | 否 |
| 2 | ☐ | 201 | 林凌云 | 财务部 | 0.00 | 居民身份证 | 44010019880121112X | 经理 | 中国银行友谊路支行 | 6216001988012112231 | 否 |
| 3 | ☐ | 202 | 王鑫 | 财务部 | 0.00 | 居民身份证 | 44010019900809356X | 员工 | 中国银行友谊路支行 | 6216001990080934356 | 否 |
| 4 | ☐ | 203 | 马成功 | 财务部 | 0.00 | 居民身份证 | 44010019921005660X | 员工 | 中国银行友谊路支行 | 6216001992100568790 | 否 |
| 5 | ☐ | 301 | 赵云 | 采购部 | 0.00 | 居民身份证 | 44010019990519021X | 经理 | 中国银行友谊路支行 | 6216001999051965478 | 否 |
| 6 | ☐ | 302 | 王鹏 | 采购部 | 0.00 | 居民身份证 | 44010019980131562X | 员工 | 中国银行友谊路支行 | 6216001998013151232 | 否 |
| 7 | ☐ | 401 | 郭商 | 销售部 | 0.00 | 居民身份证 | 44010019950721214X | 经理 | 中国银行友谊路支行 | 6216001995072125690 | 否 |
| 8 | ☐ | 402 | 李丽 | 销售部 | 0.00 | 居民身份证 | 44010019960908362X | 员工 | 中国银行友谊路支行 | 6216001996090832136 | 否 |
| 9 | ☐ | 501 | 刘明 | 仓储部 | 0.00 | 居民身份证 | 44010019891026254X | 经理 | 中国银行友谊路支行 | 6216001989102627869 | 否 |
| 10 | ☐ | 601 | 郑翔 | 后勤部 | 0.00 | 居民身份证 | 44010019870308433X | 经理 | 中国银行友谊路支行 | 6216001987030840216 | 否 |
| 11 | ☐ | 602 | 刘韬 | 后勤部 | 0.00 | 居民身份证 | 44010019960908368X | 员工 | 中国银行友谊路支行 | 6216001996090832176 | 否 |

图 6－7　员工档案界面

# 活动 6.1.2　职工薪酬项目及科目设置

## 活动描述

【业务 6－2】9 月 1 日，会计主管根据公司的工资项目在系统中设置薪资项目、薪资类别及相关薪资项目计算公式，并完成薪资项目相关科目设置，如表 6－2 至表 6－4 所示。

表 6－2　　薪资项目信息

| 项目编码 | 项目名称 | 所属类别 | 数据类型 | 数据长度 | 小数位数 | 增减属性 | 科目设置 | 数据来源 | 显示顺序 |
|---|---|---|---|---|---|---|---|---|---|
| 110101 | 基本工资 | 月度基本项目 | 数值型 | 12 | 2 | 税前增项 | 是 | 手工录入 | 1 |
| 110102 | 岗位工资 | 月度基本项目 | 数值型 | 12 | 2 | 税前增项 | 是 | 公式计算 | 2 |
| 110103 | 职务补贴 | 月度基本项目 | 数值型 | 12 | 2 | 税前增项 | 是 | 公式计算 | 3 |
| 010150 | 应发合计 | 月度基本项目 | 数值型 | 12 | 2 | 其他 | 是 | 公式计算 | 4 |
| 110104 | 日工资 | 月度基本项目 | 数值型 | 12 | 2 | 其他 | 是 | 公式计算 | 5 |
| 110105 | 事假天数 | 月度基本项目 | 数值型 | 12 | 2 | 其他 | 是 | 手工录入 | 6 |
| 010170 | 事假扣款 | 月度基本项目 | 数值型 | 12 | 2 | 税前减项 | 是 | 公式计算 | 7 |
| 110106 | 病假天数 | 月度基本项目 | 数值型 | 12 | 2 | 其他 | 是 | 手工录入 | 8 |
| 010160 | 病假扣款 | 月度基本项目 | 数值型 | 12 | 2 | 税前减项 | 是 | 公式计算 | 9 |

续表

| 项目编码 | 项目名称 | 所属类别 | 数据类型 | 数据长度 | 小数位数 | 增减属性 | 科目设置 | 数据来源 | 显示顺序 |
|---|---|---|---|---|---|---|---|---|---|
| 110107 | 应付工资 | 月度基本项目 | 数值型 | 12 | 2 | 其他 | 是 | 公式计算 | 10 |
| 010210 | 养老保险 | 月度基本项目 | 数值型 | 12 | 2 | 税前减项 | 否 | 公式计算 | 11 |
| 010220 | 医疗保险 | 月度基本项目 | 数值型 | 12 | 2 | 税前减项 | 否 | 公式计算 | 12 |
| 010230 | 失业保险 | 月度基本项目 | 数值型 | 12 | 2 | 税前减项 | 否 | 公式计算 | 13 |
| 010260 | 住房公积金 | 月度基本项目 | 数值型 | 12 | 2 | 税前减项 | 否 | 公式计算 | 14 |
| 110201 | 社会保险费（企） | 月度基本项目 | 数值型 | 12 | 2 | 其他 | 否 | 公式计算 | 15 |
| 010276 | 住房公积金（企） | 月度基本项目 | 数值型 | 12 | 2 | 其他 | 否 | 公式计算 | 16 |
| 010152 | 应扣合计 | 月度基本项目 | 数值型 | 12 | 2 | 其他 | 是 | 公式计算 | 17 |
| 010190 | 月度所得税 | 月度基本项目 | 数值型 | 12 | 2 | 其他 | 否 | 公式计算 | 18 |
| 010195 | 实发薪资 | 月度基本项目 | 数值型 | 12 | 2 | 其他 | 是 | 公式计算 | 19 |
| 010310 | 子女教育 | 专项附加扣除 | 数值型 | 12 | 2 | 其他 | 否 | 手工录入 | 20 |
| 010320 | 继续教育 | 专项附加扣除 | 数值型 | 12 | 2 | 其他 | 否 | 手工录入 | 21 |
| 010330 | 住房贷款利息 | 专项附加扣除 | 数值型 | 12 | 2 | 其他 | 否 | 手工录入 | 22 |
| 010340 | 住房租金 | 专项附加扣除 | 数值型 | 12 | 2 | 其他 | 否 | 手工录入 | 23 |
| 010350 | 赡养老人 | 专项附加扣除 | 数值型 | 12 | 2 | 其他 | 否 | 手工录入 | 24 |

说明：工资类别中非上述工资项目（主要是系统自带的工资项目），可以设置为核算单不显示，减少工资核算单的显示内容。

**表 6-3　薪资项目公式信息**

| 薪资项目 | 公式 |
|---|---|
| 基本工资 | 手工录入 |
| 岗位工资 | IIF({所属部门}='行政部',5000,IIF({所属部门}='财务部',4800,IIF({所属部门}='采购部',4700,IIF({所属部门}='销售部',4600,IIF({所属部门}='仓储部',4500,4400))))) |
| 职务补贴 | IIF({职务}='经理',500,200) |
| 应发合计 | 系统自动生成 |
| 日工资 | 基本工资/21.75 |
| 事假天数 | 手工录入 |
| 事假扣款 | 事假天数 * 日工资 |
| 病假天数 | 手工录入 |
| 病假扣款 | 病假天数 * 日工资 |
| 应付工资 | 应发合计 - 事假扣款 - 病假扣款 |
| 养老保险 | (基本工资 + 岗位工资 + 职务补贴) * 0.08 |
| 医疗保险 | (基本工资 + 岗位工资 + 职务补贴) * 0.02 |
| 失业保险 | (基本工资 + 岗位工资 + 职务补贴) * 0.002 |
| 住房公积金 | (基本工资 + 岗位工资 + 职务补贴) * 0.12 |
| 社会保险费（企） | (基本工资 + 岗位工资 + 职务补贴) * 0.2185 |

续表

| 薪资项目 | 公式 |
|---|---|
| 住房公积金（企） | （基本工资＋岗位工资＋职务补贴）*0.05 |
| 扣款合计 | 系统自动生成 |
| 月度所得税 | 系统自动生成 |
| 实发薪资 | 系统自动生成 |
| 子女教育 | 手工录入 |
| 继续教育 | 手工录入 |
| 住房贷款利息 | 手工录入 |
| 住房租金 | 手工录入 |
| 赡养老人 | 手工录入 |

说明：日工资按21.75天计算。社会保险费（企）包含了企业应该缴纳的养老保险、医疗保险、失业保险和工伤保险，计提比例分别是14%、6.85%、0.8%、0.2%，合计比例为21.85%。

**表6－4　　薪资项目科目设置（成本费用科目）**

| 序号 | 部门 | 员工 | 薪资项目 | 科目编码 | 科目名称 |
|---|---|---|---|---|---|
| 1 | 行政部 | | 应付工资 | 560201 | 管理费用—管理人员职工薪酬 |
| 2 | 财务部 | | 应付工资 | 560201 | 管理费用—管理人员职工薪酬 |
| 3 | 采购部 | | 应付工资 | 560201 | 管理费用—管理人员职工薪酬 |
| 4 | 销售部 | | 应付工资 | 560101 | 销售费用—管理人员职工薪酬 |
| 5 | 仓储部 | | 应付工资 | 560201 | 管理费用—管理人员职工薪酬 |
| 6 | 后勤部 | | 应付工资 | 560201 | 管理费用—管理人员职工薪酬 |

## 业务流程

设置薪资项目及类别的业务流程，如图6－8所示。

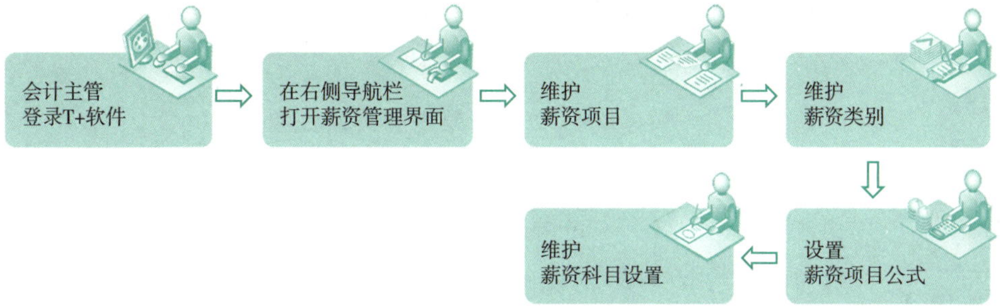


**图6－8　设置薪资项目及类别的业务流程**

## 知识准备

### 一、薪资类别

根据企业薪资核算方案选择薪资项目创建薪资类别，系统预设支持月度薪资与年度奖金两个分类，每个分类下可建多个类别。另外也可以对月度薪资按生产部门、销售部门等进行细分核算，分别定义不同的薪资项目，以保障薪资核算互不干扰，薪资内容相互保密等。

## 二、薪资项目

根据企业薪资结构及薪资内容创建薪资项目。薪资项目设置即定义薪资项目的名称、类型、宽度、小数、增减项。薪资项目是核算工资时的具体内容，如基本工资、通信补贴、事假扣款都是薪资项目，根据本企业薪资核算要求可自行定义。

## 三、薪资项目公式

根据企业设置计算公式就是定义某些薪资项目的计算公式及薪资项目之间的运算关系。定义公式可通过选择工资项目、运算符、关系符、函数等组合完成。系统自带项目公式不可以修改，部分项目公式如下：

（1）应发合计 = 所有［项目类别］=“基本项目” and（［增减属性］=“税前增项” or “税后增项”）的薪资项目的合计；

（2）税前应发合计（新增项目）= 所有［项目类别］=“基本项目” and［增减属性］=“税前增项”的薪资项目的合计；

（3）应扣合计 = 所有［项目类别］=“基本项目” and（［增减属性］=“税前减项” or “税后减项”）的薪资项目的合计；

（4）税前扣除合计 = 所有［项目类别］=“基本项目” and［增减属性］=“税前减项”的薪资项目的合计；

（5）月度所得税 = 累计应缴纳个税 - 累计实际已缴纳个税，<0 时取 0；

（6）实发薪资 = 应发合计 - 应扣合计 - 月度所得税，<0 时取实际金额。

## 四、科目设置

科目设置用于建立业务数据和财务数据之间的对应关系，即定义一个入账规则，根据业务单据生成会计凭证时，按照这个入账规则提取相应的会计科目生成记账凭证。T + 系统需定义工资转账关系，需在“总账—科目设置”里设置成本费用科目及应付职工薪酬对应科目，以此来定义工资费用分配的模板，即确定不同类别人员的工资计入不同的费用科目中。

**数据完整性和真实性原则**

工资数据完整、真实原则：对于企业，工资数据的完整及真实关系到账务的真实性，同时财务人员对于工资数据也要遵循保密原则，你也要养成这样的意识哦！

活动6.1.2
［业务6-2］
操作录屏

## 活动指导

## 一、打开薪资管理界面

会计主管以业务日期 2023 年 9 月 1 日登录 T + 教育专版，在左边导航栏中，单击打开“智能财税｜薪资管理”界面，如图 6 - 9 所示。

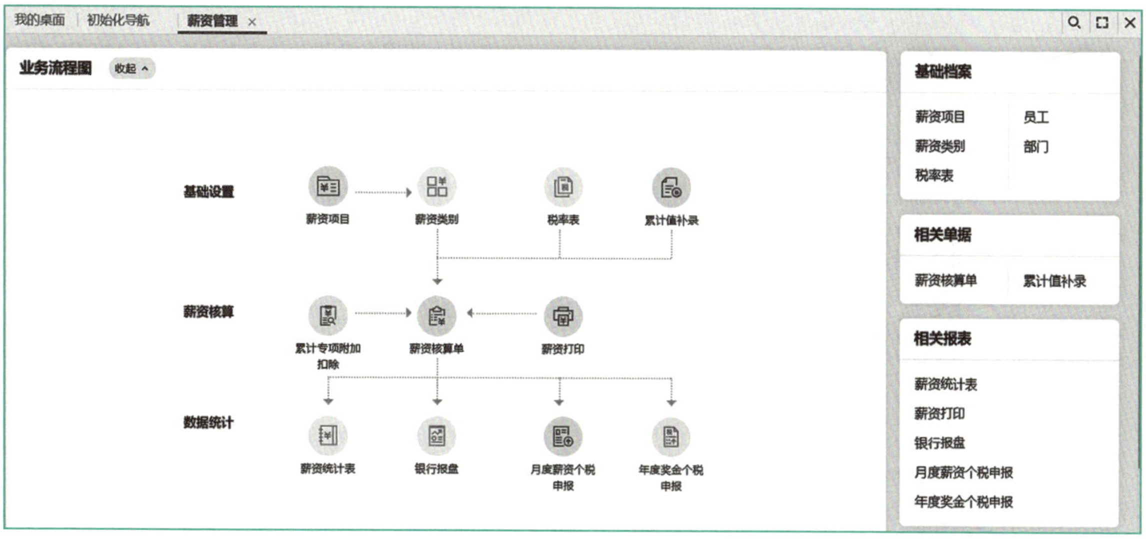


图 6－9 薪资管理界面

## 二、设置工资项目

（1）录入工资项目。在“薪资管理”界面，单击打开“薪资项目”界面。在“薪资项目”右侧界面，单击“新增”按钮，打开“薪资项目”窗口，如图 6－10 所示。录入项目编码为“1101”，录入项目名称为“基本工资”，选择所属类别为“月度基本项目”，选择数据类型为“数值型”，录入数据长度为“12”，录入小数位数为“2”，选择增减属性为“税前增项”，选择项目显示顺序为“1”，勾选“科目设置项目”选项，单击“保存”按钮，完成录入。

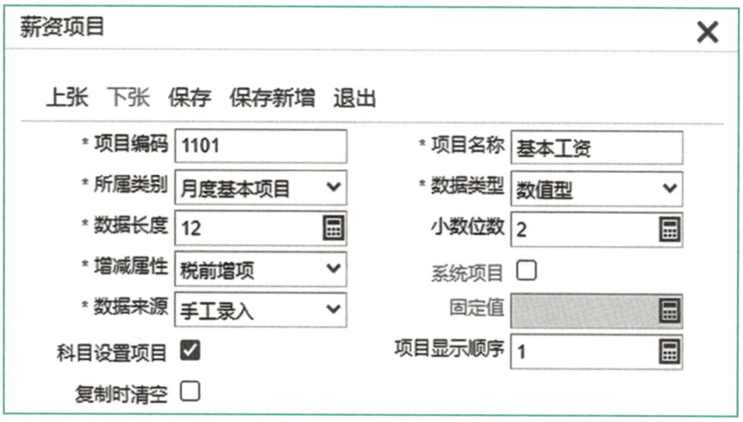


图 6－10 薪资项目（新增）

（2）录入其他工资项目。重复工资项目的录入步骤，根据表 6－2 薪资项目信息，依次录入项目名称、数据类型、数据长度、小数位数、增减属性等信息，单击“保存”按钮，完成新增项目录入，如图 6－11 所示。

（3）修改系统自带工资项目。根据表 6－2 薪资项目信息，依次修改“应发合计”“事假扣款”“病假扣款”等项目的显示顺序信息，以及部分项目的数据来源，单击“保存”按钮，完成修改，如图 6－12、图 6－13 所示。

| 序号 | | 项目编码 | 项目名称 | 数据类型 | 数据长度 | 小数位数 | 增减属性 | 系统项目 | 数据来源 |
|---|---|---|---|---|---|---|---|---|---|
| 1 | ☑ | 110101 | 基本工资 | 数值型 | 12 | 2 | 税前增项 | 否 | 手工录入 |
| 2 | ☑ | 110102 | 岗位工资 | 数值型 | 12 | 2 | 税前增项 | 否 | 公式计算 |
| 3 | ☑ | 110103 | 职务补贴 | 数值型 | 12 | 2 | 税前增项 | 否 | 公式计算 |
| 4 | ☑ | 110104 | 日工资 | 数值型 | 12 | 2 | 其他 | 否 | 公式计算 |
| 5 | ☑ | 110105 | 事假天数 | 数值型 | 12 | 2 | 其他 | 否 | 手工录入 |
| 6 | ☑ | 110106 | 病假天数 | 数值型 | 12 | 2 | 其他 | 否 | 手工录入 |
| 7 | ☐ | 010110 | 月度薪资 | 数值型 | 12 | 2 | 税前增项 | 否 | 手工录入 |
| 8 | ☑ | 110107 | 应付工资 | 数值型 | 12 | 2 | 其他 | 否 | 公式计算 |
| 9 | ☑ | 110201 | 社会保险费（企） | 数值型 | 12 | 2 | 其他 | 否 | 公式计算 |

图 6－11　新增的薪资项目

图 6－12　薪资项目（修改）

| 序号 | | 项目编码 | 项目名称 | 数据类型 | 数据长度 | 小数位数 | 增减属性 | 系统项目 | 数据来源 |
|---|---|---|---|---|---|---|---|---|---|
| 4 | ☑ | 010150 | 应发合计 | 数值型 | 12 | 2 | 其他 | 是 | 公式计算 |
| 5 | ☐ | 110104 | 日工资 | 数值型 | 12 | 2 | 其他 | 否 | 公式计算 |
| 6 | ☐ | 110105 | 事假天数 | 数值型 | 12 | 2 | 其他 | 否 | 手工录入 |
| 7 | ☑ | 010160 | 事假扣款 | 数值型 | 12 | 2 | 税前减项 | 否 | 公式计算 |
| 8 | ☐ | 110106 | 病假天数 | 数值型 | 12 | 2 | 其他 | 否 | 手工录入 |
| 9 | ☑ | 010170 | 病假扣款 | 数值型 | 12 | 2 | 税前减项 | 否 | 公式计算 |
| 10 | ☐ | 110107 | 应付工资 | 数值型 | 12 | 2 | 其他 | 否 | 公式计算 |
| 11 | ☑ | 010210 | 养老保险 | 数值型 | 12 | 2 | 税前减项 | 否 | 公式计算 |
| 12 | ☑ | 010220 | 医疗保险 | 数值型 | 12 | 2 | 税前减项 | 否 | 公式计算 |
| 13 | ☑ | 010230 | 失业保险 | 数值型 | 12 | 2 | 税前减项 | 否 | 公式计算 |
| 14 | ☑ | 010260 | 住房公积金 | 数值型 | 12 | 2 | 税前减项 | 否 | 公式计算 |
| 15 | ☐ | 110201 | 社会保险费（企） | 数值型 | 12 | 2 | 其他 | 否 | 公式计算 |
| 16 | ☑ | 010276 | 住房公积金（企） | 数值型 | 12 | 2 | 其他 | 否 | 手工录入 |
| 17 | ☑ | 010152 | 应扣合计 | 数值型 | 12 | 2 | 其他 | 是 | 公式计算 |
| 18 | ☑ | 010190 | 月度所得税 | 数值型 | 12 | 2 | 其他 | 是 | 公式计算 |
| 19 | ☑ | 010195 | 实发薪资 | 数值型 | 12 | 2 | 其他 | 是 | 公式计算 |

图 6－13　修改后的薪资项目

## 三、设置工资类别

（1）新增工资类别。在“薪资管理”界面，单击打开“薪资类别”界面。在“薪资类别”左侧界面，单击打开“薪资分类”窗口，如图 6－14 所示。在“薪资分类”窗口，录入分类编码为“11”，录入分类名称为“职工工资”，选择所属分类为“月度薪资”，其他选择默认。单击“保存”按钮，完成录入。

图 6－14　薪资分类（增加）

（2）维护“11 职工工资”类别的工资项目。单击打开“11 职工工资”类别界面，右侧列表中显示已预制的工资项目，如图 6－15 所示。

| 序号 | ☐ | *项目编码 | *项目名称 | 数据类型 | 数据长度 | 小数位数 | 增减属性 | 系统项目 | 数据来源 |
|---|---|---|---|---|---|---|---|---|---|
| 27 | ☐ | 010430 | 累计子女教... | 数值型 | 12 | 2 | 其他 | ☑ | 公式计算 |
| 28 | ☐ | 010440 | 累计继续教... | 数值型 | 12 | 2 | 其他 | ☑ | 公式计算 |
| 29 | ☐ | 010450 | 累计住房贷... | 数值型 | 12 | 2 | 其他 | ☑ | 公式计算 |
| 30 | ☐ | 010460 | 累计住房租... | 数值型 | 12 | 2 | 其他 | ☑ | 公式计算 |
| 31 | ☐ | 010465 | 累计赡养老... | 数值型 | 12 | 2 | 其他 | ☑ | 公式计算 |
| 32 | ☐ | 010470 | 累计其他合... | 数值型 | 12 | 2 | 其他 | ☑ | 公式计算 |
| 33 | ☐ | 010471 | 累计其他合... | 数值型 | 12 | 2 | 其他 | ☑ | 公式计算 |
| 34 | ☐ | 010472 | 累计其他合... | 数值型 | 12 | 2 | 其他 | ☑ | 公式计算 |
| 35 | ☐ | 010473 | 累计其他合... | 数值型 | 12 | 2 | 其他 | ☑ | 公式计算 |
| 36 | ☐ | 010474 | 累计其他合... | 数值型 | 12 | 2 | 其他 | ☑ | 公式计算 |
| 37 | ☐ | 010480 | 累计起征点... | 数值型 | 12 | 2 | 其他 | ☑ | 公式计算 |
| 38 | ☐ | 010485 | 累计应纳税... | 数值型 | 12 | 2 | 其他 | ☑ | 公式计算 |
| 39 | ☐ | 010490 | 累计应缴纳... | 数值型 | 12 | 2 | 其他 | ☑ | 公式计算 |
| 40 | ☐ | 010495 | 累计实际已... | 数值型 | 12 | 2 | 其他 | ☑ | 公式计算 |
| 41 | ☐ | 010496 | 累计月度减... | 数值型 | 12 | 2 | 其他 | ☑ | 公式计算 |
| 42 | ☐ |  |  |  |  |  |  | ☐ |  |

图 6－15　职工工资类别界面

单击右侧“增行”按钮，在薪资项目列表末增加一个薪资项目，选择最后一行，点击项目编码栏目中的“🔍”，打开“薪资项目参照”对话框，如图 6－16 所示。根据表 6－2 工资项目信息选择列表中的相关薪资项目（按住键盘 CTRL 健可以多选薪资项目），点击“确定”按钮，引入参照的薪资项目。引入完成后，“11 职工工资”类别中的薪资项目，如图 6－17 所示。

图 6－16　薪资项目参照

| 序号 | ☐ | *项目编码 | *项目名称 | 数据类型 | 数据长度 | 小数位数 | 增减属性 | 系统项目 | 数据来源 |
|---|---|---|---|---|---|---|---|---|---|
| 1 | ☐ | 110101 | 基本工资 | 数值型 | 12 | 2 | 税前增项 | ☐ | 手工录入 |
| 2 | ☐ | 110102 | 岗位工资 | 数值型 | 12 | 2 | 税前增项 | ☐ | 公式计算 |
| 3 | ☐ | 110103 | 职务补贴 | 数值型 | 12 | 2 | 税前增项 | ☐ | 公式计算 |
| 4 | ☐ | 010150 | 应发合计 | 数值型 | 12 | 2 | 其他 | ☑ | 公式计算 |
| 5 | ☐ | 110104 | 日工资 | 数值型 | 12 | 2 | 其他 | ☐ | 公式计算 |
| 6 | ☐ | 110105 | 事假天数 | 数值型 | 12 | 2 | 其他 | ☐ | 手工录入 |
| 7 | ☐ | 010160 | 事假扣款 | 数值型 | 12 | 2 | 税前减项 | ☐ | 公式计算 |
| 8 | ☐ | 110106 | 病假天数 | 数值型 | 12 | 2 | 其他 | ☐ | 手工录入 |
| 9 | ☐ | 010170 | 病假扣款 | 数值型 | 12 | 2 | 税前减项 | ☐ | 公式计算 |
| 10 | ☐ | 110107 | 应付工资 | 数值型 | 12 | 2 | 其他 | ☐ | 公式计算 |
| 11 | ☐ | 010210 | 养老保险 | 数值型 | 12 | 2 | 税前减项 | ☐ | 公式计算 |
| 12 | ☐ | 010220 | 医疗保险 | 数值型 | 12 | 2 | 税前减项 | ☐ | 公式计算 |
| 13 | ☐ | 010230 | 失业保险 | 数值型 | 12 | 2 | 税前减项 | ☐ | 公式计算 |
| 14 | ☐ | 010260 | 住房公积金 | 数值型 | 12 | 2 | 税前减项 | ☐ | 公式计算 |
| 15 | ☐ | 110201 | 社会保险费（企） | 数值型 | 12 | 2 | 其他 | ☐ | 公式计算 |
| 16 | ☐ | 010276 | 住房公积金（企） | 数值型 | 12 | 2 | 其他 | ☐ | 公式计算 |

图 6－17　职工工资的薪资项目列表

## 四、设置薪资项目公式

（1）修改岗位工资项目公式。在“薪资分类｜03 职工工资”右侧界面，选择“岗位工资”项目，单击“修改”按钮，单击“公式编辑”栏中的“🔍”图标，进入“公式编辑器”对话框，如图 6－18 所示。

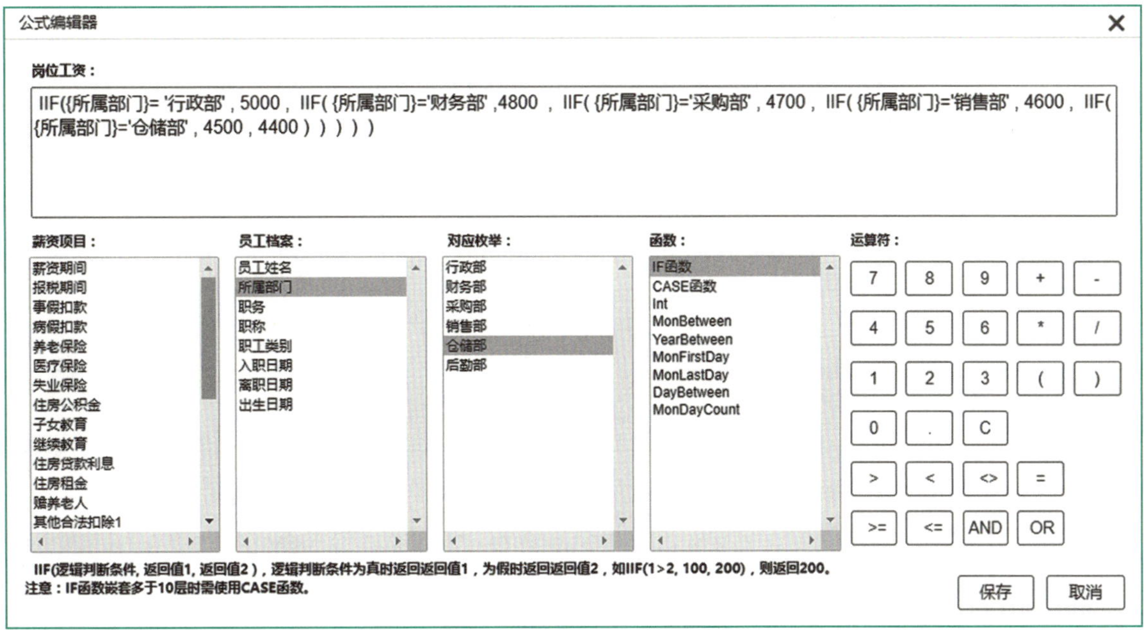


图 6－18 “岗位工资”公式设置

在“公式编辑器”对话框中，选择运算符为“[IIF 函数]”，公式编辑框显示“IIF(,,)”公式，在“IIF(,,)”的第一个“,”前，选择员工档案为“所属部门”，再单击运算符为“=”，再选择对应枚举为“行政部”；在“IIF(,,)”的第二个“,”前，输入“5000”；在“IIF(,,)”的第二个“,”后面，选择套用“运算符”的“[IIF 函数]”，完成后的公式表达式为“IIF({所属部门}='行政部',5000,IIF(,,))”。

继续输入第二个“IIF(,,)”中的内容，“所属部门”为“财务部”，数值为“4800”，在第二“IIF(,,)”中继续套用第三个“[IIF 函数]”；继续输入第三个“IIF(,,)”中的内容，“所属部门”为“采购部”，数值为“4700”，在第三“IIF(,,)”中继续套用第四个“[IIF 函数]”。根据表 6－3 继续录入岗位工资的后续公式内容。单击“保存”按钮，完成“岗位工资”公式设置。

（2）设置其他薪资项目公式。根据表 6－3 薪资项目公式信息逐一进行其他公式设置，部分薪资项目公式设置，如图 6－19 至图 6－29 所示。

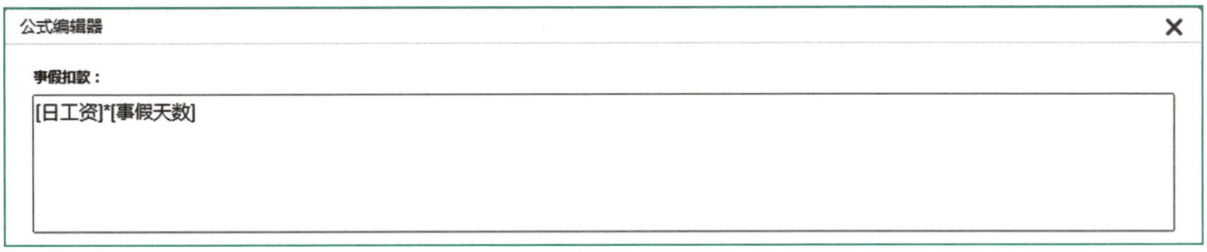


图 6－19 “事假扣款”公式

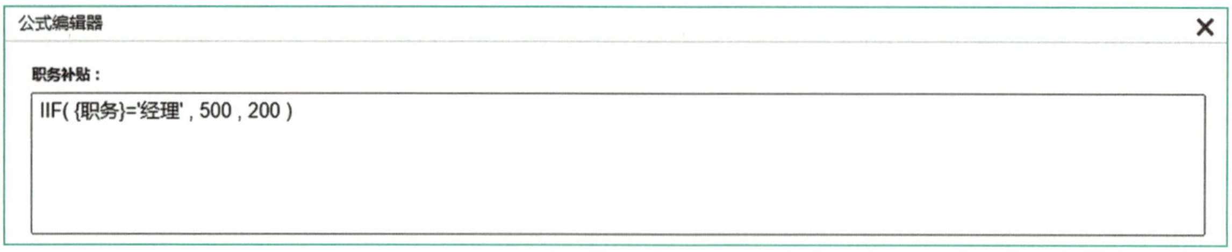


图 6－20 “职务补贴”公式

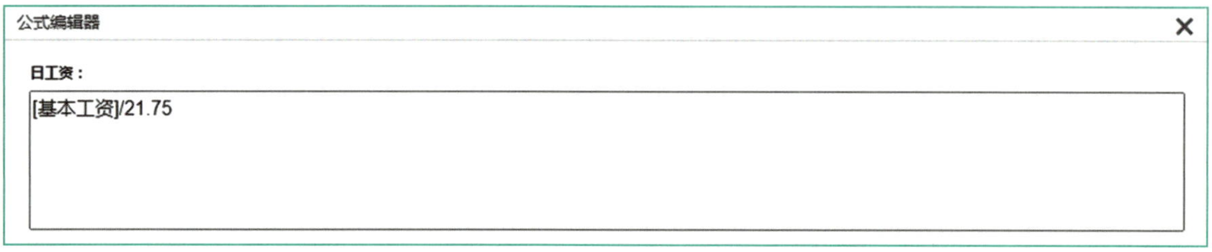


图 6－21 “日工资”公式

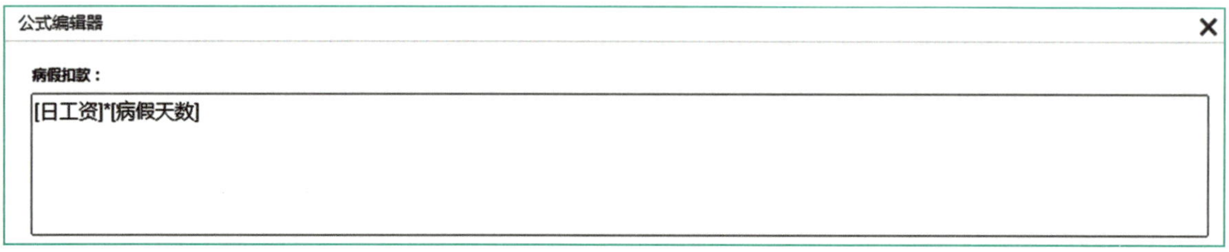


图 6－22 “病假扣款”公式

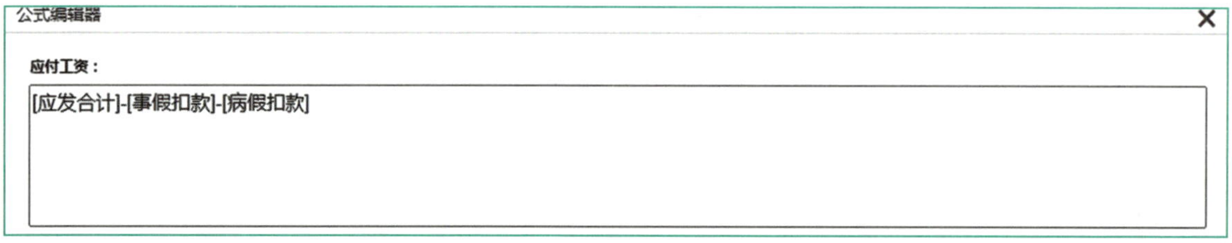


图 6－23 “应付工资”公式

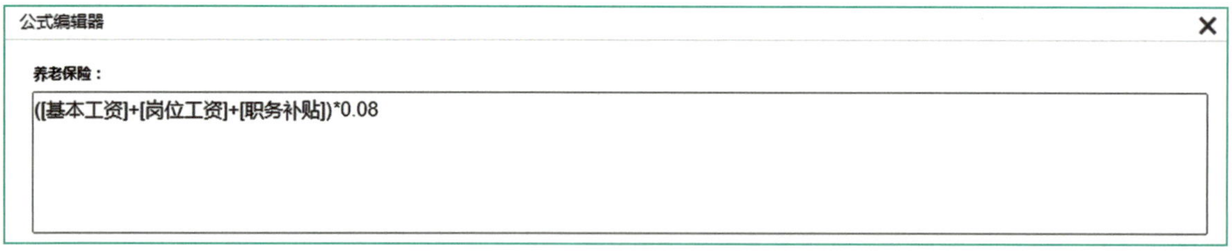


图 6－24 “养老保险”公式

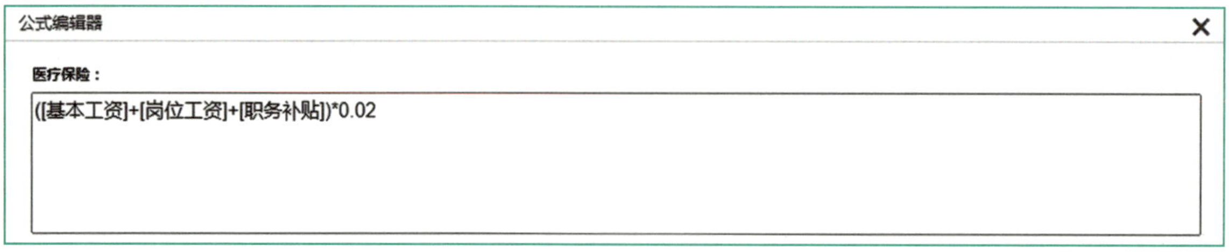


图 6－25 “医疗保险”公式

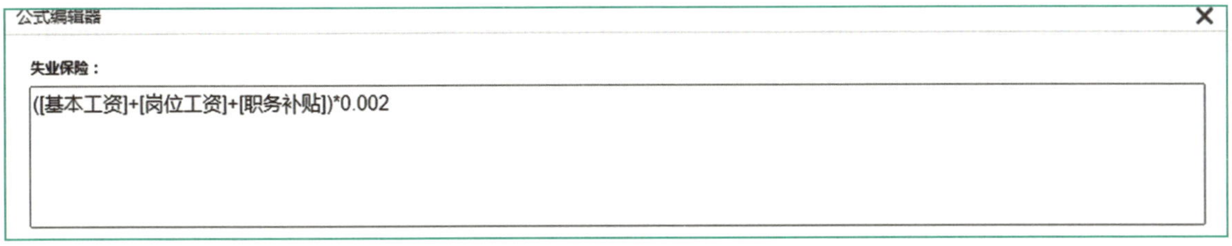


图 6－26　“失业保险”公式

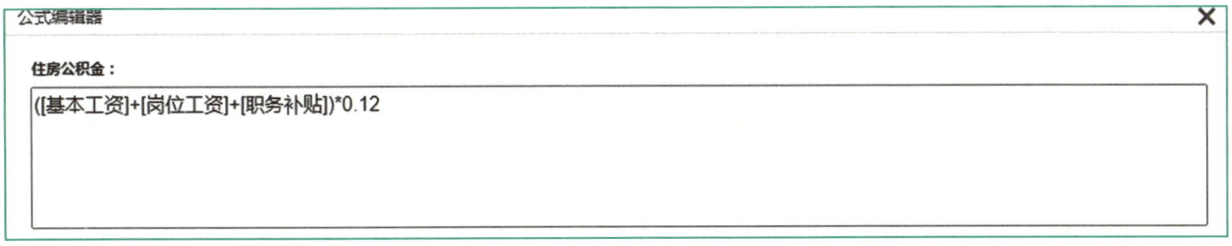


图 6－27　“住房公积金”公式

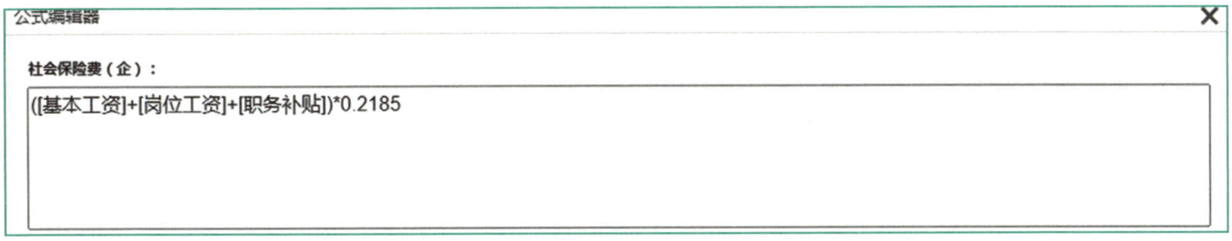


图 6－28　“社会保险费（企）”公式

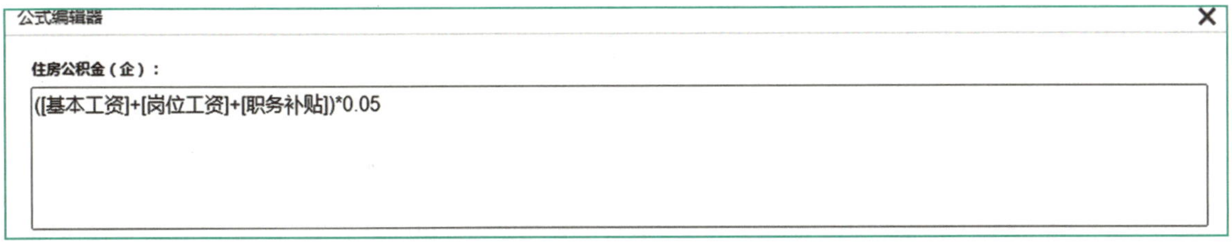


图 6－29　“公积金（企）”公式

### 薪资管理操作小技巧

（1）薪资类别默认显示系统预设项目不能删除，如不需显示，去除核算单显示/移动端显示。

（2）系统项目不支持公式设置。

（3）薪资项目及薪资类别支持下载模板/导入，可对薪资项目进行批量导入。

（4）薪资项目如果已经被添加到相关薪资类别中，则该薪资项目就不可以进行修改。如果需要修改该薪资项目，需要先到相关薪资类别中删除该薪资项目，然后回到薪资项目中进行修改。

（3）设置完成薪资项目公式。根据表 6－3 薪资项目公式信息逐一设置公式，设置完成后的薪资项目公式，如图 6－30 所示。

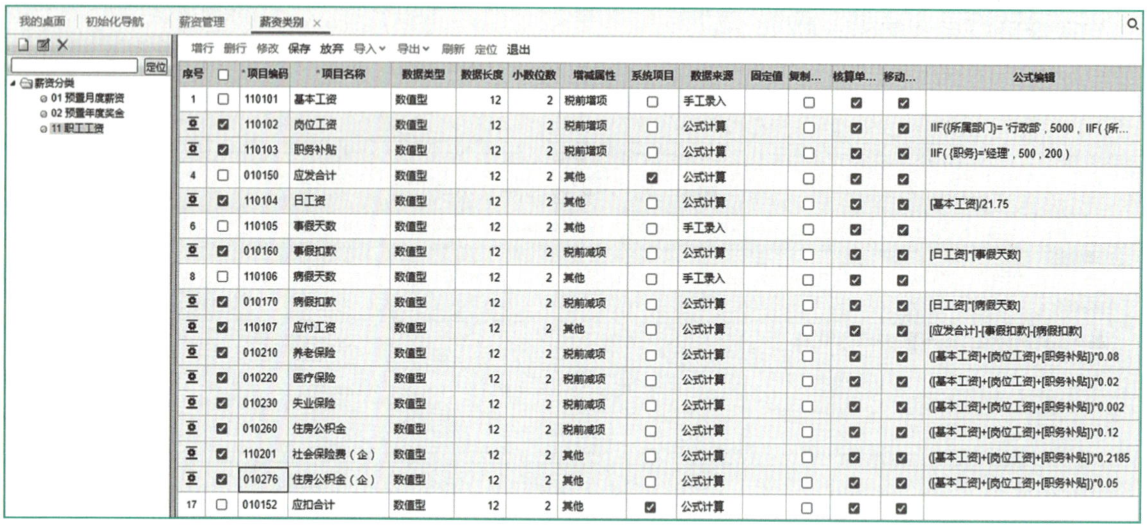


图 6－30　薪资项目公式

## 五、设置薪资生成凭证的入账科目

（1）打开科目设置界面。以账套主管身份登录 T＋教育专版，在左边导航栏中，单击打开“智能财税｜总账｜日常业务｜科目设置”界面。

（2）成本费用科目设置。在“科目设置”界面，单击“成本费用科目”右侧的“设置”按钮，进入“成本费用科目扩展设置”界面，如图 6－31 所示。在“成本费用扩展设置科目”界面，选择部门为“行政部”，选择薪资项目为“应付工资”，选择科目编码为“560201”，选择科目名称为“管理费用—管理人员职工薪酬”，然后点击序号位置“☒”标志，点击“增行”，按照上述方法，根据表 6－4 继续设置其他部门对应的科目。

图 6－31　成本费用科目扩展设置

（3）应付职工薪酬科目设置。在“科目设置”界面，单击“应付职工薪酬科目”右侧的“设置”按钮，进入“应付职工薪酬科目扩展设置”界面，如图 6－32 所示。单击“薪资项目”选项，将“应发合计”修改为“应付工资”，其他不变。

图 6－32　应付职工薪酬科目扩展设置

## 活动 6.1.3　职工薪酬期初数据录入

### 活动描述

【业务 6－3】9 月 1 日，以会计主管的身份，录入 1～8 月薪资累计数，数据如表 6－5 所示。

表 6－5　　1～8 月薪资累计数

| 员工编号 | 员工姓名 | 累计税前应发合计 | 累计应发合计 | 累计税前扣除合计 | 累计子女教育支出 | 累计继续教育支出 | 累计住房贷款利息支出 | 累计住房租金支出 | 累计赡养老人支出 | 累计起征点合计 | 累计实际已缴纳个税 | 累计月度减免税额 |
|---|---|---|---|---|---|---|---|---|---|---|---|---|
| 101 | 陈明晖 | 84,000.00 | 84,000.00 | 18,900.00 | | | | | 12,000.00 | 40,000.00 | 393.00 | 0.00 |
| 201 | 林凌云 | 82,400.00 | 82,400.00 | 18,540.00 | | | | | 12,000.00 | 40,000.00 | 355.80 | 0.00 |
| 202 | 王鑫 | 64,000.00 | 64,000.00 | 14,400.00 | 8,000.00 | 3,200.00 | | | | 40,000.00 | 0.00 | 0.00 |
| 203 | 马成功 | 64,000.00 | 64,000.00 | 14,400.00 | 8,000.00 | | | | | 40,000.00 | 48.00 | 0.00 |
| 301 | 赵云 | 81,600.00 | 81,600.00 | 18,360.00 | | | 8,000.00 | | | 40,000.00 | 457.20 | 0.00 |
| 302 | 王鹏 | 63,200.00 | 63,200.00 | 14,220.00 | | | | 12,000.00 | | 40,000.00 | 0.00 | 0.00 |

续表

| 员工编号 | 员工姓名 | 累计税前应发合计 | 累计应发合计 | 累计税前扣除合计 | 累计子女教育支出 | 累计继续教育支出 | 累计住房贷款利息支出 | 累计住房租金支出 | 累计赡养老人支出 | 累计起征点合计 | 累计实际已缴纳个税 | 累计月度减免税额 |
|---|---|---|---|---|---|---|---|---|---|---|---|---|
| 401 | 郭商 | 80,800.00 | 80,800.00 | 18,180.00 | | | | 12,000.00 | | 40,000.00 | 318.60 | 0.00 |
| 402 | 李丽 | 62,400.00 | 62,400.00 | 14,040.00 | | | | 12,000.00 | | 40,000.00 | 0.00 | 0.00 |
| 501 | 刘明 | 80,000.00 | 80,000.00 | 18,000.00 | | | | 12,000.00 | | 40,000.00 | 300.00 | 0.00 |
| 601 | 郑翔 | 79,200.00 | 79,200.00 | 17,820.00 | 8,000.00 | | 8,000.00 | | | 40,000.00 | 161.40 | 0.00 |
| 602 | 刘韬 | 60,800.00 | 60,800.00 | 13,680.00 | 8,000.00 | | 8,000.00 | | | 40,000.00 | 0.00 | 0.00 |

## 业务流程

录入薪资期初数据的业务流程，如图6－33所示。

**图6－33　录入薪资期初数据的业务流程**

## 知识准备

### 一、薪资期初数据

当企业在年度某一期间启用薪资管理模块时可录入员工的期初累计数据，直接在启用月核算薪资，无须补录历史数据。薪资期初数据涉及员工基础信息及其累计税前应发合计、累计应发合计、累计税前扣除合计、累计子女教育支出、累计继续教育支出、累计起征点合计、累计实际已缴纳个税等数据。薪资期初数据将参与薪资核算单的公式计算，并会最终影响员工个人所得税等项目的数据。

### 二、累计税前应发合计与累计应发合计

企业薪资核算如不存在税后增项场景时，累计税前应发合计＝累计应发合计，此时两列按相同数据录入/导入即可；如存在税后增项场景时，累计税前应发合计＝所有参与应税所得额计算的税前增项的合计数，累计应发合计＝所税前增项合计数＋税后增项合计数。

### 三、累计预扣法

累计预扣法是指扣缴义务人在一个纳税年度内预扣预缴税款时，以纳税人在本单位截至当前月份工资、薪金所得的累计收入减除累计免税收入、累计减除费用、累计专项扣除、累计专项附加扣除和累计依法确定的其他扣除后的余额为累计预扣预缴应纳税所得额。

活动6.1.3
[ 业务6-3 ]
操作录屏

## 活动指导

### 一、打开薪资期初余额界面

会计主管以业务日期 2023 年 9 月 1 日登录 T + 教育专版，在左边导航栏中，单击打开“基础设置｜初始化｜期初余额｜薪资期初余额”界面。

### 二、录入薪资期初余额

在“薪资期初余额”界面，根据表 6 – 5 薪资期初数据，依次录入员工、部门、累计税前应发等信息，单击“保存”按钮，完成薪资期初余额录入，如图 6 – 34 所示。

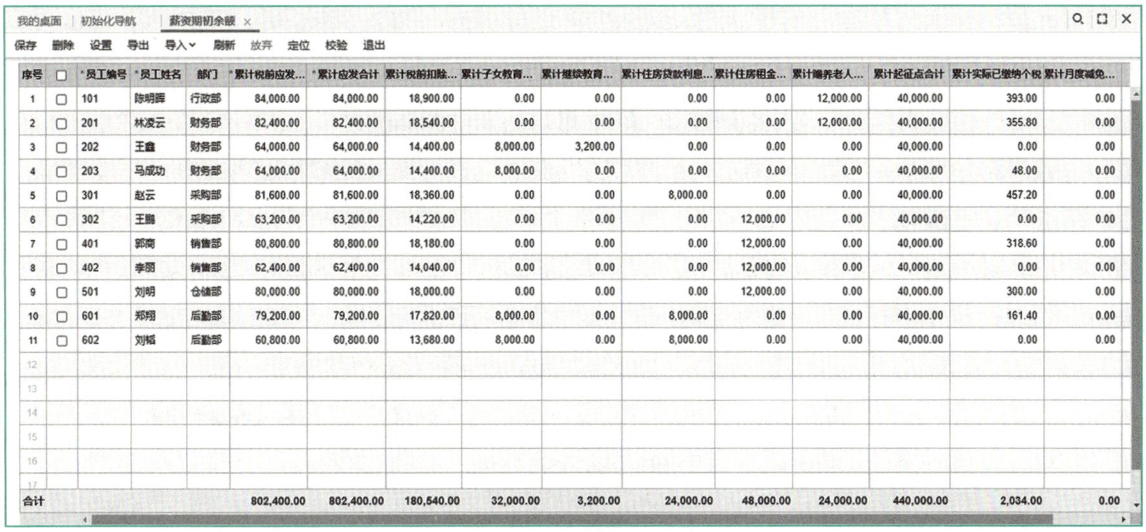


| 序号 | ☐ | *员工编号 | *员工姓名 | 部门 | *累计税前应发... | *累计应发合计 | 累计税前扣除... | 累计子女教育... | 累计继续教育... | 累计住房贷款利息... | 累计住房租金... | 累计赡养老人... | 累计起征点合计 | 累计实际已缴纳个税 | 累计月度减免... |
|---|---|---|---|---|---|---|---|---|---|---|---|---|---|---|---|
| 1 | ☐ | 101 | 陈明晖 | 行政部 | 84,000.00 | 84,000.00 | 18,900.00 | 0.00 | 0.00 | 0.00 | 0.00 | 12,000.00 | 40,000.00 | 393.00 | 0.00 |
| 2 | ☐ | 201 | 林凌云 | 财务部 | 82,400.00 | 82,400.00 | 18,540.00 | 0.00 | 0.00 | 0.00 | 0.00 | 12,000.00 | 40,000.00 | 355.80 | 0.00 |
| 3 | ☐ | 202 | 王鑫 | 财务部 | 64,000.00 | 64,000.00 | 14,400.00 | 8,000.00 | 3,200.00 | 0.00 | 0.00 | 0.00 | 40,000.00 | 0.00 | 0.00 |
| 4 | ☐ | 203 | 马成功 | 财务部 | 64,000.00 | 64,000.00 | 14,400.00 | 8,000.00 | 0.00 | 0.00 | 0.00 | 0.00 | 40,000.00 | 48.00 | 0.00 |
| 5 | ☐ | 301 | 赵云 | 采购部 | 81,600.00 | 81,600.00 | 18,360.00 | 0.00 | 0.00 | 8,000.00 | 0.00 | 0.00 | 40,000.00 | 457.20 | 0.00 |
| 6 | ☐ | 302 | 王鹏 | 采购部 | 63,200.00 | 63,200.00 | 14,220.00 | 0.00 | 0.00 | 0.00 | 12,000.00 | 0.00 | 40,000.00 | 0.00 | 0.00 |
| 7 | ☐ | 401 | 郭商 | 销售部 | 80,800.00 | 80,800.00 | 18,180.00 | 0.00 | 0.00 | 0.00 | 12,000.00 | 0.00 | 40,000.00 | 318.60 | 0.00 |
| 8 | ☐ | 402 | 李丽 | 销售部 | 62,400.00 | 62,400.00 | 14,040.00 | 0.00 | 0.00 | 0.00 | 12,000.00 | 0.00 | 40,000.00 | 0.00 | 0.00 |
| 9 | ☐ | 501 | 刘明 | 仓储部 | 80,000.00 | 80,000.00 | 18,000.00 | 0.00 | 0.00 | 0.00 | 12,000.00 | 0.00 | 40,000.00 | 300.00 | 0.00 |
| 10 | ☐ | 601 | 郑翔 | 后勤部 | 79,200.00 | 79,200.00 | 17,820.00 | 8,000.00 | 0.00 | 8,000.00 | 0.00 | 0.00 | 40,000.00 | 161.40 | 0.00 |
| 11 | ☐ | 602 | 刘韬 | 后勤部 | 60,800.00 | 60,800.00 | 13,680.00 | 8,000.00 | 0.00 | 8,000.00 | 0.00 | 0.00 | 40,000.00 | 0.00 | 0.00 |
| 12 | | | | | | | | | | | | | | | |
| 13 | | | | | | | | | | | | | | | |
| 14 | | | | | | | | | | | | | | | |
| 15 | | | | | | | | | | | | | | | |
| 16 | | | | | | | | | | | | | | | |
| 17 | | | | | | | | | | | | | | | |
| 合计 | | | | | 802,400.00 | 802,400.00 | 180,540.00 | 32,000.00 | 3,200.00 | 24,000.00 | 48,000.00 | 24,000.00 | 440,000.00 | 2,034.00 | 0.00 |

图 6 – 34　薪资期初余额录入

# 任务6.2 职工薪酬日常业务处理

**任务介绍**

本任务介绍了职工薪酬的变动和发放，包括职工的考勤核算、日常工资，包括社保、住房公积金的计算及进行工资费用分配并生成记账凭证的操作。

## 活动6.2.1 职工薪酬发放

### 活动描述

**【业务6-4】** 9月12日，财务发放上个月工资并缴纳社保、住房公积金，具体单据如图6-35至图6-41所示。

中国银行

付 款 回 单

日期：2023年09月12日　　业务类型：自助代发付款　　流水号：880978086720

付款账号：6282881680109876319　　户名：广州美妆商贸有限公司

开户行：中国银行友谊路支行

金额（大写）：人民币柒万柒仟柒佰柒拾玖元壹角伍分

金额（小写）：CNY 77,779.15

业务编号：623631118193

摘要：代发工资　　批次号：046933925057

经办：　　回单编号：996383183209　　310675

中国银行友谊路支行 电子回单专用章

提示：1. 电子回单验证相同表示同一笔业务回单，请勿重复记账使用。
2. 已在银行柜台领用业务回单的单位，请注意核对，勿重复记账使用。

打印时间：2023年09月12日20时17分

图6-35 发放工资付款回单

中国银行 

付款回单

日期：2023年09月12日　　业务类型：中间业务通用付款　　流水号：880978086720

付款账号：6282881680109876319　　户名：广州美妆商贸有限公司

开户行：中国银行友谊路支行

金额（大写）：人民币 叁万贰仟壹佰肆拾陆元壹角伍分

金额（小写）：CNY 32,146.15

业务编号：623631118193

摘要：社会保险费　　批次号：046933925057

经办：　　回单编号：996383183209　　310675

中国银行友谊路支行 电子回单专用章

提示：1. 电子回单验证相同表示同一笔业务回单，请勿重复记账使用。

2. 已在银行柜台领用业务回单的单位，请注意核对，勿重复记账使用。

打印时间：2023年09月12日20时26分

图 6－36　社保费付款回单

中华人民共和国
税收完税证明



国

（791）粤　国政 858928577176785046

填发日期：2023 年 09 月 12 日　　税务机关：国家税务总局广州市越秀区税务局

| 纳税人识别号 | 12440168MB2D88680A | | 纳税人名称 | 广州美妆商贸有限公司 | |
|---|---|---|---|---|---|
| 原凭证号 | 税种 | 品目名称 | 税款所属时期 | 入(退)库日期 | 实缴(退)金额 |
| 27212038404031974O894 | 社会保险基金 | 养老保险（企） | 2023-08-01 － 2023-08-30 | 2023-09-12 | 14,042.00 |
| 12266055228269019153８ | 社会保险基金 | 养老保险（个） | 2023-08-01 － 2023-08-30 | 2023-09-12 | 8,024.00 |
| 545862369056314805131 | 社会保险基金 | 医疗保险（企） | 2023-08-01 － 2023-08-30 | 2023-09-12 | 6,870.55 |
| 496303627398695156974 | 社会保险基金 | 医疗保险（个） | 2023-08-01 － 2023-08-30 | 2023-09-12 | 2,006.00 |
| 809504333162229850577 | 社会保险基金 | 失业保险（企） | 2023-08-01 － 2023-08-30 | 2023-09-12 | 802.40 |
| 750055691404590201210 | 社会保险基金 | 失业保险（个） | 2023-08-01 － 2023-08-30 | 2023-09-12 | 200.60 |
| 173257308278124915913 | 社会保险基金 | 工伤保险（企） | 2023-08-01 － 2023-08-30 | 2023-09-12 | 200.60 |
| 金额合计（大写） | 人民币 叁万贰仟壹佰肆拾陆元壹角伍分 | | | | ¥32,146.15 |
| 税务机关（盖章） 国家税务总局广州市越秀区税务局 征税专用章 | 填票人 | 备注 | | | |

第一联（收据）缴纳税人作完税凭证明

妥善保管、手写无效

图 6－37　社保完税证明

**住房公积金汇缴书**

2023 年 09 月 12 日

附变更清册 0 张

| 单位名称（公章） | 广州美妆商贸有限公司 | | | |
|---|---|---|---|---|
| 单位登记号 | 53408916 | 资金来源 | □财政统发 ☑非财政统发 | 汇缴 2023 年 09 月份 |

汇缴金额（大写）：人民币 壹万柒仟零伍拾壹元整

| 千 | 百 | 十 | 万 | 千 | 百 | 十 | 元 | 角 | 分 |
|---|---|---|---|---|---|---|---|---|---|
| | | ¥ | 1 | 7 | 0 | 5 | 1 | 0 | 0 |

| | 上月汇缴 | 本月增加 | 本月减少 | 本月汇缴 |
|---|---|---|---|---|
| 人数 | 11 | 0 | 0 | 11 |
| 金额 | ¥17,051.00 | ¥0.00 | ¥0.00 | ¥17,051.00 |
| 缴款方式 | □支票 | ☑委托收款 | □现金送款簿 | □汇票 |
| 票据号码 | 69112038 | | 备注： | |
| 付款银行 | 中国银行友谊路支行 | | | |
| 付款账户 | 6282881680109876319 | | | |

单位财务主管签字（盖章）： 林凌云　　复核： 林凌云　　制单： 王鑫

图 6－38　住房公积金缴款书

**中国银行**

**付 款 回 单**

日期：2023年09月12日　　业务类型：中间业务通用付款　　流水号：574311051594

付款账号：6282881680109876319　　户名：广州美妆商贸有限公司

开户行：中国银行友谊路支行

金额（大写）：人民币 壹万柒仟零伍拾壹元整

金额（小写）：CNY 17,051.00

业务编号：369933067343

摘要：住房公积金　　批次号：219483225585

经办：　　回单编号：633685032459　　328307

提示：1. 电子回单验证相同表示同一笔业务回单，请勿重复记账使用。
2. 已在银行柜台领用业务回单的单位，请注意核对，勿重复记账使用。

打印时间：2023年09月12日21时16分

中国银行友谊路支行 电子回单专用章

图 6－39　住房公积金付款回单

**中国银行**

**付款回单**

日期：2023年09月12日　　业务类型：中间业务通用付款　　流水号：384626705766

付款账号：6282881680109876319　　户名：广州美妆商贸有限公司

开户行：中国银行友谊路支行

金额（大写）：人民币 贰佰伍拾肆元贰角伍分

金额（小写）：CNY 254.25

业务编号：234066063934

摘要：个人所得税　　批次号：658268779808

经办：　　回单编号：236389838165　　715310

（印章：中国银行友谊路支行 电子回单专用章）

提示：1. 电子回单验证相同表示同一笔业务回单，请勿重复记账使用。

2. 已在银行柜台领用业务回单的单位，请注意核对，勿重复记账使用。

打印时间：2023年09月12日14时29分

图 6－40　个人所得税完税证明

**中华人民共和国**

**税收完税证明**

国

（719）粤　国政 858928577176785046

填发日期：2023年 09 月 12 日　　税务机关：国家税务总局广州市越秀区税务局

| 纳税人识别号 | 12440168MB2D88680A | | 纳税人名称 | 广州美妆商贸有限公司 | |
|---|---|---|---|---|---|
| 原凭证号 | 税种 | 品目名称 | 税款所属时期 | 入（退）库日期 | 实缴（退）金额 |
| 072894102337202059299 | 个人所得税 | 个人所得税 | 2023-08-01 — 2023-08-31 | 2023-09-12 | 254.25 |
| 金额合计 | （大写）人民币 贰佰伍拾肆元贰角伍分 | | | | ¥254.25 |
| 税务机关（盖章） | 填票人 | 备注 | | | |

（印章：国家税务总局广州市越秀区税务局 征税专用章）

第一联（收据）交纳税人作完税凭证明

妥善保管、手写无效

图 6－41　个人所得税税收完税证明

## 业务流程

职工薪酬发放业务的流程，如图 6－42 所示。

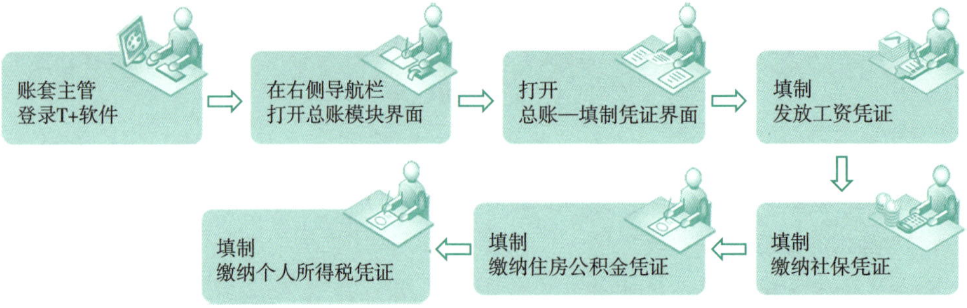


**图 6－42　职工薪酬发放业务的流程**

## 知识准备

### 一、发放工资

企业一般在每个月 15 日前发放上个月职工工资，发放工资时，企业一般导盘员工薪资数据给开户银行代发。当企业月底有结转个人代扣款的情形时，发放工资的会计核算如下：

借：应付职工薪酬——应付职工工资

　　贷：银行存款

如果月底没有结转个人代扣款时，会计核算如下：

借：应付职工薪酬——应付职工工资

　　贷：其他应付款——社会保险费

　　　　　　　　　——住房公积金

　　　　应交税费——应交个人所得税

　　　　银行存款

### 二、缴纳社会保险费和住房公积金

企业需要将计提的社会保险费和住房公积金，连同代扣个人的社会保险费和住房公积金一起缴纳给社保局及住房公积金管理机构。缴纳社会保险费及住房公积金的会计核算如下：

借：应付职工薪酬——应付社会保险费

　　其他应付款——社会保险费

　　贷：银行存款

借：应付职工薪酬——应付住房公积金

　　其他应付款——住房公积金

　　贷：银行存款

### 三、代缴个人所得税

每个月 15 日前，企业需要向税务机关上缴上个月产生的个人所得税。个人所得税采用年度汇算清缴的模式，在年度终了后，对纳税人全年收入所应纳税做汇总结算清缴工作，实行多退少补政策。如某员工由于某种原因一个纳税年度内少缴税 1,000 元，则要在次年 4 月前补缴 1,000 元税款。

**五险一金**

五险一金是指用人单位给予劳动者的几种保障性待遇的合称，包括基本养老保险、基本医疗保险、失业保险、工伤保险和生育保险，以及住房公积金。《“十三五”规划纲要》提出，将生育保险和基本医疗保险合并实施。这意味着，未来随着生育保险和基本医疗保险的合并，人们熟悉的“五险一金”或将变为“四险一金”。

## 活动指导

### 一、打开填制凭证界面

会计以业务日期2023年9月12日登录T+教育专版，在左边导航栏中，单击打开“智能财税｜总账｜日常业务｜填制凭证”界面。

### 二、填制职工薪酬发放凭证

在“填制凭证”界面中，单击“新增”按钮，根据业务单据填制记账凭证，如图6-43所示。

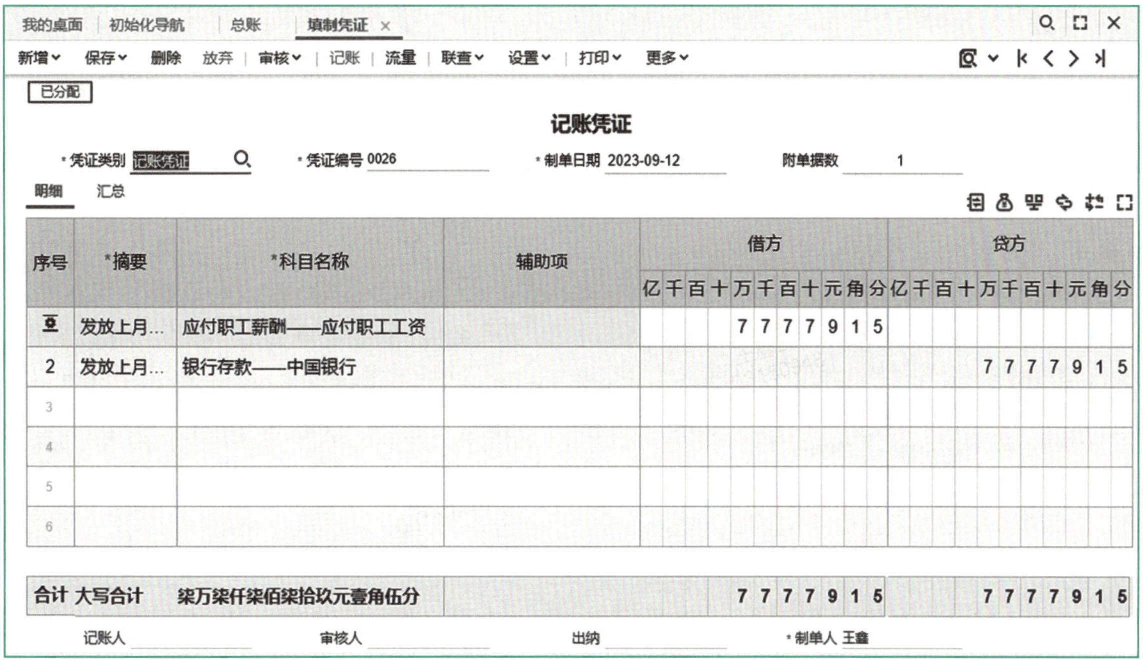

我的桌面　初始化导航　总账　填制凭证 ×

新增　保存　删除　放弃　审核　记账　流量　联查　设置　打印　更多

已分配

**记账凭证**

*凭证类别 记账凭证　*凭证编号 0026　*制单日期 2023-09-12　附单据数 1

明细　汇总

| 序号 | *摘要 | *科目名称 | 辅助项 | 借方 | 贷方 |
| --- | --- | --- | --- | --- | --- |
| 1 | 发放上月… | 应付职工薪酬——应付职工工资 | | 7777915 | |
| 2 | 发放上月… | 银行存款——中国银行 | | | 7777915 |
| 3 | | | | | |
| 4 | | | | | |
| 5 | | | | | |
| 6 | | | | | |
| 合计 大写合计 | 柒万柒仟柒佰柒拾玖元壹角伍分 | | | 7777915 | 7777915 |

记账人　审核人　出纳　*制单人 王鑫

图6-43　支付职工工资凭证

### 三、填制缴纳社会保险费凭证

在“填制凭证”界面中，单击“新增”按钮，根据业务单据填制记账凭证，如图6-44所示。

活动6.2.1［业务6-4］操作录屏

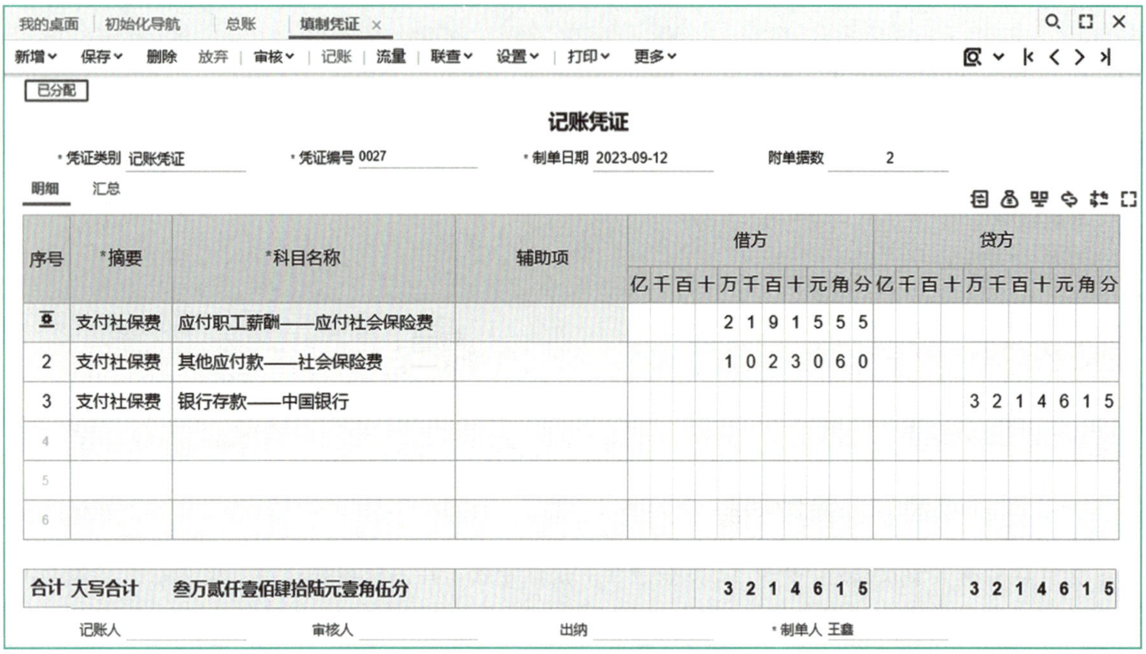

我的桌面 | 初始化导航 | 总账 | 填制凭证 ×

新增 保存 删除 放弃 审核 记账 流量 联查 设置 打印 更多

已分配

**记账凭证**

*凭证类别 记账凭证　*凭证编号 0027　*制单日期 2023-09-12　附单据数 2

明细　汇总

| 序号 | *摘要 | *科目名称 | 辅助项 | 借方 | 贷方 |
| --- | --- | --- | --- | --- | --- |
| | 支付社保费 | 应付职工薪酬——应付社会保险费 | | 2191555 | |
| 2 | 支付社保费 | 其他应付款——社会保险费 | | 1023060 | |
| 3 | 支付社保费 | 银行存款——中国银行 | | | 3214615 |
| 4 | | | | | |
| 5 | | | | | |
| 6 | | | | | |
| 合计 大写合计 | 叁万贰仟壹佰肆拾陆元壹角伍分 | | | 3214615 | 3214615 |

记账人　审核人　出纳　*制单人 王鑫

图 6－44　缴纳社会保险费凭证

## 四、填制缴纳住房公积金凭证

在“填制凭证”界面中，单击“新增”按钮，根据业务单据填制记账凭证，如图 6－45 所示。

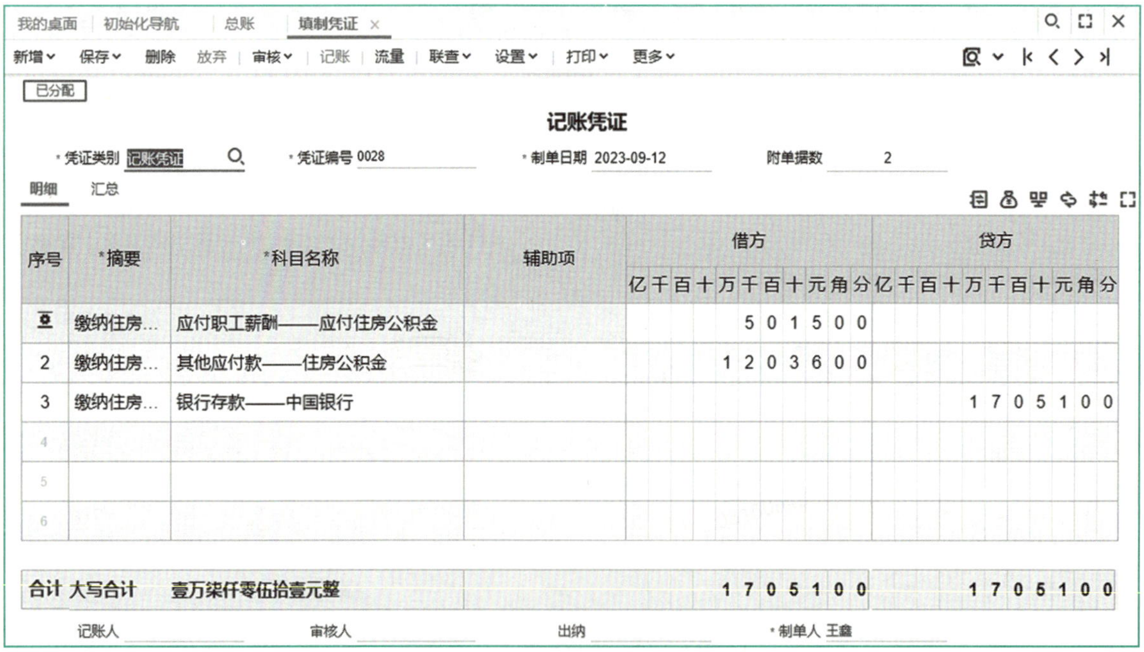

我的桌面 | 初始化导航 | 总账 | 填制凭证 ×

新增 保存 删除 放弃 审核 记账 流量 联查 设置 打印 更多

已分配

**记账凭证**

*凭证类别 记账凭证　*凭证编号 0028　*制单日期 2023-09-12　附单据数 2

明细　汇总

| 序号 | *摘要 | *科目名称 | 辅助项 | 借方 | 贷方 |
| --- | --- | --- | --- | --- | --- |
| | 缴纳住房... | 应付职工薪酬——应付住房公积金 | | 501500 | |
| 2 | 缴纳住房... | 其他应付款——住房公积金 | | 1203600 | |
| 3 | 缴纳住房... | 银行存款——中国银行 | | | 1705100 |
| 4 | | | | | |
| 5 | | | | | |
| 6 | | | | | |
| 合计 大写合计 | 壹万柒仟零伍拾壹元整 | | | 1705100 | 1705100 |

记账人　审核人　出纳　*制单人 王鑫

图 6－45　缴纳住房公积金凭证

## 五、填制代缴个人所得税凭证

在“填制凭证”界面中，单击“新增”按钮，根据业务单据填制记账凭证，如图 6－46 所示。

图 6－46　代缴个人所得税凭证

## 活动 6.2.2　职工薪酬变动

### 活动描述

【业务 6－5】9 月 25 日，以会计主管的身份，录入 9 月份公司职工薪资数据，如表 6－6 所示。

表 6－6　员工基本工资信息

| 职员编号 | 职员姓名 | 基本工资 | 子女教育 | 继续教育 | 住房贷款利息 | 住房租金 | 赡养老人 |
|---|---|---|---|---|---|---|---|
| 101 | 陈明晖 | 5, 000 | | | | | 1, 500 |
| 201 | 林凌云 | 5, 000 | | | | | 1, 500 |
| 202 | 王鑫 | 3, 000 | 1, 000 | 400 | | | |
| 203 | 马成功 | 3, 000 | 1, 000 | | | | |
| 301 | 赵云 | 5, 000 | | | 1, 000 | | |
| 302 | 王鹏 | 3, 000 | | | | 1, 500 | |
| 401 | 郭商 | 5, 000 | | | | 1, 500 | |
| 402 | 李丽 | 3, 000 | | | | 1, 500 | |
| 501 | 刘明 | 5, 000 | | | | 1, 500 | |
| 601 | 郑翔 | 5, 000 | 1, 000 | | 1, 000 | | |
| 602 | 刘韬 | 3, 000 | 1, 000 | | 1, 000 | | |

【业务6－6】9月25日，会计主管将员工本月的考勤情况录入系统并计算工资，其中刘明事假天数3天；郑翔病假天数2天。

## 业务流程

薪资核算单数据处理的业务流程，如图6－47所示。

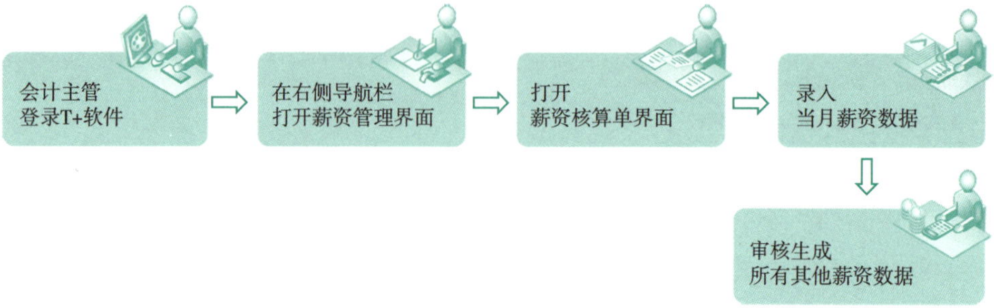


**图6－47　薪资核算单数据处理的业务流程**

## 知识准备

### 一、薪金核算

薪资核算是将本月考勤、绩效数据录入到系统，并核算薪资数据及个税。工资数据包含固定工资数据和变动工资数据。固定工资数据是指每月相对固定不变的工资数据，如基本工资、职务工资、岗位工资等。变动工资数据是指每月都会发生变化的工资数据，如病事假扣款、水电费、代扣税等代扣款等。输入期初数据是指输入固定工资数据。输入考勤数据即输入变动工资数据。

### 二、薪资核算单

薪资核算单作用于每月根据员工出勤、加班、专项附加扣除等情况核算员工当月应发薪资与个税等。可依据企业薪资管理规定，根据设定好的薪资类别按月/年度核算员工薪资/奖金，并对核算结果进行审核确认。

薪资核算单薪资期间不能早于薪资管理模块启用期间。薪资核算单薪资期间必须连续，禁止跨月核算。

### 三、薪资期初余额

非年初使用时可以录入薪资期初余额以保证累计计税正确。第一次使用薪资管理，必须将所有人员的基本工资数据手工录入系统。

## 活动指导

活动6.2.2
[业务6-5]
操作录屏

### 一、打开薪资管理界面

会计主管以业务日期2023年9月25日登录T+教育专版，在左边导航栏中，单击打开“智能财税｜薪资管理”界面。

## 二、输入基本工资数据

（1）填写薪资核算单表头栏目。在“薪资管理”界面，单击打开“薪资核算单”界面，如图 6－48 所示。在“薪资核算单”界面，选择“薪资类别”为“职工工资”，选择“薪资期间”为“2023. 09”，其他内容选择默认。

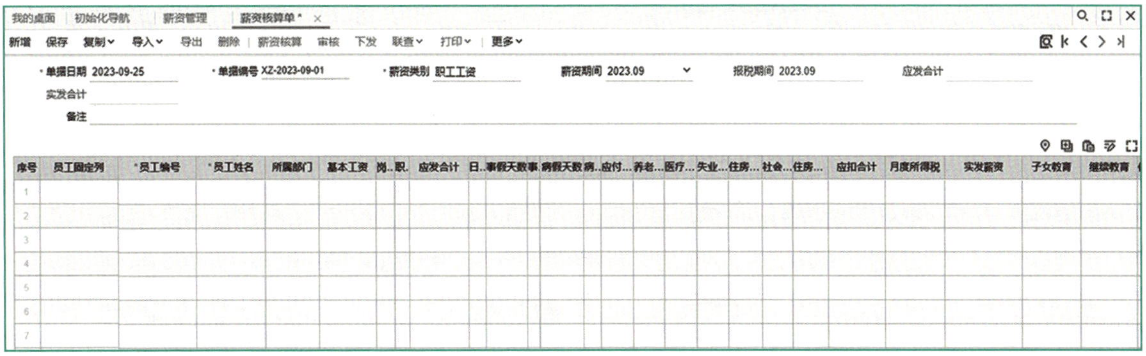


图 6－48　薪资核算单

（2）增加表体员工信息。在“薪资核算单”界面，单击“员工编号”单元格中的“🔍”，打开“员工参照”对话框，如图 6－49 所示。在“员工参照”对话框中，单击序号“1”，按住“shift”键，再单击序号“11”选择全部的员工信息，单击“确定”按钮，进行批量新增员工信息。

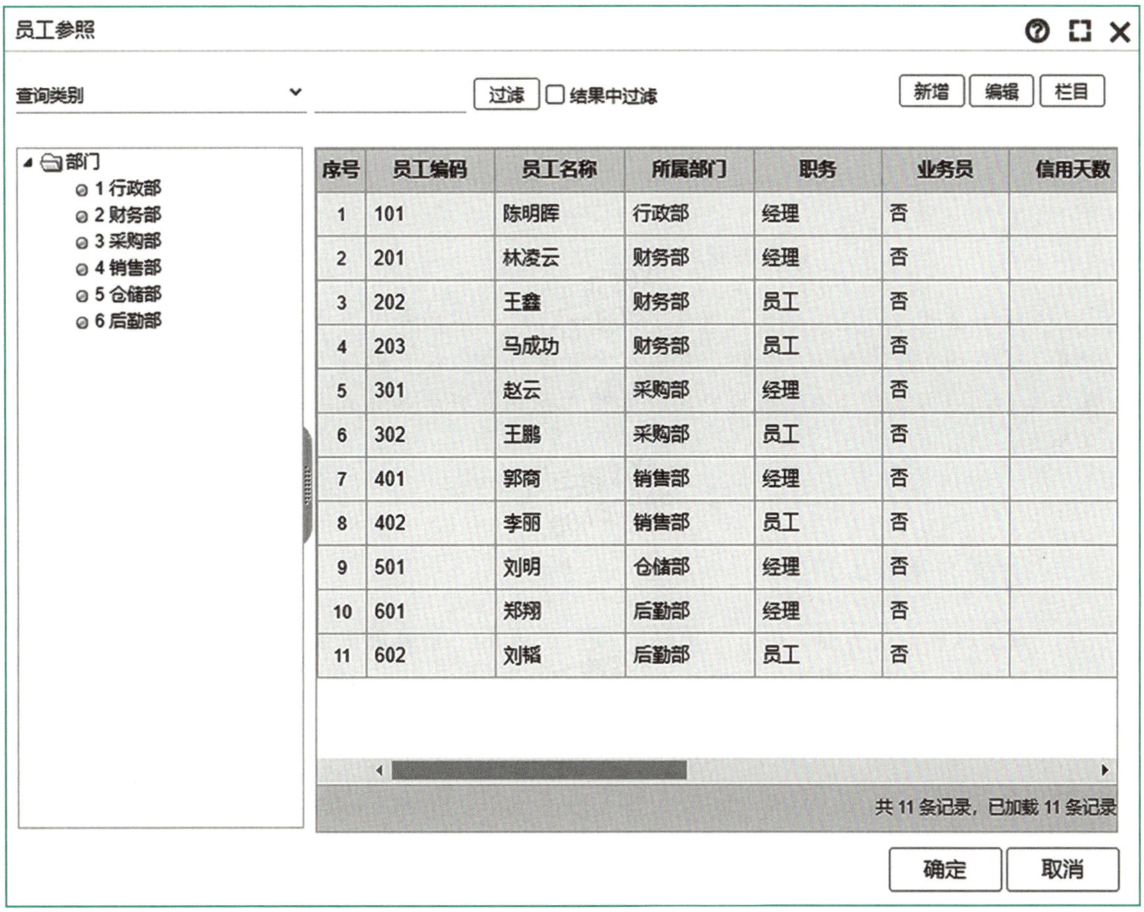


图 6－49　员工参照

（3）录入员工薪资信息。在“薪资核算单”界面，选择员工姓名为“陈明辉”行次，输入基本工资为“5,000”，输入赡养老人为“1,500”。根据表6－6员工基本工资信息和本月考勤数据，继续录入其他人员基本工资数据，单击“保存”按钮，完成薪资核算单的录入，如图6－50所示。

我的桌面 初始化导航 薪资管理 薪资核算单 *

新增 保存 复制 导入 导出 删除 薪资核算 审核 下发 联查 打印 更多

*单据日期 2023-09-25 *单据编号 XZ-2023-09-01 *薪资类别 职工工资 薪资期间 2023.09

报税期间 2023.09 应发合计 实发合计

备注

| 序号 | 员工固定列 | *员工编号 | *员工姓名 | 所属部门 | 基本工资 | 岗位工资 | 职务补贴 | 应发合计 | 日工资 | 事假天数 | 事假扣款 | 病假天数 | 病假扣款 |
|---|---|---|---|---|---|---|---|---|---|---|---|---|---|
| 1 | 陈明晖 | 101 | 陈明晖 | 行政部 | 5,000.00 | | | | | | | | |
| 2 | 林凌云 | 201 | 林凌云 | 财务部 | 5,000.00 | | | | | | | | |
| 3 | 王鑫 | 202 | 王鑫 | 财务部 | 3,000.00 | | | | | | | | |
| 4 | 马成功 | 203 | 马成功 | 财务部 | 3,000.00 | | | | | | | | |
| 5 | 赵云 | 301 | 赵云 | 采购部 | 5,000.00 | | | | | | | | |
| 6 | 王鹏 | 302 | 王鹏 | 采购部 | 3,000.00 | | | | | | | | |
| 7 | 郭商 | 401 | 郭商 | 销售部 | 5,000.00 | | | | | | | | |
| 8 | 李丽 | 402 | 李丽 | 销售部 | 3,000.00 | | | | | | | | |
| 9 | 刘明 | 501 | 刘明 | 仓储部 | 5,000.00 | | | | | 3.00 | | | |
| 10 | 郑翔 | 601 | 郑翔 | 后勤部 | 5,000.00 | | | | | | | 2.00 | |
| 11 | 刘韬 | 602 | 刘韬 | 后勤部 | 3,000.00 | | | | | | | | |
| 12 | | | | | | | | | | | | | |
| 合计 | | | | | 45,000.00 | | | | | 3.00 | | 2.00 | |

图6－50 薪资核算单（录入完成）

**薪资核算单的增加方式**

薪资核算单中，本月工资数据在上月基础上进行变动即可（第一次使用，需人为补充数据）。这里只需输入没有进行公式设定的项目，如基本工资、事假天数、病假天数，其余各项由系统根据计算公式自动计算生成。

## 三、计算与审核工资数据

活动6.2.2
[业务6-6]
操作录屏

在“薪资核算单”界面，单击“审核”按钮，弹出“审核前需要重算薪资数据”对话框，单击“是”按钮，计算并审核工资数据，如图6－51所示。

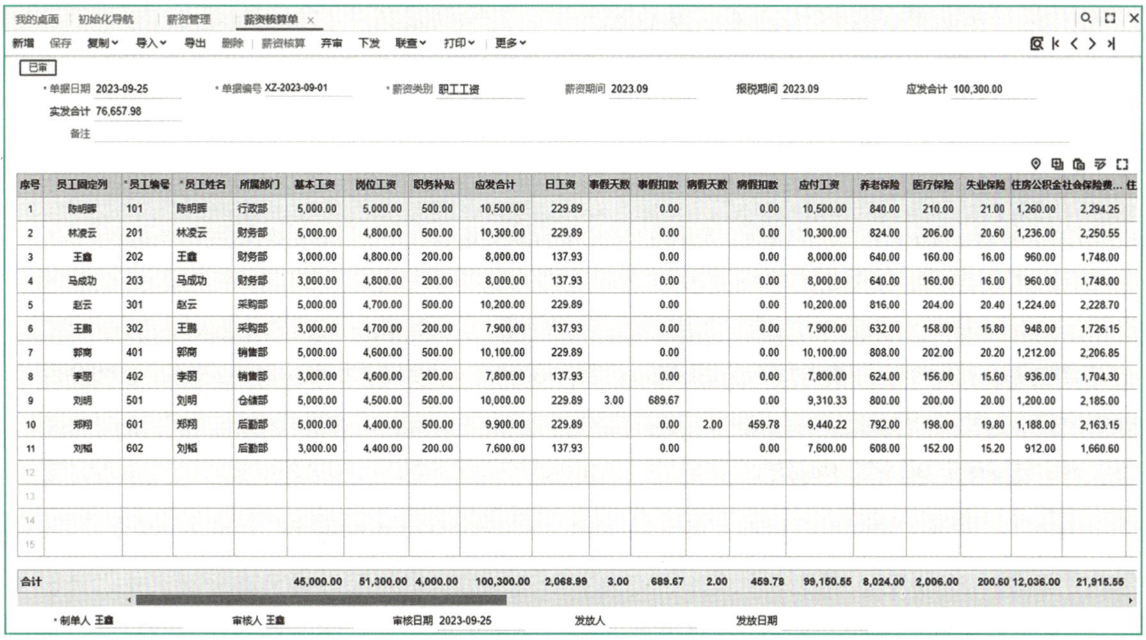

我的桌面　初始化导航　薪资管理　薪资核算单 ×

新增　保存　复制　导入　导出　删除　薪资核算　弃审　下发　联查　打印　更多

已审

*单据日期 2023-09-25　*单据编号 XZ-2023-09-01　*薪资类别 职工工资　薪资期间 2023.09　报税期间 2023.09　应发合计 100,300.00

实发合计 76,657.98

备注

| 序号 | 员工固定列 | *员工编号 | *员工姓名 | 所属部门 | 基本工资 | 岗位工资 | 职务补贴 | 应发合计 | 日工资 | 事假天数 | 事假扣款 | 病假天数 | 病假扣款 | 应付工资 | 养老保险 | 医疗保险 | 失业保险 | 住房公积金 | 社会保险费... | 住 |
|---|---|---|---|---|---|---|---|---|---|---|---|---|---|---|---|---|---|---|---|---|
| 1 | 陈明晖 | 101 | 陈明晖 | 行政部 | 5,000.00 | 5,000.00 | 500.00 | 10,500.00 | 229.89 | | 0.00 | | 0.00 | 10,500.00 | 840.00 | 210.00 | 21.00 | 1,260.00 | 2,294.25 | |
| 2 | 林凌云 | 201 | 林凌云 | 财务部 | 5,000.00 | 4,800.00 | 500.00 | 10,300.00 | 229.89 | | 0.00 | | 0.00 | 10,300.00 | 824.00 | 206.00 | 20.60 | 1,236.00 | 2,250.55 | |
| 3 | 王鑫 | 202 | 王鑫 | 财务部 | 3,000.00 | 4,800.00 | 200.00 | 8,000.00 | 137.93 | | 0.00 | | 0.00 | 8,000.00 | 640.00 | 160.00 | 16.00 | 960.00 | 1,748.00 | |
| 4 | 马成功 | 203 | 马成功 | 财务部 | 3,000.00 | 4,800.00 | 200.00 | 8,000.00 | 137.93 | | 0.00 | | 0.00 | 8,000.00 | 640.00 | 160.00 | 16.00 | 960.00 | 1,748.00 | |
| 5 | 赵云 | 301 | 赵云 | 采购部 | 5,000.00 | 4,700.00 | 500.00 | 10,200.00 | 229.89 | | 0.00 | | 0.00 | 10,200.00 | 816.00 | 204.00 | 20.40 | 1,224.00 | 2,228.70 | |
| 6 | 王鹏 | 302 | 王鹏 | 采购部 | 3,000.00 | 4,700.00 | 200.00 | 7,900.00 | 137.93 | | 0.00 | | 0.00 | 7,900.00 | 632.00 | 158.00 | 15.80 | 948.00 | 1,726.15 | |
| 7 | 郭商 | 401 | 郭商 | 销售部 | 5,000.00 | 4,600.00 | 500.00 | 10,100.00 | 229.89 | | 0.00 | | 0.00 | 10,100.00 | 808.00 | 202.00 | 20.20 | 1,212.00 | 2,206.85 | |
| 8 | 李丽 | 402 | 李丽 | 销售部 | 3,000.00 | 4,600.00 | 200.00 | 7,800.00 | 137.93 | | 0.00 | | 0.00 | 7,800.00 | 624.00 | 156.00 | 15.60 | 936.00 | 1,704.30 | |
| 9 | 刘明 | 501 | 刘明 | 仓储部 | 5,000.00 | 4,500.00 | 500.00 | 10,000.00 | 229.89 | 3.00 | 689.67 | | 0.00 | 9,310.33 | 800.00 | 200.00 | 20.00 | 1,200.00 | 2,185.00 | |
| 10 | 郑翔 | 601 | 郑翔 | 后勤部 | 5,000.00 | 4,400.00 | 500.00 | 9,900.00 | 229.89 | | 0.00 | 2.00 | 459.78 | 9,440.22 | 792.00 | 198.00 | 19.80 | 1,188.00 | 2,163.15 | |
| 11 | 刘韬 | 602 | 刘韬 | 后勤部 | 3,000.00 | 4,400.00 | 200.00 | 7,600.00 | 137.93 | | 0.00 | | 0.00 | 7,600.00 | 608.00 | 152.00 | 15.20 | 912.00 | 1,660.60 | |
| 12 | | | | | | | | | | | | | | | | | | | | |
| 13 | | | | | | | | | | | | | | | | | | | | |
| 14 | | | | | | | | | | | | | | | | | | | | |
| 15 | | | | | | | | | | | | | | | | | | | | |
| 合计 | | | | | 45,000.00 | 51,300.00 | 4,000.00 | 100,300.00 | 2,068.99 | 3.00 | 689.67 | 2.00 | 459.78 | 99,150.55 | 8,024.00 | 2,006.00 | 200.60 | 12,036.00 | 21,915.55 | |

*制单人 王鑫　审核人 王鑫　审核日期 2023-09-25　发放人　发放日期

图 6－51　执行薪资核算单审核功能

**导入与复制薪资核算单**

导入薪资核算单：根据企业实际需要，可以导入“薪资核算单”excel 文件，按规定格式整理，并注意员工编号需与基础设置中的员工档案一致，之后进行薪资核算，生成本月薪资核算单。

复制薪资核算单：下月进行薪资核算时，可使用“复制上月薪资单”，点击“复制”按钮生成下月薪资核算数据。复制时，如薪资项目勾选了“复制时清零”，则该列数据为空。

## 活动 6.2.3　职工薪酬分摊

### 活动描述

【业务 6－7】9 月 30 日，会计主管对应付工资进行分摊，并生成记账凭证。

【业务 6－8】9 月 30 日，会计主管根据工资核算单信息，计提企业缴纳的社会保险费和住房公积金，并填制凭证。

【业务 6－9】9 月 30 日，会计主管根据工资核算单信息，结转社会保险费、住房公积金、个人所得税等代扣款。

### 业务流程

薪资凭证生成的业务流程，如图 6－52 所示。

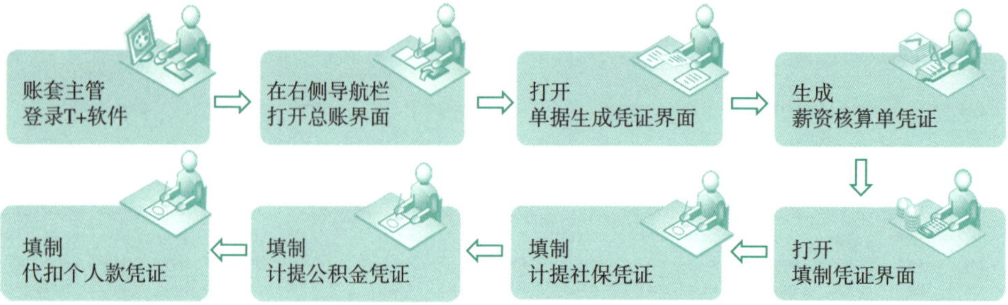


图 6－52　薪资凭证生成的业务流程

## 知识准备

### 一、计提工资

计提工资是指企业为了解决发放工资和费用产生时间不匹配的问题，在实际支付前，按照受益期分摊，将应该计入产品成本或商品流通费用支出的工资费用计提到财务报表中。计提工资是企业根据受益期原则，按照月份将当期应该实际支出的工资费用按比例计入各自部门的产品成本或商品流通费用支出中，以便反映企业的真实经济业绩。在会计处理中，一般需要将应发工资费用计入应付职工薪酬科目中，并且在每个月末需要进行结转。具体地，计提工资的会计分录包括借管理费用、制造费用、销售费用、生产成本等科目，贷应付职工薪酬等相关科目。

### 二、计提社会保险费

社会保险费指用人单位和劳动者的缴费，是在社会保险基金的筹集过程中，雇员和雇主按照规定的数额和期限向社会保险管理机构缴纳的费用，也是社会保险基金的最主要来源，而社会保险金是社会保险专门机构根据用人单位和劳动者的缴费情况，按照社会保险法律法规的规定支付给劳动者（或其家庭成员）的社会保险待遇。

计提社保缴费比例各地市会有一定的区别，具体以当地规定为准，除了比例有具体要求，对于计提的基数也有上限和下限的要求，企业需要了解当地政策，按要求、按时间计提和缴纳相关的社会保险费。

### 三、计提住房公积金

住房公积金是为职工提供的一种社会保障，一般公司会为职工提供五险一金，其中住房公积金就是一种。单位与个人住房公积金缴存比例：缴存比例下限为 5%；缴存比例上限为 12%。具体缴存比例由单位和个人自行选择。同一单位原则上只能选定一个单位缴存比例，个人缴存比例应当等于或高于单位缴存比例，缴存比例取 1% 的整数倍。

**社会保险费代扣代缴**

社会保险费代扣代缴是指用人单位依法按月从职工工资收入中扣除应缴纳的社会保险费并代为向社会保险费征收机构缴纳的一种社会保险费缴纳方式，是用人单位的一项法定义务。用人单位应当按月将缴纳社会保险费的明细情况告知职工本人。

## 活动指导

### 一、打开单据生凭证界面

会计以业务日期 2023 年 9 月 30 日登录 T+教育专版，在左边导航栏中，单击打开“智能财税｜总账｜日常业务｜单据生凭证”界面。

活动6.2.3
［业务6-7］
操作录屏

### 二、生成薪资核算单凭证

在“单据生凭证”界面，单据类型选择“薪资核算单”选项，连续单击两个“下一步”按钮进入“查询结果”界面，选择该薪资核算单笔业务。单击“生成凭证”按钮，生成记账凭证。在“生成凭证”界面，单击“保存”按钮，完成记账凭证生成，如图 6-53 所示。

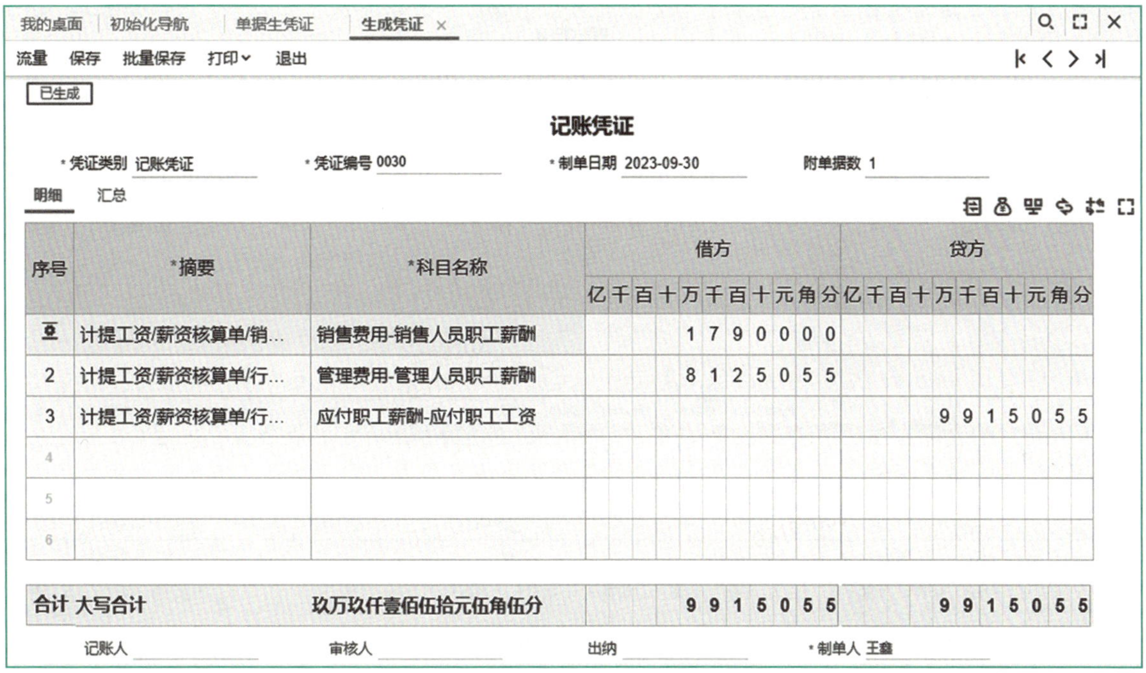


| 序号 | *摘要 | *科目名称 | 借方 | | | | | | | | | | | 贷方 | | | | | | | | | | |
|---|---|---|---|---|---|---|---|---|---|---|---|---|---|---|---|---|---|---|---|---|---|---|---|---|
| | | | 亿 | 千 | 百 | 十 | 万 | 千 | 百 | 十 | 元 | 角 | 分 | 亿 | 千 | 百 | 十 | 万 | 千 | 百 | 十 | 元 | 角 | 分 |
| | 计提工资/薪资核算单/销... | 销售费用-销售人员职工薪酬 | | | | | 1 | 7 | 9 | 0 | 0 | 0 | 0 | | | | | | | | | | | |
| 2 | 计提工资/薪资核算单/行... | 管理费用-管理人员职工薪酬 | | | | | 8 | 1 | 2 | 5 | 0 | 5 | 5 | | | | | | | | | | | |
| 3 | 计提工资/薪资核算单/行... | 应付职工薪酬-应付职工工资 | | | | | | | | | | | | | | | | 9 | 9 | 1 | 5 | 0 | 5 | 5 |
| 4 | | | | | | | | | | | | | | | | | | | | | | | | |
| 5 | | | | | | | | | | | | | | | | | | | | | | | | |
| 6 | | | | | | | | | | | | | | | | | | | | | | | | |
| 合计 大写合计 | | 玖万玖仟壹佰伍拾元伍角伍分 | | | | | 9 | 9 | 1 | 5 | 0 | 5 | 5 | | | | | 9 | 9 | 1 | 5 | 0 | 5 | 5 |



图 6-53　生成计提工资的记账凭证

### 三、计提企业应缴社保、公积金

（1）查询薪资统计表。在左边导航栏中，单击打开“智能财税｜薪资管理｜报表｜薪资统计表”界面，如图 6-54 所示。

（2）填制计提应缴社保记账凭证。在 T+教育专版左边导航栏中，单击打开“智能财税｜总账｜日常业务｜填制凭证”界面，根据图 6-54 所示的薪资统计表信息，填制计提应缴社保记账凭证，填制完成如图 6-55 所示。

（3）填制计提应缴公积金记账凭证。在 T+教育专版左边导航栏中，单击打开“智能财税｜总账｜日常业务｜填制凭证”界面，根据图 6-54 所示的薪资统计表信息，填制计提应缴公积金记账凭证，填制完成如图 6-56 所示。

活动6.2.3
［业务6-8］
操作录屏

### 四、结转个人代扣款

在 T+教育专版左边导航栏中，单击打开“智能财税｜总账｜日常业务｜填制凭证”界

活动6.2.3
[业务6-9]
操作录屏

面，根据图6－54所示的薪资统计表信息，填制结转个人代扣款记账凭证，填制完成如图6－57所示。

## 工资分摊

T＋教育专版的工资分摊设置依托在总账模块的“科目设置”中的“成本费用科目”和“应付职工薪酬科目”设置，进而在总账模块的“单据生凭证”中生成凭证。

我的桌面 | 薪资管理 | 薪资统计表 ×

查询 打印 导出 刷新 退出

**薪资统计表**

薪资期间：2023.09－2023.09　　报税期间：2023.09 - 2023.09　　薪资类别：职工工资;

| 序号 | 薪资类别 | 年 | 月 | 所属部门(1级) | 应付工资 | 养老保险 | 医疗保险 | 失业保险 | 住房公积金 | 社会保险费（企） | 住房公积金（企） | 应扣合计 | 月度所得税 | 实发薪资 |
|---|---|---|---|---|---|---|---|---|---|---|---|---|---|---|
| 1 | 职工工资 | 2023 | 9 | 财务部 | 26,300.00 | 2,104.00 | 526.00 | 52.60 | 3,156.00 | 5,746.55 | 1,315.00 | 5,838.60 | 52.12 | 20,409.28 |
| 2 | 职工工资 | 2023 | 9 | 采购部 | 18,100.00 | 1,448.00 | 362.00 | 36.20 | 2,172.00 | 3,954.85 | 905.00 | 4,018.20 | 58.07 | 14,023.73 |
| 3 | 职工工资 | 2023 | 9 | 仓储部 | 9,310.33 | 800.00 | 200.00 | 20.00 | 1,200.00 | 2,185.00 | 500.00 | 2,909.67 | 17.71 | 7,072.62 |
| 4 | 职工工资 | 2023 | 9 | 后勤部 | 17,040.22 | 1,400.00 | 350.00 | 35.00 | 2,100.00 | 3,823.75 | 875.00 | 4,344.78 | 7.27 | 13,147.95 |
| 5 | 职工工资 | 2023 | 9 | 销售部 | 17,900.00 | 1,432.00 | 358.00 | 35.80 | 2,148.00 | 3,911.15 | 895.00 | 3,973.80 | 40.73 | 13,885.47 |
| 6 | 职工工资 | 2023 | 9 | 行政部 | 10,500.00 | 840.00 | 210.00 | 21.00 | 1,260.00 | 2,294.25 | 525.00 | 2,331.00 | 50.07 | 8,118.93 |
| 7 | | | | | | | | | | | | | | |
| 8 | | | | | | | | | | | | | | |
| 9 | | | | | | | | | | | | | | |
| 10 | | | | | | | | | | | | | | |
| 11 | | | | | | | | | | | | | | |
| 12 | | | | | | | | | | | | | | |
| 13 | | | | | | | | | | | | | | |
| 合计 | | | | | 99,150.55 | 8,024.00 | 2,006.00 | 200.60 | 12,036.00 | 21,915.55 | 5,015.00 | 23,416.05 | 225.97 | 76,657.98 |

图6－54　薪资统计表

我的桌面 | 初始化导航 | 薪资统计表 | 填制凭证 ×

新增 保存 删除 放弃 | 审核 | 记账 | 流量 | 联查 | 设置 | 打印 | 更多

**记账凭证**

*凭证类别 记账凭证　　*凭证编号 0031　　*制单日期 2023-09-30　　附单据数

明细　汇总

| 序号 | *摘要 | *科目名称 | 借方（亿千百十万千百十元角分） | 贷方（亿千百十万千百十元角分） |
|---|---|---|---|---|
| 1 | 计提企业缴纳的社会保险费 | 销售费用——销售人员职工薪酬 | 391115 | |
| 2 | 计提企业缴纳的社会保险费 | 管理费用——管理人员职工薪酬 | 1800440 | |
| 3 | 计提企业缴纳的社会保险费 | 应付职工薪酬——应付社会保险费 | | 2191555 |
| 4 | | | | |
| 5 | | | | |
| 6 | | | | |
| 7 | | | | |
| 合计 大写合计 | | 贰万壹仟玖佰壹拾伍元伍角伍分 | 2191555 | 2191555 |

记账人　　审核人　　出纳　　*制单人 王鑫

图6－55　计提应缴社保记账凭证

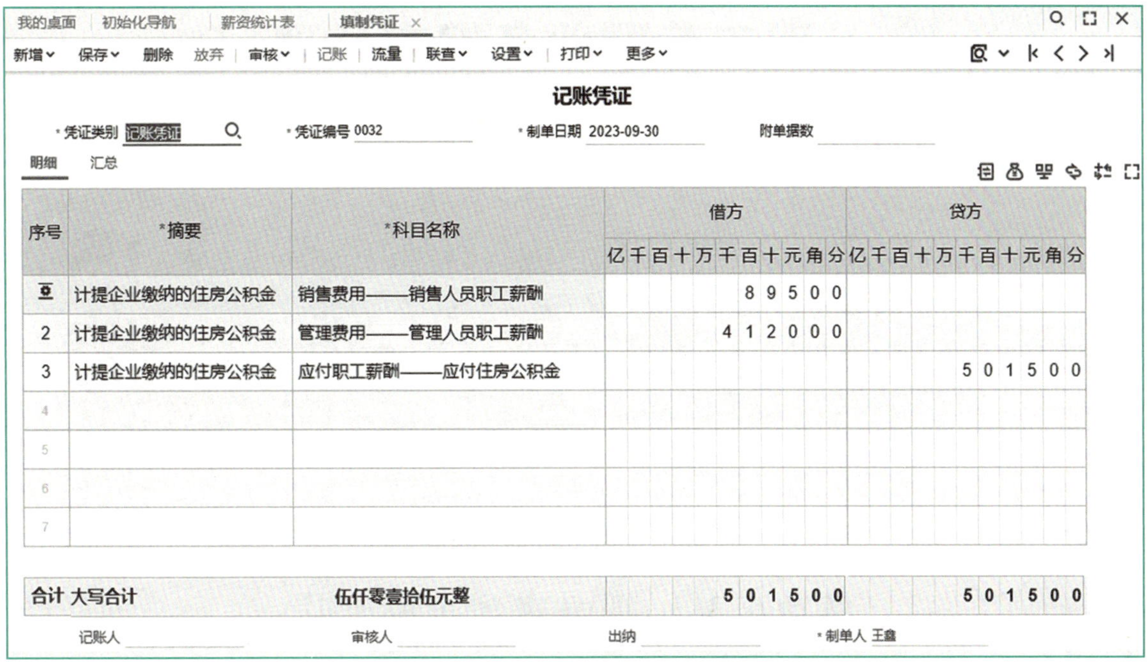

我的桌面　初始化导航　薪资统计表　填制凭证 ×

新增 保存 删除 放弃 审核 记账 流量 联查 设置 打印 更多

记账凭证

*凭证类别 记账凭证　*凭证编号 0032　*制单日期 2023-09-30　附单据数

明细　汇总

| 序号 | *摘要 | *科目名称 | 借方（亿千百十万千百十元角分） | 贷方（亿千百十万千百十元角分） |
| --- | --- | --- | --- | --- |
| 1 | 计提企业缴纳的住房公积金 | 销售费用——销售人员职工薪酬 | 89500 | |
| 2 | 计提企业缴纳的住房公积金 | 管理费用——管理人员职工薪酬 | 412000 | |
| 3 | 计提企业缴纳的住房公积金 | 应付职工薪酬——应付住房公积金 | | 501500 |
| 4 | | | | |
| 5 | | | | |
| 6 | | | | |
| 7 | | | | |
| 合计 大写合计 | 伍仟零壹拾伍元整 | | 501500 | 501500 |

记账人　审核人　出纳　*制单人 王鑫

图 6－56　计提应缴公积金记账凭证

我的桌面　初始化导航　薪资统计表　填制凭证 ×

新增 保存 删除 放弃 审核 记账 流量 联查 设置 打印 更多

记账凭证

*凭证类别 记账凭证　*凭证编号 0033　*制单日期 2023-09-30　附单据数

明细　汇总

| 序号 | *摘要 | *科目名称 | 借方（亿千百十万千百十元角分） | 贷方（亿千百十万千百十元角分） |
| --- | --- | --- | --- | --- |
| 1 | 结转个人代扣款 | 应付职工薪酬——应付职工工资 | 2249257 | |
| 2 | 结转个人代扣款 | 其他应付款——社会保险费 | | 1023060 |
| 3 | 结转个人代扣款 | 其他应付款——住房公积金 | | 1203600 |
| 4 | 结转个人代扣款 | 应交税费——应交个人所得税 | | 22597 |
| 5 | | | | |
| 6 | | | | |
| 7 | | | | |
| 合计 大写合计 | 贰万贰仟肆佰玖拾贰元伍角柒分 | | 2249257 | 2249257 |

记账人　审核人　出纳　*制单人 王鑫

图 6－57　结转代扣款记账凭证

# 任务6.3 职工薪酬业务期末处理

**任务介绍**

本任务介绍了职工薪酬个税申报以及职工薪酬系统的数据统计、账表查看等功能应用，包括查看薪资统计表、薪资汇总发放表的操作。

## 活动6.3.1 职工薪酬个税申报

### 活动描述

【业务6－10】9月30日，会计主管查询导出薪资个税申报表，并导入税务局个税申报系统，完成月度个税申报工作。

### 业务流程

查询报表的业务流程，如图6－58所示。

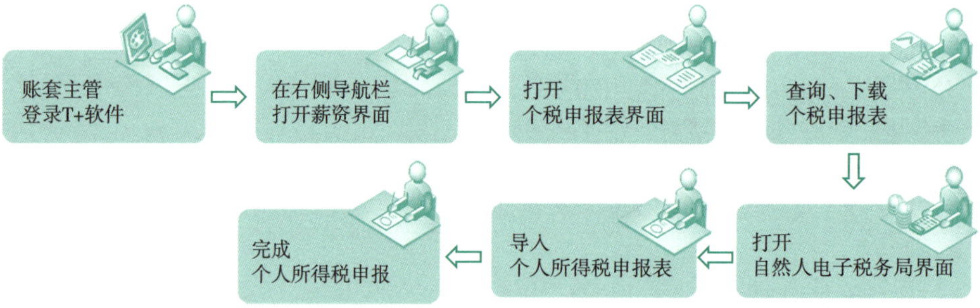


**图6－58 查询报表的业务流程**

### 知识准备

#### 一、税率表

个人所得税税率是个人所得税税额与应纳税所得额之间的比例。个人所得税税率是由国家相应的法律法规规定的，根据个人的收入计算。缴纳个人所得税是收入达到缴纳标准的公民应尽的义务。个人所得税税率分为三类：一是综合所得，适用3%～45%的超额累进税率（见表6－7）；二是经营所得，适用5%～35%的超额累进税率（见表6－8）；三是利息、股息、红利所得，财产租赁所得，财产转让所得和偶然所得，适用比例税率，税率为20%。

表6-7　　个人所得税税率表一（综合所得适用）

| 级数 | 全年应纳税所得额 | 税率（%） | 速算扣除数（元） |
| --- | --- | --- | --- |
| 1 | 不超过36,000元的 | 3 | 0 |
| 2 | 超过36,000元至144,000元的部分 | 10 | 2,520 |
| 3 | 超过144,000元至300,000元的部分 | 20 | 16,920 |
| 4 | 超过300,000元至420,000元的部分 | 25 | 31,920 |
| 5 | 超过420,000元至660,000元的部分 | 30 | 52,920 |
| 6 | 超过660,000元至960,000元的部分 | 35 | 85,920 |
| 7 | 超过960,000元的部分 | 45 | 181,920 |

注1：本表所称全年应纳税所得额是指依照《中华人民共和国个人所得税法》（简称《个人所得税法》）第六条的规定，居民个人取得综合所得以每一纳税年度收入额减除费用60,000元以及专项扣除、专项附加扣除和依法确定的其他扣除后的余额。

注2：非居民个人取得工资、薪金所得，劳务报酬所得，稿酬所得和特许权使用费所得，依照本表按月换算后计算应纳税额。

表6-8　　个人所得税税率表二（经营所得适用）

| 级数 | 全年应纳税所得额 | 税率（%） | 速算扣除数（元） |
| --- | --- | --- | --- |
| 1 | 不超过30,000元的 | 5 | 0 |
| 2 | 超过30,000元至90,000元的部分 | 10 | 1,500 |
| 3 | 超过90,000元至300,000元的部分 | 20 | 10,500 |
| 4 | 超过300,000元至500,000元的部分 | 30 | 40,500 |
| 5 | 超过500,000元的部分 | 35 | 65,500 |

注：本表所称全年应纳税所得额是指依照《个人所得税法》第六条的规定，以每一纳税年度的收入总额减除成本、费用以及损失后的余额。

## 二、个税计算

应纳税所得额＝月度收入－5,000元（免征额）－专项扣除－专项附加扣除－依法确定的其他扣除。

## 三、个税申报

个税申报可以通过个人所得税App或自然人税收管理系统扣缴端进行。

通过自然人税收管理系统扣缴端进行申报。自然人税收管理系统扣缴端申报步骤如下：

（1）下载并登录扣缴端。

（2）进行人员信息采集，填写员工信息并报送获取反馈。

（3）填写报表，包括扣缴所得税报告表，填写完成后报送申报表获取反馈。

（4）若需要缴款，点击税款缴纳三方协议，进行立即缴款。

（5）申报完成后，若需要更换企业登录，点击单位管理进行操作。

**纳税是法定义务**

在中华人民共和国境内居住的个人，无论是中国公民还是外国人，都有个人所得税的法定纳税义务。个人所得税是一种针对个人从各种来源取得的所得征收的税收，包括工资薪金所得、劳务报酬所得、经营所得、财产租赁所得、利息股息红利所得、财产转让所得等。个人所得税的法定纳税义务是指个人应当根据国家法律规定，在规定的时间内按照规定的税率自觉地缴纳个人所得税。

## 活动指导

### 一、打开薪资管理界面

活动6.3.1 [业务6-10] 操作录屏

会计主管以业务日期2023年9月25日登录T+教育专版，在左边导航栏中，单击打开“智能财税｜薪资管理”界面。

### 二、查看并下载阅读薪资个税申报表

在“薪资管理”界面中，单击打开“月度薪资个税申报”界面，如图6－59所示。

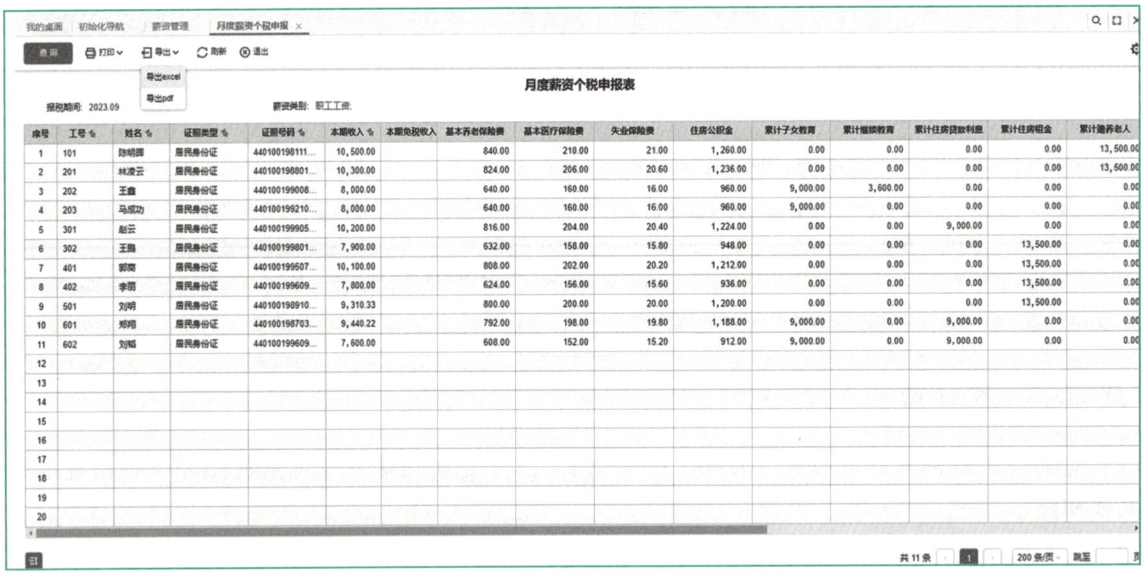


月度薪资个税申报表

报税期间：2023.09　　薪资类别：职工工资

| 序号 | 工号 | 姓名 | 证照类型 | 证照号码 | 本期收入 | 本期免税收入 | 基本养老保险费 | 基本医疗保险费 | 失业保险费 | 住房公积金 | 累计子女教育 | 累计继续教育 | 累计住房贷款利息 | 累计住房租金 | 累计赡养老人 |
|---|---|---|---|---|---|---|---|---|---|---|---|---|---|---|---|
| 1 | 101 | 陈明晖 | 居民身份证 | 440100198111... | 10,500.00 | | 840.00 | 210.00 | 21.00 | 1,260.00 | 0.00 | 0.00 | 0.00 | 0.00 | 13,500.00 |
| 2 | 201 | 林凌云 | 居民身份证 | 440100198801... | 10,300.00 | | 824.00 | 206.00 | 20.60 | 1,236.00 | 0.00 | 0.00 | 0.00 | 0.00 | 13,500.00 |
| 3 | 202 | 王鑫 | 居民身份证 | 440100199008... | 8,000.00 | | 640.00 | 160.00 | 16.00 | 960.00 | 9,000.00 | 3,600.00 | 0.00 | 0.00 | 0.00 |
| 4 | 203 | 马成功 | 居民身份证 | 440100199210... | 8,000.00 | | 640.00 | 160.00 | 16.00 | 960.00 | 9,000.00 | 0.00 | 0.00 | 0.00 | 0.00 |
| 5 | 301 | 赵云 | 居民身份证 | 440100199905... | 10,200.00 | | 816.00 | 204.00 | 20.40 | 1,224.00 | 0.00 | 0.00 | 9,000.00 | 0.00 | 0.00 |
| 6 | 302 | 王鹏 | 居民身份证 | 440100199801... | 7,900.00 | | 632.00 | 158.00 | 15.80 | 948.00 | 0.00 | 0.00 | 0.00 | 13,500.00 | 0.00 |
| 7 | 401 | 郭雨 | 居民身份证 | 440100199507... | 10,100.00 | | 808.00 | 202.00 | 20.20 | 1,212.00 | 0.00 | 0.00 | 0.00 | 13,500.00 | 0.00 |
| 8 | 402 | 李丽 | 居民身份证 | 440100199609... | 7,800.00 | | 624.00 | 156.00 | 15.60 | 936.00 | 0.00 | 0.00 | 0.00 | 13,500.00 | 0.00 |
| 9 | 501 | 刘明 | 居民身份证 | 440100198910... | 9,310.33 | | 800.00 | 200.00 | 20.00 | 1,200.00 | 0.00 | 0.00 | 0.00 | 13,500.00 | 0.00 |
| 10 | 601 | 郑翔 | 居民身份证 | 440100198703... | 9,440.22 | | 792.00 | 198.00 | 19.80 | 1,188.00 | 9,000.00 | 0.00 | 9,000.00 | 0.00 | 0.00 |
| 11 | 602 | 刘韬 | 居民身份证 | 440100199609... | 7,600.00 | | 608.00 | 152.00 | 15.20 | 912.00 | 9,000.00 | 0.00 | 9,000.00 | 0.00 | 0.00 |
| 12 | | | | | | | | | | | | | | | |
| 13 | | | | | | | | | | | | | | | |
| 14 | | | | | | | | | | | | | | | |
| 15 | | | | | | | | | | | | | | | |
| 16 | | | | | | | | | | | | | | | |
| 17 | | | | | | | | | | | | | | | |
| 18 | | | | | | | | | | | | | | | |
| 19 | | | | | | | | | | | | | | | |
| 20 | | | | | | | | | | | | | | | |

图6－59　月度薪资个税申报表

在“月度薪资个税申报”界面，单击“导出｜导出excel”选项，将月度薪资个税申报表导出为excel文档。

## 三、登录税务局系统报税

(1) 登录自然人电子税务局。打开自然人电子税务局网站，如图 6－60 所示，输入账户和密码进行登录。

图 6－60　自然人电子税务局界面

(2) 在“自然人电子税务局”界面中，单击打开“首页｜综合所得申报｜正常工资薪金所得”界面，如图 6－61 所示。单击“导入”按钮，将前面步骤二导出的“月度薪资个税申报表（excel）”导入系统，完成申报工作。

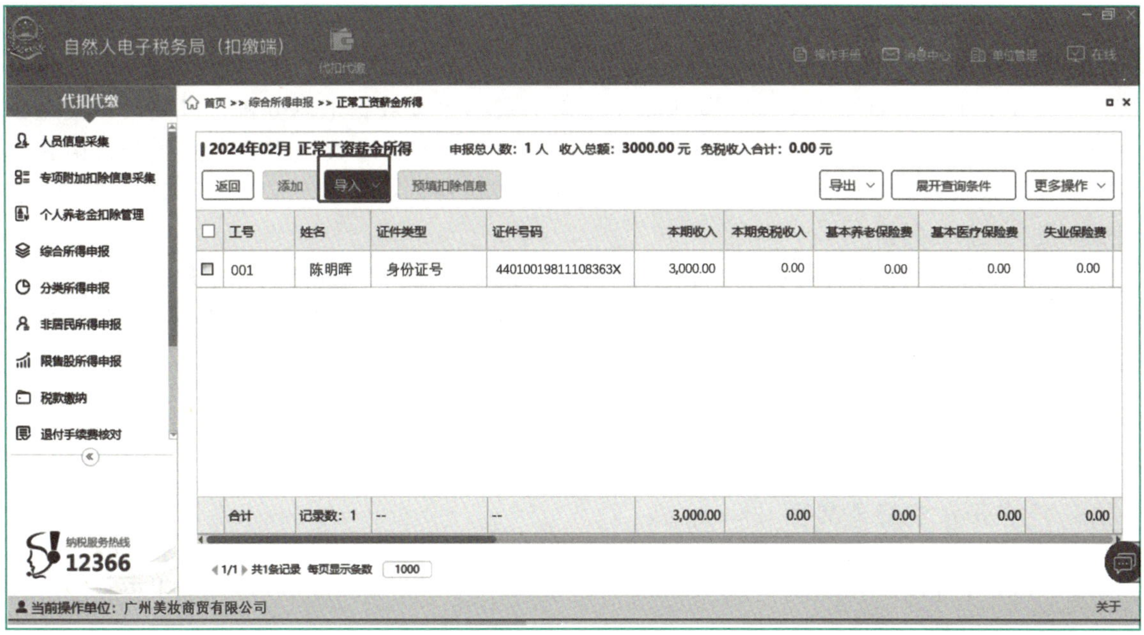


图 6－61　正常工资薪金所得申报界面

# 活动 6.3.2　职工薪酬报表查询

## 活动描述

【业务 6－11】9 月 30 日，会计主管查询当月各种工资报表。

## 业务流程

查询报表的业务流程如图 6－62 所示。

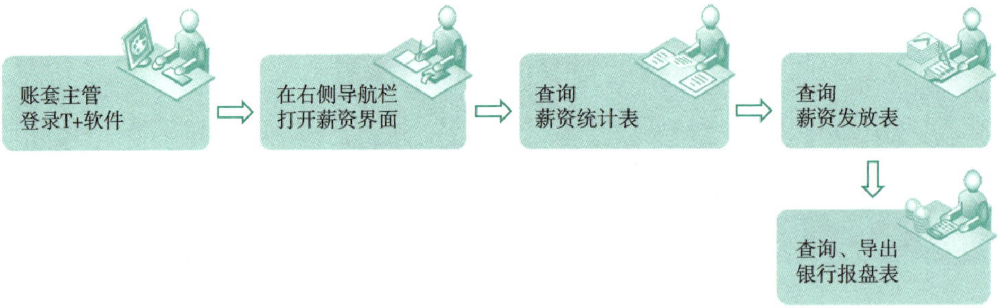


图 6－62　查询报表的业务流程

## 知识准备

薪资统计表可查询全体或特定范围员工薪资的数据，可按部门、职务、职称、职工类别以及自定义统计维度汇总，并可生成相应图表进行可视化分析。

薪资统计表的作用：一是为决策层、薪资管理人员提供薪资统计查询报表以及可视化分析，可实现员工薪资明细统计、按部门/人员/年/月等多维度数据汇总分析，以及银行报盘数据导出，也可查询导出的员工身份证号、银行账号、实发薪资等数据用于报送银行，由其代发薪资；二是依据税务局《正常工资薪金所得》模板设计的申报表，代员工申报个税；三是提供申报明细报税数据。

薪资统计表的数据统计可在菜单中选择要查询的薪资期间、薪资类别等条件，设置分组条件后，即可查询员工薪资数据。在查询结果列表界面点击右上角的⚙图标，可设置查询结果显示的内容。

活动6.3.2
[业务6－11]
操作录屏

## 活动指导

### 一、打开薪资管理界面

会计主管以业务日期 2023 年 9 月 30 日登录 T＋教育专版，在左边导航栏中，单击打开“智能财税｜薪资管理”界面。

### 二、查看薪资统计表

在“薪资管理”界面中，单击打开“薪资统计表”选项，进入“查询”对话框，如图 6－63 所示。

图 6－63　查询对话框

在“查询”对话框中，选择公共方案为“系统方案”，选择薪资期间为“2023.09－2023.09”，选择薪资类别为“职工工资”，单击“查询”按钮，打开“薪资统计表”界面，如图 6－64 所示。

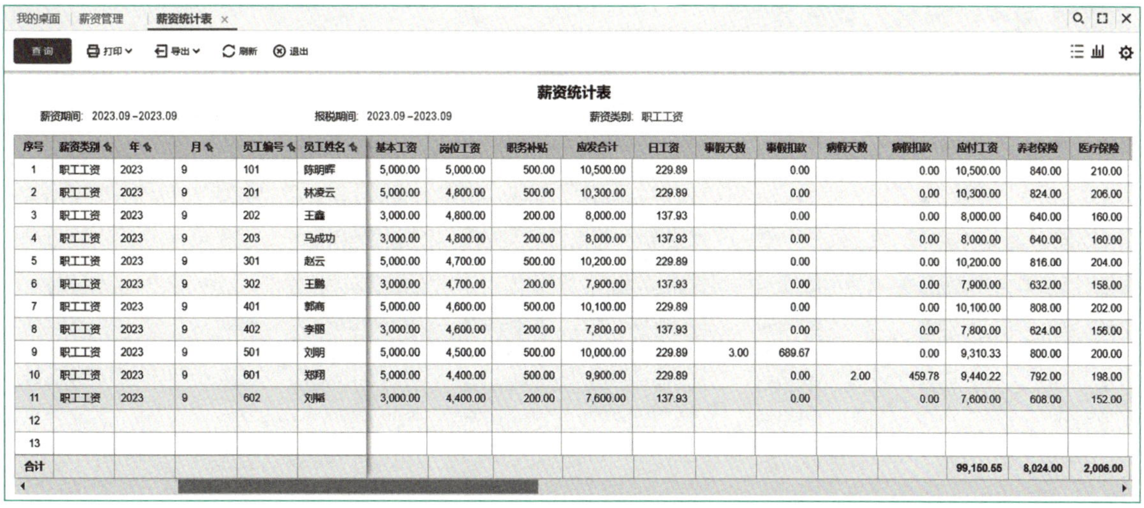

薪资统计表

薪资期间: 2023.09－2023.09　　报税期间: 2023.09－2023.09　　薪资类别: 职工工资

| 序号 | 薪资类别 | 年 | 月 | 员工编号 | 员工姓名 | 基本工资 | 岗位工资 | 职务补贴 | 应发合计 | 日工资 | 事假天数 | 事假扣款 | 病假天数 | 病假扣款 | 应付工资 | 养老保险 | 医疗保险 |
|---|---|---|---|---|---|---|---|---|---|---|---|---|---|---|---|---|---|
| 1 | 职工工资 | 2023 | 9 | 101 | 陈明晖 | 5,000.00 | 5,000.00 | 500.00 | 10,500.00 | 229.89 | | 0.00 | | 0.00 | 10,500.00 | 840.00 | 210.00 |
| 2 | 职工工资 | 2023 | 9 | 201 | 林凌云 | 5,000.00 | 4,800.00 | 500.00 | 10,300.00 | 229.89 | | 0.00 | | 0.00 | 10,300.00 | 824.00 | 206.00 |
| 3 | 职工工资 | 2023 | 9 | 202 | 王鑫 | 3,000.00 | 4,800.00 | 200.00 | 8,000.00 | 137.93 | | 0.00 | | 0.00 | 8,000.00 | 640.00 | 160.00 |
| 4 | 职工工资 | 2023 | 9 | 203 | 马成功 | 3,000.00 | 4,800.00 | 200.00 | 8,000.00 | 137.93 | | 0.00 | | 0.00 | 8,000.00 | 640.00 | 160.00 |
| 5 | 职工工资 | 2023 | 9 | 301 | 赵云 | 5,000.00 | 4,700.00 | 500.00 | 10,200.00 | 229.89 | | 0.00 | | 0.00 | 10,200.00 | 816.00 | 204.00 |
| 6 | 职工工资 | 2023 | 9 | 302 | 王鹏 | 3,000.00 | 4,700.00 | 200.00 | 7,900.00 | 137.93 | | 0.00 | | 0.00 | 7,900.00 | 632.00 | 158.00 |
| 7 | 职工工资 | 2023 | 9 | 401 | 郭商 | 5,000.00 | 4,600.00 | 500.00 | 10,100.00 | 229.89 | | 0.00 | | 0.00 | 10,100.00 | 808.00 | 202.00 |
| 8 | 职工工资 | 2023 | 9 | 402 | 李丽 | 3,000.00 | 4,600.00 | 200.00 | 7,800.00 | 137.93 | | 0.00 | | 0.00 | 7,800.00 | 624.00 | 156.00 |
| 9 | 职工工资 | 2023 | 9 | 501 | 刘明 | 5,000.00 | 4,500.00 | 500.00 | 10,000.00 | 229.89 | 3.00 | 689.67 | | 0.00 | 9,310.33 | 800.00 | 200.00 |
| 10 | 职工工资 | 2023 | 9 | 601 | 郑翔 | 5,000.00 | 4,400.00 | 500.00 | 9,900.00 | 229.89 | | 0.00 | 2.00 | 459.78 | 9,440.22 | 792.00 | 198.00 |
| 11 | 职工工资 | 2023 | 9 | 602 | 刘韬 | 3,000.00 | 4,400.00 | 200.00 | 7,600.00 | 137.93 | | 0.00 | | 0.00 | 7,600.00 | 608.00 | 152.00 |
| 12 | | | | | | | | | | | | | | | | | |
| 13 | | | | | | | | | | | | | | | | | |
| 合计 | | | | | | | | | | | | | | | 99,150.55 | 8,024.00 | 2,006.00 |

图 6－64　薪资统计表

## 三、查看薪资发放表

在“薪资管理”界面中，单击“薪资打印”选项，进入“查询”对话框，选择薪资期间为“2023.09－2023.09”，选择薪资类别为“职工工资”，单击“查询”按钮，打开“薪资打印”界面，如图 6－65 所示。在“薪资打印”界面，可以选择所属部门，切换不同部门的薪资打印清单。

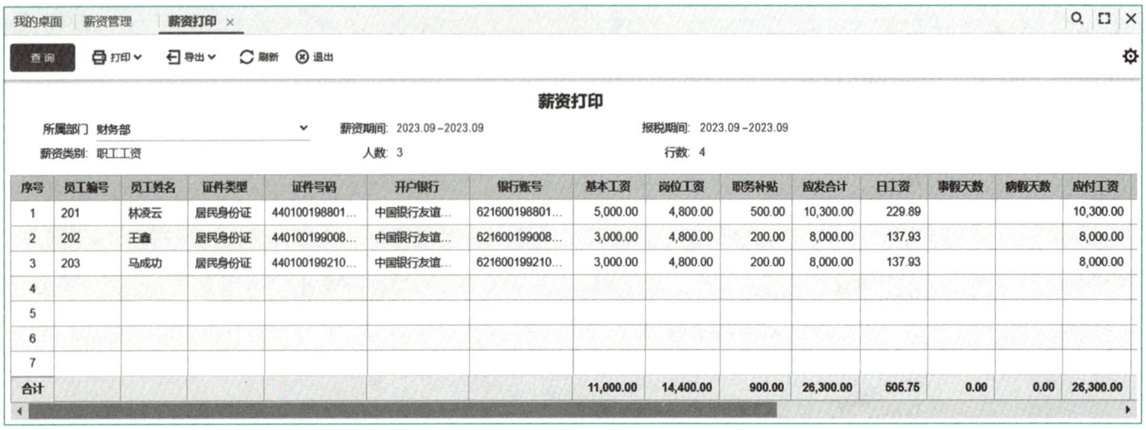


| 序号 | 员工编号 | 员工姓名 | 证件类型 | 证件号码 | 开户银行 | 银行账号 | 基本工资 | 岗位工资 | 职务补贴 | 应发合计 | 日工资 | 事假天数 | 病假天数 | 应付工资 |
|---|---|---|---|---|---|---|---|---|---|---|---|---|---|---|
| 1 | 201 | 林凌云 | 居民身份证 | 440100198801… | 中国银行友谊… | 621600198801… | 5,000.00 | 4,800.00 | 500.00 | 10,300.00 | 229.89 | | | 10,300.00 |
| 2 | 202 | 王鑫 | 居民身份证 | 440100199008… | 中国银行友谊… | 621600199008… | 3,000.00 | 4,800.00 | 200.00 | 8,000.00 | 137.93 | | | 8,000.00 |
| 3 | 203 | 马成功 | 居民身份证 | 440100199210… | 中国银行友谊… | 621600199210… | 3,000.00 | 4,800.00 | 200.00 | 8,000.00 | 137.93 | | | 8,000.00 |
| 4 | | | | | | | | | | | | | | |
| 5 | | | | | | | | | | | | | | |
| 6 | | | | | | | | | | | | | | |
| 7 | | | | | | | | | | | | | | |
| 合计 | | | | | | | 11,000.00 | 14,400.00 | 900.00 | 26,300.00 | 505.75 | 0.00 | 0.00 | 26,300.00 |

图 6－65　薪资打印

## 四、导出银行报盘文件

在“薪资管理”界面中，单击打开“薪资报盘”选项，进入“查询”对话框，选择薪资期间为“2023.09－2023.09”，选择薪资类别为“职工工资”，单击“查询”按钮，打开“银行报盘”界面，如图 6－66 所示。在“薪资打印”界面，单击“导出｜导出 excel”按钮，可以将银行报盘数据导出为 excel 文档，供银行发放工资使用。

| 序号 | 员工编号 | 员工姓名 | 证件类型 | 证件号码 | 开户银行 | 银行账号 | 所属部门 (1级) | 实发薪资 |
|---|---|---|---|---|---|---|---|---|
| 1 | 101 | 陈明晖 | 居民身份证 | 4401001981110836… | 中国银行友谊… | 6216001981110831234 | 行政部 | 8,118.93 |
| 2 | 201 | 林凌云 | 居民身份证 | 4401001988012111… | 中国银行友谊… | 62160019880121122… | 财务部 | 7,968.00 |
| 3 | 202 | 王鑫 | 居民身份证 | 440100199008093… | 中国银行友谊… | 62160019900809343… | 财务部 | 6,224.00 |
| 4 | 203 | 马成功 | 居民身份证 | 440100199210056… | 中国银行友谊… | 62160019921005687… | 财务部 | 6,217.28 |
| 5 | 301 | 赵云 | 居民身份证 | 440100199905190… | 中国银行友谊… | 62160019990519654… | 采购部 | 7,877.53 |
| 6 | 302 | 王鹏 | 居民身份证 | 440100199801315… | 中国银行友谊… | 62160019980131512… | 采购部 | 6,146.20 |
| 7 | 401 | 郭商 | 居民身份证 | 440100199507212… | 中国银行友谊… | 62160019950721256… | 销售部 | 7,817.07 |
| 8 | 402 | 李丽 | 居民身份证 | 440100199609083… | 中国银行友谊… | 62160019960908321… | 销售部 | 6,068.40 |
| 9 | 501 | 刘明 | 居民身份证 | 440100198910262… | 中国银行友谊… | 62160019891026278… | 仓储部 | 7,072.62 |
| 10 | 601 | 郑翔 | 居民身份证 | 440100198703084… | 中国银行友谊… | 62160019870308402… | 后勤部 | 7,235.15 |
| 11 | 602 | 刘韬 | 居民身份证 | 440100199609083… | 中国银行友谊… | 62160019960908321… | 后勤部 | 5,912.80 |
| 12 | | | | | | | | |
| 合计 | | | | | | | | 76,657.98 |

图 6－66　银行报盘

# 职业技能巩固与训练

## 一、单项选择题

1. 启用合并计税后，一位员工一个期间内可以（　　）发薪。

A. 1 次　　B. 2 次　　C. 3 次　　D. 多次

2. “报税期间 = 薪资期间 + 1” 的意思，下面描述正确的是（　　）。

A. 报税期间就是当前薪资期间　　B. 报税期间是薪资期间的下一月

C. 报税期间是薪资期间的前一月　　D. 报税期间是薪资期间的下一季度

3. 以下哪项不是核算薪资必须填写的员工档案信息？（　　）

A. 身份证号　　B. 开户银行　　C. 银行账号　　D. 电话

4. 企业一般把一个月作为（　　）天来计算日工资。

A. 30　　B. 21.75　　C. 22　　D. 25

5. 以下各项中，不是薪资项目设置内容的是（　　）。

A. 名称和类型　　B. 宽度和小数　　C. 增减项　　D. 入账科目

6. 综合所得的全年应纳税所得额为 60,000 元，适合（　　）的个税税率计算个人所得税。

A. 不计税　　B. 3%　　C. 5%　　D. 10%

7. 发放工资做会计核算时，记账凭证的借方科目是（　　）。

A. 应付职工薪酬——应付职工工资　　B. 管理费用

C. 银行存款　　D. 其他应付款

8. 每个月（　　），企业需要向税务机关上缴上个月产生的个人所得税。

A. 5 日前　　B. 15 日前　　C. 20 日前　　D. 30 日前

9. 工资分摊是按照期初在（　　）中所设置的科目，用于对工资费用分配及各种经费的计提并编制转账凭证。

A. 总账　　B. 基础设置　　C. 工资薪酬　　D. 系统管理

10. 变动工资数据是指每月都会发生变化的工资数据，以下不属于变动工资的是（　　）。

A. 病假扣款　　B. 事假扣款　　C. 岗位工资　　D. 代扣税

## 二、多项选择题

1. 工资项目的定义公式可通过选择（　　）等组合完成。

A. 工资项目　　B. 运算符　　C. 关系符　　D. 函数

2. T + 系统需定义工资转账关系，需在总账—科目设置里设置（　　）科目，以此来定义工资费用分配的模板。

A. 成本费用科目　　B. 应付职工薪酬对应科目

C. 结算科目　　D. 费用科目

3. 根据岗位工资公式“IIF({所属部门} = '销售部',4,600,IIF({所属部门} = '仓储部',4,500,4,400))”，以下解释正确的有（　　）。

A. 销售部的岗位工资是 4,600 元　　B. 销售部的岗位工资是 4,400 元

C. 仓储部的岗位工资是 4,500 元　　D. 仓储部的岗位工资是 4,400 元

4. 薪资项目的增减属性有（　　）。

A. 税前增项　　B. 税前减项　　C. 税后增项　　D. 税后减项

5. 薪资期初数据涉及员工基础信息及其累计税前应发合计、累计应发合计和（　　）等数据。

A. 累计税前扣除合计　　B. 累计各项专项附加扣除支出

C. 累计起征点合计　　D. 累计实际已缴纳个税

6. “四险一金”是指用人单位给予劳动者的几种保障性待遇的合称，包括（　　）及住房公积金。

A. 基本养老保险　　B. 基本医疗保险　　C. 失业保险　　D. 工伤保险

7. 缴纳个人所得税是收入达到缴纳标准的公民应尽的义务，其中个人收入包括（　　）。

A. 综合所得　　B. 经营所得

C. 利息、股息、红利所得　　D. 政府特殊津贴

8. T+薪资管理中工资分摊设置依托在“科目设置”中的（　　）进行。

A. 基本工资　　B. 成本费用科目　　C. 代扣税　　D. 应付职工薪酬科目

9. 工资分摊包括（　　）。

A. 计提工资　　B. 计提社会保险费　　C. 计提公积金　　D. 计提个税

10. 结转个人代扣款包括（　　）。

A. 社会保险费　　B. 公积金　　C. 个人所得税　　D. 病事假扣款

## 三、判断题

（　　）1. 系统默认应发合计是所有税前增项和税后增项的工资项目合计。

（　　）2. 个人所得税采用年度汇算清缴的模式，在年度终了后，对纳税人全年收入所应纳税额做汇总结算清缴工作，实行多退少补政策。

（　　）3. 薪资核算单用于每月根据员工出勤、加班、专项附加扣除等情况核算员工当月应发薪资与应缴纳个税等。

（　　）4. 薪资核算单薪资期间必须连续，可以跨月核算。

（　　）5. 薪资系统非年初使用时可以录入薪资期初余额以保证累计计税正确。第一次使用薪资管理，必须将所有人员的基本工资数据手工录入系统。

（　　）6. 薪资核算单中有公式的薪资项目，也可以手工录入薪资项目的数据。

（　　）7. 计提工资是企业根据受益期原则，按照月份将当期应该实际支出的工资费用按比例计入各自部门的产品成本或商品流通费用支出中。

（　　）8. 住房公积金是为职工提供的一种社会保障，其中个人住房公积金缴存比例上限为5%。

（　　）9. 固定工资数据是指每月相对固定不变的工资数据，如基本工资、岗位工资。

（　　）10. 工资分摊生成的凭证传递到总账系统，在总账中可以修改。

# 模块七

# 固定资产管理

**模块导读**

固定资产管理能够帮助企事业单位进行固定资产日常业务的核算和管理，主要包括固定资产业务初始化、固定资产业务日常处理和固定资产业务期末处理等。本模块具体介绍了固定资产的类别、计提折旧方法，固定资产期初卡片录入，固定资产增加、变动、减少、计提折旧等业务处理、固定资产模块与总账对账、查询统计表等操作流程以及具体功能的使用。

**学习目标**

## 职业能力目标

（1）掌握固定资产管理初始化的基本操作。

（2）能规范地进行固定资产日常业务的处理。

（3）能规范地进行固定资产期末业务的处理。

（4）能准确查询固定资产的统计报表。

## 财经素养目标

（1）树立资产保护意识。

（2）树立节约低碳环保理念。

（3）追求精益求精的工匠精神。

# 业务流程

## 一、固定资产业务在公司整体业务中的定位

固定资产既是企业实现经营目标的重要资源，也是企业正常生产经营的必要条件，正确管理和核算企业的固定资产，对于保护企业资产完整、保证企业再生产资金来源具有重要意义。

## 二、固定资产业务流程

T + 教育专版中资产管理模块的功能用于管理和核算企业需要计提折旧和摊销的资产，具体包括固定资产、无形资产、周转材料、长期待摊费用等资产的财务信息和使用信息。具体功能主要包括期初信息设置、新增资产、资产变动、卡片管理、资产处置、资产拆分等 9 项功能，如图 7－1 所示。

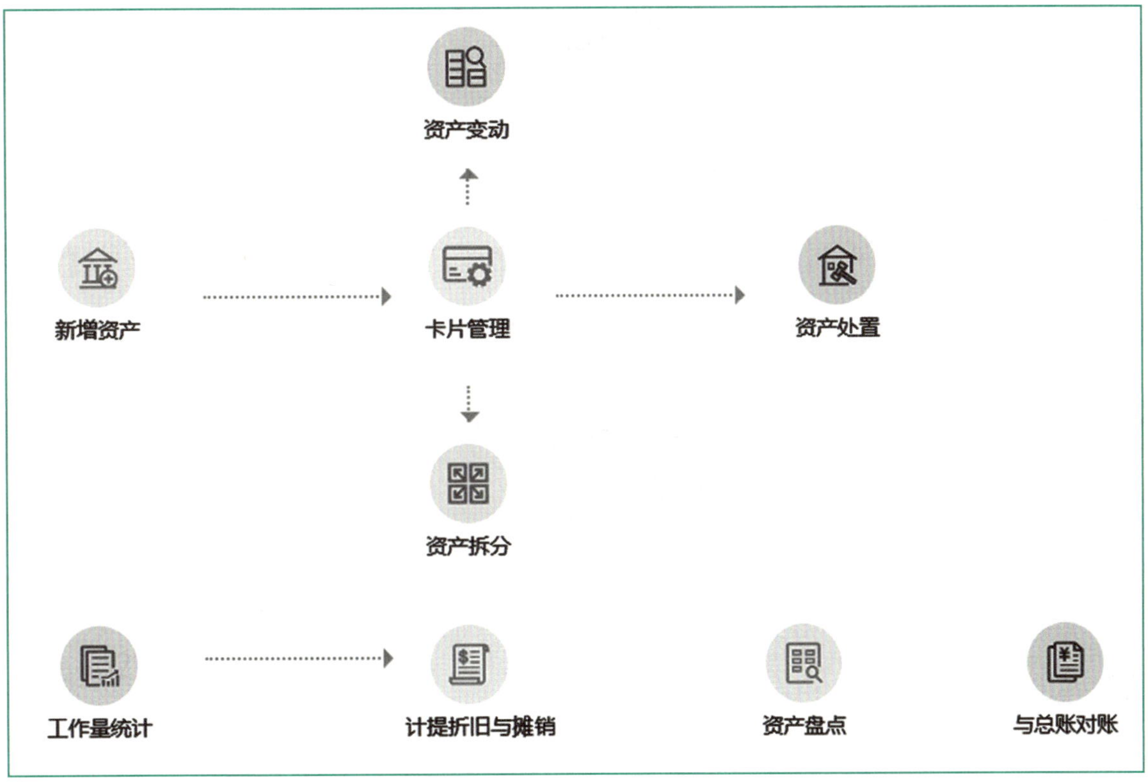


图 7－1　固定资产业务操作流程图

# 典型任务

资产管理模块可以管理固定资产、无形资产、周转材料等多种形式的资产，生成资产增加、减少、盘盈、盘亏，资产变动、资产评估和折旧分配等业务的记账凭证，并传递到总账模块。资产管理模块中典型经济业务如下：

**【典型任务一】**固定资产增加

固定资产增加是指购置、改造、改良、受赠、调拨和划转等活动所引起的固定资产数量和价值量的变化。固定资产来源主要有购入、建造、资本转入、接受捐赠、盘盈及融资租入等。企业无论以哪种方式取得的固定资产，都应办理验收手续，取得合法原始凭证，进行账务处理。

**【典型任务二】**固定资产变动

固定资产变动的内容主要包括以下几种情况：原值、累计折旧/摊销、数量、资产分类、预计净残值（率）、折旧/摊销方法、预计使用年限（月）、预计工作总量、存放位置、使用位置、使用部门、管理部门、使用人、使用状况、进项税额等。

**【典型任务三】**计提固定资产折旧

固定资产折旧是指在固定资产使用寿命内，按照确定的方法对应计提的折旧额进行系统分摊。常见的固定资产计提折旧方法有年限平均法、工作量法、双倍余额递减法和年数总和法。

**【典型任务四】**固定资产减少

固定资产减少是指对固定资产的处置，主要指固定资产的报损、报废、借用、核销、有偿利用或变价出售、安全与完整的责任处理及产权纠纷调处等。具体包括投资转出固定资产、捐赠转出固定资产、以非现金资产抵偿债务方式转出固定资产、无偿调出固定资产、盘亏固定资产及出售、报废和毁损等原因转出固定资产。

# 任务 7.1　固定资产业务初始化

## 任务介绍

本任务介绍了资产管理系统的初始化设置，主要是资产管理系统的基础信息设置及期初数据录入，包括新增资产类别、设置对应折旧科目和资产期初余额录入。

## 活动 7.1.1　固定资产基础信息设置

### 活动描述

【业务 7－1】9 月 1 日，广州美妆商贸有限公司财务人员登录系统查看已有资产类别并根据公司实际新增资产类别，如表 7－1 所示。

**表 7－1　新增资产分类信息**

| 资产分类编码 | 资产分类名称 | 资产属性 | 使用年限 | 折旧/摊销方法 | 净残值率 | 卡片样式 |
| --- | --- | --- | --- | --- | --- | --- |
| 10 | 办公家具 | 固定资产 | 5 | 年限平均法 | 3% | 折旧通用（固定资产适用） |

【业务 7－2】9 月 1 日，广州美妆商贸有限公司财务人员对固定资产业务使用的会计科目进行查看与设置，如表 7－2 所示。

**表 7－2　折旧/摊销对方科目设置**

| 部门 | 对应折旧科目 |
| --- | --- |
| 行政部、财务部、采购部、仓储部、后勤部 | 管理费用/固定资产折旧费（560209） |
| 销售部 | 销售费用/固定资产折旧费（560112） |

### 业务流程

固定资产业务基础信息设置的业务流程，如图 7－2 所示。

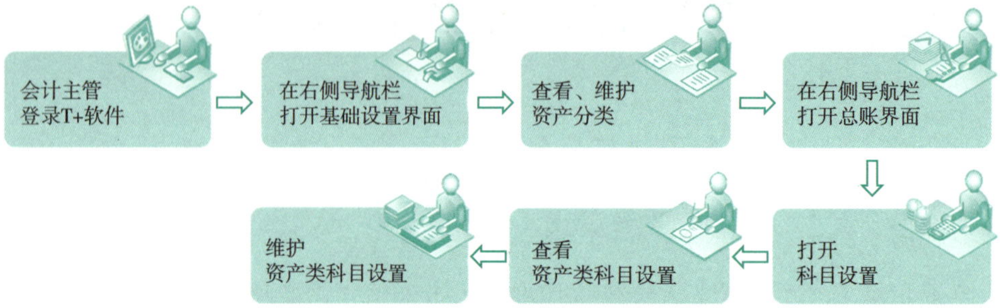


图 7－2　固定资产业务基础信息设置的业务流程

## 知识准备

### 一、固定资产的定义

固定资产是指企业为生产产品、提供劳务、出租或者经营管理而持有的、使用时间超过 12 个月的，价值达到一定标准的非货币性资产，包括房屋、建筑物、机器、机械、运输工具以及其他与生产经营活动有关的设备、器具、工具等。

### 二、资产基础信息设置内容

企业在进行固定资产、无形资产等业务的核算之前，需要在资产管理模块进行资产相关的基础信息设置，具体内容包括资产的属性、分类、增减方式、使用情况、处理原因、存放位置、经济用途等。

**树立资产保护意识**

对于资产管理员来讲，对资产进行有效管理，如对资产进行分类、及时登记资产的信息，对保护企业资产的完整性具有非常重要的意义。你也要养成这样的意识哦！

### 三、固定资产分类的内容

固定资产一般分为六类：房屋及构筑物；专用设备；通用设备；文物和陈列品；图书、档案；家具、用具、装具及动植物。单位价值虽未达到规定标准，但是使用年限超过 1 年（不含 1 年）的大批同类物资，如图书、家具、用具、装具等，应当确认为固定资产。

### 四、设置折旧/摊销对方科目

折旧/摊销对方科目是指折旧/摊销的入账科目。固定资产计提折旧后需要把折旧归入到企业的成本或费用中，根据不同企业的核算要求和具体情况，可以按部门进行归集，也可以按类别进行归集。部门对应折旧科目的设置是给每个部门选择一个折旧科目，为后续固定资产卡片录入和固定资产业务生成凭证提供方便，该科目会自动填入卡片和记账凭证中。

在设置部门对方折旧科目前，应先进行部门档案的设置和费用明细科目的设置。

## 活动指导

### 一、查看与维护资产分类

（1）查看资产分类。以会计主管身份登录 T+教育专版，在左边导航栏中，单击打开“基础设置｜基础设置｜财务信息｜资产分类”界面。在“资产分类”界面，可查看资产类别信息，如图 7－3 所示。

| 序号 | | 资产分类编码 | 资产分类名称 | 资产属性 | 默认使用年限 | 默认净残值率% | 默认折旧/摊销方法 | 卡片样式 |
|---|---|---|---|---|---|---|---|---|
| 1 | | 01 | 房屋 | 固定资产 | 20年 | 3.000000 | 年限平均法 | 折旧通用（固定资产适... |
| 2 | | 02 | 建筑物 | 固定资产 | 20年 | 3.000000 | 年限平均法 | 折旧通用（固定资产适... |
| 3 | | 03 | 机器 | 固定资产 | 10年 | 3.000000 | 年限平均法 | 折旧通用（固定资产适... |
| 4 | | 04 | 机械 | 固定资产 | 10年 | 3.000000 | 年限平均法 | 折旧通用（固定资产适... |
| 5 | | 05 | 器具 | 固定资产 | 5年 | 3.000000 | 年限平均法 | 折旧通用（固定资产适... |
| 6 | | 06 | 工具 | 固定资产 | 5年 | 3.000000 | 年限平均法 | 折旧通用（固定资产适... |
| 7 | | 07 | 家具 | 固定资产 | 5年 | 3.000000 | 年限平均法 | 折旧通用（固定资产适... |
| 8 | | 08 | 运输工具 | 固定资产 | 4年 | 3.000000 | 年限平均法 | 折旧通用（固定资产适... |
| 9 | | 09 | 电子设备 | 固定资产 | 3年 | 3.000000 | 年限平均法 | 折旧通用（固定资产适... |
| 10 | | 21 | 包装物 | 周转材料 | | 0.000000 | 一次摊销法 | 递延通用（周转材料适... |
| 11 | | 22 | 低值易耗品 | 周转材料 | | 0.000000 | 一次摊销法 | 递延通用（周转材料适... |

图 7－3　资产分类（查看）

（2）维护资产分类。在“资产分类”右侧界面，单击“新增”按钮，打开“资产分类”新增界面，根据表 7－1 新增资产分类信息依次录入资产分类编码、资产分类名称、资产属性、卡片样式等信息，单击“保存”按钮，如图 7－4 所示。

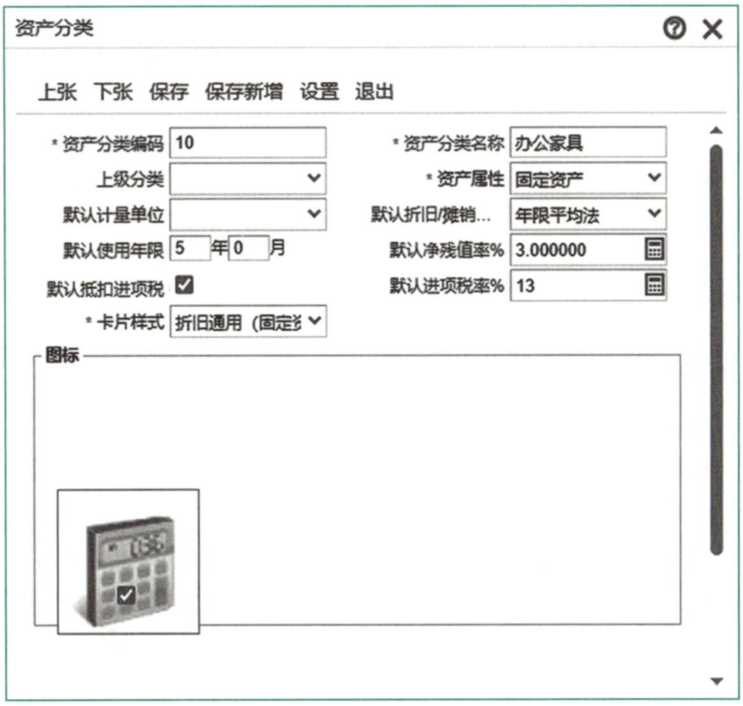


图 7－4　资产分类（新增）

活动7.1.1
［业务7－1］
操作录屏

**资产属性及分类注意事项**

如果T+系统内已经预置资产属性、资产分类等信息，还需要新增吗？答案是不需要新增，只需要检查预置信息与需要增加信息是否一致？如果一致，直接退出；如果不一致，则需要通过“修改”或“删除”功能进行调整。

## 二、进行固定资产对方科目设置

活动7.1.1
[业务7-2]
操作录屏

（1）打开科目设置界面。以会计主管身份登录T+教育专版，在左边导航栏中，单击打开“智能财税｜总账｜日常业务｜科目设置”界面。

（2）查看资产科目。在“科目设置”界面，选择“资产科目”，单击后面的设置，可以打开“资产科目扩展设置”对话框，如图7-5所示。

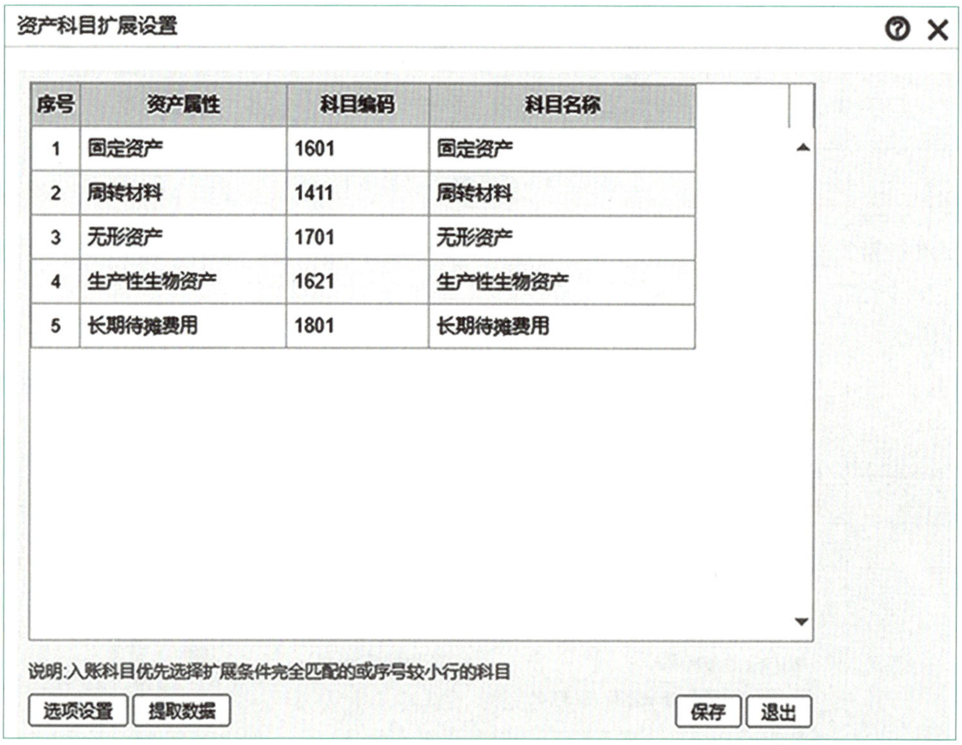


| 序号 | 资产属性 | 科目编码 | 科目名称 |
|---|---|---|---|
| 1 | 固定资产 | 1601 | 固定资产 |
| 2 | 周转材料 | 1411 | 周转材料 |
| 3 | 无形资产 | 1701 | 无形资产 |
| 4 | 生产性生物资产 | 1621 | 生产性生物资产 |
| 5 | 长期待摊费用 | 1801 | 长期待摊费用 |

图7-5　资产科目扩展设置

（3）查看并维护资产对方科目。在“科目设置”界面，选择“资产对方科目”，单击后面的设置，可以打开“资产对方科目扩展设置”对话框，将“购入”的科目编码改为“100201”、科目名称改为“中国银行”，如图7-6所示。

（4）查看累计折旧/摊销科目。在“科目设置”界面，选择“累计折旧/摊销科目”，单击后面的设置，可以打开“累计折旧/摊销科目扩展设置”对话框，如图7-7所示。

资产对方科目扩展设置

| 序号 | 增减方式 | 变动原因 | 资产... | 科目编码 | 科目名称 |
|---|---|---|---|---|---|
| 1 | 购入 | | | 100201 | 中国银行 |
| 2 | 投资者投入 | | | 3001 | 实收资本 |
| 3 | 盘盈 | | | 1901 | 待处理财产损溢 |
| 4 | 捐赠转入 | | | 530103 | 捐赠收益 |
| 5 | 抵债转入 | | | 1122 | 应收账款 |
| 6 | 在建工程转入 | | | 1604 | 在建工程 |
| 7 | 消耗性生物资产转入 | | | 1421 | 消耗性生物资产 |
| 8 | 存货转入 | | | 1405 | 库存商品 |
| 9 | 研发转入 | | | 4301 | 研发支出 |
| 10 | 出售 | | | | |

说明:入账科目优先选择扩展条件完全匹配的或序号较小行的科目

选项设置　提取数据　保存　退出

图 7－6　资产对方科目扩展设置

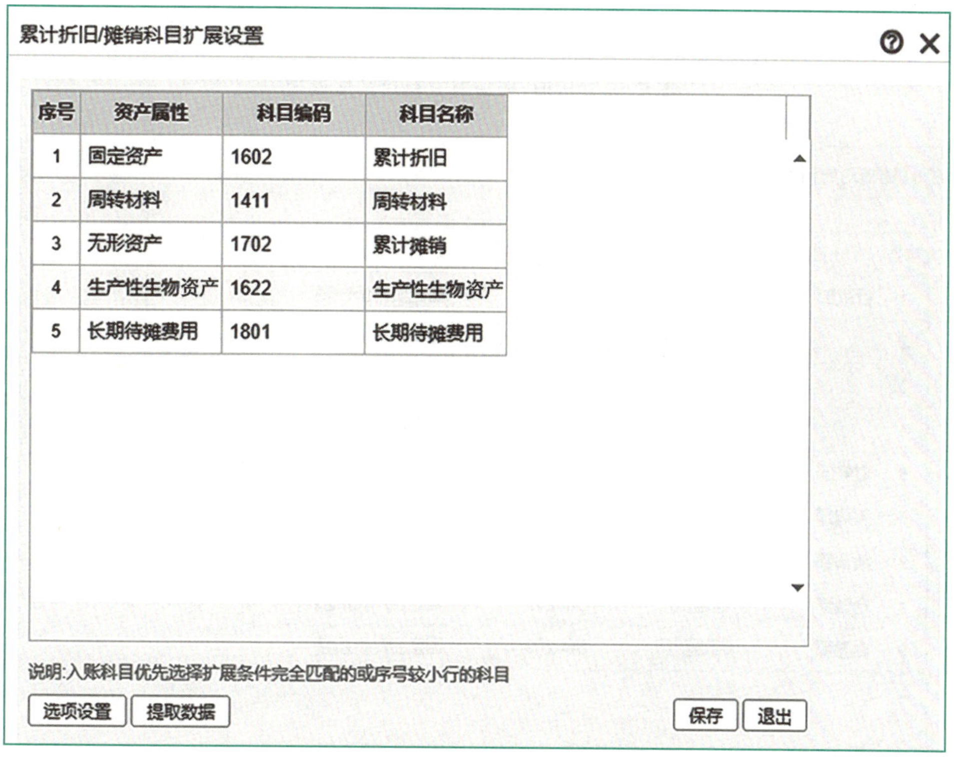
累计折旧/摊销科目扩展设置

| 序号 | 资产属性 | 科目编码 | 科目名称 |
|---|---|---|---|
| 1 | 固定资产 | 1602 | 累计折旧 |
| 2 | 周转材料 | 1411 | 周转材料 |
| 3 | 无形资产 | 1702 | 累计摊销 |
| 4 | 生产性生物资产 | 1622 | 生产性生物资产 |
| 5 | 长期待摊费用 | 1801 | 长期待摊费用 |

说明:入账科目优先选择扩展条件完全匹配的或序号较小行的科目

选项设置　提取数据　保存　退出

图 7－7　累计折旧/摊销科目扩展设置

（5）设置折旧/摊销对方科目。选择“折旧/摊销对方科目”，单击后面的设置，可以打开“折旧/摊销对方科目扩展设置”对话框，如图 7－8 所示。单击“部门”选项，选择部门为“行政部”，资产属性为“固定资产”，科目编码为“560209”，科目名称为“固定资产折旧费”，然后点击序号位置的“ ”标志，点击“增行”按钮，按照上述方法，继续设置其他部门对应的科目。录入完成后，单击“保存”按钮，完成“折旧/摊销对方科目”设置，如图 7－9 所示。

| 序号 | 部门 | 资产属性 | 科目编码 | 科目名称 |
| --- | --- | --- | --- | --- |
| | 行政部 | 固定资产 | 560209 | 固定资产折旧费 |
| 2 | | 周转材料 | 560208 | 周转材料摊销 |
| 3 | | 无形资产 | 560210 | 无形资产摊销费 |
| 4 | | 长期待摊费用 | 560211 | 长期待摊费用摊销 |

图 7－8　折旧/摊销对方科目扩展设置

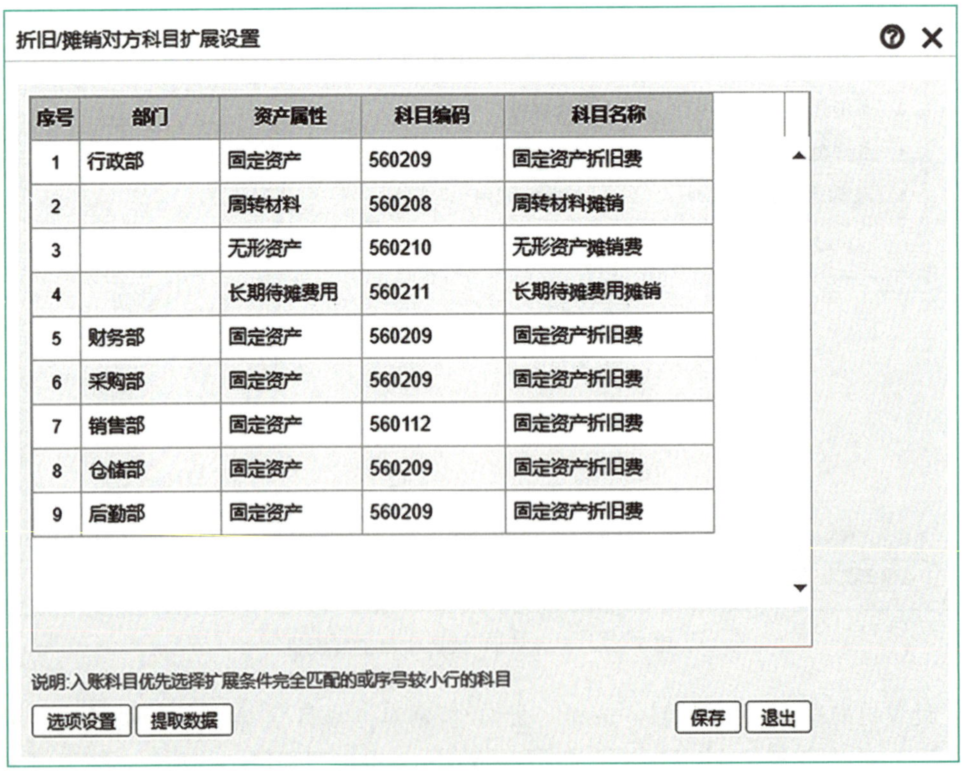


| 序号 | 部门 | 资产属性 | 科目编码 | 科目名称 |
| --- | --- | --- | --- | --- |
| 1 | 行政部 | 固定资产 | 560209 | 固定资产折旧费 |
| 2 | | 周转材料 | 560208 | 周转材料摊销 |
| 3 | | 无形资产 | 560210 | 无形资产摊销费 |
| 4 | | 长期待摊费用 | 560211 | 长期待摊费用摊销 |
| 5 | 财务部 | 固定资产 | 560209 | 固定资产折旧费 |
| 6 | 采购部 | 固定资产 | 560209 | 固定资产折旧费 |
| 7 | 销售部 | 固定资产 | 560112 | 固定资产折旧费 |
| 8 | 仓储部 | 固定资产 | 560209 | 固定资产折旧费 |
| 9 | 后勤部 | 固定资产 | 560209 | 固定资产折旧费 |

图 7－9　折旧/摊销对方科目设置（完成设置）

**补充增加明细科目**

如果在使用过程中遇到需要补充增加明细科目的情况，可以在此环节打开“基础设置｜基础设置｜财务信息｜科目”，直接增加需要的科目信息。本任务需要增加的科目为“560112 固定资产折旧费”科目。

技能提示

# 活动 7.1.2 固定资产期初数据录入

## 活动描述

【业务 7－3】9 月 1 日，广州美妆商贸有限公司期初固定资产资料，如表 7－3 所示，负责固定资产核算的会计人员开始录入固定资产期初余额。

表 7－3 固定资产期初余额表

| 资产编码 | 资产名称 | 开始使用日期 | 资产类别 | 预计使用年限（月） | 净残值率 | 原值 | 使用部门 | 期初累计折旧 |
|---|---|---|---|---|---|---|---|---|
| 01－09－0001 | 办公电脑 1 | 2021/6/1 | 固定资产－电子设备 | 36 | 5% | 3, 600 | 行政部 | 2, 470 |
| 01－09－0002 | 办公电脑 2 | 2021/6/1 | 固定资产－电子设备 | 36 | 5% | 3, 600 | 财务部 | 2, 470 |
| 01－09－0003 | 办公电脑 3 | 2021/6/1 | 固定资产－电子设备 | 36 | 5% | 3, 600 | 财务部 | 2, 470 |
| 01－09－0004 | 办公电脑 4 | 2021/6/1 | 固定资产－电子设备 | 36 | 5% | 3, 600 | 财务部 | 2, 470 |
| 01－09－0005 | 办公电脑 5 | 2021/6/1 | 固定资产－电子设备 | 36 | 5% | 3, 600 | 采购部 | 2, 470 |
| 01－09－0006 | 办公电脑 6 | 2021/6/1 | 固定资产－电子设备 | 36 | 5% | 3, 600 | 销售部 | 2, 470 |
| 01－09－0007 | 办公电脑 7 | 2021/6/1 | 固定资产－电子设备 | 36 | 5% | 3, 600 | 仓储部 | 2, 470 |
| 01－09－0008 | 办公电脑 8 | 2021/6/1 | 固定资产－电子设备 | 36 | 5% | 3, 600 | 后勤部 | 2, 470 |
| 01－07－0001 | 办公桌椅 1 | 2021/6/1 | 固定资产－办公家具 | 60 | 1% | 1, 300 | 行政部 | 557. 7 |
| 01－07－0002 | 办公桌椅 2 | 2021/6/1 | 固定资产－办公家具 | 60 | 1% | 1, 300 | 财务部 | 557. 7 |
| 01－07－0003 | 办公桌椅 3 | 2021/6/1 | 固定资产－办公家具 | 60 | 1% | 1, 300 | 财务部 | 557. 7 |

续表

| 资产编码 | 资产名称 | 开始使用日期 | 资产类别 | 预计使用年限（月） | 净残值率 | 原值 | 使用部门 | 期初累计折旧 |
|---|---|---|---|---|---|---|---|---|
| 01－07－0004 | 办公桌椅 4 | 2021/6/1 | 固定资产－办公家具 | 60 | 1% | 1，300 | 财务部 | 557.7 |
| 01－07－0005 | 办公桌椅 5 | 2021/6/1 | 固定资产－办公家具 | 60 | 1% | 1，300 | 采购部 | 557.7 |
| 01－07－0006 | 办公桌椅 6 | 2021/6/1 | 固定资产－办公家具 | 60 | 1% | 1，300 | 采购部 | 557.7 |
| 01－07－0007 | 办公桌椅 7 | 2021/6/1 | 固定资产－办公家具 | 60 | 1% | 1，300 | 销售部 | 557.7 |
| 01－07－0008 | 办公桌椅 8 | 2021/6/1 | 固定资产－办公家具 | 60 | 1% | 1，300 | 销售部 | 557.7 |
| 01－07－0009 | 办公桌椅 9 | 2021/6/1 | 固定资产－办公家具 | 60 | 1% | 1，300 | 仓储部 | 557.7 |
| 01－07－0010 | 办公桌椅 10 | 2021/6/1 | 固定资产－办公家具 | 60 | 1% | 1，300 | 后勤部 | 557.7 |
| 01－08－0001 | 轿车 | 2021/6/1 | 固定资产－运输工具 | 120 | 5% | 210，000 | 仓储部 | 43，225 |
| 合计 | | | | | | 251，800 | | 68，562 |

## 业务流程

固定资产期初业务录入包括固定资产期初资产卡片录入和科目期初余额录入两部分，固定资产期初卡片录入操作流程，如图 7－10 所示。

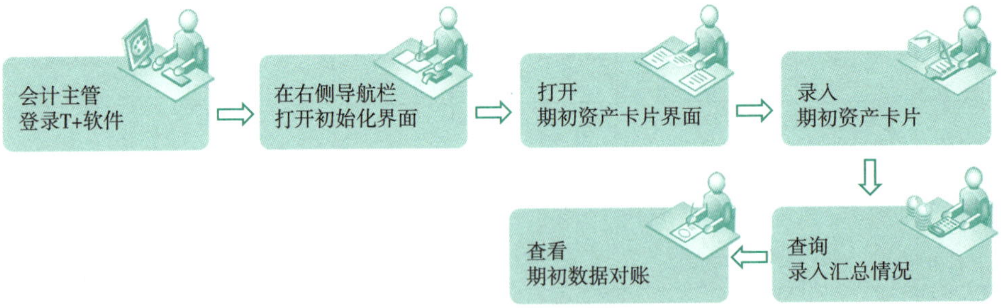


**图 7－10　固定资产期初资产卡片录入操作流程**

## 知识准备

### 一、录入期初固定资产卡片

期初资产卡片录入是资产管理系统处理的起点，准确录入期初资产卡片内容可以保证固定资产核算的连续性和正确性。一张资产卡片代表一项固定资产并形成固定资产文件中的一项明细数据，包括固定资产的名称、使用部门、原值、已计提折旧额等内容。

## 二、资产期初对账

资产期初对账是指期初资产卡片，按原值、累计折旧与资产相关科目期初余额对账，是保证总账期初余额与资产管理子系统期初余额一致的重要环节。

**精益求精的工匠精神**

对于资产管理岗会计来说，为了保证期初资产卡片信息和数据的准确性，应该在录入之前对固定资产进行全面的清查和盘点，做到账实相符。

## 活动指导

## 一、打开期初资产卡片界面

以会计主管身份登录 T + 教育专版，在左边导航栏中，单击打开“基础设置｜初始化｜期初余额｜期初资产卡片”界面，如图 7 - 11 所示。

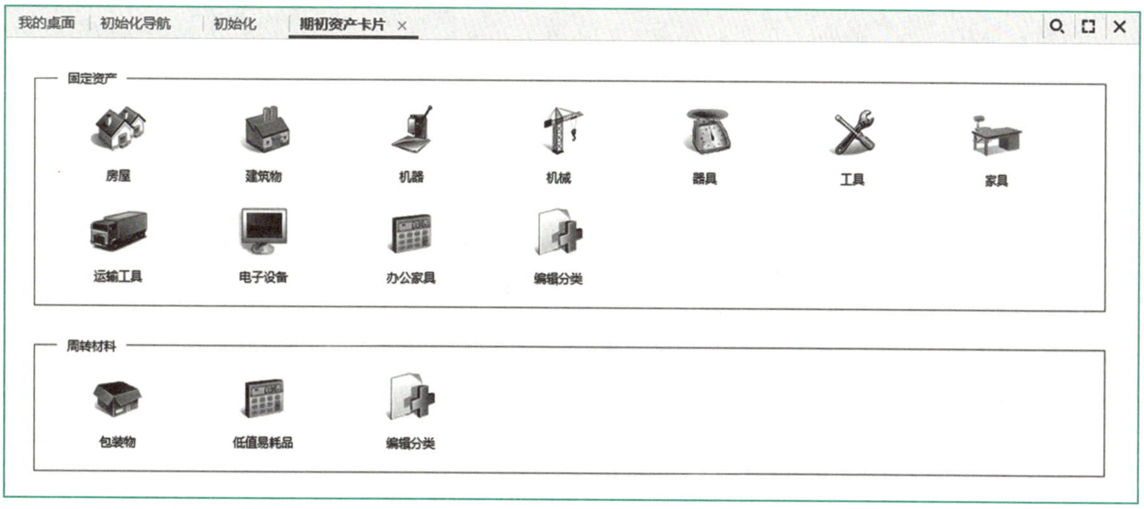


图 7 - 11　期初资产卡片

## 二、录入期初固定资产卡片

（1）录入办公电脑设备。在“期初资产卡片”界面，单击“电子设备”按钮，打开“资产增加”界面，如图 7 - 12 所示。根据表 7 - 3 固定资产期初余额表的“办公电脑 1”信息，依次录入卡片日期、资产名称、使用部门、增加方式、入账日期、原值、累计折旧、预计净残值率等信息，点击“保存”按钮，完成期初资产卡片的录入。

活动7.1.2
［业务7-3］
操作录屏

参照“办公电脑 1”的录入方式，继续完成其他办公电脑期初资产卡片信息的录入。

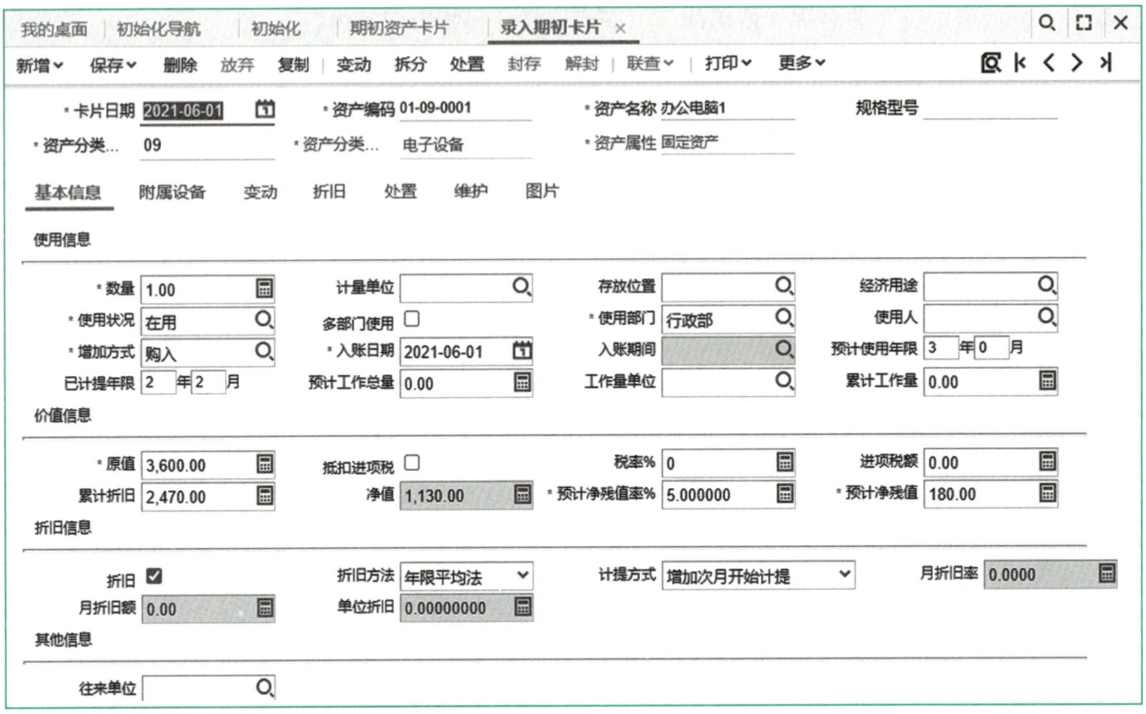


图 7－12　录入期初资产卡片（办公电脑 1）

（2）录入办公桌椅设备并复制完成录入同类资产。返回“期初资产卡片”界面，单击“家具”按钮，打开“资产增加”界面，如图 7－13 所示。根据表 7－3 固定资产期初余额表的“办公桌椅 1”信息，依次录入卡片日期、资产名称、使用部门、增加方式、入账日期、原值、累计折旧、预计净残值率等信息，点击“保存”按钮，完成期初资产卡片的录入。

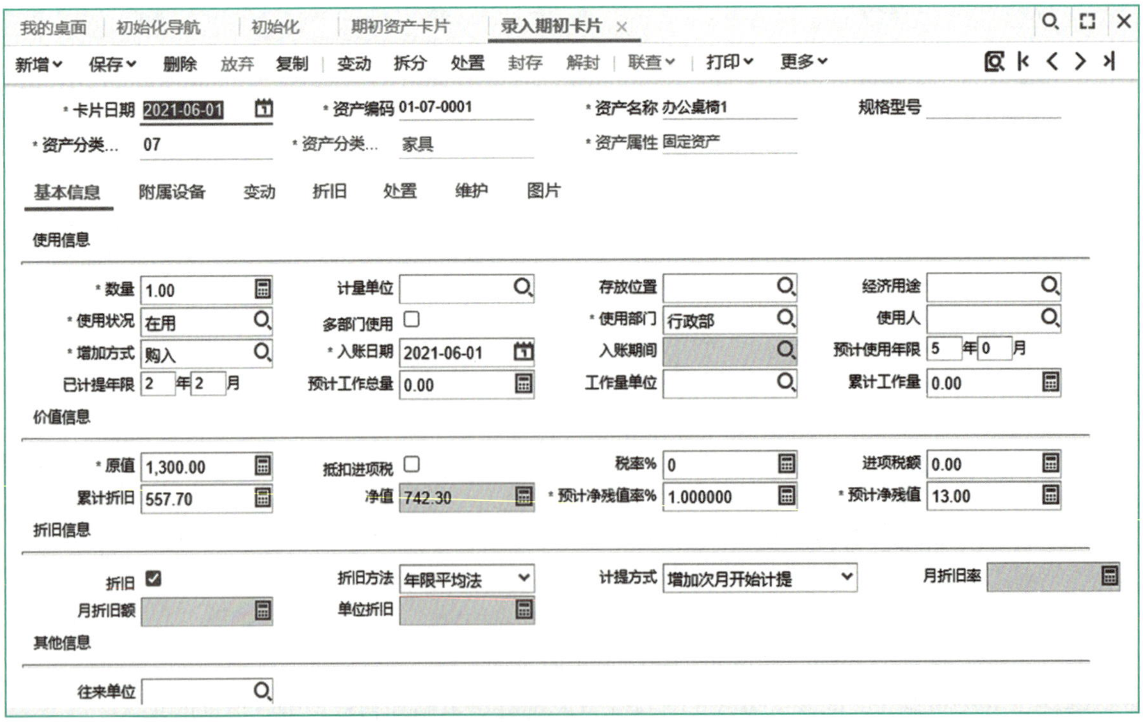


图 7－13　录入期初资产卡片（办公桌椅 1）

在“办公座椅 1”录入界面，单击“复制”按钮，打开“复制数量”窗口，根据资料输入“9”，点击“确定”按钮，完成卡片复制。根据表 7－3 固定资产期初余额表信息修改“卡片名称”“使用部门”等信息，单击“保存”按钮，完成修改。选择“＜”按钮，进入上一页，继续修改其他卡片，直到完成所有卡片修改。

（3）参照前面资产的录入方式，继续完成其他期初资产卡片信息的录入。

**资产录入方式有哪些**

在资产管理系统中，相同资产期初卡片录入可以通过两种方式：一是单个资产录入；二是采用“复制”的功能录入。当同类资产较多时，可以采用“复制”方式完成录入，以提高工作效率。

## 三、查询固定资产卡片

在 T＋教育专版左边导航栏中，单击打开“智能财税｜资产管理｜业务处理｜卡片管理”选项，查看录入结果，如图 7－14 所示。

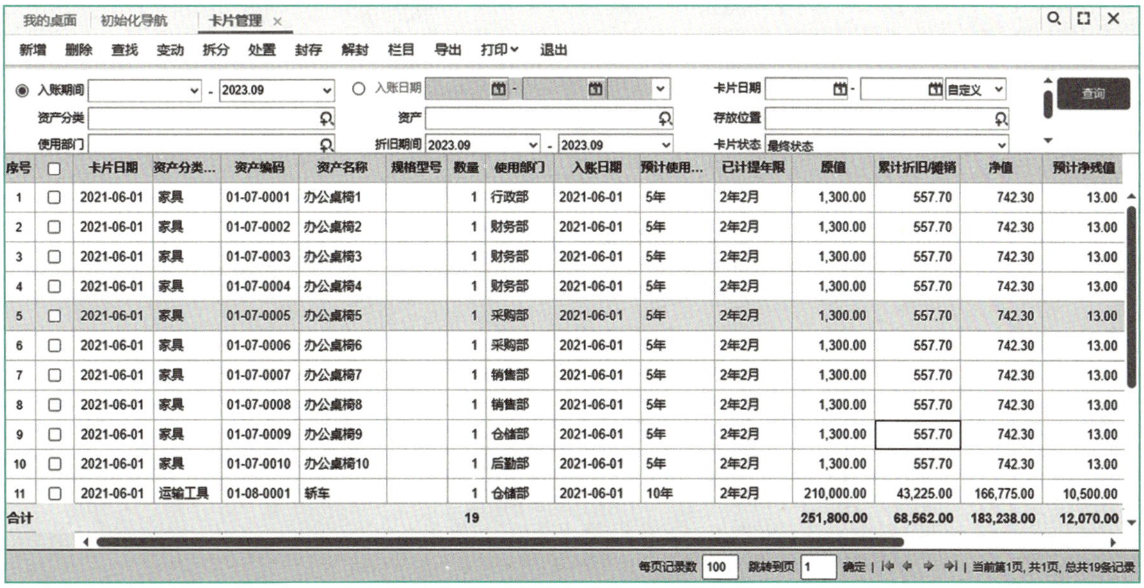


| 序号 | | 卡片日期 | 资产分类... | 资产编码 | 资产名称 | 规格型号 | 数量 | 使用部门 | 入账日期 | 预计使用... | 已计提年限 | 原值 | 累计折旧/摊销 | 净值 | 预计净残值 |
|---|---|---|---|---|---|---|---|---|---|---|---|---|---|---|---|
| 1 | ☐ | 2021-06-01 | 家具 | 01-07-0001 | 办公桌椅1 | | 1 | 行政部 | 2021-06-01 | 5年 | 2年2月 | 1,300.00 | 557.70 | 742.30 | 13.00 |
| 2 | ☐ | 2021-06-01 | 家具 | 01-07-0002 | 办公桌椅2 | | 1 | 财务部 | 2021-06-01 | 5年 | 2年2月 | 1,300.00 | 557.70 | 742.30 | 13.00 |
| 3 | ☐ | 2021-06-01 | 家具 | 01-07-0003 | 办公桌椅3 | | 1 | 财务部 | 2021-06-01 | 5年 | 2年2月 | 1,300.00 | 557.70 | 742.30 | 13.00 |
| 4 | ☐ | 2021-06-01 | 家具 | 01-07-0004 | 办公桌椅4 | | 1 | 财务部 | 2021-06-01 | 5年 | 2年2月 | 1,300.00 | 557.70 | 742.30 | 13.00 |
| 5 | ☐ | 2021-06-01 | 家具 | 01-07-0005 | 办公桌椅5 | | 1 | 采购部 | 2021-06-01 | 5年 | 2年2月 | 1,300.00 | 557.70 | 742.30 | 13.00 |
| 6 | ☐ | 2021-06-01 | 家具 | 01-07-0006 | 办公桌椅6 | | 1 | 采购部 | 2021-06-01 | 5年 | 2年2月 | 1,300.00 | 557.70 | 742.30 | 13.00 |
| 7 | ☐ | 2021-06-01 | 家具 | 01-07-0007 | 办公桌椅7 | | 1 | 销售部 | 2021-06-01 | 5年 | 2年2月 | 1,300.00 | 557.70 | 742.30 | 13.00 |
| 8 | ☐ | 2021-06-01 | 家具 | 01-07-0008 | 办公桌椅8 | | 1 | 销售部 | 2021-06-01 | 5年 | 2年2月 | 1,300.00 | 557.70 | 742.30 | 13.00 |
| 9 | ☐ | 2021-06-01 | 家具 | 01-07-0009 | 办公桌椅9 | | 1 | 仓储部 | 2021-06-01 | 5年 | 2年2月 | 1,300.00 | 557.70 | 742.30 | 13.00 |
| 10 | ☐ | 2021-06-01 | 家具 | 01-07-0010 | 办公桌椅10 | | 1 | 后勤部 | 2021-06-01 | 5年 | 2年2月 | 1,300.00 | 557.70 | 742.30 | 13.00 |
| 11 | ☐ | 2021-06-01 | 运输工具 | 01-08-0001 | 轿车 | | 1 | 仓储部 | 2021-06-01 | 10年 | 2年2月 | 210,000.00 | 43,225.00 | 166,775.00 | 10,500.00 |
| 合计 | | | | | | | 19 | | | | | 251,800.00 | 68,562.00 | 183,238.00 | 12,070.00 |

图 7－14　已录入的期初资产卡片

**相同的资产在录入卡片时可以合并吗**

资产管理系统在期初资产卡片录入时，对于相同类型资产可以合并录入，如同型号的办公电脑共有 5 台，在“使用信息”栏内数量选择“5”，如果合并录入后，在使用过程中部分资产出现毁损、出售等情况需要减少的，可以在系统中使用“资产拆分”功能进行拆分后，再进行处理。

## 四、资产期初对账

在 T + 教育专版左边导航栏中，单击打开“基础设置｜初始化｜期初对账”界面。在“期初对账”界面中，单击“资产期初对账”页签，查看对账结果，如图 7 – 15 所示。

| 序号 | 价值类型 | 资产属性 | 资产余额 | 总账科目名称 | 总账余额 | 差额 |
|---|---|---|---|---|---|---|
| 1 | 原值 | 固定资产 | 251,800.00 | 固定资产 | 251,800.00 | |
| 2 | 累计折旧/摊销 | 固定资产 | 68,562.00 | 累计折旧 | 68,562.00 | |

图 7 – 15　固定资产期初对账

# 任务 7.2 固定资产业务日常处理

**任务介绍**

本任务介绍了资产管理系统的日常业务处理，主要是资产增加、变动和减少业务的处理，包括固定资产增加的内容、方式和操作，变动的功能、内容和原因，计提折旧，以及固定资产的减少和处理。

## 活动 7.2.1 固定资产增加

### 活动描述

【业务 7－4】2023 年 9 月 5 日，财务部购进打印机 2 台用于办公，价税合计 7,345 元，财务部开具转账支票支付打印机款。打印机预计净残值率 3%，预计使用年限 3 年，业务单据如图 7－16、图 7－17 所示。

**电子发票（增值税专用发票）**

科技伴随 高效学习

发票号码：26996815

开票日期：2023年09月05日

北京 国家税务总局监制

| | |
|---|---|
| 购买方信息 名称：广州美妆商贸有限公司<br>统一社会信用代码/纳税人识别码：12440168MB2D88680A | 销售方信息 名称：北京华美电器有限公司<br>统一社会信用代码/纳税人识别码：91110000802100433B |

| 项目名称 | 规格型号 | 单位 | 数量 | 单价 | 金额 | 税率/征收率 | 税额 |
|---|---|---|---|---|---|---|---|
| 输出设备及装置*打印机 | L365 | 台 | 2 | 3250 | 6500.00 | 13% | 845.00 |
| 合　　计 | | | | | ¥6500.00 | | ¥845.00 |
| 价税合计（大写） | ⊗柒仟叁佰肆拾伍元整 | | | | （小写） | ¥7345.00 | |
| 备注 | | | | | | | |

开票人：李宏

图 7－16　购买打印机的增值税专用发票

中国工商银行
转账支票存根
10201120
96907842

附加信息

出票日期 2023 年 09 月 05 日

收款人：北京华美电器有限公司

金 额：¥7,345.00

用 途：购买打印机

单位主管 刘华 会计 蒋丽萍

ⅩⅩ印务有限公司·ⅩⅩ年印制

图 7－17 购买打印机支票存根

## 业务流程

固定资产增加业务处理的具体操作流程，如图 7－18 所示。

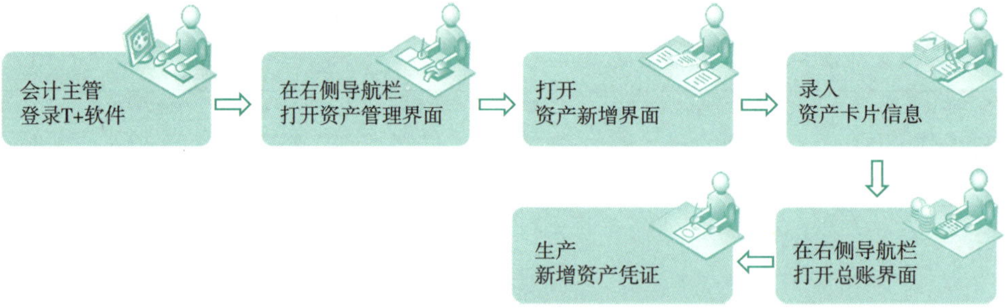


图 7－18 固定资产增加业务的具体操作流程

## 知识准备

### 一、固定资产增加的内容

固定资产增加是指购置、改造、改良、受赠、调拨和划转等活动所引起的固定资产数量和价值量的变化。固定资产来源主要有购入、建造、资本转入、接受捐赠、盘盈及融资租入等。企业无论以哪种方式取得的固定资产，都应办理验收手续，取得合法原始凭证，进行账务处理。

## 二、固定资产增加方式

固定资产的增加方式主要有外购、自行建造、投资者投入、非货币性资产交换、债务重组、企业合并和融资租赁等。

## 三、固定资产增加的操作流程

资产增加需要输入一张新的固定资产卡片，与录入期初资产卡片不同，新增资产卡片需要录入可以抵扣的进项税额，同时新增资产卡片需要生成记账凭证。

**严谨认真的工作作风**

录入固定资产卡片时，一定要认真仔细，录入完成后要认真核对并审核，确保无误后再进行保存，如果保存后发现错误，可以执行修改功能，保证资产信息和数据的准确性。

## 活动指导

## 一、打开新增资产界面

会计主管以业务日期 2023 年 9 月 5 日登录 T + 教育专版，在左边导航栏中，单击打开“智能财税｜资产管理”界面，如图 7 – 19 所示。在“固定资产”界面，单击打开“新增资产”界面，如图 7 – 20 所示。

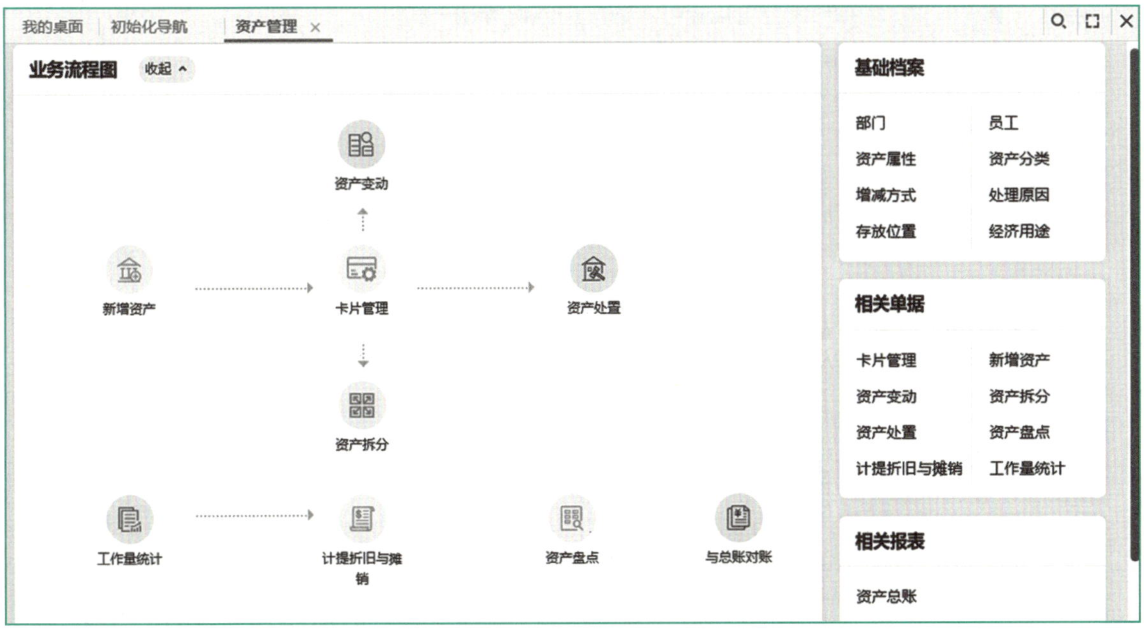


图 7 – 19　资产管理界面

活动7.2.1
[业务7-4]
操作录屏

图 7－20　新增资产

## 二、填写资产信息

在“新增资产”界面，单击“电子设备”选项，进入“录入卡片”界面，如图 7－21、图 7－22 所示。在“录入卡片”界面，根据图 7－16 购买打印机的增值税专用发票，依次录入资产名称、数量、使用部门、增加方式、原值等信息，勾选“抵扣进项税”，税率为“13”，其他选项均为默认。

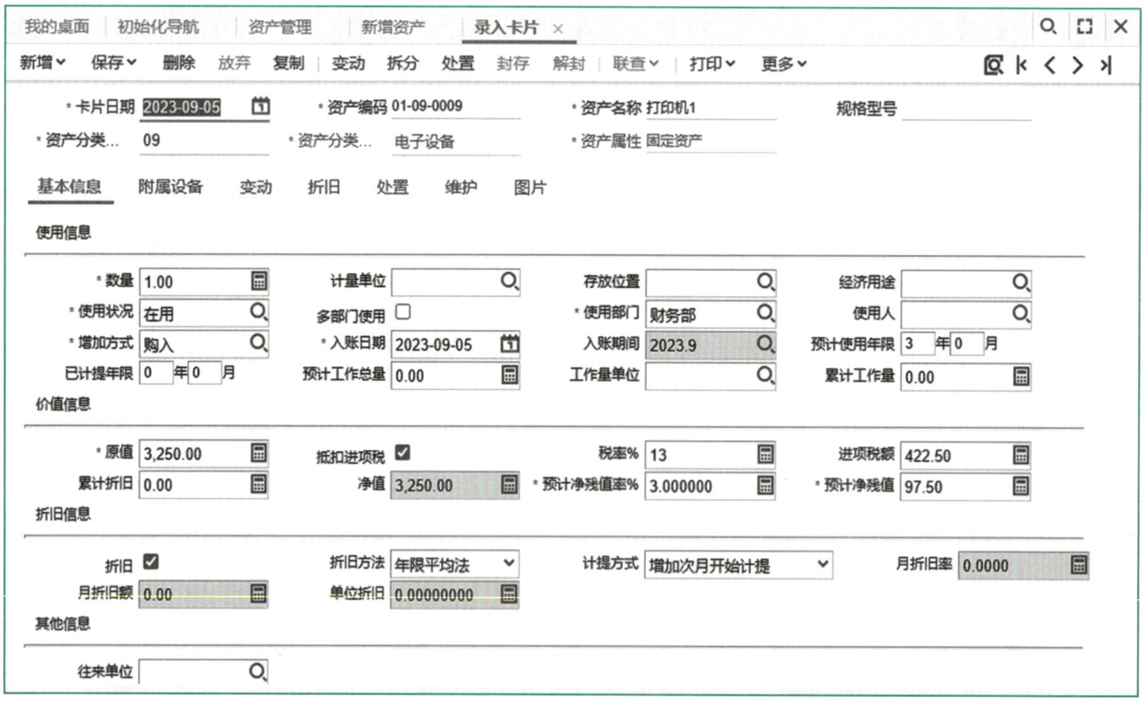


图 7－21　录入卡片界面 1

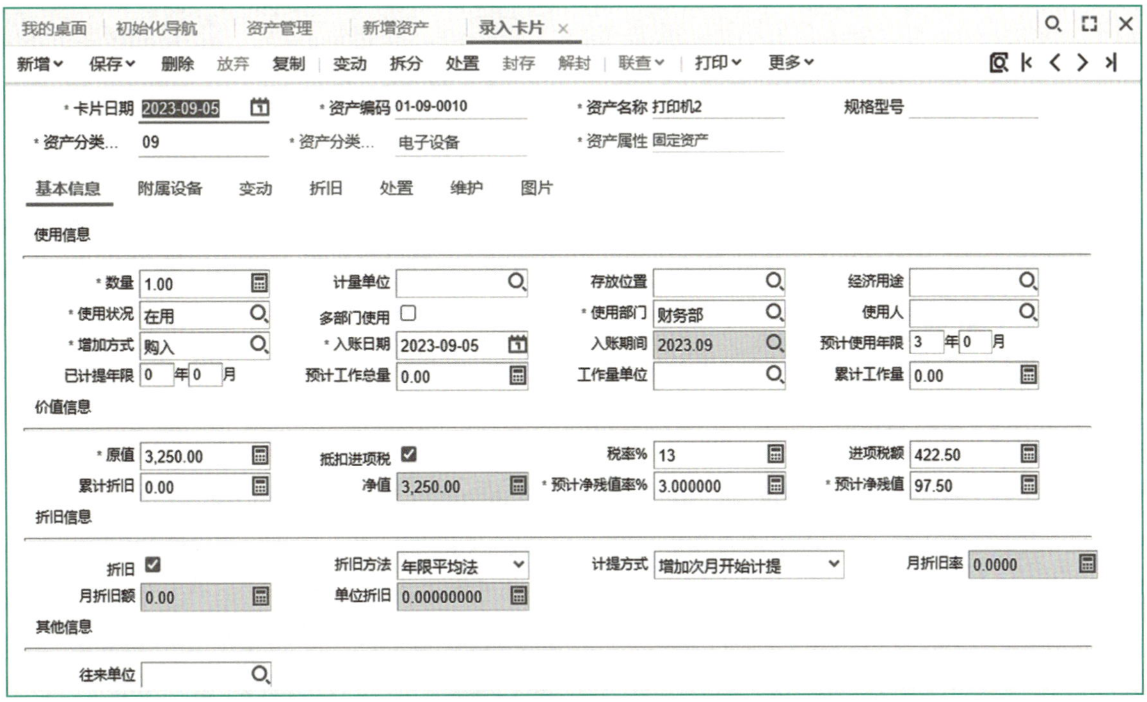


图 7－22　录入卡片界面 2

## 三、生成新增资产记账凭证

在 T＋教育专版左边导航栏中，单击打开“总账｜日常业务｜单据生凭证”界面。在“单据生凭证”界面，单据类型选择“资产卡片”选项。连续单击两个“下一步”按钮，进入“查询结果”界面，选择该笔业务，勾选“按合并规则设置合并号”，单击“生成凭证”按钮，生成记账凭证。在“生成凭证”界面，单击“保存”按钮，完成新增资产记账凭证生成，如图 7－23 所示。

| 序号 | 摘要 | 科目名称 | 辅助项 | 借方 | 贷方 |
|---|---|---|---|---|---|
| 1 | 购入 | 固定资产 | | 650000 | |
| 2 | 购入 | 应交税费-应交增值税-进项税额 | | 8450 | |
| 3 | 购入 | 银行存款-中国工商银行 | | | 73450 |
| 4 | | | | | |
| 5 | | | | | |
| 6 | | | | | |
| 合计 大写合计 | | 柒仟叁佰肆拾伍元整 | | 73450 | 73450 |

图 7－23　新增资产凭证

# 活动 7.2.2　固定资产变动

## 活动描述

【业务 7－5】9 月 15 日，将财务部门的“办公电脑 2”转移给“销售部门”使用。

## 业务流程

固定资产变动的操作流程，如图 7－24 所示。

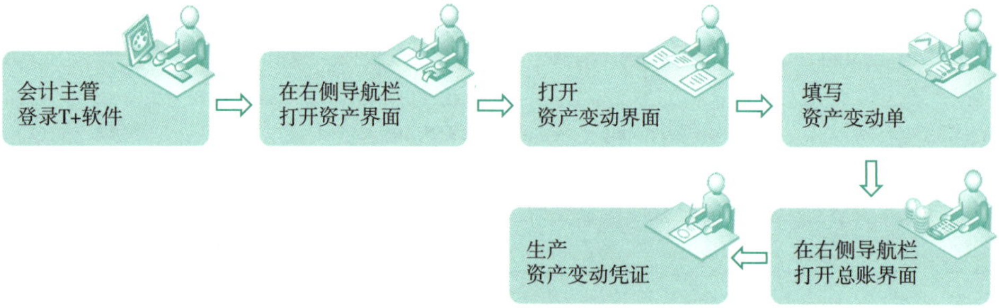


图 7－24　固定资产变动的操作流程

## 知识准备

### 一、资产变动的功能

资产管理系统中资产变动的功能主要用于记录资产信息的变动。

### 二、资产变动的内容

资产变动的内容主要包括以下几种情况：原值、累计折旧/摊销、数量、资产分类、预计净残值（率）、折旧/摊销方法、预计使用年限（月）、预计工作总量、存放位置、使用位置、使用部门、管理部门、使用人、使用状况、进项税额等。

### 三、变动的原因

资产管理系统中资产变动的原因主要包括盘点差异调整、年终复核调整、使用信息变动、资产价值调整、资产部分报废等内容。

**树立节约低碳环保理念**

充分利用现有的资产，让闲置的资产流动起来，在企业中，可以通过填写资产变动单，让资产得到充分利用，如果资产中的部分零件发生损坏，也可以通过资产分拆的方式，进行部分清理和更换，引导学生树立节约资源、低碳环保的经营理念。

## 活动指导

### 一、打开资产变动界面

会计主管以业务日期2023年9月15日登录T+教育专版，在左边导航栏中，单击打开“智能财税｜资产管理｜资产变动”界面，如图7－25所示。

图7－25　资产变动

### 二、填写资产变动单

在“资产变动”界面，单击“新增”按钮，打开“变动内容选择”窗口，如图7－26所示。勾选“使用部门”“管理部门”，单击“确定”按钮。

图7－26　变动内容选择

活动7.2.2
［业务7－5］
操作录屏

进入“变动单”界面，如图7－27所示。单据日期填写为“2023年9月15日”，选择变动原因为“使用信息变动”，选择“办公电脑2”的编码，修改变动后的部门为“销售部”，点击“保存”按钮。

图7－27　资产变动单

**资产变动单需要制单吗**

固定资产在清理时，资产变动单如果涉及资产科目的变动，就需要制单，如变动资产原值，可以直接进入“总账｜单据生凭证”界面，勾选“变动单”进行制单操作。如果不涉及资产科目的变动，则不需要制单。

## 活动7.2.3　固定资产折旧

### 活动描述

【业务7－6】9月30日，计提本月固定资产的折旧。

### 业务流程

计提固定资产折旧的流程图，如7－28所示。

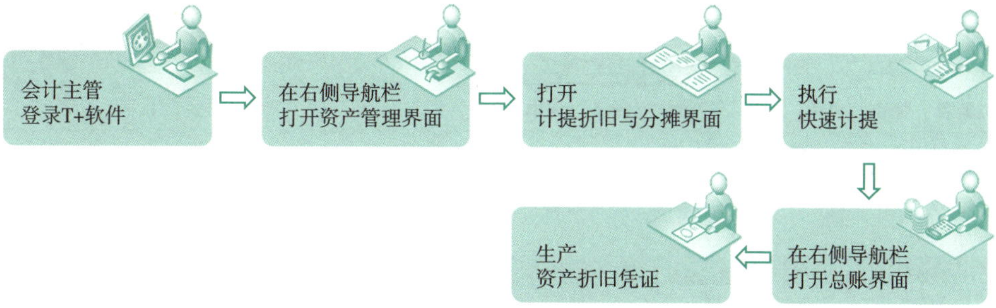


图 7－28　计提固定资产折旧的流程

## 知识准备

### 一、固定资产折旧的内容

固定资产折旧是指在固定资产使用寿命内，按照确定的方法对应计提的折旧额进行系统分摊。常见的固定资产计提折旧方法有年限平均法、工作量法、双倍余额递减法和年数总和法。

### 二、固定资产计提折旧的范围

（1）按现行企业会计准则规定，除以下情况外，企业应对所有固定资产计提折旧：
①已提足折旧仍继续使用的固定资产；
②按照规定单独计价作为固定资产入账的土地；
③处于更新改造过程中的固定资产。
（2）未使用的机器设备、仪器仪表、运输工具、工具器具、季节性停用也要计提折旧。

**遵守法律意识**

计提折旧时要严格遵守《企业所得税法实施条例》和《企业会计准则第 4 号——固定资产》中关于折旧计提的规定，不得随意变更折旧方法，在学法、知法、用法中树立法律意识。

## 活动指导

### 一、打开计提折旧与摊销界面

会计主管以业务日期 2023 年 9 月 30 日登录 T＋教育专版，在左边导航栏中，单击打开“智能财税｜资产管理”界面。在“固定资产”界面，单击打开“计提折旧与摊销”界面，如图 7－29 所示。

### 二、计提本月折旧

在“计提折旧与摊销”界面，单击“新增”按钮，打开“折旧/摊销清单”界面，如图 7－30 所示。选择计提时间“2023. 9”，系统会自动生成“折旧/摊销清单”，点击“保存”按钮，保存计提折旧的信息。

活动7.2.3
［业务7-6］
操作录屏

图 7－29　计提折旧与摊销

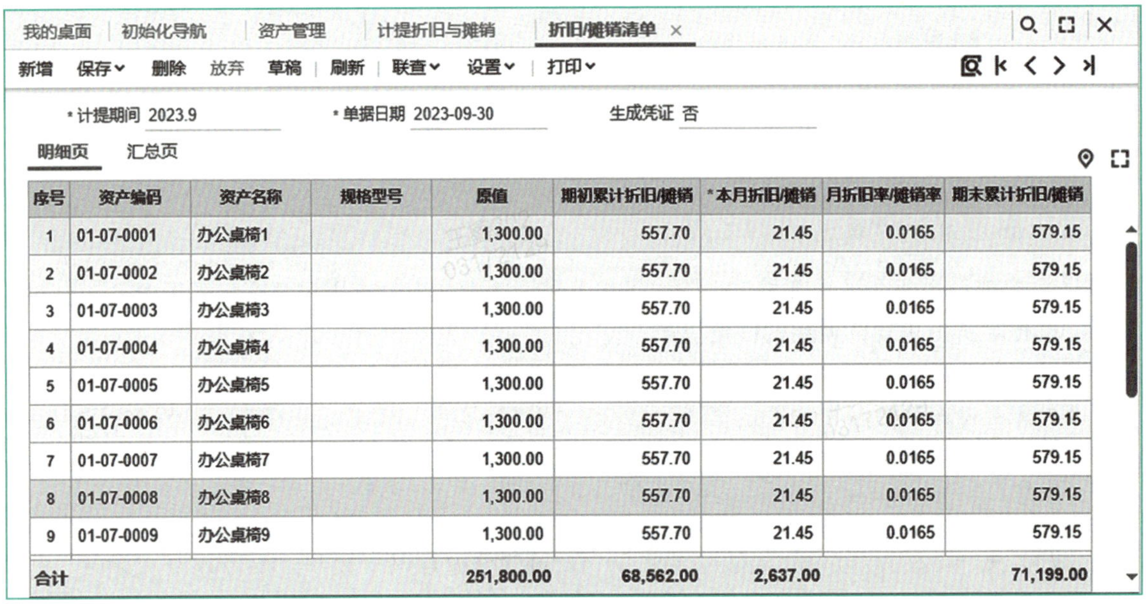


| 序号 | 资产编码 | 资产名称 | 规格型号 | 原值 | 期初累计折旧/摊销 | *本月折旧/摊销 | 月折旧率/摊销率 | 期末累计折旧/摊销 |
|---|---|---|---|---|---|---|---|---|
| 1 | 01-07-0001 | 办公桌椅1 | | 1,300.00 | 557.70 | 21.45 | 0.0165 | 579.15 |
| 2 | 01-07-0002 | 办公桌椅2 | | 1,300.00 | 557.70 | 21.45 | 0.0165 | 579.15 |
| 3 | 01-07-0003 | 办公桌椅3 | | 1,300.00 | 557.70 | 21.45 | 0.0165 | 579.15 |
| 4 | 01-07-0004 | 办公桌椅4 | | 1,300.00 | 557.70 | 21.45 | 0.0165 | 579.15 |
| 5 | 01-07-0005 | 办公桌椅5 | | 1,300.00 | 557.70 | 21.45 | 0.0165 | 579.15 |
| 6 | 01-07-0006 | 办公桌椅6 | | 1,300.00 | 557.70 | 21.45 | 0.0165 | 579.15 |
| 7 | 01-07-0007 | 办公桌椅7 | | 1,300.00 | 557.70 | 21.45 | 0.0165 | 579.15 |
| 8 | 01-07-0008 | 办公桌椅8 | | 1,300.00 | 557.70 | 21.45 | 0.0165 | 579.15 |
| 9 | 01-07-0009 | 办公桌椅9 | | 1,300.00 | 557.70 | 21.45 | 0.0165 | 579.15 |
| 合计 | | | | 251,800.00 | 68,562.00 | 2,637.00 | | 71,199.00 |

图 7－30　生成折旧/摊销清单

## 三、生成记账凭证

在 T＋教育专版左边导航栏中，单击打开“智能财税｜总账｜日常业务｜单据生凭证”界面。在“单据生凭证”界面，单据类型选择“计提折旧/摊销清单”选项。连续单击两个“下一步”按钮，进入“查询结果”界面，选择该笔业务，单击“生成凭证”按钮，在“生成凭证”界面，单击“保存”按钮，完成计提折旧记账凭证生成，如图 7－31 所示。

**计提折旧后如何修改月折旧额**

资产管理系统子系统中，进入左侧“资产管理｜计提折旧与摊销”界面，查找并打开该月的折旧摊销记录，就可以修改“本月折旧/摊销”，以后每月默认按照修改后的折旧额进行计提。

我的桌面　初始化导航　单据生凭证　生成凭证 ×

流量　保存　批量保存　打印　退出

已生成

**记账凭证**

*凭证类别 记账凭证　*凭证编号 0035　*制单日期 2023-09-30　附单据数 1

明细　汇总

| 序号 | *摘要 | *科目名称 | 借方（亿千百十万千百十元角分） | 贷方（亿千百十万千百十元角分） |
|---|---|---|---|---|
| | 计提折旧/摊销 | 销售费用-固定资产折旧费 | 2 3 2 9 0 | |
| 2 | 计提折旧/摊销 | 管理费用-固定资产折旧费 | 2 4 0 4 1 0 | |
| 3 | 计提折旧/摊销 | 累计折旧 | | 2 6 3 7 0 0 |
| 4 | | | | |
| 5 | | | | |
| 6 | | | | |
| 合计 大写合计 | | 贰仟陆佰叁拾柒元整 | 2 6 3 7 0 0 | 2 6 3 7 0 0 |

记账人　审核人　出纳　*制单人 王鑫

图 7－31　计提折旧/摊销记账凭证

# 活动 7.2.4　固定资产减少

## 活动描述

【业务 7－7】9 月 30 日，仓储部办公电脑 7 毁损，取得固定资产处置申请单，如图 7－32 所示。

**固定资产处置申请单**

科技伴随 高效学习

单位名称：广州美妆商贸有限公司　日期：2023年09月30日

| 固定资产名称 | 办公电脑7 | 单位 | 台 | 型号 | | 数量 | 1 |
|---|---|---|---|---|---|---|---|
| 资产编号 | 01-09-007 | 停用时间 | 2023年09月30日 | 购建时间 | 2021年06月01日 | 存放地点 | 仓储部 |
| 已提折旧月数 | 26 | 原值 | 3,600.00 | 累计折旧 | | 2,565.00 | |
| 有效使用年限 | 3 | 月折旧额 | 95.00 | 净值 | | 1,035.00 | |
| 处置原因： | 设备毁损 | | | | | | |
| 财务部门意见： | 同意报废<br>林凌云 | | | 公司领导意见： | 同意报废<br>陈明晖 | | |

编制人：井然　单位负责人：陈明晖

图 7－32　固定资产处置申请单

## 业务流程

固定资产减少处理的流程，如图 7－33 所示。

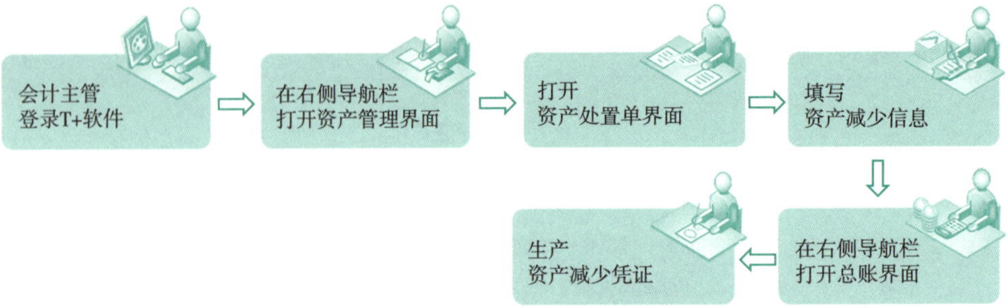


**图 7－33　固定资产减少处理的流程**

## 知识准备

### 一、固定资产减少

固定资产减少是指对固定资产的处置，主要指固定资产的报损、报废、借用、核销、有偿利用或变价出售、安全与完整的责任处理及产权纠纷调处等。具体包括投资转出固定资产、捐赠转出固定资产、以非现金资产抵偿债务方式转出固定资产、无偿调出固定资产、盘亏固定资产及出售、报废和毁损等原因转出固定资产。

### 二、固定资产减少的处理

在资产管理系统中，固定资产发生报废、出售、毁损等减少情况时，需要通过“资产处置”功能来实现，进入“资产处置”界面，填写资产处置信息，根据会计准则规定，当月减少的资产，当月仍需计提折旧。所以，一定要先计提折旧后再进行资产处置。

**遵守规则意识**

在企业的实际工作中，如果遇到设备毁损、报废等情况时，由资产管理员提出毁损和报废申请，由领导审批后方可进行处置，千万不能自己决定直接处置，一定要按照处理流程进行处置，树立规则意识很重要。

## 活动指导

### 一、打开资产处置界面

活动7.2.4
［业务7－7］
操作录屏

会计主管以业务日期 2023 年 9 月 30 日登录 T＋教育专版，在左边导航栏中，单击打开“智能财税｜资产管理”界面。在“固定资产”界面，单击打开“资产处置”界面，如图 7－34 所示。

### 二、填写资产处置单

在“资产处置”界面，单击“新增”按钮，打开填写“资产处置单”界面，如图 7－35 所示。在“资产处置单”界面，表头输入单据日期“2023 年 9 月 30 日”，单据编号默认，选择处置方式“毁损”。表体内选择资产编码“01－09－0007”，系统会自动带出该项资产的所有数据信息，单击“保存”按钮，系统会自动弹出“是否封存卡片”的窗口，选择“是”按钮，完成资产减少操作。

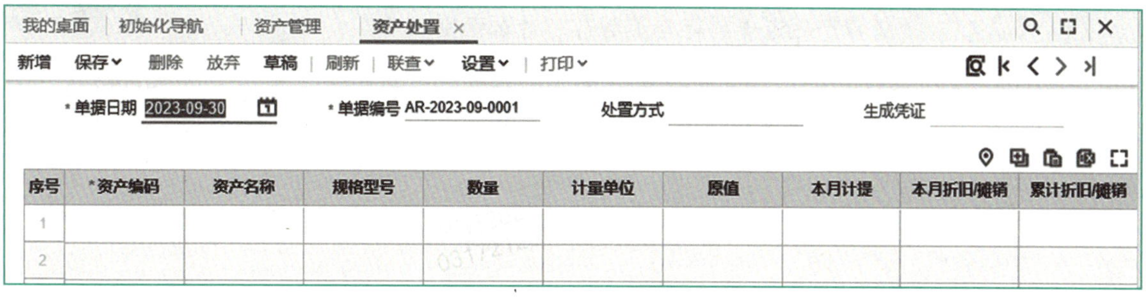


图 7－34　资产处置界面

图 7－35　填写资产处置信息界面

## 三、生成记账凭证

在 T＋教育专版左边导航栏中，单击打开“智能财税｜总账｜日常业务｜单据生凭证”界面。在“单据生凭证”界面，单据类型选择“处置单”选项。连续单击两个“下一步”按钮，进入“查询结果”界面，选择该笔业务，单击“生成凭证”按钮。在“生成凭证”界面，单击“保存”按钮，完成计提折旧记账凭证生成，如图 7－36 所示。

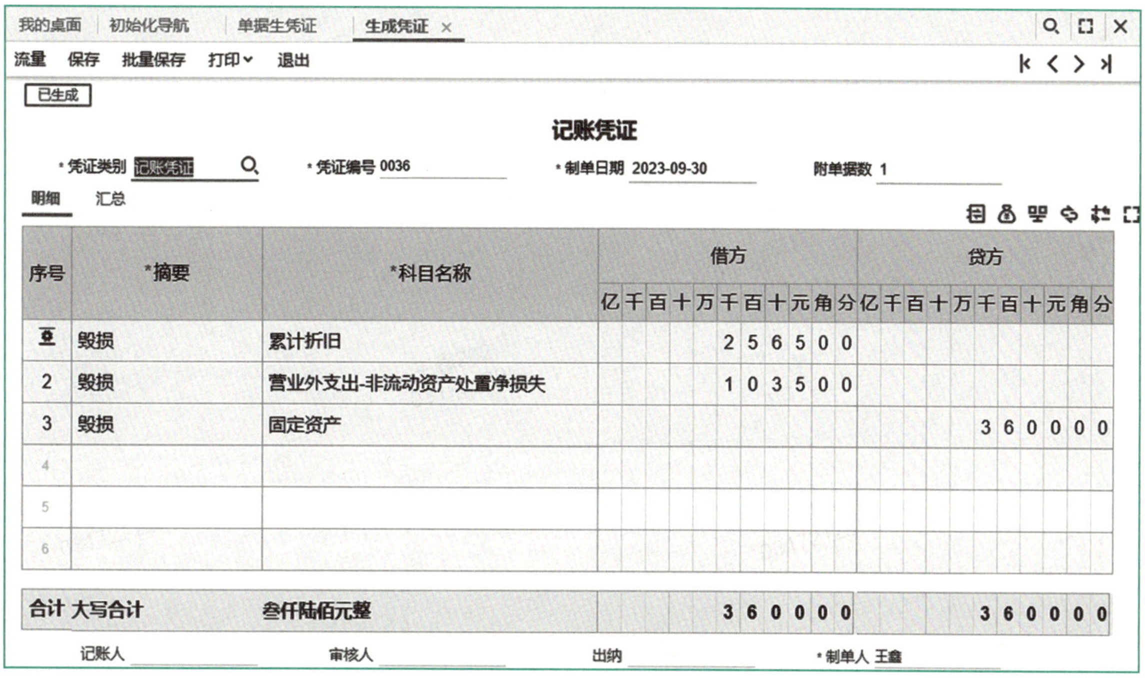


图 7－36　资产处置凭证

**处置资产后选择封存与不封存有什么区别**

封存，在资产总账与卡片管理中都不显示该处置的数据；未封存，资产总账中无数据，但卡片管理中包括其处置的数据。

# 任务 7.3 固定资产业务期末处理

**任务介绍**

本任务介绍了资产管理系统的期末业务，包括固定资产系统与总账系统对账、固定资产系统的结账和固定资产增减统计表、固定资产价值占比分析表等账表的查询。

## 活动 7.3.1 固定资产盘点与对账

### 活动描述

【业务 7－8】9 月 30 日，会计主管进行固定资产盘点，并与总账进行对账。

### 业务流程

固定资产期末对账的流程，如图 7－37 所示。

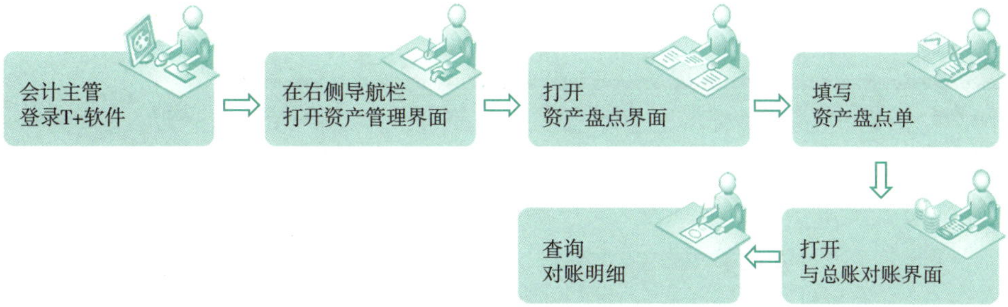


图 7－37 固定资产期末对账的流程

### 知识准备

#### 一、固定资产盘点

资产盘点是企业管理的其中一项重要工作，企业需要定期盘点资产情况，确认资产状态，保护资产价值，对盘盈盘亏的资产要及时处理。

#### 二、固定资产期末对账

资产管理模块完成了本月全部制单业务后，可以进行月末结账。在结账前，要进行对账操作，保证资产管理子系统与账务系统中的固定资产余额与累计折旧余额一致，系统会自动给出对账结果。

#### 三、固定资产期末结账

在资产管理子系统对账结果正确的基础上，到系统管理期末处理界面，执行财务结账。月末结账每月进行一次，结账后当期数据不能修改。

**践行会计职业精神**

在固定资产业务制单过程中，要明确岗位职责，正确处理固定资产业务，准确使用会计科目，保证数据和凭证的正确性，做到诚信为本，坚持准则，不做假账，践行会计职业精神。

## 活动指导

活动7.3.1
[业务7-8]
操作录屏

### 一、登录资产管理界面

会计主管以业务日期2023年9月30日登录T+教育专版，在左边导航栏中，单击打开“智能财税｜资产管理”界面。

### 二、资产盘点

在“资产管理”界面，单击打开“资产盘点”界面，如图7-38所示。在“资产盘点”界面，单击“新增”按钮，打开“盘点设置”对话框，如图7-39所示。

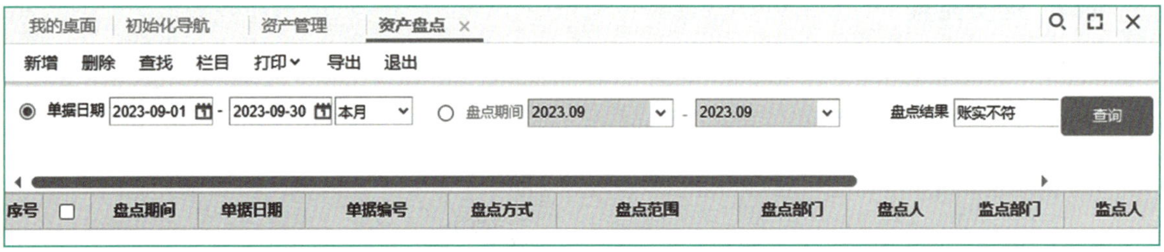


图7-38 资产盘点

图7-39 盘点设置

在“盘点设置”对话框中，选择单据日期为“2023年9月30日”。选择“按全部资产盘点”，单击“确定”按钮，打开“资产盘点单”界面，如图7－40所示。

我的桌面 | 初始化导航 | 资产管理 | 资产盘点 | 资产盘点单

新增 保存 删除 放弃 草稿 快盘 盘点设置 显示差异 刷新 联查 设置 打印

*单据日期 2023-09-30　*单据编号 PD-2023-09-0001　盘点方式 全部资产

盘点范围　盘点部门　盘点人

监点部门　监点人

| 序号 | *资产编码 | *资产名称 | 规格型号 | 数量 | | | 存放位置 | | |
|---|---|---|---|---|---|---|---|---|---|
| | | | | 账面 | *实际 | 盘点结果 | 账面 | 实际 | 盘点结果 |
| 1 | 01-09-0009 | 打印机1 | | 1 | 1 | | | | |
| 2 | 01-09-0010 | 打印机2 | | 1 | 1 | | | | |
| 3 | 01-09-0001 | 办公电脑1 | | 1 | 1 | | | | |
| 4 | 01-09-0003 | 办公电脑3 | | 1 | 1 | | | | |
| 5 | 01-09-0004 | 办公电脑4 | | 1 | 1 | | | | |
| 6 | 01-09-0005 | 办公电脑5 | | 1 | 1 | | | | |
| 7 | 01-09-0006 | 办公电脑6 | | 1 | 1 | | | | |
| 8 | 01-09-0008 | 办公电脑8 | | 1 | 1 | | | | |
| 合计 | | | | 20 | 20 | | | | |

备注

制单人 王鑫　打印次数 0

图7－40　资产盘点单

在“资产盘点单”界面，根据实际盘点的数据，修改表中“实际”栏数据，单击“保存”按钮，完成资产盘点工作。

## 三、期末对账

在“资产管理”界面，单击打开“与总账对账”界面。在弹出的“查询”窗口，选择查询期间为“2023年9月”，选择“包含未记账”，单击“查询”按钮，打开“资产账与总账对账”界面，如图7－41所示。系统会自动执行对账操作，并显示对账结果。

**资产账与总账对账时，有很多科目不显示，应如何设置呢**

（1）先后点击“总账”“科目设置”按钮，找到“资产科目”，点击“设置”按钮，根据不同的资产分类或资产属性选择不同的科目。

（2）先后点击“总账”“科目设置”按钮，找到“累计折旧/摊销科目”，点击“设置”按钮，根据不同的资产分类或资产属性选择不同的科目。

| 序号 | 对账项目 | 项目名称 | 期初 | 借方 | 贷方 | 期末 | |
|---|---|---|---|---|---|---|---|
| | | | | | | 方向 | 金额 |
| 1 | 科目 | 周转材料 | | | | 平 | |
| 2 | 卡片 | 原值 | | | | | |
| 3 | 卡片 | 累计折旧/摊销 | | | | | |
| 4 | 差额 | | | | | | |
| 5 | 对账结果 | 账账相符 | | | | | |
| 6 | 科目 | 固定资产 | 251,800.00 | 6,500.00 | 3,600.00 | 借 | 254,700.00 |
| 7 | 卡片 | 原值 | 251,800.00 | 6,500.00 | 3,600.00 | | 254,700.00 |
| 8 | 差额 | | | | | | |
| 9 | 对账结果 | 账账相符 | | | | | |
| 10 | 科目 | 累计折旧 | 68,562.00 | 2,565.00 | 2,637.00 | 贷 | 68,634.00 |
| 11 | 卡片 | 累计折旧/摊销 | 68,562.00 | 2,565.00 | 2,637.00 | | 68,634.00 |
| 12 | 差额 | | | | | | |
| 13 | 对账结果 | 账账相符 | | | | | |

图 7－41　资产账与总账对账

# 活动 7.3.2　固定资产账表查询

## 活动描述

【业务 7－9】9 月 30 日，查询固定资产增减统计表、固定资产价值占比分析表。

## 业务流程

查询固定资产增减统计表的流程，如图 7－42 所示：

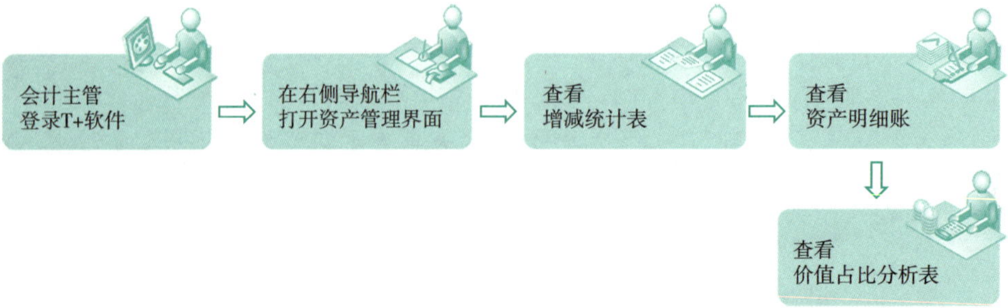


图 7－42　查询固定资产增减统计表的流程

## 知识准备

### 一、增减统计表

增减统计表是对固定资产在某一段时期内发生的增减变动进行统计的表格。该表格按照增减方式的一级分类进行统计，具体项目包括增减变动的数量、原值、累计折旧、净值等内容。

### 二、增减统计表的查询方法

增减统计表的查询方法包括按使用部门增减统计表、资产分类增减统计表、资产属性增减统计表的不同进行查询。企业可以根据经营管理的序号设置查询条件，也可以进行分组设置，具体包括分组汇总、分组小计、横向排列、分组周期等内容。

### 三、价值占比分析表

价值占比分析表是帮助企业系统地评估和比较不同部门使用固定资产价值的统计表。便于企业对资产的使用情况进行价值分析和决策，有利于提高资产的使用价值。

### 四、价值占比分析表的结构

价值占比分析表的结构主要包括使用部门、原值的金额及占比、累计折旧/摊销的金额及占比、净值的金额及占比等项目，可以帮助企业从不同的维度了解资产的使用情况。

**具备数字信息素养**

财务人员应具备数字敏感度，善于发现数字的变化和差异，增强数字信息的敏锐感知和理解能力，借助固定资产的增减统计表和价值占比分析表的数据，能够快速地捕捉数据中的异常和风险，灵活地运用数据进行分析和预测，能够有效地利用数据进行决策和优化。

## 活动指导

### 一、登录资产管理界面

会计主管以业务日期 2023 年 9 月 30 日登录 T + 教育专版，在左边导航栏中，单击打开“智能财税｜资产管理”界面。

### 二、查询固定资产增减统计表

在“资产管理”界面中，单击打开“相关报表｜增减统计表”界面。在弹出的“查询”窗口，选择查询期间为“2023 年 9 月”，单击“查询”按钮，打开“增减统计表”界面，如图 7 - 43 所示。

活动7.3.2
[业务7-9]
操作录屏

我的桌面 | 资产管理 | 增减统计表 ×

查询 打印 导出 发送邮件 刷新 退出

**增减统计表**

期间：2023.09－2023.09

| 序号 | 增减方式（1级） | 数量 | 原值 | 累计折旧 | 净值 |
|---|---|---|---|---|---|
| 1 | 01 增加 | 2 | 6,500.00 | | 6,500.00 |
| 2 | 02 处置 | -1 | -3,600.00 | -2,565.00 | -1,035.00 |
| 3 | | | | | |
| 4 | | | | | |
| 5 | | | | | |
| 6 | | | | | |
| 7 | | | | | |
| 8 | | | | | |
| 9 | | | | | |
| 10 | | | | | |
| 11 | | | | | |
| 合计 | | 1 | 2,900.00 | -2,565.00 | 5,465.00 |

图 7－43　增减统计表

## 三、查询固定资产明细账

在“资产管理”界面中，单击打开“相关报表｜价值占比分析表”界面。在弹出的“查询”窗口，选择查询期间为“2023 年 9 月”，单击“查询”按钮，打开“资产明细账”界面，如图 7－44 所示。

我的桌面 | 资产管理 | 资产明细账 ×

查询 打印 导出 发送邮件 刷新 退出

**资产明细账**

期间：2023.09－2023.09

| 序号 | 期间 | 日期 | 业务单号 | 凭证字号 | 摘要 | 数量 | | | 原值 | | | 累计折旧/摊销 | | | 净值 |
|---|---|---|---|---|---|---|---|---|---|---|---|---|---|---|---|
| | | | | | | 借方 | 贷方 | 余额 | 借方 | 贷方 | 余额 | 借方 | 贷方 | 余额 | 余额 |
| 1 | 2023.09 | | | | 期初余额 | | | 19.00 | | | 251,800.00 | | | 68,562.00 | 183,238.00 |
| 2 | 2023.09 | 2023-09-05 | 01-09-0009 | 记-0034 | 资产新增 | 1.00 | | 20.00 | 3,250.00 | | 255,050.00 | | | 68,562.00 | 186,488.00 |
| 3 | 2023.09 | 2023-09-05 | 01-09-0010 | 记-0034 | 资产新增 | 1.00 | | 21.00 | 3,250.00 | | 258,300.00 | | | 68,562.00 | 189,738.00 |
| 4 | 2023.09 | 2023-09-30 | AR-2023-09-00... | 记-0036 | 资产减少 | | 1.00 | 20.00 | | 3,600.00 | 254,700.00 | 2,565.00 | | 65,997.00 | 188,703.00 |
| 5 | 2023.09 | 2023-09-30 | DA-2023-09-01 | 记-0035 | 计提折旧/摊销 | | | 20.00 | | | 254,700.00 | | 2,637.00 | 68,634.00 | 186,066.00 |
| 6 | 2023.09 | 2023.09 | | | 本期合计 | 2.00 | 1.00 | 20.00 | 6,500.00 | 3,600.00 | 254,700.00 | 2,565.00 | 2,637.00 | 68,634.00 | 186,066.00 |
| 7 | 2023.09 | 2023.09 | | | 本年累计 | 2.00 | 1.00 | 20.00 | 6,500.00 | 3,600.00 | 254,700.00 | 2,565.00 | 2,637.00 | 68,634.00 | 186,066.00 |
| 8 | | | | | | | | | | | | | | | |
| 合计 | | | | | | 2.00 | 1.00 | 20.00 | 6,500.00 | 3,600.00 | 254,700.00 | 2,565.00 | 2,637.00 | 68,634.00 | 186,066.00 |

图 7－44　资产明细账

## 四、查询固定资产价值占比分析表

在“资产管理”界面中，单击打开“相关报表｜价值占比分析表”界面。在弹出的“查询”窗口，选择查询期间为“2023 年 9 月”，单击“查询”按钮，打开“价值占比分析表”界面，如图 7－45 所示。

我的桌面　资产管理　价值占比分析表 ×

查询　打印　导出　发送邮件　刷新　退出

**价值占比分析表**

截止期间：2023.09

| 序号 | 资产分类(1级) | 使用部门(1级) | 原值 | | 累计折旧/摊销 | | 净值 | |
|---|---|---|---|---|---|---|---|---|
| | | | 金额 | 结构占比% | 金额 | 结构占比% | 金额 | 结构占比% |
| 1 | 电子设备 | 财务部 | 13,700.00 | 5.38 | 5,130.00 | 7.47 | 8,570.00 | 4.61 |
| 2 | 电子设备 | 采购部 | 3,600.00 | 1.41 | 2,565.00 | 3.74 | 1,035.00 | 0.56 |
| 3 | 电子设备 | 后勤部 | 3,600.00 | 1.41 | 2,565.00 | 3.74 | 1,035.00 | 0.56 |
| 4 | 电子设备 | 销售部 | 7,200.00 | 2.83 | 5,130.00 | 7.47 | 2,070.00 | 1.11 |
| 5 | 电子设备 | 行政部 | 3,600.00 | 1.41 | 2,565.00 | 3.74 | 1,035.00 | 0.56 |
| 6 | 家具 | 财务部 | 3,900.00 | 1.53 | 1,737.45 | 2.53 | 2,162.55 | 1.16 |
| 7 | 家具 | 采购部 | 2,600.00 | 1.02 | 1,158.30 | 1.69 | 1,441.70 | 0.77 |
| 8 | 家具 | 仓储部 | 1,300.00 | 0.51 | 579.15 | 0.84 | 720.85 | 0.39 |
| 9 | 家具 | 后勤部 | 1,300.00 | 0.51 | 579.15 | 0.84 | 720.85 | 0.39 |
| 10 | 家具 | 销售部 | 2,600.00 | 1.02 | 1,158.30 | 1.69 | 1,441.70 | 0.77 |
| 11 | 家具 | 行政部 | 1,300.00 | 0.51 | 579.15 | 0.84 | 720.85 | 0.39 |
| 12 | 运输工具 | 仓储部 | 210,000.00 | 82.46 | 44,887.50 | 65.41 | 165,112.50 | 88.73 |
| 13 | | | | | | | | |
| 合计 | | | 254,700.00 | 100.00 | 68,634.00 | 100.00 | 186,066.00 | 100.00 |

图 7－45　价值占比分析表

# 职业技能巩固与训练

## 一、单项选择题

1. 下列固定资产业务中，不用生成凭证的是（　　）。

A. 资产增加　　B. 计提折旧　　C. 资产减少　　D. 部门转移

2. 设置部门对应折旧科目的主要目的是为（　　）提供方便。

A. 资产增加　　B. 资产评估

C. 生成计提折旧凭证　　D. 部门转移

3. 下列各项中，（　　）业务是在固定资产模块中处理的。

A. 对固定资产出售进行清理　　B. 发生清理收入

C. 发生清理费用　　D. 结转清理净损益

4. 下列各项中，（　　）是生成折旧凭证的依据。

A. 折旧计算表　　B. 折旧分配表　　C. 折旧清单　　D. 固定资产卡片

5. 在 T + 资产管理模块中，属于区别一项固定资产的唯一标识的是（　　）。

A. 固定资产名称　　B. 固定资产类别　　C. 固定资产编码　　D. 固定资产使用部门

6. 下列各项中，不属于固定资产模块提供的报表的是（　　）。

A. 固定资产明细账　　B. 固定资产折旧计算明细账

C. 固定资产使用状况分析表　　D. 所有者权益变动表

7. 下列各项中，（　　）属于 T + 资产管理系统中必须设置的基础信息。

A. 部门档案　　B. 资产分类　　C. 人员类别　　D. 项目大类

8. 在 T + 资产管理系统中，计提固定资产折旧的次数是（　　）。

A. 只能计提 1 次　　B. 可以计提 2 次

C. 在选项中可以进行控制计提折旧的次数　　D. 次数无限制

9. 在资产使用过程中，因内部调配而发生的部门变动，需填制（　　）。

A. 部门变动单　　B. 使用状况变动单　　C. 年限变动单　　D. 折旧方法调整单

10. 下列各项中，部门之间调拨固定资产计提折旧时，正确的处理方法是（　　）。

A. 不计提折旧　　B. 按原部门与新部门使用的时间共同计提

C. 在新部门计提折旧　　D. 在原部门计提折旧

## 二、多项选择题

1. 固定资产模块初始设置功能有（　　）。

A. 设置部门折旧科目　　B. 部门转移

C. 输入原始卡片　　D. 计提折旧

2. 下列能生成记账凭证的业务有（　　）。

A. 资产增加　　B. 计提折旧　　C. 资产拆分　　D. 输入原始卡片

3. 关于固定资产卡片的说法，正确的有（　　）。

A. 资产增加时不需要在卡片中录入累计折旧金额

B. 录入期初原始卡片时需要录入累计折旧金额

C. 原始卡片不需要生成记账凭证

D. 新增固定资产卡片需要生成凭证

4. 在 T+资产管理模块中，可以处理的经济业务内容有（　　）。

A. 固定资产业务核算　　B. 周转材料业务核算

C. 无形资产业务核算　　D. 采购业务核算

5. 下列各项中，属于固定资产减少的情况有（　　）。

A. 盘亏　　B. 到期报废　　C. 投资转出　　D. 净值减小

6. 下列各项中，不属于固定资产使用状况的有（　　）。

A. 不需用和未使用　　B. 毁损　　C. 大修理停用　　D. 在建工程转入

7. 下列各项中，不属于固定资产模块期末处理业务的有（　　）。

A. 计提折旧　　B. 固定资产减少　　C. 对账　　D. 固定资产变动

8. 固定资产模块初始化时，属于设置控制参数的内容有（　　）。

A. 设置启用会计期间　　B. 设置折旧相关内容

C. 设置固定资产编码　　D. 设置增减方式

9. 下列各项中，属于 T+资产管理系统的功能的有（　　）。

A. 初始设置　　B. 日常操作　　C. 账表管理　　D. 月末处理

10. 下列计提折旧的方法中，属于 T+资产管理系统中提供的方法有（　　）。

A. 不提折旧　　B. 平均年限法　　C. 年数总和法　　D. 工作量法

## 三、判断题

（　　）1. 本月增加的固定资产，本月需计提折旧。

（　　）2. 折旧分配表是生成折旧凭证的依据。

（　　）3. 固定资产业务发生后，需要立即制单，否则将无法生成记账凭证。

（　　）4. 首次使用固定资产模块时，应先选择对账套进行初始化。

（　　）5. 盘点差异调整不是资产变动的原因。

（　　）6. T+资产管理系统中，处理固定资产减少业务时，可以在计提本月折旧前进行。

（　　）7. T+资产管理系统结账后，当期数据不能修改，但如果有错必须修改，可通过系统提供的“恢复月末结账前状态”功能结账后修改。

（　　）8. T+资产管理系统中，资产减少需输入资产减少卡片并说明减少原因。

（　　）9. 当月减少的固定资产，无须计提本月折旧。

（　　）10. 原始卡片上所记录的开始使用日期一定小于固定资产的启用日期。

# 模块八

# 总账报表业务

**模块导读**

总账是进行会计核算和登记相关会计账簿的功能模块。总账模块主要包括总账业务日常处理、总账业务期末处理，其中日常业务不仅涉及记账凭证的填制、修改、删除、定位查找及凭证的审核记账等内容，还涉及分录的维护、辅助信息维护、凭证模板、自动记账等内容；期末处理主要介绍期末转账、对账及结账业务；报表编制主要介绍如何利用T-UFO报表来自动生成资产负债表和利润表。

**学习目标**

职业能力目标

（1）了解总账报表模块的主要功能。
（2）了解总账报表模块核算的主要流程。
（3）能进行总账日常业务和期末业务处理。
（4）能运用报表工具编制资产负债表和利润表。

财经素养目标

（1）具有会计职业判断的能力。
（2）理解国家税收意义。
（3）了解财务数据价值。

# 业务流程

## 一、总账报表业务在公司整体业务中的定位

总账业务既是企业财务核算的核心，也是企业管理业务的最后环节。总账为其他业务模块提供凭证管理和数据汇集，并通过最后的审核记账环节生成各类财务报表，方便各种维度的财务数据查询，从而提供决策信息。总账还可以根据行业性质，提供企业对内、对外的资产负债表和利润表，进行经营成果核算和财务信息披露。

## 二、总账业务流程

总账业务主要以凭证为工作载体，包括凭证的自动生成、手工填制、出纳签字、审核、记账、结账等处理。通过对凭证的记账处理，得到各类财务账簿，自动生成资产负债表和利润表，从而反映企业各个维度的财务数据。总账报表业务具体流程如图 8－1 所示。

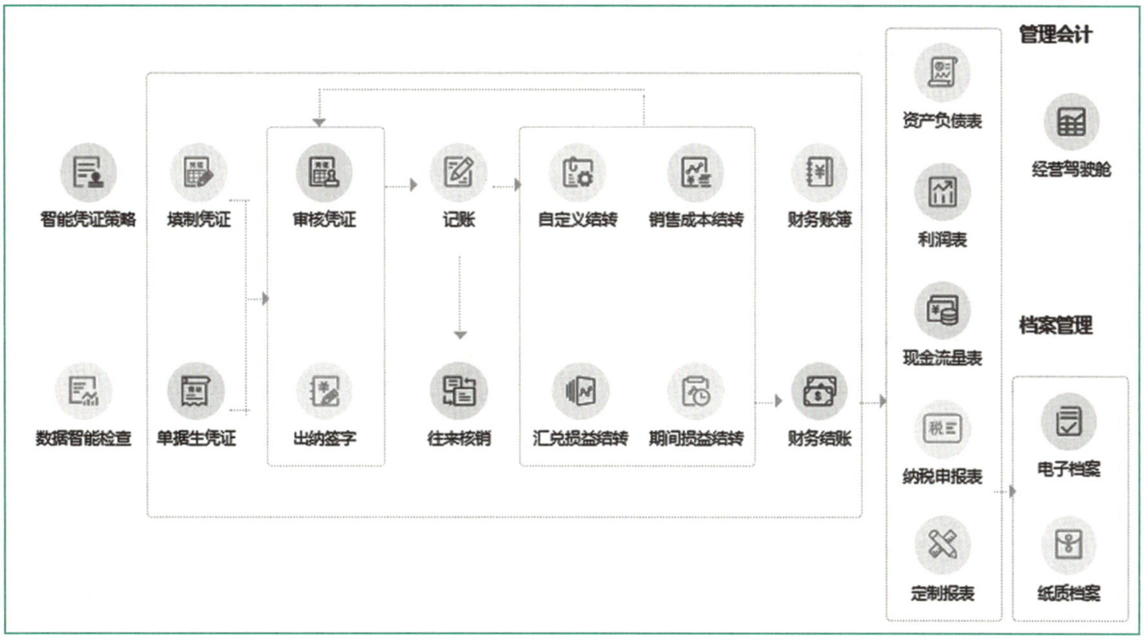


图 8－1　总账报表业务流程

# 典型任务

总账业务是会计信息系统的核心业务。根据商贸企业日常经济业务，我们将总账报表业务的典型工作任务总结如下：

**【典型任务一】** 填制凭证

总账的凭证来源有两种：一是其他系统传递过来的凭证，如购销单据、薪资管理和固定资产等；二是通过总账直接填制，如借款业务、投资业务等。随着信息技术的发展，企业信息化程度越高，需要手工填制凭证的业务就越少。

**【典型任务二】** 结转凭证

结转凭证可以实现基于相关科目的计提业务，如计提城市维护建设税、教育费附加等，还可以处理期间损益结转，自动生成损益收入类凭证和损益支出类凭证，快速提高财务核算效率。

**【典型任务三】** 管理凭证

凭证管理提供对凭证的查询、删除、出纳签字、审核、记账等功能，同时也提供凭证处理的逆向功能，便于调整和修改凭证内容，纠正财务处理中的错误内容。

**【典型任务四】** 查询账表

会计信息系统处理可以高效处理经济业务，另外一个重要功能就是提供各类账表，总账中可以查询各类企业需要的账表，体现财务的数据价值。

**【典型任务五】** 出具报表

报表系统根据企业行业性质自动生成企业资产负债表、利润表和现金流量表，核算企业经济成果，供企业管理者等各方获取财务信息。

# 任务 8.1 总账业务处理

## 任务介绍

本任务介绍了总账系统的日常业务处理，包括填制凭证、审核、出纳签字、记账、自定义结转、期间损益结转和汇兑损益结转，以及凭证整理、打印及往来核销等操作。

## 活动 8.1.1 日常业务凭证填制

### 活动描述

【业务 8－1】9 月 12 日，公司缴纳上个月的相关税费，业务单据如图 8－2 至图 8－5 所示。

中华人民共和国
税收完税证明

科技伴随 高效学习

国

（ 688 ）粤 国政 017533789581142456

填发日期：2023 年 09 月 12 日　　税务机关：国家税务总局广州市越秀区税务局

| 纳税人识别号 | 12440168MB2D88680A | | 纳税人名称 | 广州美妆商贸有限公司 | |
|---|---|---|---|---|---|
| 原凭证号 | 税种 | 品目名称 | 税款所属时期 | 入（退）库日期 | 实缴（退）金额 |
| 431834596455866160733 | 增值税 | 商业 | 2023-08-01 - 2023-08-31 | 2023-09-12 | 49,200.00 |
| 371275754696147411477 | 应交城市维护建设税 | 市区 | 2023-08-01 - 2023-08-31 | 2023-09-12 | 3,444.00 |
| 794477561560771215170 | 地方教育附加 | 增值税地方教育附加 | 2023-08-01 - 2023-08-31 | 2023-09-12 | 984.00 |
| 645927729702042566813 | 教育费附加 | 增值税教育费附加 | 2023-08-01 - 2023-08-31 | 2023-09-12 | 1,476.00 |
| 金额合计 | （大写） | 伍万伍仟壹佰零肆元整 | | | ¥55,104.00 |
| 税务机关（盖章） 国家税务总局广州市越秀区税务局 征税专用章 | 填票人 | 备注 | | | |

第一联（收据）缴纳税人作完税证明

妥善保管、手写无效

图 8－2 增值税及附加税税收完税凭证

## 中国银行

凭证

电子缴税付款凭证

缴税日期：2023 年 09 月 12 日　　　　凭证字号：20200010

| | |
|---|---|
| 纳税人全称及纳税人识别号：广州美妆商贸有限公司 | 12440168MB2D88680A |
| 付款人全称：广州美妆商贸有限公司 | |
| 付款人账号：6282881680109876319 | 征收机关名称：国家税务总局广州市越秀区税务局 |
| 付款人开户行：中国银行友谊路支行 | 收款国库（银行）名称：广州市越秀区支库 |
| 小写（合计）金额：¥55,104.00 | 缴款书交易流水号：82624528 |
| 大写（合计）金额：人民币伍万伍仟壹佰零肆元整 | 税票号码：776686447784105882 |

| 税（费）种名称 | 所属日期 | 实缴金额（单位：元） |
|---|---|---|
| 增值税 | 2023.08.01 - 2023.08.31 | 49,200.00 |
| 城市维护建设税 | 2023.08.01 - 2023.08.31 | 3,444.00 |
| 教育费附加 | 2023.08.01 - 2023.08.31 | 1,476.00 |
| 地方教育附加 | 2023.08.01 - 2023.08.31 | 984.00 |
| | - | |

（印章：中国银行友谊路支行 电子回单专用章）

第　次打印　　　　打印时间：2023 年 09 月 12 日

客户回单联　　验证码：040328　　复核：　　记账：

图 8－3　电子缴税付款凭证



## 中华人民共和国
## 税收完税证明

国

（688）粤　国政 017533789581142456

填发日期：2023 年 09 月 12 日　　　　税务机关：国家税务总局广州市越秀区税务局

| 纳税人识别号 | 12440168MB2D88680A | | 纳税人名称 | 广州美妆商贸有限公司 | |
|---|---|---|---|---|---|
| 原凭证号 | 税种 | 品目名称 | 税款所属时期 | 入（退）库日期 | 实缴（退）金额 |
| 431834596455866160733 | 企业所得税 | 应纳税所得额 | 2023-08-01 - 2023-08-31 | 2023-09-12 | 11,900.00 |
| 金额合计 | （大写）壹万壹仟玖佰元整 | | | | ¥11,900.00 |
| 税务机关（盖章） | 填票人 | 备注 | | | |

（印章：国家税务总局广州市越秀区税务局 征税专用章）

妥善保管、手写无效

第一联（收据）缴纳税人作完税凭证明

图 8－4　企业所得税税收完税证明

**中国银行**



凭证

电子缴税付款凭证

缴税日期：2023 年 09 月 12 日　　　　凭证字号：20200010

纳税人全称及纳税人识别号：广州美妆商贸有限公司　　12440168MB2D88680A

付款人全称：广州美妆商贸有限公司

付款人账号：6282881680109876319　　征收机关名称：国家税务总局广州市越秀区税务局

付款人开户行：中国银行友谊路支行　　收款国库（银行）名称：广州市越秀区支库

小写（合计）金额：¥11,900.00　　缴款书交易流水号：82624528

大写（合计）金额：人民币壹万壹仟玖佰元整　　税票号码：776686447784105882

| 税（费）种名称 | 所属日期 | 实缴金额（单位：元） |
|---|---|---|
| 企业所得税 | 2023.08.01 - 2023.08.31 | 11,900.00 |

（印章：中国银行友谊路支行 电子回单专用章）

第　　次打印　　　　打印时间：2023 年 09 月 12 日

客户回单联　　验证码：199987　　复核：　　记账：

图 8－5　企业所得税电子缴税付款凭证

【业务 8－2】9 月 21 日，向银行借入为期一年的短期借款 300,000 元，已转存银行，业务单据如图 8－6、图 8－7 所示。

**中国银行借款借据**　　第一联　借据回单



银行编号：10400010　　借款日期：2023 年 09 月 21 日　　№ 4907

| | | | | | |
|---|---|---|---|---|---|
| 借款单位名称 | 广州美妆商贸有限公司 | 放款账号 | 0775473000991896 | 利率 | 6% |
| | | 存款账号 | 6282881680109876319 | | |
| 借款金额（大写） | 叁拾万元整 | 千 百 十 万 千 百 十 元 角 分 | ¥ 3 0 0 0 0 0 0 0 | | |
| 约定还款日期 | 2024 年 09 月 20 日 | 借款种类 | 经营周转借款 | 借款合同号码 | 34029937 |
| 实际放款日期 | 2023 年 09 月 21 日 | | | | |

| 借款直接用途 | | 还款记录 | 年 | 月 | 日 | 还款金额 | 余额 |
|---|---|---|---|---|---|---|---|
| 1. | 4. | | | | | | |
| 2. | 5. | | | | | | |
| 3. | 6. | | | | | | |

根据签订的借款合同和你单位申请借款用途，经审查同意发放上列金额贷款。

中国银行　　批准人：程明慧　　　　（银行转讫盖章）　2023 年 09 月 21 日

（印章：中国银行友谊路支行 2023.09.21）

此联退交借款单位

开户银行：中国银行友谊路支行

图 8－6　借款借据

**借款合同**

科技伴随 高效学习

合同编号：80879917

经　中国银行股份有限公司　(以下简称贷款方)与　广州美妆商贸有限公司　(以下简称借款方）充分协商，签订本合同，共同遵守。

第一、由贷款方提供贷款人民币（大写）　叁拾万元整　（　¥300,000.00　）给借方，贷款期限自 2023 年 09 月 21 日 至 2024 年 09 月 20 日。

第二、贷款方应按期、按额向借款方提供贷款，否则，按违约数额和延期天数，付给借款方违约金。违约金数额的计算，与逾期贷款罚息相同，即为　8%　。

第三、贷款月利率为银行同期年月利率　0.5%　，每月　21　号结息　，如遇调整，按调整后的新利率和计息办法执行。 利息支付方式为　每月计息，到期还本　。

第四、借款方应按协议使用贷款，不得转移用途。否则，贷款方有权停止发放新贷款，直至收回已发放的贷款。

第五、借款方保证按借款契约所订期限归还贷款本息。如需延期，借款方最迟在贷款到期前　3　天，提出延期申请，经贷款方同意，办理延期手续。但延期最长不得超过原订期限的一半。贷款方未同意延期或未办理延期手续的逾期贷款，加收罚息。

第六、贷款到期后　1　个月，如借款方不归还贷款，贷款方有权依照法律程序处理借款方作为贷款抵押的物资和财产，抵还借款本息。

第七、本协议书一式　2　份，借贷款双方各执正本　1　份。自双方签字起即生效。

……

第十一、合同争议的解决方式

本合同在履行过程中发生的争议，由借贷双方协商解决；协商不成的依法向人民法院提起诉讼。

贷款方：中国银行广州市友谊路支行
法定代表人：程明慧
签订日期：2023 年 09 月 20 日

借款方：广州美妆商贸有限公司
法定代表人：陈乙轩
签订日期：2023 年 09 月 20 日

图 8-7　借款合同

【业务 8-3】9 月 21 日，会计审核时发现，业务 8-2 取得短期借款业务（凭证号 0038），需要补充录入银行存款科目的辅助核算，结算方式为转账。

## 业务流程

填制记账凭证的流程，如图 8-8 所示。

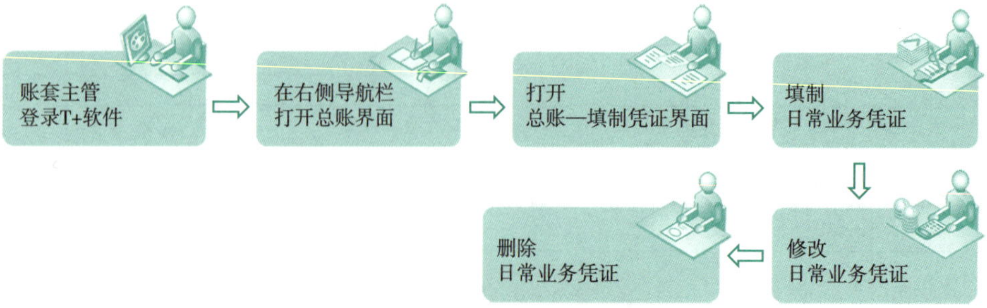


图 8-8　填制记账凭证的流程

## 知识准备

总账主要是进行会计核算和出具相关会计账簿的功能模块。总账日常业务主要包括填制凭证、凭证管理、凭证整理、凭证打印和记账，查询和打印输出各种凭证、日记账、明细账、总账和其他辅助账等。填制凭证是总账日常业务处理的起点，是保证会计信息数据正确的关键环节。“填制凭证—审核凭证—记账”是凭证处理的关键步骤。

### 一、凭证来源

（1）手工填制：打开凭证，点击“新增”或“保存并新增”按钮，录入分录信息并保存。

（2）可以通过如下功能快速新增凭证：引入草稿凭证、引入常用凭证、复制凭证、冲销凭证、从其他凭证中复制分录信息或辅助信息并粘贴到当前凭证上。

（3）自动转账：每个月月末，通过自定义结转、期间损益结转、汇兑损益结转功能，生成本月结转凭证。

（4）外部凭证：由日记账或业务单据生成凭证。

### 二、新增或修改凭证时的控制

（1）制单序时控制：若选中该选项，凭证日期顺序必须与凭证号的顺序一致。

（2）现金流量必录控制：若选中该选项，现金流量录入完整才能保存凭证。

（3）外部凭证不能在总账系统中修改、作废或直接删除。由业务单据生成的凭证支持修改。①可以修改的内容：科目、辅助核算项、分录信息。如果用户修改了科目、辅助核算项，增加了分录，系统生成凭证时，自动在凭证“差异”字段上记录为是；如果用户未修改，则记录为否；手工填制凭证，差异字段为空。②不能修改的内容：分录的金额、数量、单价、计量单位、汇率等信息；不能删除分录；制单日期不能调整为其他期间。

**坚持诚信，守法奉公**

“坚持诚信，守法奉公”是对会计人员的自律要求，强调会计人员应牢固树立诚信理念，以诚立身、以信立业，严于律己、心存敬畏。同时，学法知法守法、公私分明、克己奉公，以维护良好的职业形象和会计行业的声誉。

## 活动指导

### 一、填制记账凭证

活动8.1.1
［业务8-1］
操作录屏

（1）填制缴纳税费业务凭证。会计主管以业务日期2023年9月12日登录T+教育专版，在左边导航栏中，单击打开“智能财税｜总账”界面。在“总账”界面，单击打开“填制凭证”窗口。根据图8-2至图8-5，依次录入制单日期、附单据数、摘要、科目名称、借方金额、贷方金额等信息。完成所有信息录入后，单击“保存”按钮，完成凭证填制，如图 8－9 所示。

| 序号 | *摘要 | *科目名称 | 辅助项 | 借方 | 贷方 |
|---|---|---|---|---|---|
| 1 | 缴纳企业各项税费 | 应交税费-未交增值税 | | 492000 | |
| 2 | 缴纳企业各项税费 | 应交税费-应交企业所得税 | | 1190000 | |
| 3 | 缴纳企业各项税费 | 应交税费-应交城市维护建设税 | | 34400 | |
| 4 | 缴纳企业各项税费 | 应交税费-应交教育费附加 | | 14760 | |
| 5 | 缴纳企业各项税费 | 应交税费-应交地方教育附加 | | 9840 | |
| 6 | 缴纳企业各项税费 | 银行存款-中国银行 | | | 6700400 |
| 7 | | | | | |
| 8 | | | | | |
| 合计 大写合计 | | 陆万柒仟零肆元整 | | 6700400 | 6700400 |

记账人 审核人 出纳 *制单人 王鑫

图 8－9　填制凭证界面

**填制凭证的快捷操作**

凭证填制时，可以使用键盘上的相关按键快速完成操作。

（1）单击回车键，自动复制上一行摘要。

（2）按“＝”键自动借贷平衡。

（3）按“CTRL＋S”组合键自动保存凭证。

活动8.1.1［业务8-2］操作录屏

（2）引用常用凭证模板填制借款凭证。会计主管切换业务日期以 2023 年 9 月 21 日登录 T＋教育专版，单击打开“总账”界面。在“总账”界面，单击打开“填制凭证”窗口。在“填制凭证”窗口，单击“新增”按钮，再选择“新增｜引入常用凭证”选项，打开“常用凭证参照”对话框，如图 8－10 所示。

在“常用凭证参照”对话框，选择“8001 借入短期借款”凭证，单击“确定”按钮，打开“借入短期借款”填制记账凭证界面，如图 8－11 所示。在填制“借入短期借款”记账凭证时，根据图 8－6、图 8－7 借款借据信息，录入借方金额、贷方金额等信息。有辅助核算的科目，会弹出“辅助信息”对话框，录入辅助核算信息。完成所有信息录入后，单击“保存”按钮，完成凭证填制。

图 8－10　常用凭证参照

图 8－11　填制记账凭证界面

**常用凭证的使用**

有些业务每个月都会发生，凭证的内容相似，如每个月都要做工资凭证，凭证涉及的分录相同，只是金额不同。此时可以通过“常用凭证”事先定义好凭证的模板，在填制凭证时直接调用，做适当修改，就可以快速形成凭证并保存。

活动8.1.1
[业务8-3]
操作录屏

## 二、修改记账凭证

(1) 打开凭证定位界面。会计主管切换业务日期为2023年9月25日登录T+教育专版，单击打开“总账”界面。在“总账”界面，单击打开“填制凭证”窗口。在“填制凭证”窗口左上角，单击“查找｜凭证定位”选项，打开“定位”对话框，如图8-12所示。

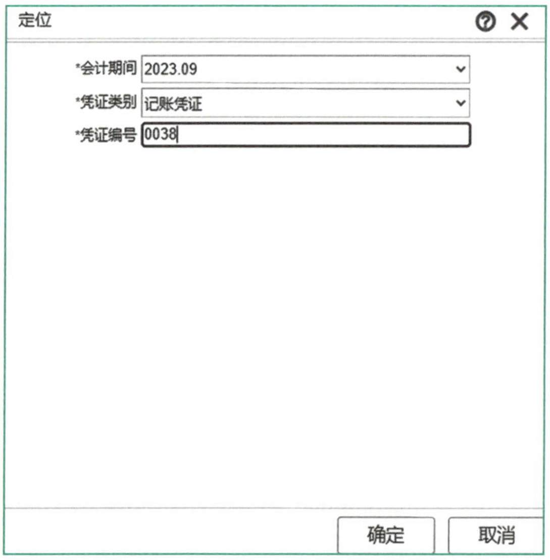


**图8-12　凭证定位界面**

(2) 修改凭证。在“定位”对话框中，输入凭证编号，查找对应凭证，单击“确定”按钮，打开已查询凭证。根据业务8-3的要求，修改该凭证的相关内容。点击“保存”按钮，完成凭证修改，如图8-13、图8-14所示。

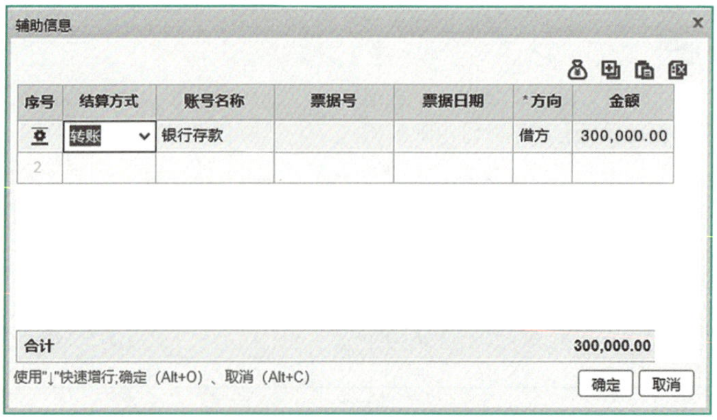


**图8-13　补充辅助信息**

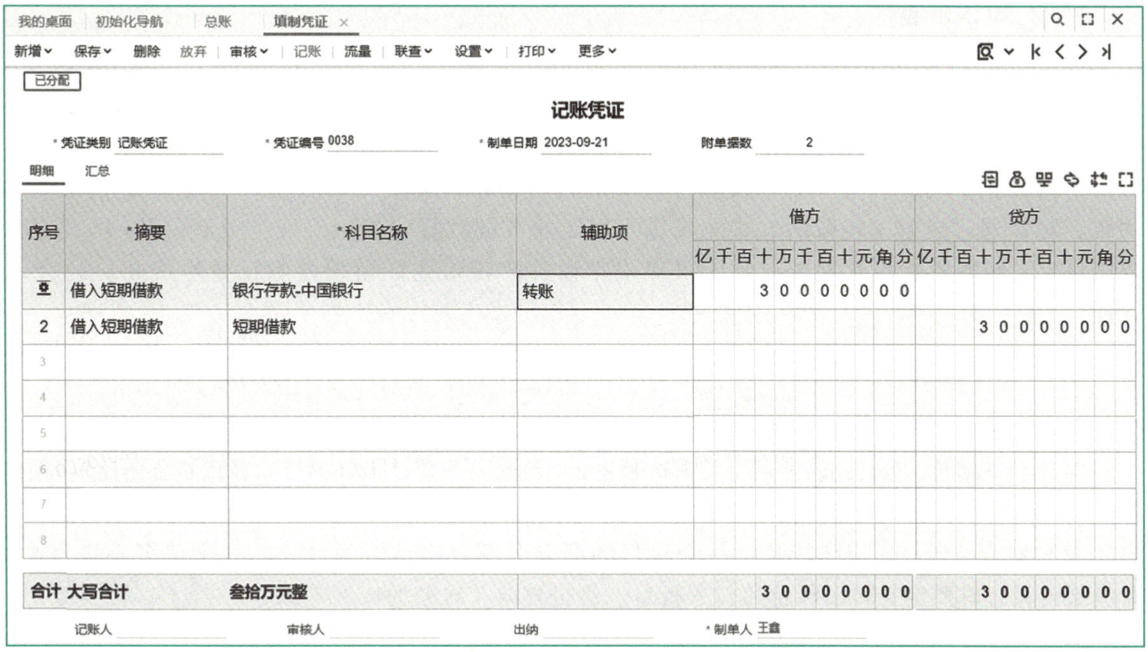


图 8－14　修改凭证界面

## 活动 8.1.2　税费业务自动结转

### 活动描述

【业务 8－4】9 月 30 日，计算本月应交的增值税。

【业务 8－5】9 月 30 日，按照本月应交增值税的 7% 计提城市维护建设税、3% 计提教育费附加、2% 计提地方教育附加。

### 业务流程

自定义结转的业务流程，如图 8－15 所示。

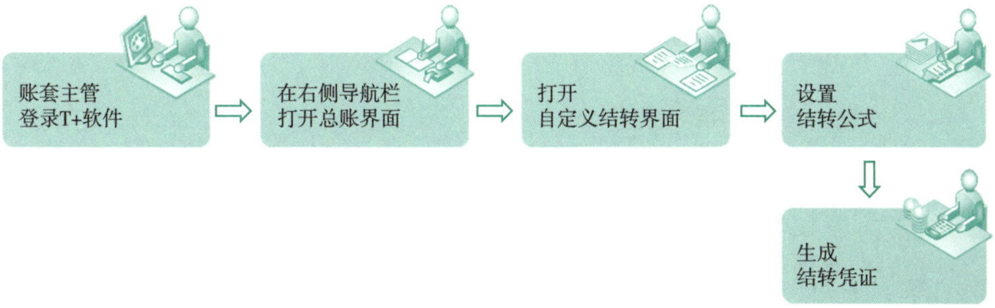


图 8－15　自定义结转的业务流程

## 知识准备

### 一、自定义结转应用场景

财务月末会做一些摊销、计提等业务，如增值税、城建税及附加税、所得税的计提，无形资产的摊销等业务。这些业务大部分涉及的科目都相对固定，而且金额的计算方法也相对固定，可以通过自定义转账的方式完成每月固定业务的计提、摊销等账务处理。T＋教育专版提供自定义转账模板设置功能，月末可以根据设置的转账凭证模板内容批量生成相应的会计凭证。

### 二、自定义转账模板

自定义转账模板支持以下两种结转模板：公式结转和对应结转。

（1）公式结转。公式结转适用于月末转账凭证的科目（只能是末级科目）及借贷方向比较固定，各分录的金额、本币、数量的值可以通过函数取数获得的业务，如城建税、附加税的计提等业务。

（2）对应结转。对应结转是把一个科目的期末余额对应结转到另外的一个或多个科目中。对应结转设置时要定义转出科目和转入科目、借贷方向、转账的比例等。

### 三、自定义转账注意事项

（1）一个模板的“金额公式”“本币公式”“数量公式”列上分别只能设一个差额函数，生成凭证时最后执行差额函数，按列分别找平。

（2）同一个“公式”列上的差额函数和结果函数必须同时是借方或同时是贷方。

（3）模板上辅助核算为空时，根据函数上相同的辅助核算生成分录，若函数上的科目无辅助核算，那么生成分录的“辅助核算”栏为空。

### 四、增值税

（1）销项税额。企业发生销售行为产生的税费，如销售商品、提供劳务等，计入“应交税费——应交增值税（销项税额）”科目。

（2）进项税额。企业发生采购行为产生的税费，符合规定条件的进项税额可以抵扣企业的应交增值税，如采购原料、固定资产等，计入“应交税费——应交增值税（销项税额）”科目；有些不可以抵扣的进项税额，如餐饮费等，将直接计入相关成本或者费用。

（3）应交增值税。企业一个期间需要核算缴纳的增值税，计算公式如下：

本期应交的增值税＝本期销项税额－本期进项税额＋本期进项税额转出－上期留抵税额

（4）其他税费。城市维护建设税、教育费附加、地方教育附加等，以企业当月应交的增值税为基础，按照一定比例计提。

**纳税光荣**

“纳税光荣”指的是按照法律规定缴纳税费，是一件光荣的事情，因为税收是国家为满足社会公共需要，凭借公共权力，按照法律所规定的标准和程序，强制、无偿地取得财政收入的一种特定分配方式，国家的建设和发展都离不开税收。

## 活动指导

### 一、打开总账界面

会计主管以业务日期 2023 年 9 月 30 日登录 T+教育专版，在左边导航栏中，单击打开“智能财税｜总账”界面。

### 二、设置应交增值税结转

（1）打开自定义转账界面。在“总账”界面，单击打开“自定义结转”窗口。在“自定义结转”窗口左上角，单击“转账设置”选项，打开“自定义转账设置”界面，如图 8-16 所示。

图 8-16　自定义转账设置

（2）设置自定义转账内容。在“自定义转账设置”界面，将“转账编号”设为“0001”，“转账说明”设为“结转本月未交增值税”，选择转账类别为“公式结转”，凭证类别为“记账凭证”。

（3）编辑第 1 行转账信息。单击“科目编码”栏右侧放大镜，选择会计科目“22210104 转出未交增值税”，辅助项为空，选择方向为“借方”（这里的“方向”指的是在新的凭证中的方向）。点击“金额公式”栏右侧放大镜，弹出“公式向导”对话框，在该对话框中，选择“期末余额函数［QM］”，如图 8-17 所示。

单击“参照输入”按钮，打开“查询条件”对话框，如图 8-18 所示。点击“科目编码”输入框右侧放大镜，选择科目编码为“22210106”，会计年度为“年”，会计期间为“月”，方向为“贷方”，单击“确定”按钮，返回“公式向导”窗口。

选择运算符号“-”，再次选择函数“期末余额函数［QM］”，单击“参照输入”按钮，打开“查询条件”对话框。选择科目编码为“22210101”，会计年度为“年”，会计期间为“月”，方向为“借方”，单击“确定”按钮，返回“公式向导”窗口。

活动8.1.2
［业务8-4］
操作录屏

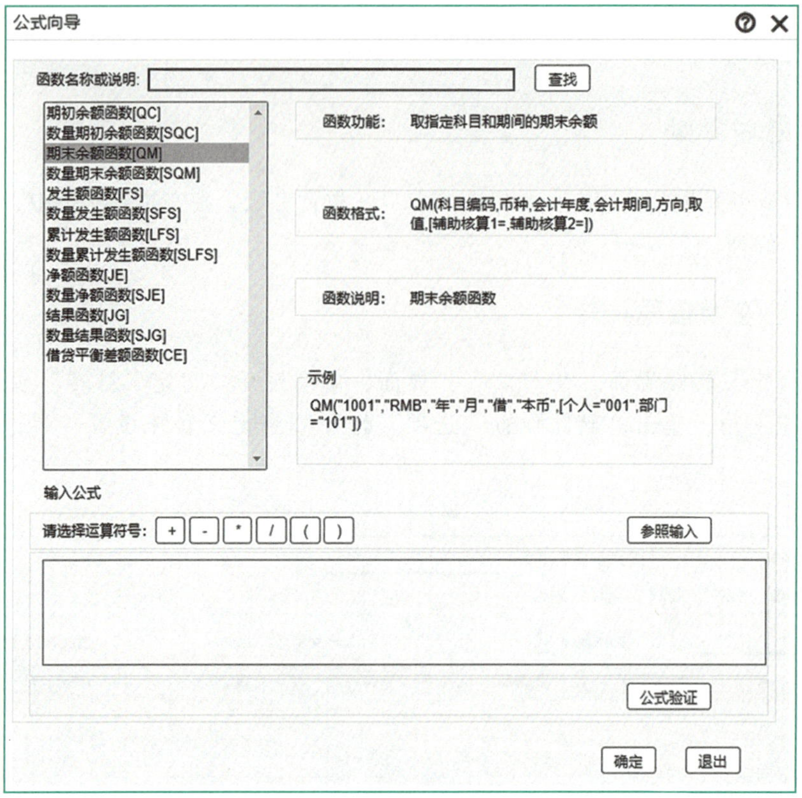


图 8－17 “公式向导”对话框设置

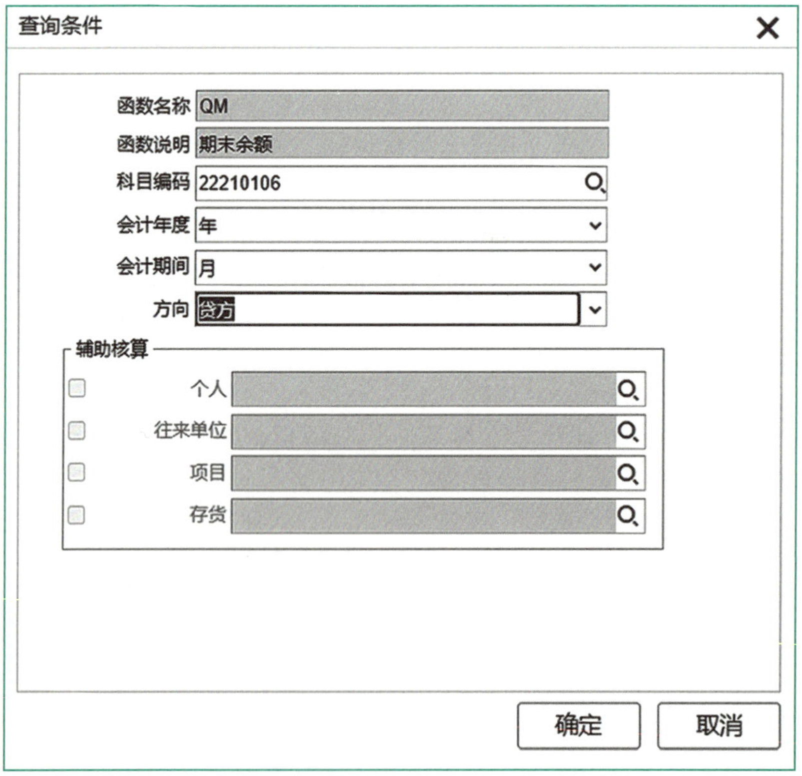


图 8－18 “查询条件”对话框设置

继续选择运算符号“+”，选择函数“期末余额函数[QM]”，单击“参照输入”按钮，打开“查询条件”对话框。选择“科目编码”为“22210108”，“会计年度”为“年”，“会计期间”为“月”，“方向”为“贷方”，单击“确定”按钮，返回“公式向导”窗口，如图8－19所示。其结果公式为“QM("22210106","RMB","年","月","贷")－QM("22210101","RMB","年","月","借")+QM("22210108","RMB","年","月","贷")”。

单击“确定”按钮，完成第1行自定义转账设置，如图8－20所示。

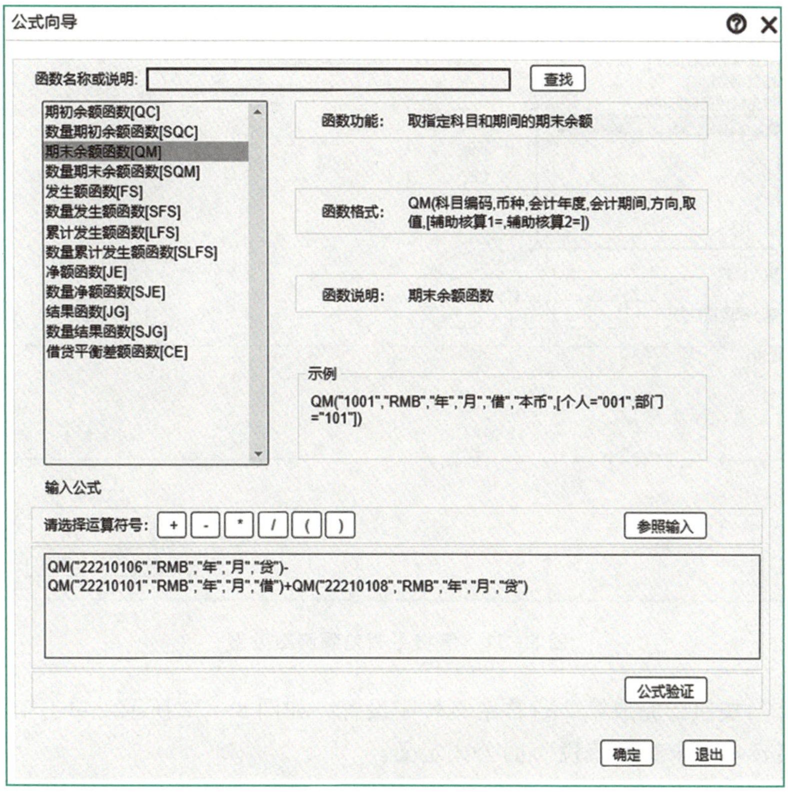


图8－19　期末余额函数设置

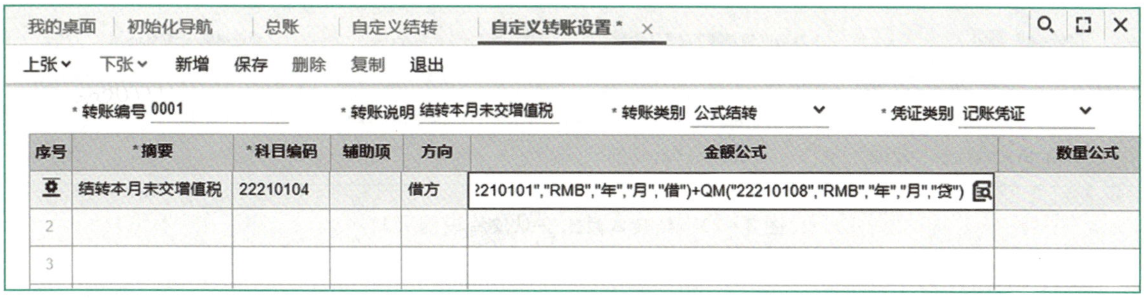


图8－20　结转本月未交增值税设置(1)

(4)编辑第2行转账信息。单击“科目编码”栏右侧放大镜，选择会计科目为“222102应交税费/未交增值税”，辅助项为空，方向选择“贷方”。点击“金额公式”栏右侧放大镜，弹出“公式向导”对话框，在该对话框中，双击选择“借贷平衡差额函数[CE]”，如图8－21所示。

图 8－21 借贷平衡差额函数设置

单击“确定”按钮，完成第 2 行自定义转账设置，如图 8－22 所示。单击工具栏的“保存”按钮，保存“结转本月未交增值税”的公式定义。

图 8－22 结转本月未交增值税设置（2）

活动8.1.2
［业务8-5］
操作录屏

## 三、设置计提其他税费结转

参照“应交增值税结转”的操作步骤，设置计提城建税及附加税。表头项目，录入转账编号为“0002”，转账说明为“计提城建税及附加税”。表体项目，借方科目为“5403 税金及附加”，金额公式为“借贷平衡差额函数［CE］”。贷方科目依次为“222115 应交税费/应交城市维护建设税”“222120 应交税费/应交教育费附加”“222124 应交税费/应交地方教育附加”，金额公式依次为“QM("222102","RMB","年","月","贷")”的 7%、3%、2%，设置完成后的结果如图 8－23 所示。

图 8－23　城建税及附加税计提设置

## 四、自定义转账凭证生成

（1）生成未交增值税结转凭证并保存。在“自定义结转”界面，选择结转期间为“2023.9”，勾选“包含未记账凭证”选项，勾选转账编号为“0001”的记录行，单击工具栏的“生成凭证”按钮，打开“生成凭证”窗口，查看系统自动生成的凭证信息，单击“保存”按钮，完成自定义凭证生成，结果如图 8－24 所示。

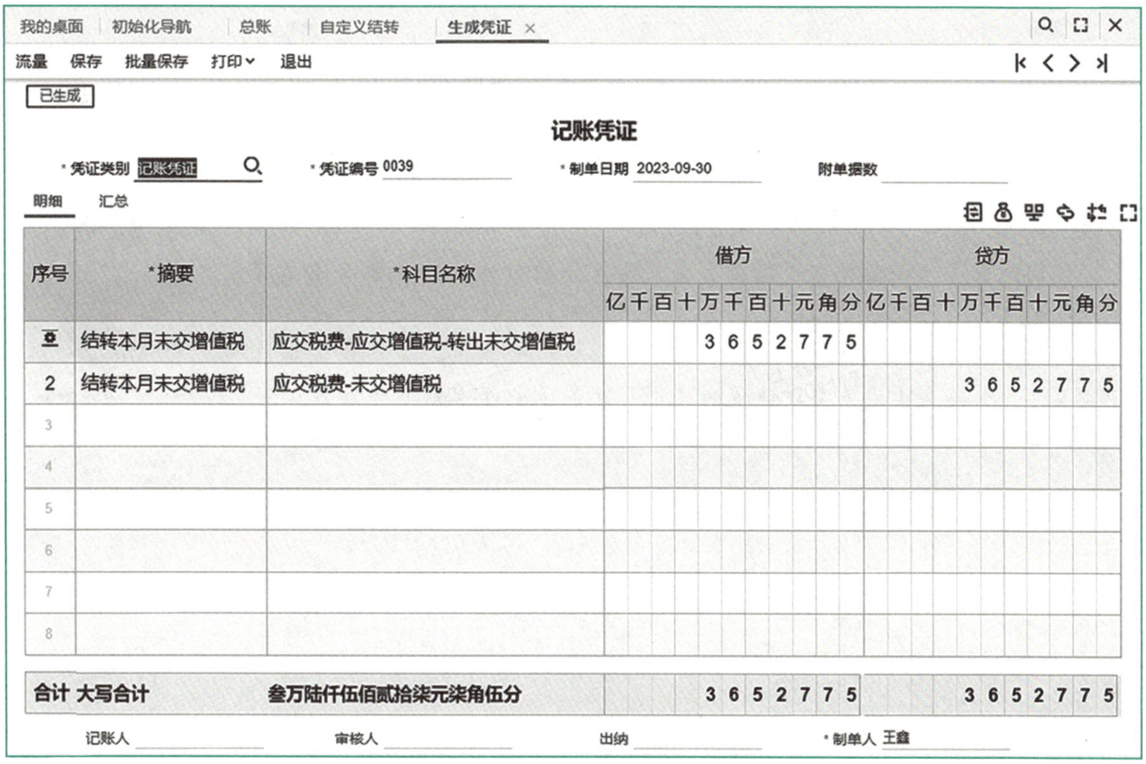


图 8－24　生成结转未交增值税凭证

（2）生成城市维护建设税及附加费凭证并保存。在“自定义结转”界面，选择结转期间为“2023.9”，勾选“包含未记账凭证”选项，勾选转账编号为“0002”的记录行，单击工具栏的“生成凭证”按钮，打开“生成凭证”窗口，查看系统自动生成的凭证信息，单击“保存”按钮，完成自定义凭证生成，结果如图 8－25 所示。

| 序号 | *摘要 | *科目名称 | 借方（亿千百十万千百十元角分） | 贷方（亿千百十万千百十元角分） |
|---|---|---|---|---|
| 亘 | 计提城建税及附加税 | 税金及附加 | 4 3 8 3 3 3 | |
| 2 | 计提城建税及附加税 | 应交税费-应交城市维护建设税 | | 2 5 5 6 9 4 |
| 3 | 计提城建税及附加税 | 应交税费-应交教育费附加 | | 1 0 9 5 8 3 |
| 4 | 计提城建税及附加税 | 应交税费-应交地方教育附加 | | 7 3 0 5 6 |
| 5 | | | | |
| 6 | | | | |
| 7 | | | | |
| 8 | | | | |
| 合计 | 大写合计 | 肆仟叁佰捌拾叁元叁角叁分 | 4 3 8 3 3 3 | 4 3 8 3 3 3 |

图 8－25　生成计提城建税及附加税凭证

**包含未记账凭证的相关说明**

勾选包含未记账凭证是指在生成转账凭证的时候，包含前面还没有记账的凭证，让转账凭证的数据更准确，同时也省去对前面未记账凭证进行记账后再来处理转账的烦琐。但是转账凭证的生成还是要遵循先后关系，比如要先生成未交增值税的凭证，才能依此生成城市维护建设税等附加税费的凭证。

## 活动 8.1.3　日常凭证审核记账

### 活动描述

【业务 8－6】9 月 30 日，对本月所有的记账凭证进行出纳签字、凭证审核、凭证记账。

### 业务流程

凭证管理业务流程，如图 8－26 所示。

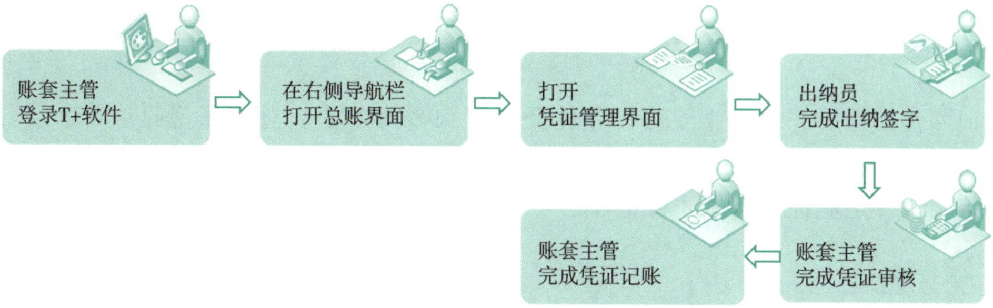


图 8－26 凭证管理业务流程

## 知识准备

凭证管理是一个凭证集中处理的平台。可以通过凭证表头查询条件、分录查询条件、辅助信息等查询条件查出凭证，并自动对查询结果进行分类存放，快速了解各凭证的状态，完成相应操作。对于查询结果，可以选择只显示表头信息还是显示凭证分录明细。对查询出来的凭证执行集中操作，如审核、出纳签字、作废、删除、打印等。

### 一、出纳签字

出纳签字代表对存在资金收付情况的业务进行确认。为加强企业现金收入和支出的管理，出纳人员可通过出纳管理功能对制单人填制的涉及“库存现金”和“银行存款”科目的凭证进行检查核对，主要核对收付款凭证上填制的金额是否正确，对审查认为有错误或有异议的凭证，应交于制单人修改。涉及库存现金、银行存款收付的凭证只有在出纳人员确认无误后，才能进行记账处理。此项业务的操作取决于总账初始化时选项设置中的“出纳凭证必须经由出纳签字”。凭证一经出纳签字，就不能被修改、删除，只有被取消签字后才可以进行修改或者删除，取消签字必须由出纳本人进行。

### 二、凭证审核

（1）凭证审核的定义。审核凭证是指对税收会计凭证进行审核检查的一项工作，也是加强票证管理的一个重要环节，是指会计主管人员对会计凭证的真实、合理、合法、正确性进行的审查。通过凭证审核，检查凭证合法性和数字正确性，可以及时发现问题、纠正差错，发挥会计的监督作用。

（2）凭证审核的操作。凭证审核的内容，以记账凭证为例，一般包括如下内容：

①在设置总账参数时，允许制单人与审核人为同一人，选中该选项时，审核人可以审核自己填制的凭证。

②审核凭证只能由具有审核权限的人员进行。

③已经通过审核的凭证不能被修改或者删除，如果要修改或者删除，需要审核人员取消审核后才能进行。

④审核未通过的凭证必须进行修改，并通过审核后方可被记账。

**坚持准则，守责敬业**

“坚持准则，守责敬业”是对会计人员的履职要求，要求会计人员严格执行准则制度，保证会计信息真实完整；勤勉尽责、爱岗敬业，忠于职守、敢于斗争，自觉抵制会计造假行为，以维护国家财经纪律和经济秩序。

## 三、凭证记账

凭证记账是指把所有经济业务的会计凭证登记到账簿中去。登记账簿是会计核算工作的主要环节。在 T + 教育专版中，凭证记账时需要考虑以下两个前提：一是需要出纳签字的凭证必须经由出纳签字；二是凭证需审核才可记账。

## 四、凭证整理

（1）凭证删除。凭证删除可以直接在凭证填制界面单张删除，也可以在凭证管理功能下集中删除。删除凭证后会有断号，可通过凭证整理来除去断号。外部凭证也可以删除，方法同手工填制凭证。

（2）凭证整理。当手工编制凭证号或修改凭证编号、删除凭证时，会出现凭证断号的情况，可以通过“凭证整理”功能对凭证编号进行整理。本功能可以帮助用户删除作废凭证、清理凭证断号。

活动8.1.3
［业务8-6］
操作录屏

## 活动指导

## 一、出纳签字

出纳身份以业务日期 2023 年 9 月 30 日登录 T + 教育专版，在左边导航栏中，单击打开“智能财税｜总账”界面。在“总账”界面，单击打开“相关单据｜凭证管理”选项，打开凭证“查找”对话框，默认查询规则，单击“确定”按钮，打开“凭证管理”界面，点击“待出纳签字”页签，显示所有出纳未签字的凭证信息，如图 8－27 所示。

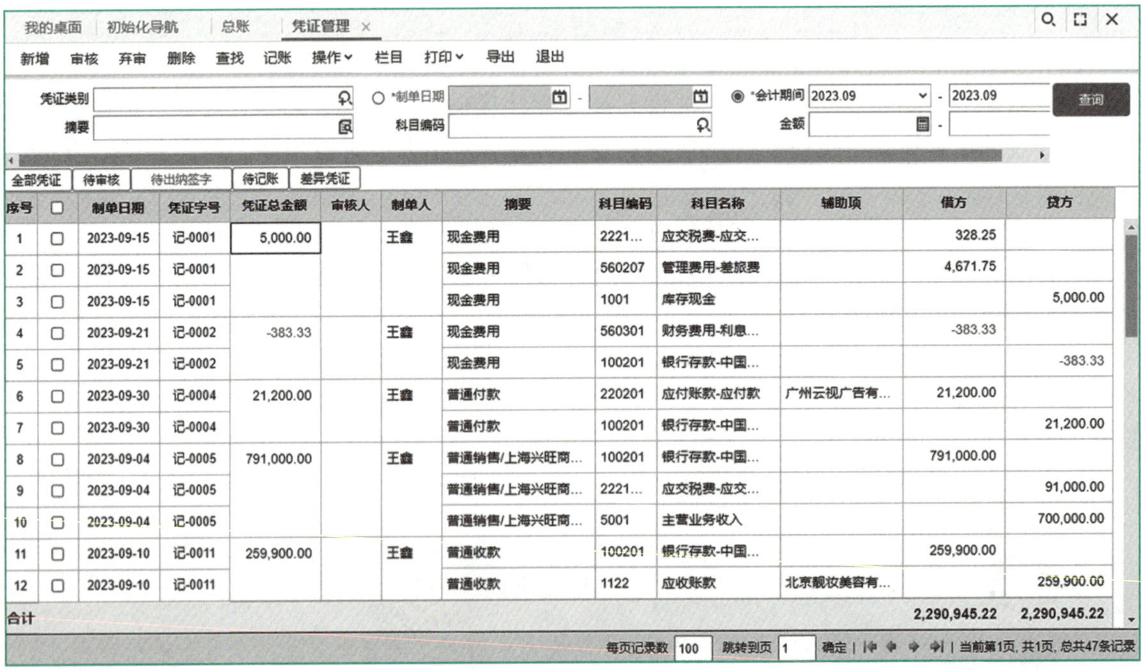


| 序号 | | 制单日期 | 凭证字号 | 凭证总金额 | 审核人 | 制单人 | 摘要 | 科目编码 | 科目名称 | 辅助项 | 借方 | 贷方 |
|---|---|---|---|---|---|---|---|---|---|---|---|---|
| 1 | ☐ | 2023-09-15 | 记-0001 | 5,000.00 | | 王鑫 | 现金费用 | 2221... | 应交税费-应交... | | 328.25 | |
| 2 | ☐ | 2023-09-15 | 记-0001 | | | | 现金费用 | 560207 | 管理费用-差旅费 | | 4,671.75 | |
| 3 | ☐ | 2023-09-15 | 记-0001 | | | | 现金费用 | 1001 | 库存现金 | | | 5,000.00 |
| 4 | ☐ | 2023-09-21 | 记-0002 | -383.33 | | 王鑫 | 现金费用 | 560301 | 财务费用-利息... | | -383.33 | |
| 5 | ☐ | 2023-09-21 | 记-0002 | | | | 现金费用 | 100201 | 银行存款-中国... | | | -383.33 |
| 6 | ☐ | 2023-09-30 | 记-0004 | 21,200.00 | | 王鑫 | 普通付款 | 220201 | 应付账款-应付款 | 广州云视广告有... | 21,200.00 | |
| 7 | ☐ | 2023-09-30 | 记-0004 | | | | 普通付款 | 100201 | 银行存款-中国... | | | 21,200.00 |
| 8 | ☐ | 2023-09-04 | 记-0005 | 791,000.00 | | 王鑫 | 普通销售/上海兴旺商... | 100201 | 银行存款-中国... | | 791,000.00 | |
| 9 | ☐ | 2023-09-04 | 记-0005 | | | | 普通销售/上海兴旺商... | 2221... | 应交税费-应交... | | | 91,000.00 |
| 10 | ☐ | 2023-09-04 | 记-0005 | | | | 普通销售/上海兴旺商... | 5001 | 主营业务收入 | | | 700,000.00 |
| 11 | ☐ | 2023-09-10 | 记-0011 | 259,900.00 | | 王鑫 | 普通收款 | 100201 | 银行存款-中国... | | 259,900.00 | |
| 12 | ☐ | 2023-09-10 | 记-0011 | | | | 普通收款 | 1122 | 应收账款 | 北京靓妆美容有... | | 259,900.00 |
| 合计 | | | | | | | | | | | 2,290,945.22 | 2,290,945.22 |

每页记录数 100 跳转到页 1 确定 | 当前第1页，共1页，总共47条记录

图 8－27　待完成出纳签字凭证

出纳员仔细查阅每一笔需要出纳签字的凭证信息，无误后，全选待签字凭证，单击“操作｜出纳签字”选项，系统自动完成所有需要出纳签字凭证的出纳签字操作，完成的签字结果，如图 8－28 所示。打开凭证后，在凭证下方的出纳栏，可以看到出纳姓名，如图 8－29 所示。

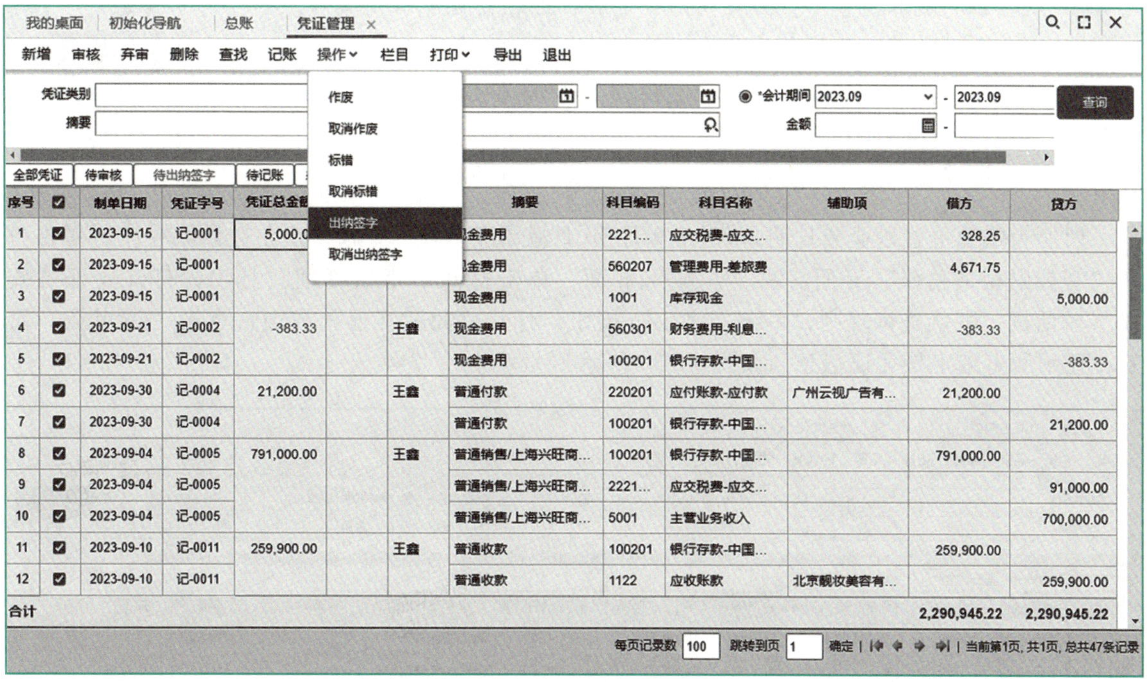


| 序号 | ☑ | 制单日期 | 凭证字号 | 凭证总金额 | | | 摘要 | 科目编码 | 科目名称 | 辅助项 | 借方 | 贷方 |
|---|---|---|---|---|---|---|---|---|---|---|---|---|
| 1 | ☑ | 2023-09-15 | 记-0001 | 5,000.0 | | | 现金费用 | 2221... | 应交税费-应交... | | 328.25 | |
| 2 | ☑ | 2023-09-15 | 记-0001 | | | | 现金费用 | 560207 | 管理费用-差旅费 | | 4,671.75 | |
| 3 | ☑ | 2023-09-15 | 记-0001 | | | | 现金费用 | 1001 | 库存现金 | | | 5,000.00 |
| 4 | ☑ | 2023-09-21 | 记-0002 | -383.33 | | 王鑫 | 现金费用 | 560301 | 财务费用-利息... | | -383.33 | |
| 5 | ☑ | 2023-09-21 | 记-0002 | | | | 现金费用 | 100201 | 银行存款-中国... | | | -383.33 |
| 6 | ☑ | 2023-09-30 | 记-0004 | 21,200.00 | | 王鑫 | 普通付款 | 220201 | 应付账款-应付款 | 广州云视广告有... | 21,200.00 | |
| 7 | ☑ | 2023-09-30 | 记-0004 | | | | 普通付款 | 100201 | 银行存款-中国... | | | 21,200.00 |
| 8 | ☑ | 2023-09-04 | 记-0005 | 791,000.00 | | 王鑫 | 普通销售/上海兴旺商... | 100201 | 银行存款-中国... | | 791,000.00 | |
| 9 | ☑ | 2023-09-04 | 记-0005 | | | | 普通销售/上海兴旺商... | 2221... | 应交税费-应交... | | | 91,000.00 |
| 10 | ☑ | 2023-09-04 | 记-0005 | | | | 普通销售/上海兴旺商... | 5001 | 主营业务收入 | | | 700,000.00 |
| 11 | ☑ | 2023-09-10 | 记-0011 | 259,900.00 | | 王鑫 | 普通收款 | 100201 | 银行存款-中国... | | 259,900.00 | |
| 12 | ☑ | 2023-09-10 | 记-0011 | | | | 普通收款 | 1122 | 应收账款 | 北京靓妆美容有... | | 259,900.00 |
| 合计 | | | | | | | | | | | 2,290,945.22 | 2,290,945.22 |

图 8－28　完成出纳签字

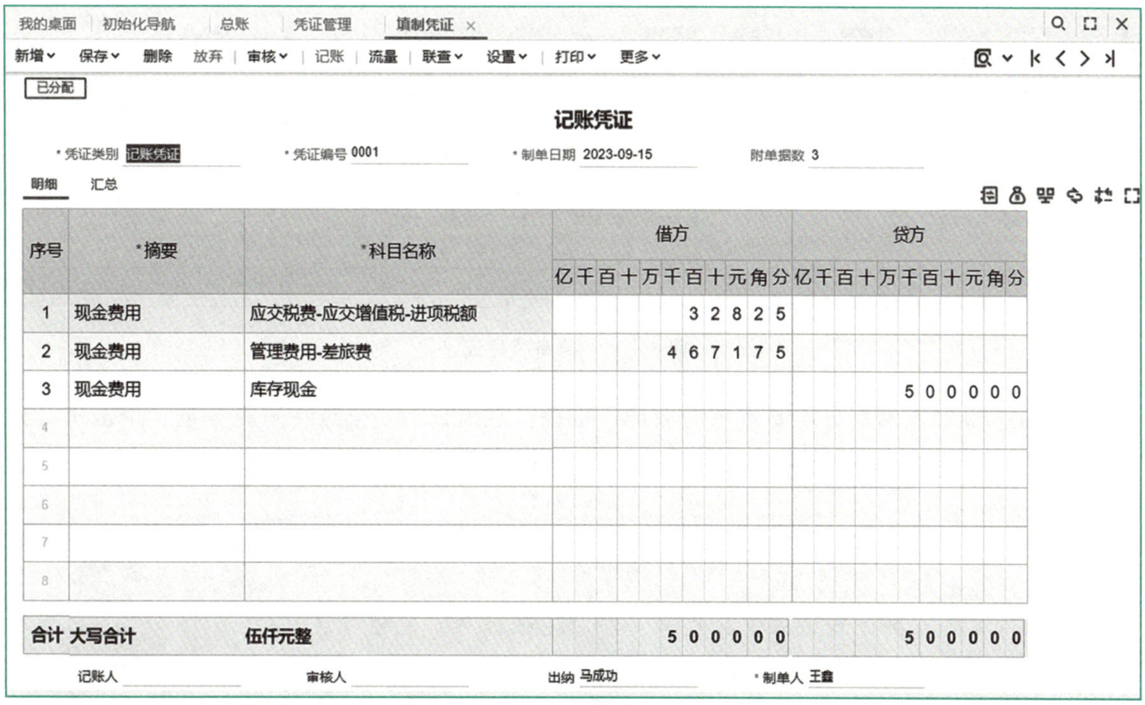


| 序号 | *摘要 | *科目名称 | 借方 | 贷方 |
|---|---|---|---|---|
| 1 | 现金费用 | 应交税费-应交增值税-进项税额 | 32825 | |
| 2 | 现金费用 | 管理费用-差旅费 | 467175 | |
| 3 | 现金费用 | 库存现金 | | 500000 |
| 4 | | | | |
| 5 | | | | |
| 6 | | | | |
| 7 | | | | |
| 8 | | | | |
| 合计 大写合计 | | 伍仟元整 | 500000 | 500000 |

图 8－29　完成出纳签字后的记账凭证

### 如何取消出纳签字

取消出纳签字和出纳签字类似，可以逐张进行，也可以成批进行。在“凭证管理”界面，选择已签字的凭证，点击“操作｜取消出纳签字”就可以完成取消签字，如果凭证已审核，则还需要先取消审核。如果凭证已记账，则还需要先取消记账后，才能进行取消签字的操作。

## 二、凭证审核

切换为账套主管以业务日期2023年9月30日登录T+教育专版，在左边导航栏中，单击打开“智能财税｜总账”界面。在“总账”界面，单击打开“审核管理”选项，打开凭证“查找”对话框，默认查询规则，单击“确定”按钮，打开“凭证管理”界面，点击“待审核”页签，显示所有未审核凭证信息，如图8－30所示。

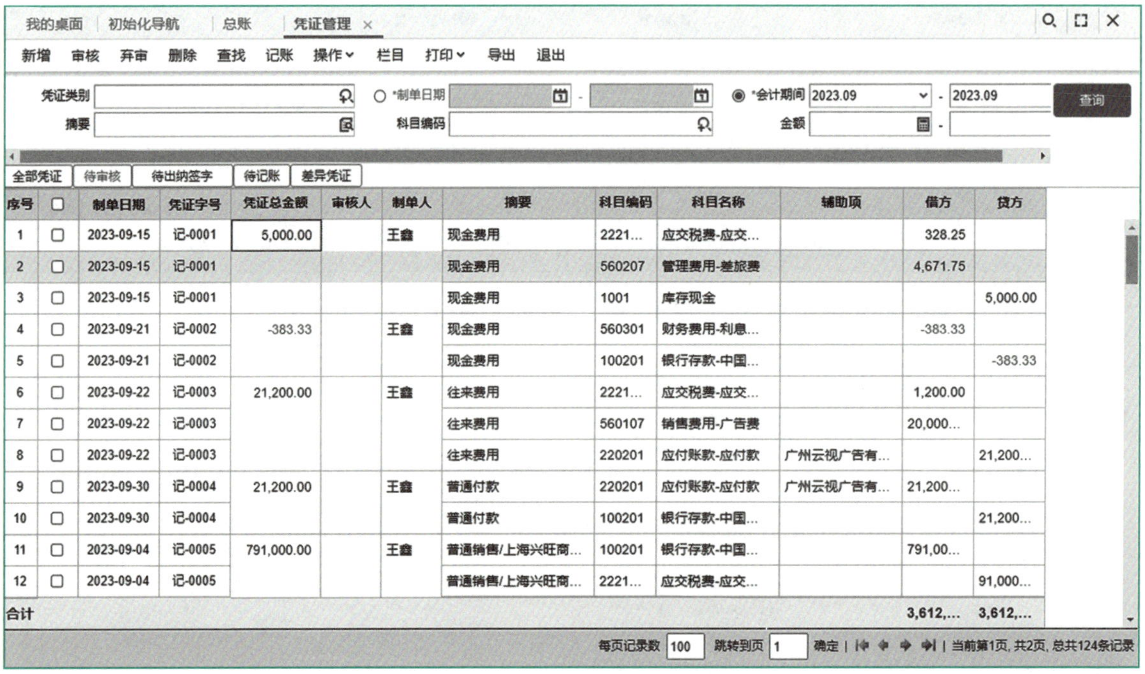


| 序号 | ☐ | 制单日期 | 凭证字号 | 凭证总金额 | 审核人 | 制单人 | 摘要 | 科目编码 | 科目名称 | 辅助项 | 借方 | 贷方 |
|---|---|---|---|---|---|---|---|---|---|---|---|---|
| 1 | ☐ | 2023-09-15 | 记-0001 | 5,000.00 | | 王鑫 | 现金费用 | 2221... | 应交税费-应交... | | 328.25 | |
| 2 | ☐ | 2023-09-15 | 记-0001 | | | | 现金费用 | 560207 | 管理费用-差旅费 | | 4,671.75 | |
| 3 | ☐ | 2023-09-15 | 记-0001 | | | | 现金费用 | 1001 | 库存现金 | | | 5,000.00 |
| 4 | ☐ | 2023-09-21 | 记-0002 | -383.33 | | 王鑫 | 现金费用 | 560301 | 财务费用-利息... | | -383.33 | |
| 5 | ☐ | 2023-09-21 | 记-0002 | | | | 现金费用 | 100201 | 银行存款-中国... | | | -383.33 |
| 6 | ☐ | 2023-09-22 | 记-0003 | 21,200.00 | | 王鑫 | 往来费用 | 2221... | 应交税费-应交... | | 1,200.00 | |
| 7 | ☐ | 2023-09-22 | 记-0003 | | | | 往来费用 | 560107 | 销售费用-广告费 | | 20,000... | |
| 8 | ☐ | 2023-09-22 | 记-0003 | | | | 往来费用 | 220201 | 应付账款-应付款 | 广州云视广告有... | | 21,200... |
| 9 | ☐ | 2023-09-30 | 记-0004 | 21,200.00 | | 王鑫 | 普通付款 | 220201 | 应付账款-应付款 | 广州云视广告有... | 21,200... | |
| 10 | ☐ | 2023-09-30 | 记-0004 | | | | 普通付款 | 100201 | 银行存款-中国... | | | 21,200... |
| 11 | ☐ | 2023-09-04 | 记-0005 | 791,000.00 | | 王鑫 | 普通销售/上海兴旺商... | 100201 | 银行存款-中国... | | 791,00... | |
| 12 | ☐ | 2023-09-04 | 记-0005 | | | | 普通销售/上海兴旺商... | 2221... | 应交税费-应交... | | | 91,000... |
| 合计 | | | | | | | | | | | 3,612,... | 3,612,... |



图8－30　待审核凭证

账套主管认真查阅所有需要审核的凭证，审核信息无误后，全选待审核凭证，单击工具栏的“审核”按钮，完成对所有未审核凭证的审核工作，如图8－31所示。

### 如何取消凭证审核

取消审核的操作和凭证审核类似，可以逐张进行，也可以成批进行。在“凭证管理”界面，选择已审核的凭证，点击“弃审”按钮就可以完成取消审核，如果凭证已记账，则还需要先取消记账后，才能进行取消审核的操作。

| 序号 | ☐ | 制单日期 | 凭证字号 | 凭证总金额 | 审核人 | 制单人 | 摘要 | 科目编码 | 科目名称 | 辅助项 | 借方 | 贷方 |
|---|---|---|---|---|---|---|---|---|---|---|---|---|
| 1 | ☐ | 2023-09-15 | 记-0001 | 5,000.00 | 林凌云 | 王鑫 | 现金费用 | 2221... | 应交税费-应交... | | 328.25 | |
| 2 | ☐ | 2023-09-15 | 记-0001 | | | | 现金费用 | 560207 | 管理费用-差旅费 | | 4,671.75 | |
| 3 | ☐ | 2023-09-15 | 记-0001 | | | | 现金费用 | 1001 | 库存现金 | | | 5,000.00 |
| 4 | ☐ | 2023-09-21 | 记-0002 | -383.33 | 林凌云 | 王鑫 | 现金费用 | 560301 | 财务费用-利息... | | -383.33 | |
| 5 | ☐ | 2023-09-21 | 记-0002 | | | | 现金费用 | 100201 | 银行存款-中国... | | | -383.33 |
| 6 | ☐ | 2023-09-22 | 记-0003 | 21,200.00 | 林凌云 | 王鑫 | 往来费用 | 2221... | 应交税费-应交... | | 1,200.00 | |
| 7 | ☐ | 2023-09-22 | 记-0003 | | | | 往来费用 | 560107 | 销售费用-广告费 | | 20,000... | |
| 8 | ☐ | 2023-09-22 | 记-0003 | | | | 往来费用 | 220201 | 应付账款-应付款 | 广州云视广告有... | | 21,200... |
| 9 | ☐ | 2023-09-30 | 记-0004 | 21,200.00 | 林凌云 | 王鑫 | 普通付款 | 220201 | 应付账款-应付款 | 广州云视广告有... | 21,200... | |
| 10 | ☐ | 2023-09-30 | 记-0004 | | | | 普通付款 | 100201 | 银行存款-中国... | | | 21,200... |
| 11 | ☐ | 2023-09-04 | 记-0005 | 791,000.00 | 林凌云 | 王鑫 | 普通销售/上海兴旺商... | 100201 | 银行存款-中国... | | 791,00... | |
| 12 | ☐ | 2023-09-04 | 记-0005 | | | | 普通销售/上海兴旺商... | 2221... | 应交税费-应交... | | | 91,000... |
| 合计 | | | | | | | | | | | 3,612,... | 3,612,... |

图 8－31　完成凭证审核

## 三、凭证记账

在“总账”界面，单击打开“记账”按钮，打开凭证“记账”对话框，默认查询规则，单击“确定”按钮，打开“记账”界面，如图 8－32 所示。选择需要记账的会计期间，单击“记账”按钮，系统自动完成记账工作。打开凭证后，在凭证下方的记账栏，可以看到记账人姓名，如图 8－33 所示。

| 序号 | 会计期间 | 凭证类别 | 待记账凭证 |
|---|---|---|---|
| 1 | 2023.09 | 记账凭证 | 33 |

图 8－32　待记账凭证

### 如何取消凭证记账

取消凭证记账，需要进入“凭证管理”界面，选择需要取消记账的已记账凭证（可以多选），按快捷键“Ctrl + Alt + H”，系统会弹出取消记账的提示，单击“确认”按钮就可以取消记账。如果按快捷键“Ctrl + Alt + H”，系统没有反应，则需要检查一下操作员权限，看是否给予了该功能的授权。

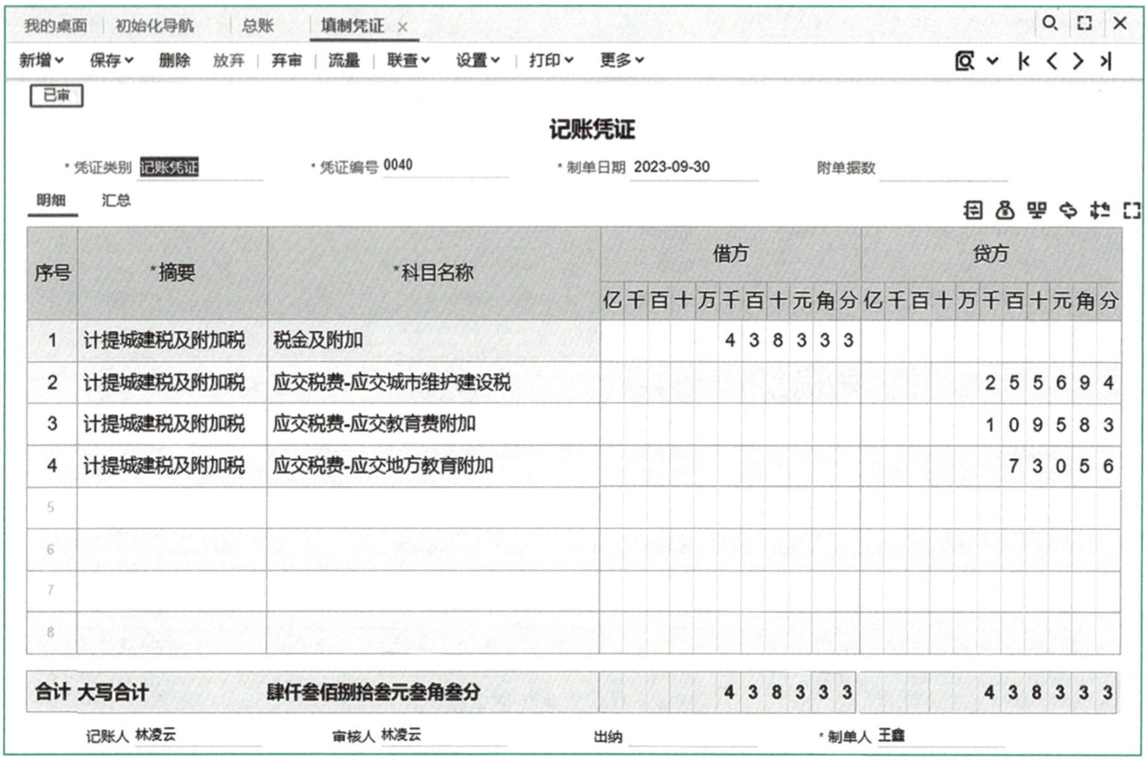


| 序号 | *摘要 | *科目名称 | 借方（亿千百十万千百十元角分） | 贷方（亿千百十万千百十元角分） |
|---|---|---|---|---|
| 1 | 计提城建税及附加税 | 税金及附加 | 438333 | |
| 2 | 计提城建税及附加税 | 应交税费-应交城市维护建设税 | | 255694 |
| 3 | 计提城建税及附加税 | 应交税费-应交教育费附加 | | 109583 |
| 4 | 计提城建税及附加税 | 应交税费-应交地方教育附加 | | 73056 |
| 5 | | | | |
| 6 | | | | |
| 7 | | | | |
| 8 | | | | |
| 合计 大写合计 | | 肆仟叁佰捌拾叁元叁角叁分 | 438333 | 438333 |



图 8－33　填制凭证记账

## 活动 8.1.4　损益结转及财务结账

### 活动描述

【业务 8－7】9 月 30 日，利用期间损益结转方式进行期间损益结转（收入和支出分别制单），进行财务结账。

### 业务流程

期间损益结转的业务流程，如图 8－34 所示。

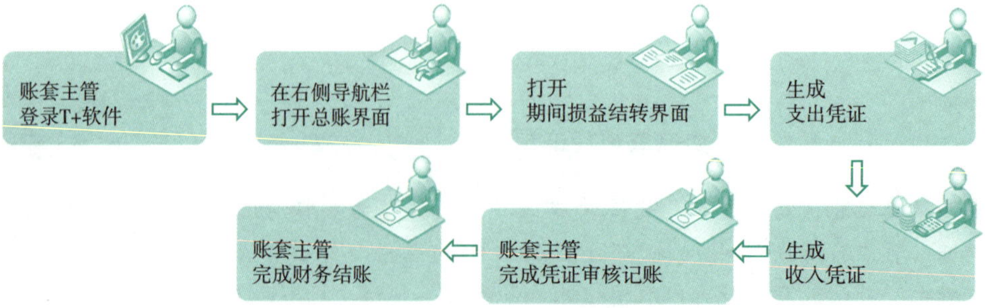


图 8－34　期间损益结转的业务流程

## 知识准备

### 一、期间损益结转

在会计期末，损益类科目的余额要结转到本年利润科目中，及时反映企业本期的盈亏状况。期间损益结转主要是对于管理费用、销售费用、财务费用、主营业务收入、主营业务成本等损益科目的余额进行结转。

收入利得类科目：“主营业务收入”“其他业务收入”“投资收益”“公允价值变动损益”“营业外收入”等。

费用损失类科目：“主营业务成本”“税金及附加”“销售费用”“管理费用”“财务费用”“营业外支出”“所得税费用”等。

### 二、财务结账

期末结账只能按会计期间依次进行，取消期末结账只能按会计期间反向依次进行。只有一个期间完成期末结账后，才能进行下一期间的处理操作。期末结账和取消期末结账只能由有期末结账权限的人进行。以下是一些不能结账的原因。

（1）生成总账月度工作报告，包含损益类科目余额结转情况，本期试算平衡情况、对账情况、凭证张数及分录数。如果月度工作报告中试算不平衡或对账不平，则不能完成财务期末结账。

（2）若业务系统本期未结账，则财务不能进行期末结账。

（3）若出纳单据有审核流程，那么单据必须审核后才能进行财务结账。

（4）如果结账期间为总账启用年度的第一个会计期间或每个会计年度第一个会计期间时，必须在科目期初试算平衡后，才能进行期末结账。

（5）若本期存在未记账凭证，则不能进行财务结账。

**坚持学习，守正创新**

坚持学习，守正创新是对会计人员的发展要求，鼓励会计人员始终秉持专业精神，勤于学习、锐意进取，持续提升会计专业能力。同时，不断适应新形势新要求，与时俱进、开拓创新，努力推动会计事业的高质量发展。

## 活动指导

### 一、打开总账界面

会计身份以业务日期 2023 年 9 月 30 日登录 T + 教育专版，在左边导航栏中，单击打开“智能财税｜总账”界面。

### 二、结转期间损益收入凭证

活动8.1.4［业务8-7］操作录屏

（1）设置期间损益收入凭证。在“总账”界面，单击打开“期间损益结转”界面，如图 8 – 35 所示。选择结转期间为“2023. 9”，凭证类别为“记账凭证”，勾选“包含未记账凭证”和“收入支出分别结转”，选择设置方式为“一级科目”，收支类型为“收入”，设置本年利润科目为“3103 本年利润”。

图 8－35　收入结转设置

（2）生成期间损益收入凭证。单击工具栏上的“生成凭证”按钮，打开“生成凭证”窗口，查阅凭证信息，点击“保存”按钮，保存记账凭证，如图 8－36 所示。

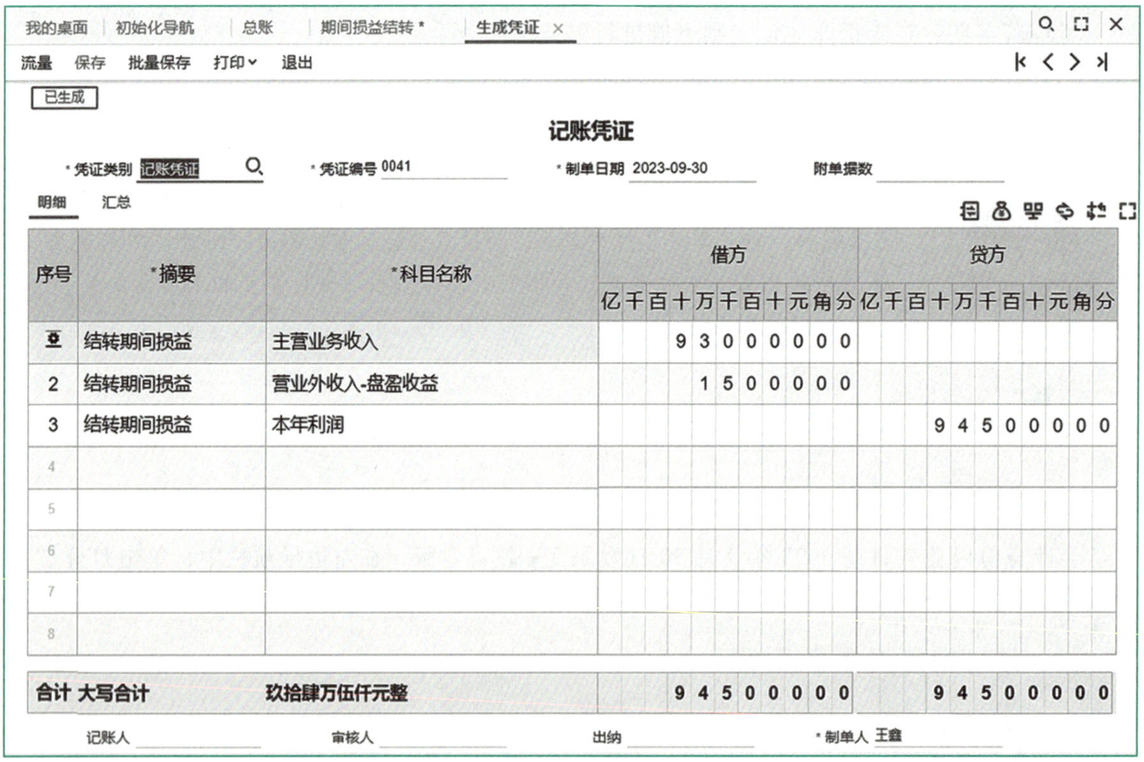


图 8－36　收入凭证生成

## 三、结转期间损益支出凭证

（1）设置期间损益支出凭证。在“总账”界面，单击打开“期间损益结转”界面，如图 8－37 所示。选择结转期间为“2023. 9”，凭证类别为“记账凭证”，勾选“包含未记账凭证”和“收入支出分别结转”，选择设置方式为“一级科目”，收支类型为“支出”，设置“本年利润科目”为“3103 本年利润”。

| 序号 | ☑ | 损益科目编码 | 损益科目名称 | *利润科目编码 | *利润科目名称 |
|---|---|---|---|---|---|
| 1 | ☑ | 5401 | 主营业务成本 | 3103 | 本年利润 |
| 2 | ☑ | 5402 | 其他业务成本 | 3103 | 本年利润 |
| 3 | ☑ | 5403 | 税金及附加 | 3103 | 本年利润 |
| 4 | ☑ | 5601 | 销售费用 | 3103 | 本年利润 |
| 5 | ☑ | 5602 | 管理费用 | 3103 | 本年利润 |
| 6 | ☑ | 5603 | 财务费用 | 3103 | 本年利润 |
| 7 | ☑ | 5711 | 营业外支出 | 3103 | 本年利润 |
| 8 | ☑ | 5801 | 所得税费用 | 3103 | 本年利润 |
| 9 | | | | | |

图 8－37　支出结转设置

（2）生成期间损益支出凭证。单击工具栏上的“生成凭证”按钮，打开“生成凭证”窗口，查阅凭证信息，点击“保存”按钮，保存记账凭证，如图 8－38 所示。

## 四、期间损益凭证的审核和记账

切换账套主管身份以业务日期 2023 年 9 月 30 日登录 T＋教育专版，在左边导航栏中，单击打开“智能财税｜总账”界面。在“总账”界面，单击打开“相关单据｜凭证管理”界面，先后完成期间损益生成凭证的审核与记账，如图 8－39、图 8－40 所示。

图 8－38 支出凭证生成

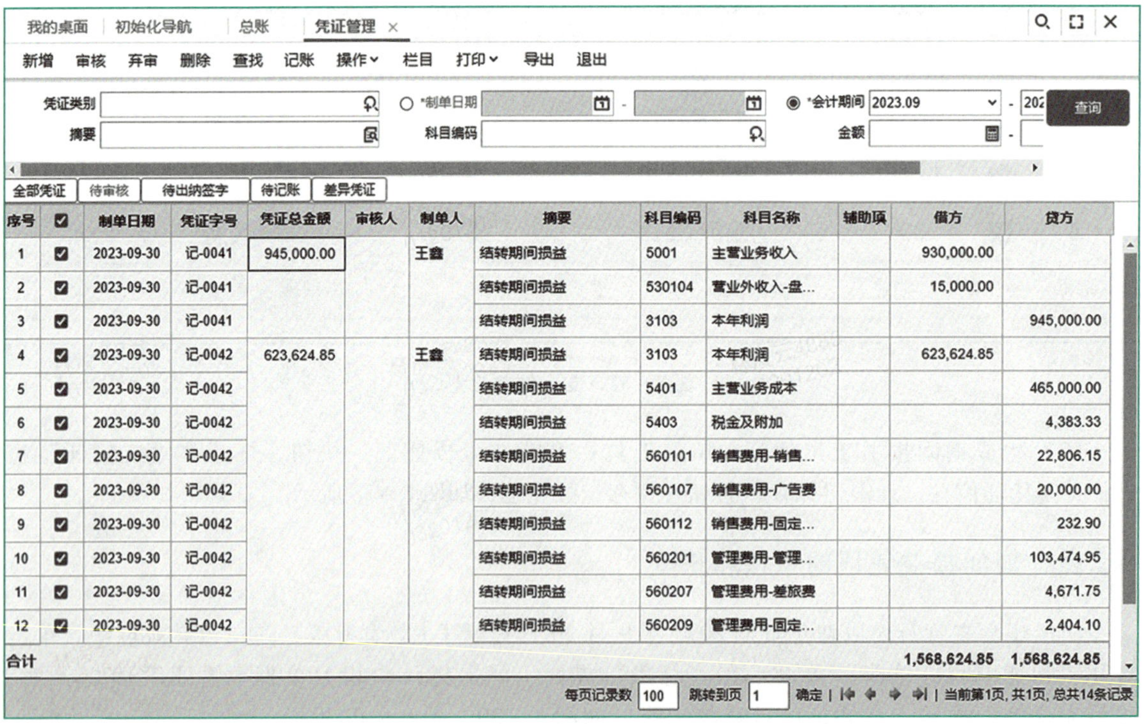


图 8－39 期间损益凭证的审核

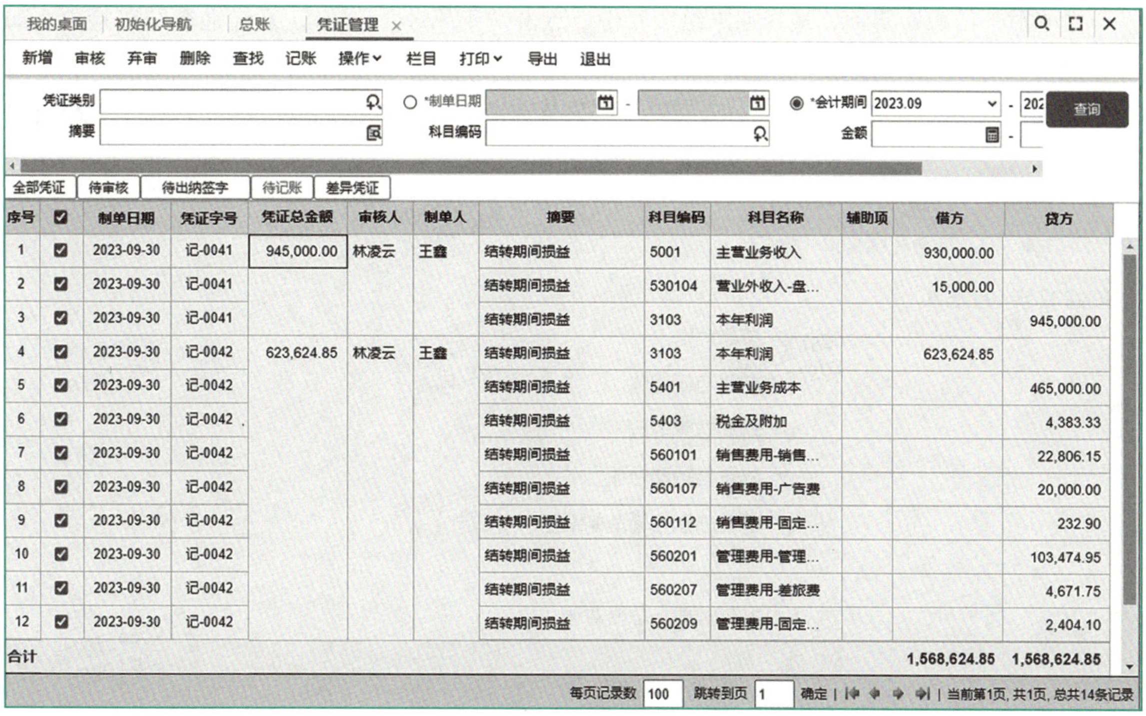


| 序号 | ☑ | 制单日期 | 凭证字号 | 凭证总金额 | 审核人 | 制单人 | 摘要 | 科目编码 | 科目名称 | 辅助项 | 借方 | 贷方 |
|---|---|---|---|---|---|---|---|---|---|---|---|---|
| 1 | ☑ | 2023-09-30 | 记-0041 | 945,000.00 | 林凌云 | 王鑫 | 结转期间损益 | 5001 | 主营业务收入 | | 930,000.00 | |
| 2 | ☑ | 2023-09-30 | 记-0041 | | | | 结转期间损益 | 530104 | 营业外收入-盘... | | 15,000.00 | |
| 3 | ☑ | 2023-09-30 | 记-0041 | | | | 结转期间损益 | 3103 | 本年利润 | | | 945,000.00 |
| 4 | ☑ | 2023-09-30 | 记-0042 | 623,624.85 | 林凌云 | 王鑫 | 结转期间损益 | 3103 | 本年利润 | | 623,624.85 | |
| 5 | ☑ | 2023-09-30 | 记-0042 | | | | 结转期间损益 | 5401 | 主营业务成本 | | | 465,000.00 |
| 6 | ☑ | 2023-09-30 | 记-0042 | | | | 结转期间损益 | 5403 | 税金及附加 | | | 4,383.33 |
| 7 | ☑ | 2023-09-30 | 记-0042 | | | | 结转期间损益 | 560101 | 销售费用-销售... | | | 22,806.15 |
| 8 | ☑ | 2023-09-30 | 记-0042 | | | | 结转期间损益 | 560107 | 销售费用-广告费 | | | 20,000.00 |
| 9 | ☑ | 2023-09-30 | 记-0042 | | | | 结转期间损益 | 560112 | 销售费用-固定... | | | 232.90 |
| 10 | ☑ | 2023-09-30 | 记-0042 | | | | 结转期间损益 | 560201 | 管理费用-管理... | | | 103,474.95 |
| 11 | ☑ | 2023-09-30 | 记-0042 | | | | 结转期间损益 | 560207 | 管理费用-差旅费 | | | 4,671.75 |
| 12 | ☑ | 2023-09-30 | 记-0042 | | | | 结转期间损益 | 560209 | 管理费用-固定... | | | 2,404.10 |
| 合计 | | | | | | | | | | | 1,568,624.85 | 1,568,624.85 |

图 8－40　期间损益凭证记账

## 五、财务结账

在“总账”界面，单击打开“财务结账”界面，如图 8－41 所示。

| 期间 | 开始日期 | 结束日期 | 期末结账 |
|---|---|---|---|
| 1 | 2023-01-01 | 2023-01-31 | 是 |
| 2 | 2023-02-01 | 2023-02-28 | 是 |
| 3 | 2023-03-01 | 2023-03-31 | 是 |
| 4 | 2023-04-01 | 2023-04-30 | 是 |
| 5 | 2023-05-01 | 2023-05-31 | 是 |
| 6 | 2023-06-01 | 2023-06-30 | 是 |
| 7 | 2023-07-01 | 2023-07-31 | 是 |
| 8 | 2023-08-01 | 2023-08-31 | 是 |
| 9 | 2023-09-01 | 2023-09-30 | |
| 10 | 2023-10-01 | 2023-10-31 | |
| 11 | 2023-11-01 | 2023-11-30 | |
| 12 | 2023-12-01 | 2023-12-31 | |

图 8－41　财务结账

在“财务结账”界面，选择期末结账月份，点击“下一步”按钮，系统进行结账检查，如图 8－42 至图 8－44 所示。

图 8－42　期末对账

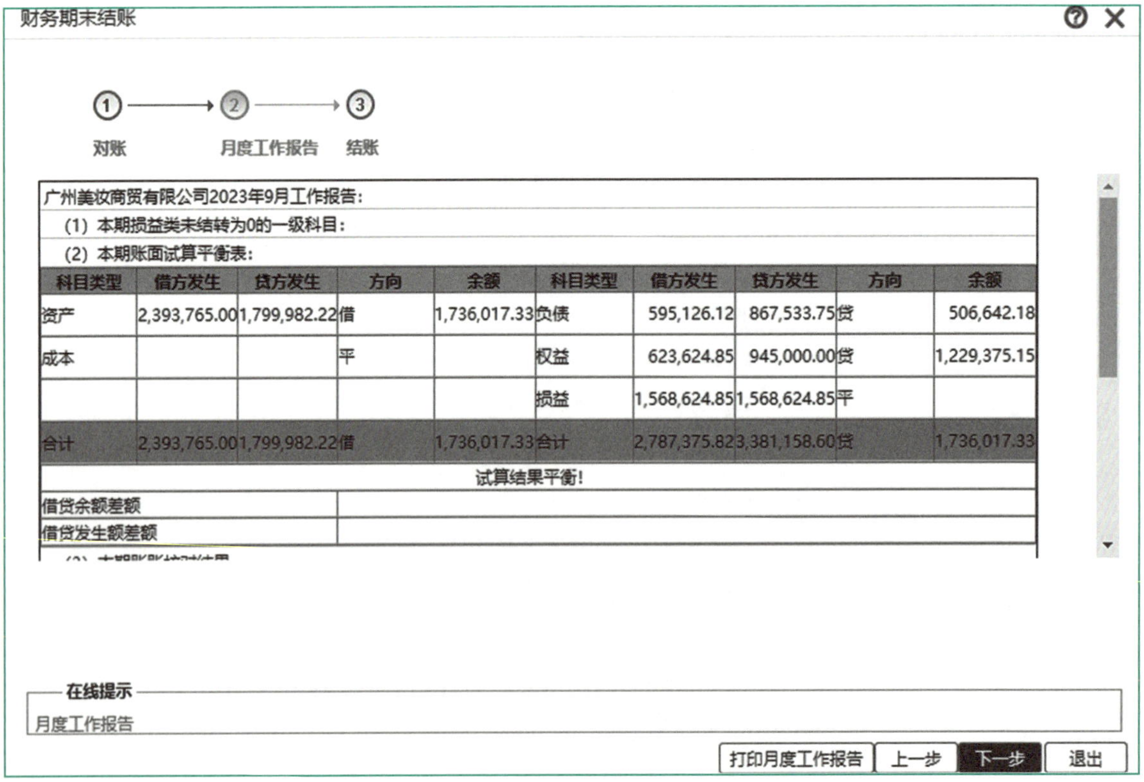


图 8－43　月度工作报告

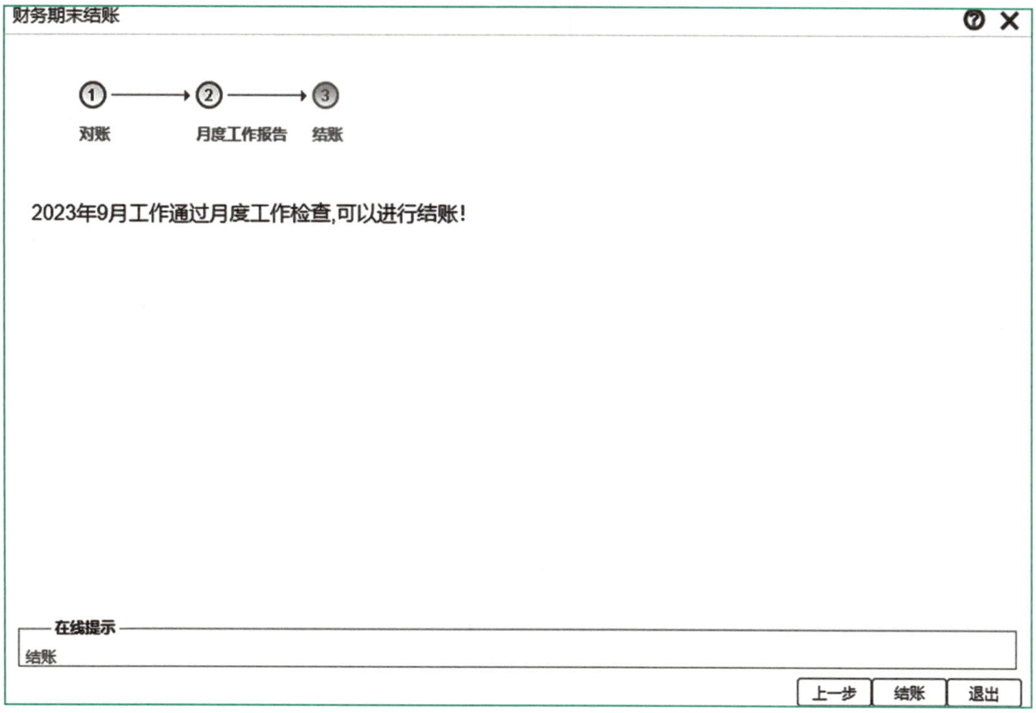


图 8－44　结账

在“财务期末结账”对话框中，检查无误后，点击“确定”按钮，完成财务结账，如图 8－45 所示。

财务结账

年度: 2023　待结账期间：2023.10　取消结账期间：2023.09

| 期间 | 开始日期 | 结束日期 | 期末结账 |
|---|---|---|---|
| 1 | 2023-01-01 | 2023-01-31 | 是 |
| 2 | 2023-02-01 | 2023-02-28 | 是 |
| 3 | 2023-03-01 | 2023-03-31 | 是 |
| 4 | 2023-04-01 | 2023-04-30 | 是 |
| 5 | 2023-05-01 | 2023-05-31 | 是 |
| 6 | 2023-06-01 | 2023-06-30 | 是 |
| 7 | 2023-07-01 | 2023-07-31 | 是 |
| 8 | 2023-08-01 | 2023-08-31 | 是 |
| 9 | 2023-09-01 | 2023-09-30 | 是 |
| 10 | 2023-10-01 | 2023-10-31 | |
| 11 | 2023-11-01 | 2023-11-30 | |
| 12 | 2023-12-01 | 2023-12-31 | |

注：年结的时候，先进行备份再结账

取消结账　下一步　退出

图 8－45　完成财务结账

# 任务 8.2　账表查询与报表编制

**任务介绍**

本任务介绍了利用总账账簿功能，查询各类科目的总账、日记账、明细账、余额表和辅助账等功能，为企业各部门提供财务数据。利用 T-UFO 报表自动生成资产负债表、利润表、现金流量表等，提供经营核算结果，进行财务信息披露。

## 活动 8.2.1　财务账表查询

### 活动描述

【业务 8-8】9 月 30 日，会计查看本月总账概况，查询科目余额表、科目日记账、费用明细表。

### 业务流程

账表查询业务流程，如图 8-46 所示。

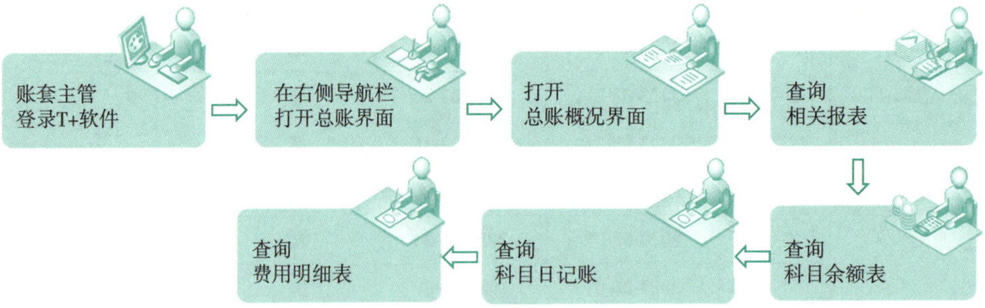


**图 8-46　账表查询业务流程**

### 知识准备

#### 一、总账

总账可以查询各总账科目的年初余额、各月发生额合计和月末余额，以及所有 2~6 级明细科目的年初余额、各月发生额合计和月末余额，还可以按辅助项展开查询。查询总账时，标题显示为所查科目的一级科目名称+总账，如应收账款总账。联查总账对应的明细账时，明细账显示为应收账款明细账功能入口。

## 二、明细账

查询各个级次科目的年初余额、查询期间内的发生明细。若系统启用多币种，可以按各币种查询明细，也可以查询所有币种的发生明细。

## 三、日记账

日记账是按照经济业务发生的时间先后顺序，即凭证制单的先后顺序，逐日逐笔进行登记并按日结计余额的账簿。在日常业务中，主要设置三种日记账：普通日记账、现金日记账、银行日记账。现金、银行日记账用于常用现金银行的专设账簿，普通日记账根据企业需要选择设置。

## 四、发生额及余额表

发生额及余额表可以实时反映科目一段时间的发生额及余额情况，并可按辅助项展开查询辅助余额。本功能可以查询、打印、输出某一时间所有总账科目或明细科目的期初余额、本期发生额、累计发生额、期末余额。

## 五、多栏账

多栏账是根据经营管理需要，在明细账账页中的借方或贷方设置若干专栏，用以登记某一账户增减变动详细情况的一种明细账。多栏账适用于对生产成本、制造费用、管理费用、财务费用、收入、应交税金、本年利润等账户的明细核算。一般可按下级科目设置多栏账，如对管理费用设置多栏账，可设置水费、电费、房租为专栏。通常采用只在借方或贷方一方设多项栏次，记录某个方向上的发生明细，可以设置为后置式多栏账。有些特殊科目，如应交增值税科目，需要对借贷方同时进行分析，一般设置双向分析专栏，可以设置为前置式多栏账。

# 活动指导

## 一、打开总账界面

会计以业务日期2023年9月30日登录T+教育专版，在左边导航栏中，单击打开“智能财税｜总账”界面。

## 二、查询总账概况

在“总账”界面，可以直接查看总账概况，如图8－47所示。总账概况将总账中的凭证、资金、库存、往来款、费用和税费做了汇总统计，可以帮助企业管理者实时了解企业的状态。

活动8.2.1
［业务8－8］
操作录屏

## 三、查询科目余额表

在“总账”界面，单击打开“相关报表｜科目余额表”，系统弹出“查询”对话框，如图8－48所示。

图 8－47　总账概况

图 8－48　查询对话框

在“查询”对话框中，选择“公共方案｜系统方案”选项，单击“查询”按钮，打开“科目余额表”界面，如图 8－49 所示。

| 序号 | 科目编码 | 科目名称 | 期初余额 | | 本期发生 | | 期末余额 | |
|---|---|---|---|---|---|---|---|---|
| | | | 借方 | 贷方 | 借方 | 贷方 | 借方 | 贷方 |
| 1 | 1001 | 库存现金 | 13,996.00 | | | 5,000.00 | 8,996.00 | |
| 2 | 1002 | 银行存款 | 300,000.55 | | 1,350,900.00 | 934,945.22 | 715,955.33 | |
| 3 | 1122 | 应收账款 | 10,000.00 | | 259,900.00 | 259,900.00 | 10,000.00 | |
| 4 | 1221 | 其他应收款 | | | 33,900.00 | | 33,900.00 | |
| 5 | 1405 | 库存商品 | 635,000.00 | | 691,100.00 | 545,000.00 | 781,100.00 | |
| 6 | 1601 | 固定资产 | 251,800.00 | | 6,500.00 | 3,600.00 | 254,700.00 | |
| 7 | 1602 | 累计折旧 | | 68,562.00 | 2,565.00 | 2,637.00 | | 68,634.00 |
| 8 | 1901 | 待处理财产损溢 | | | 48,900.00 | 48,900.00 | | |
| 9 | (资产)小计: | | 1,210,796.55 | 68,562.00 | 2,393,765.00 | 1,799,982.22 | 1,804,651.33 | 68,634.00 |
| 10 | 2001 | 短期借款 | | | | 300,000.00 | | 300,000.00 |
| 11 | 2202 | 应付账款 | | 40,000.00 | 253,399.00 | 252,949.00 | | 39,550.00 |
| 12 | 2211 | 应付职工薪酬 | | 104,709.70 | 127,402.27 | 126,281.10 | | 103,588.53 |
| 13 | 2221 | 应交税费 | | 67,258.25 | 192,058.25 | 166,037.05 | | 41,237.05 |
| 14 | 2241 | 其他应付款 | | 22,266.60 | 22,266.60 | 22,266.60 | | 22,266.60 |
| 15 | (负债)小计: | | | 234,234.55 | 595,126.12 | 867,533.75 | | 506,642.18 |
| 16 | 3001 | 实收资本 | | 670,000.00 | | | | 670,000.00 |
| 17 | 3103 | 本年利润 | | 238,000.00 | 623,624.85 | 945,000.00 | | 559,375.15 |
| 18 | (权益)小计: | | | 908,000.00 | 623,624.85 | 945,000.00 | | 1,229,375.15 |
| 19 | 5001 | 主营业务收入 | | | 930,000.00 | 930,000.00 | | |
| 合计 | | | 1,210,796.55 | 1,210,796.55 | 5,181,140.82 | 5,181,140.82 | 1,804,651.33 | 1,804,651.33 |

合计　小计

图 8－49　发生额及余额表

打开“科目余额表”界面，系统提供科目期初余额、本期发生额及期末余额三栏列表。点击对应的金额，可以联查科目明细账，如图 8－50 所示。

**账表联查功能**

账表查询中，系统提供联查功能，可以从科目余额表联查到科目明细账，从科目明细账联查到具体记账凭证信息，也可以向上联查科目总账。通过联查功能，可以快速了解相关科目账目信息以及发生的相关业务。

| 序号 | 日期 | 凭证字号 | 摘要 | 借方 | 贷方 | 方向 | 余额 |
| --- | --- | --- | --- | --- | --- | --- | --- |
| 1 | | | 期初余额 | | | 借 | 300,000.55 |
| 2 | 2023-09... | 记-0024 | 发放工资 | | 100.00 | 借 | 299,900.55 |
| 3 | 2023-09... | 记-0005 | 普通销售/上海... | 791,000.00 | | 借 | 1,090,900.55 |
| 4 | 2023-09... | 记-0034 | 购入 | | 7,345.00 | 借 | 1,083,555.55 |
| 5 | 2023-09... | 记-0012 | 普通采购/广州... | | 480,250.00 | 借 | 603,305.55 |
| 6 | 2023-09... | 记-0011 | 普通收款 | 259,900.00 | | 借 | 863,205.55 |
| 7 | 2023-09... | 记-0017 | 普通付款 | | 227,199.00 | 借 | 636,006.55 |
| 8 | 2023-09... | 记-0018 | 普通付款 | | 5,000.00 | 借 | 631,006.55 |
| 9 | 2023-09... | 记-0026 | 发放上月工资 | | 77,779.15 | 借 | 553,227.40 |
| 10 | 2023-09... | 记-0027 | 支付社保费 | | 32,146.15 | 借 | 521,081.25 |
| 11 | 2023-09... | 记-0028 | 缴纳住房公积金 | | 17,051.00 | 借 | 504,030.25 |
| 12 | 2023-09... | 记-0029 | 代缴个人所得税 | | 254.25 | 借 | 503,776.00 |
| 13 | 2023-09... | 记-0037 | 缴纳企业各项... | | 67,004.00 | 借 | 436,772.00 |
| 14 | 2023-09... | 记-0002 | 现金费用 | | -383.33 | 借 | 437,155.33 |
| 15 | 2023-09... | 记-0038 | 借入短期借款 | 300,000.00 | | 借 | 737,155.33 |
| 16 | 2023-09... | 记-0004 | 普通付款 | | 21,200.00 | 借 | 715,955.33 |
| 17 | 2023.09 | | 本月合计 | 1,350,900.00 | 934,945.22 | 借 | 715,955.33 |
| 18 | 2023.09 | | 本年累计 | 1,350,900.00 | 934,945.22 | 借 | 715,955.33 |
| 19 | | | | | | | |

图 8－50 科目明细账

## 四、查询科目日记账

### 1. 查询库存现金日记账

在“总账”界面，单击打开“相关报表｜科目日记账”，系统弹出“查询”对话框，如图 8－51 所示。

在“查询”对话框中，选择“公共方案｜现金日记账”选项，单击“查询”按钮，打开“科目日记账”界面，系统提供查询期间的库存现金日记账，如图 8－52 所示。

### 2. 查询银行存款日记账

在“总账”界面，单击打开“相关报表｜科目日记账”，系统弹出“查询”对话框。在“查询”对话框中，选择“公共方案｜银行存款日记账”选项，单击“查询”按钮，打开“科目日记账”界面，系统提供查询期间的银行存款日记账，如图 8－53 所示。

## 五、费用明细表

在 T＋教育专版左侧任务栏中，单击“智能财税｜总账｜统计账表｜费用明细表”选项，系统弹出“查询”对话框，默认查询内容，单击“查询”按钮，打开“费用明细表”界面，如图 8－54 所示。

图 8－51　查询对话框

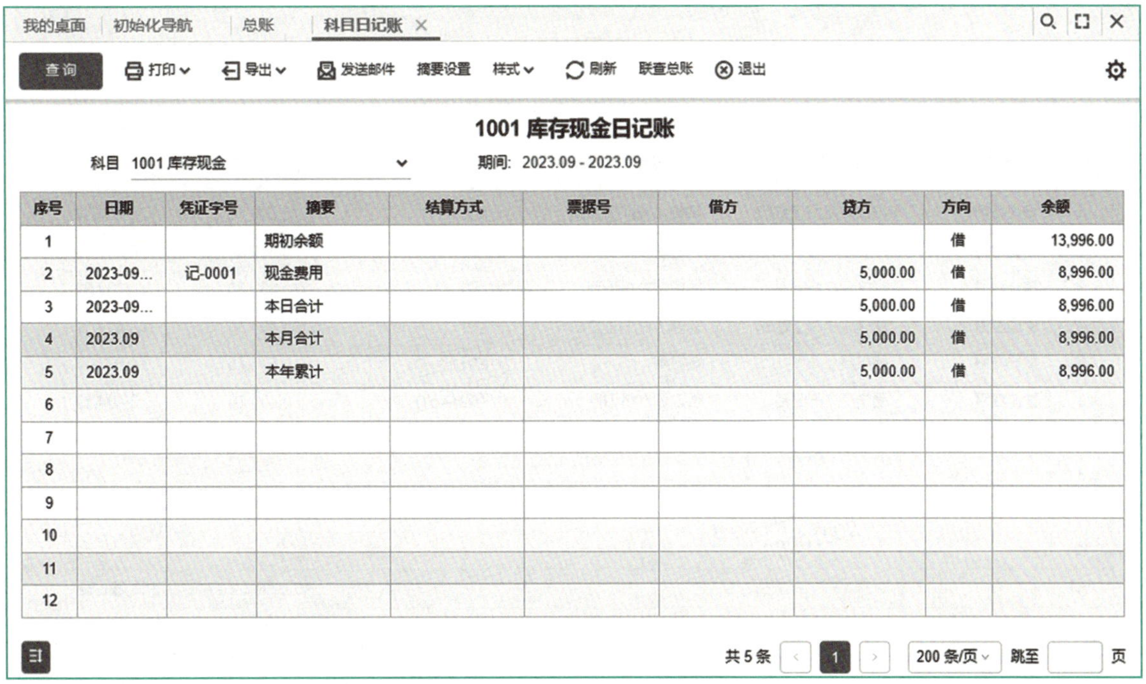


| 序号 | 日期 | 凭证字号 | 摘要 | 结算方式 | 票据号 | 借方 | 贷方 | 方向 | 余额 |
|---|---|---|---|---|---|---|---|---|---|
| 1 | | | 期初余额 | | | | | 借 | 13,996.00 |
| 2 | 2023-09... | 记-0001 | 现金费用 | | | | 5,000.00 | 借 | 8,996.00 |
| 3 | 2023-09... | | 本日合计 | | | | 5,000.00 | 借 | 8,996.00 |
| 4 | 2023.09 | | 本月合计 | | | | 5,000.00 | 借 | 8,996.00 |
| 5 | 2023.09 | | 本年累计 | | | | 5,000.00 | 借 | 8,996.00 |
| 6 | | | | | | | | | |
| 7 | | | | | | | | | |
| 8 | | | | | | | | | |
| 9 | | | | | | | | | |
| 10 | | | | | | | | | |
| 11 | | | | | | | | | |
| 12 | | | | | | | | | |

图 8－52　库存现金日记账

1002 银行存款日记账

科目 1002 银行存款　　期间：2023.09 - 2023.09

| 序号 | 日期 | 凭证字号 | 摘要 | 结算方式 | 票据号 | 借方 | 贷方 | 方向 | 余额 |
|---|---|---|---|---|---|---|---|---|---|
| 1 | | | 期初余额 | | | | | 借 | 300,000.55 |
| 2 | 2023-09-01 | 记-0024 | 发放工资 | | | | 100.00 | 借 | 299,900.55 |
| 3 | 2023-09-01 | | 本日合计 | | | | 100.00 | 借 | 299,900.55 |
| 4 | 2023-09-04 | 记-0005 | 普通销售/上海兴旺商贸有限公司 | | | 791,000.00 | | 借 | 1,090,900.55 |
| 5 | 2023-09-04 | | 本日合计 | | | 791,000.00 | | 借 | 1,090,900.55 |
| 6 | 2023-09-05 | 记-0034 | 购入 | | | | 7,345.00 | 借 | 1,083,555.55 |
| 7 | 2023-09-05 | | 本日合计 | | | | 7,345.00 | 借 | 1,083,555.55 |
| 8 | 2023-09-06 | 记-0012 | 普通采购/广州凯琳科技有限公司 | | | | 480,250.00 | 借 | 603,305.55 |
| 9 | 2023-09-06 | | 本日合计 | | | | 480,250.00 | 借 | 603,305.55 |
| 10 | 2023-09-10 | 记-0011 | 普通收款 | | | 259,900.00 | | 借 | 863,205.55 |
| 11 | 2023-09-10 | | 本日合计 | | | 259,900.00 | | 借 | 863,205.55 |
| 12 | 2023-09-11 | 记-0017 | 普通付款 | | | | 227,199.00 | 借 | 636,006.55 |
| 13 | 2023-09-11 | 记-0018 | 普通付款 | | | | 5,000.00 | 借 | 631,006.55 |
| 14 | 2023-09-11 | | 本日合计 | | | | 232,199.00 | 借 | 631,006.55 |
| 15 | 2023-09-12 | 记-0026 | 发放上月工资 | | | | 77,779.15 | 借 | 553,227.40 |
| 16 | 2023-09-12 | 记-0027 | 支付社保费 | | | | 32,146.15 | 借 | 521,081.25 |
| 17 | 2023-09-12 | 记-0028 | 缴纳住房公积金 | | | | 17,051.00 | 借 | 504,030.25 |
| 18 | 2023-09-12 | 记-0029 | 代缴个人所得税 | | | | 254.25 | 借 | 503,776.00 |
| 19 | 2023-09-12 | 记-0037 | 缴纳企业各项税费 | | | | 67,004.00 | 借 | 436,772.00 |
| 20 | 2023-09-12 | | 本日合计 | | | | 194,234.55 | 借 | 436,772.00 |

共 27 条　1　200 条/页　跳至　页

图 8－53　银行存款日记账

费用明细表

期间：2023.09 - 2023.09

| 序号 | 科目名称（1级） | 科目名称（2级） | 科目名称（3级） | 统计方式 | 2023.09 | 合计 |
|---|---|---|---|---|---|---|
| | | | | | 金额 | 金额 |
| 1 | 销售费用 | 销售人员职工薪酬 | 销售人员职工薪酬 | 发生额 | 22,806.15 | 22,806.15 |
| 2 | 销售费用 | 广告费 | 广告费 | 发生额 | 20,000.00 | 20,000.00 |
| 3 | 销售费用 | 固定资产折旧费 | 固定资产折旧费 | 发生额 | 232.90 | 232.90 |
| 4 | 管理费用 | 管理人员职工薪酬 | 管理人员职工薪酬 | 发生额 | 103,474.95 | 103,474.95 |
| 5 | 管理费用 | 差旅费 | 差旅费 | 发生额 | 4,671.75 | 4,671.75 |
| 6 | 管理费用 | 固定资产折旧费 | 固定资产折旧费 | 发生额 | 2,404.10 | 2,404.10 |
| 7 | 财务费用 | 利息费用 | 利息费用 | 发生额 | -383.33 | -383.33 |
| 8 | | | | | | |
| 9 | | | | | | |
| 10 | | | | | | |
| 合计 | | | | | 153,206.52 | 153,206.52 |

合计　小计　共 7 条　1　200 条/页　跳至　页

图 8－54　费用明细表

打开“费用明细表”界面，系统提供了销售费用、管理费用和财务费用三项期间费用的发生额统计信息。

## 活动 8.2.2 财务报表编制

### 活动描述

【业务 8－9】9 月 30 日，利用“2013 小企业会计准则科目”报表模板生成 9 月份的资产负债表和利润表，并导出保存为“资产负债表 . xls”“利润表 . xls”。

### 业务流程

财务报表生成流程，如图 8－55 所示。

图 8－55 财务报表生成流程

### 知识准备

#### 一、财务报表的定义

财务报表是指反映企业或预算单位一定时期财务状况、经营成果和现金流量的文件。我国财务报表的种类、格式、编报要求，均由统一的会计制度规定，要求企业定期编报。

小企业财务报表是财务报告的主要部分，主要包括资产负债表、利润表、现金流量表。

#### 二、T－UFO 报表

T＋教育专版中，主要采用 T－UFO 报表来编制财务报表。T－UFO 报表是一种报表编制工具，用户可以利用 T－UFO 报表来定义用于申报和管理的各类报表，如财务上的资产负债表、利润表、现金流量表等。

#### 三、T－UFO 报表模板概述

使用 T－UFO 报表，可以针对某类报表制定模板，模板设计包括报表格式设置、报表内容设置、公式设置、审核公式设置、查询条件设置等。通过 T－UFO 报表，可以从各业务系统中取得相关信息，根据模板自动生成各种报表，并可以对报表进行审核、汇总操作，按照预定格式输出各种报表。用户可以根据需要定义用于申报和管理的各类报表的模板。通过模板设计功能新建的模板，可以用于各类报表的生成。

模板设计界面以左树右列表形式向用户展示了 T－UFO 中的系统预置模板和用户自定义模板。其中，左树区域展示了 T－UFO 中所有模板分类，包含系统模板分类和非系统模板分类；右列表区域展示了左树区域选中分类下的模板信息。

活动8.2.2
［业务8-9］
操作录屏

## 活动指导

### 一、打开总账界面

会计以业务日期2023年9月30日登录T+教育专版，在左边导航栏中，单击打开“智能财税｜总账”界面。

### 二、生成资产负债表

在“总账”界面，单击“资产负债表”选项，打开“资产负债表”界面，系统自动生成本月的资产负债表，如图8－56所示。

我的桌面　初始化导航　总账　资产负债表 ×

打印　导出　编辑

资产负债表

2023年　9月

| | A | B | C | D | E | F | G | H |
|---|---|---|---|---|---|---|---|---|
| 4 | 资　产 | 行次 | 期末余额 | 年初余额 | 负债和所有者权益 | 行次 | 期末余额 | 年初余额 |
| 5 | 流动资产： | | | | 流动负债： | | | |
| 6 | 货币资金 | 1 | 724,951.33 | 313,996.55 | 短期借款 | 31 | 300,000.00 | |
| 7 | 短期投资 | 2 | | | 应付票据 | 32 | | |
| 8 | 应收票据 | 3 | | | 应付账款 | 33 | 39,550.00 | 40,000.00 |
| 9 | 应收账款 | 4 | 10,000.00 | 10,000.00 | 预收账款 | 34 | | |
| 10 | 预付账款 | 5 | | | 应付职工薪酬 | 35 | 103,588.53 | 104,709.70 |
| 11 | 应收股利 | 6 | | | 应交税费 | 36 | 41,237.05 | 67,258.25 |
| 12 | 应收利息 | 7 | | | 应付利息 | 37 | | |
| 13 | 其他应收款 | 8 | 33,900.00 | | 应付利润 | 38 | | |
| 14 | 存货 | 9 | 781,100.00 | 635,000.00 | 其他应付款 | 39 | 22,266.60 | 22,266.60 |
| 15 | 其中：原材料 | 10 | | | 其他流动负债 | 40 | | |
| 16 | 在产品 | 11 | | | 流动负债合计 | 41 | 506,642.18 | 234,234.55 |
| 17 | 库存商品 | 12 | 781,100.00 | 635,000.00 | 非流动负债： | | | |
| 18 | 周转材料 | 13 | | | 长期借款 | 42 | | |
| 19 | 其他流动资产 | 14 | | | 长期应付款 | 43 | | |
| 20 | 流动资产合计 | 15 | 1,549,951.33 | 958,996.55 | 递延收益 | 44 | | |
| 21 | 非流动资产： | | | | 其他非流动负债 | 45 | | |
| 22 | 长期债权投资 | 16 | | | 非流动负债合计 | 46 | | |
| 23 | 长期股权投资 | 17 | | | 负债合计 | 47 | 506,642.18 | 234,234.55 |
| 24 | 固定资产原价 | 18 | 254,700.00 | 251,800.00 | | | | |
| 25 | 减：累计折旧 | 19 | 68,634.00 | 68,562.00 | | | | |
| 26 | 固定资产账面价值 | 20 | 186,066.00 | 183,238.00 | | | | |
| 27 | 在建工程 | 21 | | | 0 | | | |
| 28 | 工程物资 | 22 | | | | | | |
| 29 | 固定资产清理 | 23 | | | | | | |
| 30 | 生产性生物资产 | 24 | | | 所有者权益（或股东权益）： | | | |
| 31 | 无形资产 | 25 | | | 实收资本（或股本） | 48 | 670,000.00 | 670,000.00 |
| 32 | 开发支出 | 26 | | | 资本公积 | 49 | | |
| 33 | 长期待摊费用 | 27 | | | 盈余公积 | 50 | | |
| 34 | 其他非流动资产 | 28 | | | 未分配利润 | 51 | 559,375.15 | 238,000.00 |
| 35 | 非流动资产合计 | 29 | 186,066.00 | 183,238.00 | 所有者权益（或股东权益）合计 | 52 | 1,229,375.15 | 908,000.00 |
| 36 | 资产总计 | 30 | 1,736,017.33 | 1,142,234.55 | 负债和所有者权益（或股东权益）总计 | 53 | 1,736,017.33 | 1,142,234.55 |

图8－56　生成资产负债表

如果资产负债表表名右侧有感叹号，建议点击查看，根据系统提醒完成相关操作，保证资产负债表的数据准确。

## 三、生成利润表

在“总账”界面，单击“利润表”选项，打开“利润表”界面，系统自动生成本月的利润表，如图 8－57 所示。

我的桌面　初始化导航　总账　利润表 ×

打印　导出　编辑

利润表

2023年　9月

| | A | B | C | D |
|---|---|---|---|---|
| 4 | 项　目 | 行次 | 本年累计金额 | 本期金额 |
| 5 | 一、营业收入 | 1 | 930,000.00 | 930,000.00 |
| 6 | 减：营业成本 | 2 | 465,000.00 | 465,000.00 |
| 7 | 税金及附加 | 3 | 4,383.33 | 4,383.33 |
| 8 | 其中：消费税 | 4 | | |
| 9 | 城市维护建设税 | 6 | 2,556.94 | 2,556.94 |
| 10 | 资源税 | 7 | 100.00 | 100.00 |
| 11 | 土地增值税 | 8 | | |
| 12 | 城镇土地使用税、房产税、车船税、印花税 | 9 | | |
| 13 | 教育费附加、矿产资源补偿费、排污费 | 10 | 1,095.83 | 1,095.83 |
| 14 | 销售费用 | 11 | 43,039.05 | 43,039.05 |
| 15 | 其中：商品维修费 | 12 | | |
| 16 | 广告费和业务宣传费 | 13 | 20,000.00 | 20,000.00 |
| 17 | 管理费用 | 14 | 110,550.80 | 110,550.80 |
| 18 | 其中：开办费 | 15 | | |
| 19 | 业务招待费 | 16 | | |
| 20 | 研究费用 | 17 | | |
| 21 | 财务费用 | 18 | -383.33 | -383.33 |
| 22 | 其中：利息费用（收入以“-”号填列） | 19 | -383.33 | -383.33 |
| 23 | 加：投资收益（损失以“-”号填列） | 20 | | |
| 24 | 二、营业利润（亏损以“-”号填列） | 21 | 307,410.15 | 307,410.15 |
| 25 | 加：营业外收入 | 22 | 15,000.00 | 15,000.00 |
| 26 | 其中：政府补助 | 23 | | |
| 27 | 减：营业外支出 | 24 | 1,035.00 | 1,035.00 |
| 28 | 其中：坏账损失 | 25 | | |
| 29 | 无法收回的长期债券投资损失 | 26 | | |
| 30 | 无法收回的长期股权投资损失 | 27 | | |
| 31 | 自然灾害等不可抗力因素造成的损失 | 28 | | |
| 32 | 税收滞纳金 | 29 | | |
| 33 | 三、利润总额（亏损总额以“-”号填列） | 30 | 321,375.15 | 321,375.15 |
| 34 | 减：所得税费用 | 31 | | |
| 35 | 四、净利润（净亏损以“-”号填列） | 32 | 321,375.15 | 321,375.15 |

**图 8－57　生成利润表**

如果利润表表名右侧有感叹号，建议点击查看，根据系统提醒完成相关操作，保证利润表的数据准确。

## 四、查看报表模板

在“总账”界面，单击“资产负债表”或“利润表”选项，打开“资产负债表”或“利润表”界面。点击“设置”选项，可以修改报表查询条件，如图 8－58 所示。点击“编辑”选项，可以查询和修改报表单元格公式，如图 8－59 所示。

图 8－58　报表查询条件设置

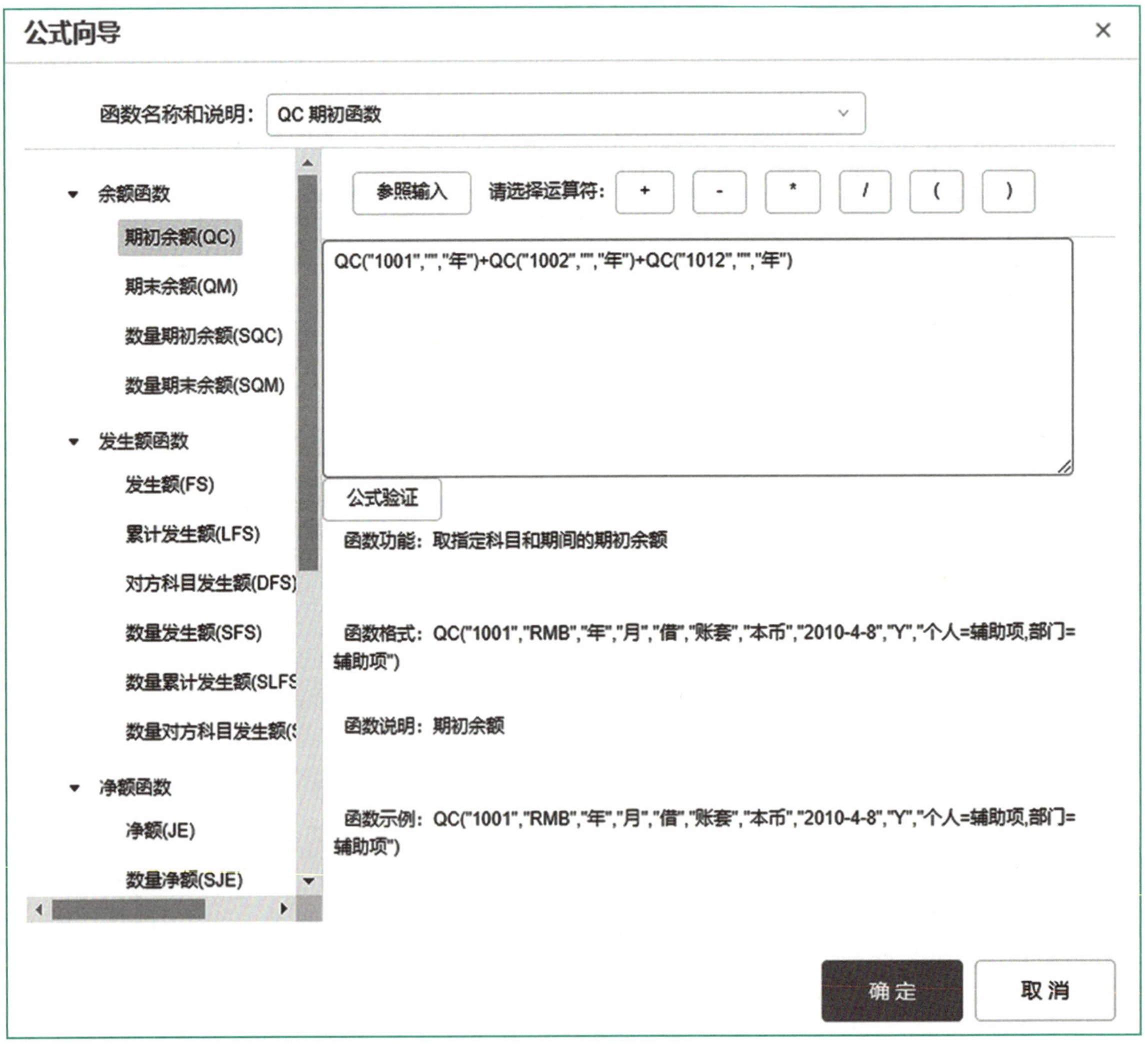


图 8－59　报表公式向导

## 五、导出报表

在“资产负债表”或“利润表”界面，单击“导出｜导出 excel”选项，将系统生成的“资产负债表”或“利润表”导出到指定文件夹中，excel 版报表如表 8－1 和表 8－2 所示。

**表 8－1**

### 资产负债表

会小企01表

编制单位：广州美妆商贸有限公司　　　　2023年9月30日　　　　单位：元

| 资　产 | 行次 | 期末余额 | 年初余额 | 负债和所有者权益 | 行次 | 期末余额 | 年初余额 |
|---|---|---|---|---|---|---|---|
| 流动资产： | | | | 流动负债： | | | |
| 货币资金 | 1 | 724,951.33 | 313,996.55 | 短期借款 | 31 | 300,000.00 | |
| 短期投资 | 2 | | | 应付票据 | 32 | | |
| 应收票据 | 3 | | | 应付账款 | 33 | 39,550.00 | 40,000.00 |
| 应收账款 | 4 | 10,000.00 | 10,000.00 | 预收账款 | 34 | | |
| 预付账款 | 5 | | | 应付职工薪酬 | 35 | 103,588.53 | 104,709.70 |
| 应收股利 | 6 | | | 应交税费 | 36 | 41,237.05 | 67,258.25 |
| 应收利息 | 7 | | | 应付利息 | 37 | | |
| 其他应收款 | 8 | 33,900.00 | | 应付利润 | 38 | | |
| 存货 | 9 | 781,100.00 | 635,000.00 | 其他应付款 | 39 | 22,266.60 | 22,266.60 |
| 其中：原材料 | 10 | | | 其他流动负债 | 40 | | |
| 在产品 | 11 | | | 流动负债合计 | 41 | 506,642.18 | 234,234.55 |
| 库存商品 | 12 | 781,100.00 | 635,000.00 | 非流动负债： | | | |
| 周转材料 | 13 | | | 长期借款 | 42 | | |
| 其他流动资产 | 14 | | | 长期应付款 | 43 | | |
| 流动资产合计 | 15 | 1,549,951.33 | 958,996.55 | 递延收益 | 44 | | |
| 非流动资产： | | | | 其他非流动负债 | 45 | | |
| 长期债权投资 | 16 | | | 非流动负债合计 | 46 | | |
| 长期股权投资 | 17 | | | 负债合计 | 47 | 506,642.18 | 234,234.55 |
| 固定资产原价 | 18 | 254,700.00 | 251,800.00 | | | | |
| 减：累计折旧 | 19 | 68,634.00 | 68,562.00 | | | | |
| 固定资产账面价值 | 20 | 186,066.00 | 183,238.00 | | | | |
| 在建工程 | 21 | | | | | | |
| 工程物资 | 22 | | | | | | |
| 固定资产清理 | 23 | | | | | | |
| 生产性生物资产 | 24 | | | 所有者权益（或股东权益）： | | | |
| 无形资产 | 25 | | | 实收资本（或股本） | 48 | 670,000.00 | 670,000.00 |
| 开发支出 | 26 | | | 资本公积 | 49 | | |
| 长期待摊费用 | 27 | | | 盈余公积 | 50 | | |
| 其他非流动资产 | 28 | | | 未分配利润 | 51 | 559,375.15 | 238,000.00 |
| 非流动资产合计 | 29 | 186,066.00 | 183,238.00 | 所有者权益（或股东权益）合计 | 52 | 1,229,375.15 | 908,000.00 |
| 资产总计 | 30 | 1,736,017.33 | 1,142,234.55 | 负债和所有者权益（或股东权益）总计 | 53 | 1,736,017.33 | 1,142,234.55 |

表 8－2

# 利润表

| | | | |
|---|---|---|---|
| | | | 会小企02表 |
| 编制单位：广州美妆商贸有限公司 | 2023年9月30日 | | 单位:元 |
| 项 目 | 行次 | 本年累计金额 | 本期金额 |
| 一、营业收入 | 1 | 930,000.00 | 930,000.00 |
| 减：营业成本 | 2 | 465,000.00 | 465,000.00 |
| 税金及附加 | 3 | 4,383.33 | 4,383.33 |
| 其中：消费税 | 4 | | |
| 城市维护建设税 | 5 | 2,556.94 | 2,556.94 |
| 资源税 | 6 | 100.00 | 100.00 |
| 土地增值税 | 7 | | |
| 城镇土地使用税、房产税、车船税、印花税 | 8 | | |
| 教育费附加、矿产资源补偿费、排污费 | 9 | 1,095.83 | 1,095.83 |
| 销售费用 | 10 | 43,039.05 | 43,039.05 |
| 其中：商品维修费 | 11 | | |
| 广告费和业务宣传费 | 12 | 20,000.00 | 20,000.00 |
| 管理费用 | 13 | 110,550.80 | 110,550.80 |
| 其中：开办费 | 14 | | |
| 业务招待费 | 15 | | |
| 研究费用 | 16 | | |
| 财务费用 | 17 | (383.33) | (383.33) |
| 其中：利息费用（收入以“-”号填列） | 18 | (383.33) | (383.33) |
| 加：投资收益（损失以“-”号填列） | 19 | | |
| 二、营业利润（亏损以“-”号填列） | 20 | 307,410.15 | 307,410.15 |
| 加：营业外收入 | 21 | 15,000.00 | 15,000.00 |
| 其中：政府补助 | 22 | | |
| 减：营业外支出 | 23 | 1,035.00 | 1,035.00 |
| 其中：坏账损失 | 24 | | |
| 无法收回的长期债券投资损失 | 25 | | |
| 无法收回的长期股权投资损失 | 26 | | |
| 自然灾害等不可抗力因素造成的损失 | 27 | | |
| 税收滞纳金 | 28 | | |
| 三、利润总额（亏损总额以“-”号填列） | 29 | 321,375.15 | 321,375.15 |
| 减：所得税费用 | 30 | | |
| 四、净利润（净亏损以“-”号填列） | 31 | 321,375.15 | 321,375.15 |

# 职业技能巩固与训练

## 一、单项选择题

1. 制单序时控制是指（　　）。

A. 业务单据按照时间顺序填制　　B. 按照时间顺序完成业务登录

C. 凭证时间按照时间顺序填制　　D. 按照时间顺序审核凭证

2. 修改凭证时，以下哪一项不能修改？（　　）

A. 凭证编号　　B. 凭证日期　　C. 凭证附件　　D. 凭证科目

3. 以下哪个科目不是“应交增值税”的下一级科目？（　　）

A. 销项税额　　B. 进项税额　　C. 未交增值税　　D. 转出未交增值税

4. 下面哪个函数是表示取借贷平衡差额的函数？（　　）

A. JG（）　　B. JE（）　　C. CE（）　　D. FS（）

5. 期间损益结转时，本年利润的入账科目是（　　）。

A. 利润分配　　B. 本年利润　　C. 应付利润　　D. 未分配利润

6. 以下不属于需要进行期间损益结转的科目是（　　）。

A. 管理费用　　B. 其他业务收入　　C. 其他应收款　　D. 营业外支出

7. 取消凭证记账使用到的快捷键是（　　）。

A. Ctrl + H　　B. Alt + H　　C. Ctrl + Alt + H　　D. Ctrl + Alt + G

8. 下面哪个账表可以查询货币资金每天发生的情况？（　　）

A. 总账　　B. 明细账　　C. 余额表　　D. 日记账

9. 下面哪个报表不是由 T－UFO 系统生成的？（　　）

A. 资产负债表　　B. 利润表　　C. 现金流量表　　D. 所得税申报表

10. 通过（　　）功能可以实现对报表的计算公式的修改。

A. 设置　　B. 编辑　　C. 重计算　　D. 导出

## 二、多项选择题

1. 总账的凭证来源包括（　　）。

A. 手工填制　　B. 引入常用凭证　　C. 自动转账　　D. 外部转入

2. 使用单据生成凭证，以下说法正确的有（　　）。

A. 相关业务要以具体的业务单据为载体　　B. 相关业务要有对应的科目设置

C. 相关单据要审核完成　　D. 只要有业务单据就可以生成凭证

3. 关于合并生成凭证，以下说法正确的有（　　）。

A. 要勾选按合并规则设置合并号

B. 要输入需要合并的单据统一的合并号

C. 单据使用到相同科目时，科目将合并

D. 单据使用到相同往来单位时，往来单位将合并

4. 下列各项中，关于填制凭证时可能用到的快捷操作，说法正确的有（　　）。

A. 找平用“＝”　　B. 借贷转换用“space”

C. 正负转换用“－”　　D. 凭证保存用“CTRL＋S”

5. 凭证管理的功能包括（　　）。

A. 凭证修改　　B. 出纳签字　　C. 凭证审核　　D. 凭证记账

6. 以下哪些业务的凭证适合做自定义结账？（　　）

A. 计提福利费　　B. 计提城市维护建设税

C. 计提个人所得税　　D. 摊销无形资产

7. 自定义转账设置中的转账类别有（　　）。

A. 公式结转　　B. 对应结转　　C. 损溢结转　　D. 金额结账

8. 凭证整理的主要功能有（　　）。

A. 按时间顺序整理凭证编号　　B. 删除作废凭证

C. 清理凭证断号　　D. 取消作废凭证

9. 以下各项中，凭证不能记账的原因包括（　　）。

A. 期初科目余额不平　　B. 上月财务未结账

C. 凭证未审核　　D. 存在作废凭证

10. 以下各项中，财务不能期末结账的原因包括（　　）。

A. 试算不平衡或对账不平　　B. 业务系统本期未结账

C. 未计提城市维护建设税业务　　D. 本期存在未记账凭证

## 三、判断题

（　　）1. 外部凭证不能在总账系统中修改、作废或直接删除。

（　　）2. 制单序时控制指的是凭证的日期顺序必须与凭证号的顺序一致。

（　　）3. 一般情况下，凭证的制单人和审核人不能为同一人。

（　　）4. 对于科目和金额计算方法相对固定的业务，可以通过凭证自定义转账的方式完成。

（　　）5. 公式结转适用于月末填制转账凭证的科目，且科目只能是末级科目。

（　　）6. 对应结转只能把一个科目的期末余额对应结转到另外的一个科目中。

（　　）7. 出纳员需要对所有的凭证进行签字确认。

（　　）8. 凭证未审核，也可以进行记账操作。

（　　）9. 审核人员可以弃审其他审核人员审核过的凭证。

（　　）10. 期间损益结转只能合并生成一张凭证。